建築構造講座 7

改訂
建築材料

工学博士 佐 治 泰 次 編著

コロナ社

執　筆　者（五十音順）

(担当箇所)

佐 治 泰 次（さじ　たいじ）　　　1・1〜1・4, 2・1
九州大学　名誉教授

椎 葉 大 和（しいば　ひろゆき）　2・5, 3・1〜3・8, 4・1〜4・7
福岡大学　教授

重 藤 和 之（しげとう　かずゆき）　7・1〜7・10, 9・1〜9・5
九州共立大学　教授

永 松 静 也（ながまつ　せいき）　2・3, 5・1〜5・7, 6・1〜6・3,
大分大学　教授　　　　　　　　　　11・1〜11・4

平 居 孝 之（ひらい　たかゆき）　2・2, 2・6, 8・1〜8・4,
大分大学　教授　　　　　　　　　　付録1〜6

松 藤 泰 典（まつふじ　やすのり）　2・4, 10・1〜10・11
九州大学　教授

(所属は編集当時のものによる)

改訂版の序文

　本書は，株式会社コロナ社の『建築構造講座 7』として，1984年に出版された．この出版のときからいつの間にか 15 年余りが過ぎ，本書に関係のある規格や基準等の変更もあり，また材料にかかわる新しい知見が加わったこともあり，このたび本書を全面的に見直し，ここに新しく改訂版を出版することとなった．

　『建築材料学』は，建築物を造るにあたって，そこに使用される諸材料の物理・化学的性質を正しく理解して，これらを適材適所に使用する基礎知識を学ぶことが，おもな目的ということができる．

　本書は，上記の目的に従って，建築を学ぶ学生の方々の専門教科書を目標にして執筆されているが，建築技術者の方々はもちろん，広く，建築に興味をもたれる方々にも役に立つことを念頭におき，わかりやすい記述に努めた．

　執筆者は，とびら裏に記載した 6 名であるが，各位とも，建築材料学の研究，教育に携わる気鋭の方々で，この分野において指導的な立場で活躍している．

　このたびの改訂版が，読者の皆様にいささかでもお役に立つことがあれば，筆者等の望外の喜びである．

2000 年 3 月

編著者　佐　治　泰　次

序　　文

　本書は，椎葉大和，重藤和之，永松静也，平居孝之，松藤泰典（五十音順）の五氏が中心になって執筆した．執筆者各位は，現在，それぞれが所属する大学で，授業科目「建築材料学」の教鞭をとっておられ，本書を執筆するにふさわしい気鋭の研究者の方々である．

　「建築材料学」は，建築を造るうえで，その基礎となる諸材料の物理的あるいは化学的な性質について学習する学科目で，各種材料が持つ特徴をよく理解して，これら材料を適材適所に使用する方法を学ぶことが主要な目的である．

　本書は，上記の目的にそって，建築学科学生の専門教科書を目標として執筆されているが，一般の建築技術者あるいは研究者の方々にも役立つような内容となるように努めた．本書を計画してから，いつのまにか，2年が経過し，執筆者各位の努力によって，ようやく，ここに，初期の計画をほぼ満たす成果を得ることができた．

　もとより，学問は永遠であり，完成はないわけであるが，一応得られた成果をここに刊行することとした．本書が，読者の方々にいささかでも益するところがあれば，筆者等の望外の喜びである．

　　1984年2月

　　　　　　　　　　　　　　　　　　　　　　　　　　佐　治　泰　次

目　　　次

第1章　序　　　論

1・1　建築材料学の成り立ち …………………………………… 1
1・2　建築物に必要な性能と建築材料 ………………………… 2
1・3　建築の仕組みと建築材料 ………………………………… 3
1・4　ま　と　め ………………………………………………… 4

第2章　材料に関する基礎的諸性質

2・1　概　　　説 ………………………………………………… 6
2・2　材料の物理・化学的性質 ………………………………… 7
　2・2・1　密　度・比　重 …………………………………… 7
　2・2・2　熱伝導・熱伝達・熱貫流・比熱・熱膨張 ……… 8
　2・2・3　光の反射と透過・色調・光沢 …………………… 10
　2・2・4　吸　音・遮　音 …………………………………… 11
　2・2・5　透　気・におい …………………………………… 13
　2・2・6　透水・吸水・含水 ………………………………… 13
　2・2・7　乾燥・吸湿・収縮・膨張 ………………………… 15
　2・2・8　界　面・接　着 …………………………………… 16
2・3　材料の力学的性質 ………………………………………… 18
　2・3・1　弾性および塑性的性質 …………………………… 18
　2・3・2　粘　性　的　性　質 ……………………………… 21
　2・3・3　粘弾性的性質 ……………………………………… 23
　2・3・4　破壊・降伏および強度 …………………………… 24

目次

- 2・3・5 繰返し疲労破壊 ……………………………… 28
- 2・3・6 クリープ変形・クリープ破壊 ………………… 30
- 2・3・7 硬さ・すりへり ………………………………… 32

2・4 耐　久　性 ……………………………………………… 33
- 2・4・1 耐 用 年 数 …………………………………… 33
- 2・4・2 耐　久　性 ……………………………………… 34
- 2・4・3 劣 化 外 力 …………………………………… 35
- 2・4・4 劣 化 現 象 …………………………………… 36

2・5 材料の高温性状および防・耐火性能 …………………… 41
- 2・5・1 燃　　　焼 ……………………………………… 41
- 2・5・2 建築物の火災性状 ……………………………… 43
- 2・5・3 建築防・耐火構造，防火材料および防・耐火試験 … 47
- 2・5・4 有機材料の燃焼 ………………………………… 53
- 2・5・5 無機材料の高温性状 …………………………… 55

2・6 材料の複合理論 …………………………………………… 58
- 2・6・1 複 合 の 意 義 ………………………………… 58
- 2・6・2 複 合 の 形 式 ………………………………… 59
- 2・6・3 繊 維 補 強 ……………………………………… 60
- 2・6・4 粒子分散強化 ……………………………………… 65
- 2・6・5 積 層 強 化 ……………………………………… 67

第3章　木材・木材製品

3・1 概　　　説 ………………………………………………… 68

3・2 分類とおもな木材 ………………………………………… 69
- 3・2・1 分　　　類 ……………………………………… 69
- 3・2・2 おもな木材 ……………………………………… 69

3・3 組 織 と 分 類 …………………………………………… 72

3・4 諸　性　質 ………………………………………………… 74
- 3・4・1 物理的性質 ……………………………………… 74
- 3・4・2 力学的性質 ……………………………………… 76

3・5 製材・乾燥・規格 ………………………………………… 81
- 3・5・1 製　　　材 ……………………………………… 81

目次　v

- 3・5・2　乾　　　燥 …………………………………… 81
- 3・5・3　規　　　格 …………………………………… 82

3・6　劣化と保存
- 3・6・1　劣　　　化 …………………………………… 83
- 3・6・2　保　　　存 …………………………………… 84

3・7　燃焼と防火
- 3・7・1　燃　　　焼 …………………………………… 86
- 3・7・2　防　　　火 …………………………………… 87

3・8　木材製品
- 3・8・1　合　　　板 …………………………………… 87
- 3・8・2　集　成　材 …………………………………… 89
- 3・8・3　ファイバーボード ……………………………… 90
- 3・8・4　パーティクルボード …………………………… 90
- 3・8・5　フローリング …………………………………… 91
- 3・8・6　木質セメント板 ………………………………… 91

第4章　石材・岩石製品

4・1　概　　　説 …………………………………… 92

4・2　組成と分類および種類
- 4・2・1　組　　　成 …………………………………… 93
- 4・2・2　分　　　類 …………………………………… 93

4・3　諸　性　質 …………………………………… 96

4・4　劣化と汚れ
- 4・4・1　耐　久　性 …………………………………… 98
- 4・4・2　汚　　　れ …………………………………… 99

4・5　採石と加工および石張り工法
- 4・5・1　採　　　石 …………………………………… 100
- 4・5・2　加　　　工 …………………………………… 100
- 4・5・3　石張り工法 ……………………………………… 100

4・6　欠点と等級および名称
- 4・6・1　欠　　　点 …………………………………… 102

4・6・2　等　　　　級 …………………………… 103
　　4・6・3　名　　　　称 …………………………… 103
4・7　岩 石 製 品 ……………………………………… 103
　　4・7・1　人　造　石 ……………………………… 103
　　4・7・2　樹脂系人造石 ……………………………… 104
　　4・7・3　結晶化ガラス ……………………………… 104

第5章　鉄　　　　鋼

5・1　概　　　　説 ……………………………………… 105
　　5・1・1　鉄 の 技 術 史 ……………………………… 105
　　5・1・2　鉄鋼の種類および通性 …………………… 107
5・2　鉄 鋼 の 製 造 ……………………………………… 108
　　5・2・1　製　　　　銑 ……………………………… 109
　　5・2・2　製　　　　鋼 ……………………………… 110
　　5・2・3　鋼　　　　塊 ……………………………… 110
　　5・2・4　分塊圧延, 連続鋳造 ……………………… 111
　　5・2・5　生産状況および製造原単位 ……………… 112
5・3　鉄鋼の構造と組織 ………………………………… 112
　　5・3・1　鉄鋼の変態と結晶構造 …………………… 112
　　5・3・2　鋼の各組織の性質 ………………………… 115
5・4　熱　処　理 ………………………………………… 115
　　5・4・1　焼 な ら し ………………………………… 115
　　5・4・2　焼なまし (焼鈍) …………………………… 116
　　5・4・3　焼　入　れ ………………………………… 116
　　5・4・4　焼　戻　し ………………………………… 116
5・5　鉄鋼の諸性質 ……………………………………… 116
　　5・5・1　物 理 的 性 質 ……………………………… 116
　　5・5・2　力 学 的 性 質 ……………………………… 116
　　5・5・3　溶　接　性 ………………………………… 120
　　5・5・4　耐　腐　食　性 …………………………… 121
5・6　鉄 鋼 製 品 ………………………………………… 122
　　5・6・1　鉄鋼製品の製造 …………………………… 122

5・6・2	形状による鉄鋼製品の種類	123
5・6・3	材質による鉄鋼製品の分類	129
5・6・4	建築の分野に使用される鉄鋼製品	136

5・7 鋳　　　　　鉄 …………………………… 141
　5・7・1　普　通　鋳　鉄 …………………… 142
　5・7・2　可　鍛　鋳　鉄 …………………… 142
　5・7・3　高　級　鋳　鉄 …………………… 143

第6章　非　鉄　金　属

6・1　概　　　　　説 …………………………… 144
6・2　アルミニウムおよびアルミニウム合金 …… 144
　6・2・1　概　　　　　説 …………………… 144
　6・2・2　アルミニウムの製造 ……………… 145
　6・2・3　アルミニウムの性質 ……………… 145
　6・2・4　アルミニウム合金の分類と性質 … 149
　6・2・5　アルミニウムの表面処理 ………… 155
6・3　銅および銅合金 …………………………… 155
　6・3・1　概　　　　　説 …………………… 155
　6・3・2　銅　の　精　錬 …………………… 156
　6・3・3　純　　　　　銅 …………………… 156
　6・3・4　銅　　合　　金 …………………… 157

第7章　セメント・コンクリート

7・1　コンクリート ……………………………… 161
　7・1・1　概　　　　　説 …………………… 161
　7・1・2　組　　　　　成 …………………… 163
　7・1・3　JASS　　5 ………………………… 163
　7・1・4　コンクリートの種類と呼び名 …… 163
　7・1・5　コンクリートの特徴 ……………… 166
7・2　セ　メ　ン　ト …………………………… 167
　7・2・1　概　　　　　説 …………………… 167

- 7・2・2 種類 …………………………………………………… 168
- 7・2・3 製造 …………………………………………………… 168
- 7・2・4 化学成分 ……………………………………………… 170
- 7・2・5 水和反応 ……………………………………………… 171
- 7・2・6 物理・化学的性質 …………………………………… 173
- 7・2・7 各種セメントの特徴 ………………………………… 176

7・3 骨材 …………………………………………………………… 178
- 7・3・1 概説 …………………………………………………… 178
- 7・3・2 骨材の種類 …………………………………………… 179
- 7・3・3 骨材に要求される性質 ……………………………… 179
- 7・3・4 骨材の粒度 …………………………………………… 180
- 7・3・5 骨材の吸水 …………………………………………… 182
- 7・3・6 比重・単位容積質量 ………………………………… 183
- 7・3・7 有害物 ………………………………………………… 184

7・4 混和材料 ……………………………………………………… 188
- 7・4・1 混和材料 ……………………………………………… 188
- 7・4・2 表面活性剤 …………………………………………… 188
- 7・4・3 AE剤 ………………………………………………… 189
- 7・4・4 減水剤 ………………………………………………… 191
- 7・4・5 AE減水剤 …………………………………………… 191
- 7・4・6 高性能AE減水剤・流動化剤 ……………………… 191
- 7・4・7 その他の混和剤 ……………………………………… 192
- 7・4・8 混和材 ………………………………………………… 193

7・5 フレッシュコンクリート …………………………………… 194
- 7・5・1 概説 …………………………………………………… 194
- 7・5・2 ワーカビリティー …………………………………… 194
- 7・5・3 スランプ ……………………………………………… 195
- 7・5・4 ワーカビリティーに影響を与える要因 …………… 196
- 7・5・5 沈降，ブリージング ………………………………… 197
- 7・5・6 フレッシュコンクリート中に含まれる塩化物 …… 198

7・6 硬化したコンクリートの力学的性質 ……………………… 199
- 7・6・1 概説 …………………………………………………… 199
- 7・6・2 強度に関する諸説 …………………………………… 199
- 7・6・3 圧縮強度に影響する要因 …………………………… 201
- 7・6・4 圧縮強度以外の各種強度 …………………………… 210

7・6・5	軸方向応力とひずみ度の関係	213
7・6・6	ポアソン比	215
7・6・7	せん（剪）断弾性係数	215

7・7 硬化したコンクリートの物理・化学的性質 … 216

7・7・1	単位容積質量	216
7・7・2	体積変化	216
7・7・3	熱に対する性質	219
7・7・4	中性化	220
7・7・5	凍結融解	222
7・7・6	飛来海塩粒子	223
7・7・7	有害な化学物質	224

7・8 コンクリートの調合 … 224

7・8・1	調合・調合表	224
7・8・2	コンクリートの調合設計	225

7・9 高流動コンクリート・高強度コンクリート … 232

7・9・1	概説	232
7・9・2	高流動コンクリート	232
7・9・3	高強度コンクリート	233

7・10 セメント・コンクリート製品 … 234

7・10・1	概説	234
7・10・2	製法	235
7・10・3	製品	238

第8章　石灰およびせっこう系材料

8・1 概説 … 243

8・2 基材とその製造 … 243

8・2・1	消石灰	243
8・2・2	ドロマイトプラスター	243
8・2・3	せっこう	244

8・3 硬化機構と性質 … 245

8・3・1	消石灰	245
8・3・2	ドロマイトプラスター	246

8・3・3 せっこう	247
8・4 製品と用途	248
8・4・1 しっくい	248
8・4・2 大津壁	249
8・4・3 ドロマイトプラスター	249
8・4・4 せっこうプラスター	249
8・4・5 せっこうボード	251
8・4・6 耐火被覆材	251

第9章 粘土焼成品およびガラス

9・1 概説	253
9・2 粘土	253
9・3 壁土類	254
9・4 粘土焼成品	254
9・5 ガラス	262
9・5・1 製法	263
9・5・2 製品	265
9・5・3 一般的性質	272
9・5・4 その他	275

第10章 高分子材料

10・1 概説	276
10・2 高分子の構造	279
10・2・1 共有結合	279
10・2・2 重合	279
10・2・3 鎖状ポリマーと網状ポリマー	282
10・2・4 エントロピー弾性	282
10・2・5 架橋	283
10・2・6 結晶性	283
10・3 有機高分子材料の性質	284

	10·3·1	物 理 的 性 質 ………………………………………………………………	285
	10·3·2	機 械 的 性 質 ………………………………………………………………	285
	10·3·3	熱 的 性 質 …………………………………………………………………	287
	10·3·4	電 気 的 性 質 ………………………………………………………………	289
	10·3·5	化 学 的 性 質 ………………………………………………………………	290
	10·3·6	生体への影響 ………………………………………………………………	291
10·4	プラスチックの分類 ………………………………………………………………………		293
	10·4·1	樹脂とプラスチック ………………………………………………………	293
	10·4·2	熱可塑性と熱硬化性 ………………………………………………………	293
	10·4·3	汎用プラスチックとエンジニアリングプラスチック ……………	294
	10·4·4	熱可塑性樹脂 ………………………………………………………………	295
	10·4·5	熱硬化性樹脂 ………………………………………………………………	299
10·5	プ ラ ス チ ッ ク …………………………………………………………………		300
	10·5·1	建築用プラスチック ………………………………………………………	300
	10·5·2	プラスチック製品 …………………………………………………………	300
10·6	ゴム状弾性高分子材料 …………………………………………………………………		305
	10·6·1	ゴム状弾性高分子材料の種類 …………………………………………	305
	10·6·2	ゴム状弾性高分子材料の性質 …………………………………………	305
	10·6·3	熱可塑性エラストマーの種類 …………………………………………	306
	10·6·4	ゴ ム 系 建 材 …………………………………………………………	309
10·7	シ ー リ ン グ 材 …………………………………………………………………		310
	10·7·1	シーリング材の性質 ………………………………………………………	310
	10·7·2	シーリング材の分類 ………………………………………………………	311
	10·7·3	シーリング材の種類 ………………………………………………………	311
10·8	接 着 剤 …………………………………………………………………………		312
	10·8·1	接着剤の構成と種類 ………………………………………………………	312
	10·8·2	被着材料と接着剤 …………………………………………………………	314
	10·8·3	同種被着材の接着 …………………………………………………………	314
	10·8·4	建築部位と接着剤 …………………………………………………………	316
10·9	塗 料 ………………………………………………………………………………		316
	10·9·1	塗 料 の 構 成 …………………………………………………………	316
	10·9·2	塗 膜 の 硬 化 …………………………………………………………	318
	10·9·3	塗装対象と塗料 ……………………………………………………………	318
	10·9·4	機 能 性 塗 料 …………………………………………………………	322

10・10 繊　　　　維……………………………… 324
 10・10・1 繊維の構造 ………………………… 324
 10・10・2 繊維の種類 ………………………… 324
10・11 無機高分子材料……………………………… 324
 10・11・1 無機高分子の性質 …………………… 324
 10・11・2 無機高分子材料の種類 ……………… 325

第11章　材料実験

11・1 概　　　　説 ………………………………… 327
11・2 実験計画のたて方 …………………………… 328
11・3 計　　　　測 ………………………………… 329
 11・3・1 測定量と単位系 ……………………… 329
 11・3・2 計測システム ………………………… 331
 11・3・3 計測方式の種類 ……………………… 332
 11・3・4 計測器の性能 ………………………… 333
11・4 実験結果の取扱い …………………………… 334
 11・4・1 誤　　　　差 ………………………… 334
 11・4・2 測定結果の統計量 …………………… 335
 11・4・3 精　　　　度 ………………………… 336
 11・4・4 実験結果の表し方 …………………… 336

付　　　録

〔1〕 国際単位系(SI) ……………………………… 338
〔2〕 モジュール …………………………………… 343
〔3〕 建築の部位別性能分類 ……………………… 344
〔4〕 JIS ……………………………………………… 345
〔5〕 物理定数 ……………………………………… 346
〔6〕 統計資料 ……………………………………… 346

索　　　引

第1章 序　　　　論

1・1　建築材料学の成り立ち

　建築材料学は，各種建築材料（素材・製品など）の物理的・化学的諸性質をはじめ，その生産や加工などに関する知識を与え，これらの知識を建築行為の中で活用することをねらいとした教育科目で現在広く建築教育の中に取り入れられており，また，建築士の国家試験にも建築材料に関連する問題が出されるなど，この教育科目の教科内容は，ほぼ定着したものとなっている．

　ここで，この教育科目が現在のような内容のものになるまでの経過を簡単に振り返ってみよう．国内では，昭和4～6年（1930年）ごろに建築材料学関係の教科書が集中して発行されており，このころに建築材料学の基礎が固められたといってよい．また，国外では，これより早く，1920年ごろに米国・Wisconsin大学のH. E. Pulver教授の著書「Materials of Construction」が出版されている．この著書は，構造材料が中心で，仕上材料に関する記述は少ないが，ほぼ同時期にCornell大学のA. P. Mils教授の同一題名，副題「Their Manufacture and Properties」が発行されている．Pulver教授は著書の中で，各種建築材料の生産や物理的性質に関する知識は，建築技術者にとってたいへん有用であると述べている．

　国内の著書では，高藪良二氏の「建築材料と使用法」が昭和4年の発行であり，各種建築材料とその施工法とを関係づけて論じられている．次いで，田中正義氏および狩野春一氏の著書が昭和5年に出版されており，浜田稔・渡辺要両氏の著書は昭和6年に発行されている．これらの著書はいずれも各種建築材料の素材としての物理的・化学的性質のほか，その生産や加工（製品）の特徴などについても述べ，建築という立場から必要と認められる建築材料の諸性質について論じている．このようにして，建築材料学の教育内容はこれらの著者

によってその基礎が定まったといえる．一方，上述のような経緯とは別に当時建築材料学に関係をもった研究者の方々の手によって，それまで経験のみを頼りにして施工されてきたコンクリートに関する理論的・実験的な研究が積極的に遂行され，これらによって，建築におけるコンクリート工学の端緒が開かれた．その後も材料学を専攻する研究者がコンクリートに関する研究を継続実施してきたこともあって，建築材料学の中でコンクリート工学はかなり重要な部分を占めるものになっている．

以上，建築材料学が今日に至るまでのごく概要を述べたが，建築材料学がその教育目的とするところは，初めに述べたように，各種建築材料の適正使用のための基礎知識が教育の中心といえるが，これらのほか，さらに積極的に，建築材料の物性の改善や，材料の複合使用による性能の多様化や向上をめざすこと，あるいは設計・施工上の問題との関係において材料を考える，なども，建築材料学にとって大事な研究・教育課題ということができる．

1・2 建築物に必要な性能と建築材料

建築物は，人々の生活を入れる器（うつわ）であって，長期にわたって安全で，かつ，快適な生活空間を保持しつづける構造でなければならない．このような建築物を造るために建築を構成する各部分が，それぞれの部分に必要とする諸性質を可能な限り満たすように設計されなければならない．

ここで，建築物に必要な性能について考えてみよう．まず，建築物を構成する部分を大きく二つに分けると，第一は，建築の形態を保持するための軀体（構造）部分（骨組みに相当する部分）と，第二は，これに付随する付帯（構造）部分とすることができる．付帯部分は，さらにこれを部位別に分けると屋根，天井，床，壁，造作，建具，諸設備などとすることができる．

このように分類した場合，建築物の各部分ごとに要求される性能に相違があることがわかる．以下に例を示して説明する．

まず，軀体部分を構成する材料でみると，軀体部分には重力の作用や，地震，風などによって種々の荷重や外力が作用するが，軀体部分はこれらの作用

に対抗し，安全にその形態を保持する構造でなければならない．したがって，この部分に必要な所用の性能のうち特に重要な性能は，強度，弾性率，靭性，剛性，復元力，などといった力学的な諸性質である．

一方，付帯部分は力学的な性能も無視できないが，むしろそれ以外の性能が重視されることが多く，例えば，屋根や外壁などは，最も過酷な気象条件にさらされる部分であり，耐候性，防水性，遮光性，断熱性などが重視されるし，遮音性，吸音性も問題になる．また，建築の外観に直接かかわる部分でもあるから，その素材感や色彩なども大切な性質になる．

このほか，床で考えるならば，居室あるいは歩行床など，その用い方によって差はあるが，通常の歩行床では，表面材の固さや弾性，すべり，磨耗などが重要な性能になる．

以上のように，建築各部は，それぞれその部位に必要な性能があり，そこに用いられる材料は，その部位に必要な性能を満たすように選定されなければならないことがわかる．

1·3　建築の仕組みと建築材料

前節 1·2 で建築材料選定の基本となる考え方を述べた．しかし実際には，材料の選定は，その材料がもつ物理的・化学的性質だけでなく，さまざまな条件，例えば，歴史的，地域的，人間的，経済的，技術的，生産的，文化的などの条件による影響を受ける．したがって，建築材料の選定は，上述した所要の性能を満たすことを基本としながら，さらに多方面の条件を考慮しなければならない．

特に，建築材料は多量消費が建前であり，このことから，多量にしかも安定して供給されること，これと同時に，価格が比較的低廉であることが建築材料にとって不可欠な条件になる．

また，建築は，assemble（組立て）産業ともいわれるように，諸材料を加工し組み立てて造られていくものであるから，技術的な条件として，加工性のよいこと，容易で確実な接合法が準備されていることも必要である．

つぎに，建築の各部位の所要の性能は，例えば先に例示した屋根では，防水性のほか断熱性や遮音性などが要求されるが，こういった多様な要求性能を一つの材料に期待することは困難なので，複数の材料に必要な性能を分担させる方法が用いられる．例えば陸屋根のコンクリート屋根スラブの場合で説明すると，鉄筋コンクリートスラブは構造としての形態の保持と音の遮断の性能を，防水性はアスファルト防水層に，断熱性は防水層上面の軽量コンクリートの断熱層に，歩行面の保護には目地切モルタルに期待するなどの方法がとられる．

また，外壁部に設ける開口部などは，換気，採光，透視といった外部との交流をつかさどると同時に不要な進入物や飛来物の防止，防音，断熱といった相反する機能が要求される部分であるから，このような諸性能を満たすために，進入物の防止用として，最外部には雨戸を設け，つぎに遮音・採光・透視用として，ペヤーグラスのサッシを設け，その内側に遮光・吸音・暖房効果を高めるなどを目的としたカーテンを設けるなどの方法が用いられる．

1·4 まとめ

以上述べたところを要約すると，建築材料学が基本とするところは，建築に用いられる各種材料の物性やその特徴を学び，これらのことから，各種材料を適切に使用する判断力を養うことといえるであろう．

しかしながら，建築は先にも述べたように，技術的な面だけでなく，歴史的，地域的あるいは経済的などといった多様な面とのかかわりからの影響を受けるので，建築の設計には多くの条件を総合的に取り上げて，適切な選択を実行する優れた判断力を身につけることが大切であるということができる．

最後に，建築に用いる材料を選択する場合に考慮すべき条件を順不同に列挙して参考に供する（表1·1）．

なお，近年，国際化が進む中で，建築物の建設において性能重視の設計・施工が重視される傾向があり，今後どのように性能設計が進められるか，判断は困難であるが，本書では，これまでの材料学のあり方を踏襲して材料学の基礎的教育を重視した記述を行っている．

1・4 まとめ

表1・1 建築の各部と使用材料,所要性能

共通して要求される性能	建築の部位と使用材料	使用される材料(製品,商品)	素材材料	問題になる性質(要求性能)	作用因子
生産性 　多量生産 経済性 　低価格 耐久性 耐候性 　さ　び 　腐　朽 　劣　化	構造(躯体)材料	石材 木材(正角・平角・板) コンクリート,軽量コンクリート 鋼材(鉄筋・形鋼・鋼板) アルミニウム(板・条・棒) れんが	石材 木材 セメント・骨材 鋼 アルミニウム 粘土焼成品など	強度・弾性率 剛性・靭性 (脆性)復元力 (質量) 木材は腐朽・蟻害	積載荷重 自重 地震 風 雪
	屋根材料	天然スレート 粘土がわら(和風・洋風) 檜皮,杉皮 亜鉛鉄板(波板・平板・長尺・折板) 鋼板 アスファルト・ルーフィング,シングル 防水シート モルタル防水 プラスチック波板	スレート 粘土焼成品 木皮 鋼 鋼 アスファルト プラスチック セメント・砂 プラスチック	吸水性・透水性 (雨仕舞い) 遮音 断熱 線膨張係数 耐候性	雨 風 雪 太陽光線 飛来物
	天井材料	せっこうボード 硬質繊維板(穴あき) 化粧合板,塩ビリブ板 アルミ板,アルミルーバー しっくい,せっこうプラスター 檜板,杉板	せっこう 植物繊維 木材,プラスチック アルミニウム 消石灰,せっこう 木材	吸音・遮音 (床,屋根などを組合わせて考える) 色・明るさ	音 熱
	外壁材料	コンクリート,セメントモルタル,リシン タイル 有機あるいは無機吹付材料 石材,人造石 亜鉛鉄板 カーテンウォール(コンクリート・アルキャスト・プラスチック) 下見板,羽目板	セメント・骨材 粘土焼成品 石材,プラスチック 石材,セメント・骨材 鋼 セメント,アルミニウム,プラスチック 木材	屋根とほぼ同じ (強度が必要)	屋根とほぼ同じ 外部騒音
	内壁(間仕切り壁)材料	コンクリートブロック しっくい せっこう・ドロマイトプラスター タイル,土壁(じゅらく・大津・砂壁) 繊維壁材,有機無機吹付材 鏡板,羽目板,下見板,合板,化粧合板 せっこうラスボード 木毛セメント板 壁布,壁紙,麻布	セメント・骨材 石灰 せっこう 粘土,粘土焼成品 有機・無機繊維 木材 せっこう 木材,セメント 植物繊維	吸音・遮音 断熱 色・明るさ 清掃の容易さ きずつきにくさ	音 熱 物が当る
	床材料	畳,カーペット アスタイル ビニタイル,リノリウム 縁甲板,寄木張り,パーケットモザイク タイル,れんが,石材 人造石,コンクリート	いぐさ,獣毛 アスファルト プラスチック 木材 粘土焼成品,石材 セメント,骨材	強度・弾性率 硬度 すべり・磨耗 吸音・遮音 断熱 色・明るさ	歩行 跳躍 座る 物を置く

以上のほか造作や建具材料(階段,扉,窓)としてガラス,建具用金具などがあり,また接合関係にはくぎ,ボルト,溶接,接着剤,シール剤,塗装用材料などがある

第2章　材料に関する基礎的諸性質

2・1　概　　説

　本章では，建築材料の各論に入る前に，建築材料学を学ぶうえで必要な材料の基礎的な物理的・化学的性質について述べる．

　初めの2・2節では，熱，音，光，空気，水などの作用と，これらに対する材料が示す物理的・化学的反応の基本事項について解説している．これらは，各種材料の断熱性や遮音性，吸音性，防水性などを考慮するうえで大切な物理性である．

　2・3節では，主として材料の力学的性質について解説している．これらの性質は，使用材料の強度性状，変形性状，構造物の強さ，安全性などを考察するうえで欠かすことのできない重要な性質である．

　2・4節では，材料の耐久性について解説している．建築物は長期間にわたって健全でなければならないわけだが，自然の中では建物を損なうさまざまな劣化要因が作用する．ここでは，これらの要因とこれに対する留意事項を述べている．

　2・5節では，火災時において，各種材料が示す挙動と防災上の問題点などについて解説している．火災は物的損失だけでなく人命にも関する事項であり，建築にとってきわめて重要な問題である．

　最後の2・6節では，諸種材料の物性改善をねらいとして実施される材料の複合の方法とその理論について解説を行っている．

　以上，本節は，建築材料に関する基礎的な諸事項について述べたもので，以後の材料各論で必要な物理的・化学的性質について解説を行っている．

2・2 材料の物理・化学的性質

2・2・1 密 度・比 重

密度は，一つの量の粗密の度合である．単位となる体積，面積または長さに対する量で表される．質量，電気量，人口などに用いる．単に密度というときは，体積に対する質量を表している．

$$密度 = \frac{質量}{体積} \quad [\mathrm{kg}/l] \tag{2・1}$$

比重は，同体積の水の質量に対するその物質の質量の比である．

$$比重 = \frac{その物質の質量}{4°\mathrm{C}の標準大気圧で同じ体積の水の質量} \quad [無次元量]$$

比重は，次元のない**無次元量**である．単位が $\mathrm{g/cm^3}$，kg/l，$\mathrm{t/m^3}$ で表された密度は，工学上の立場で考える場合は，同じ値として比重に換算してよい．多孔材料では，空隙を含めた見掛けの体積を用いる場合を**見掛けの比重**あるいは見掛けの密度またはカサ密度といい，空隙を除いた体積を用いる場合を**真比重**あるいは真密度という．一般に建築材料の比重は**表2・1**のように見掛けの比重で表されていることが多い．

$$真比重 = \frac{その物質の質量}{空隙を除いた体積と同じ体積の水の質量} \tag{2・2}$$

表2・1 建築材料の比重（気乾状態）

材料	比重	区分
すぎ・きり	0.3～0.4	見掛けの比重 （多孔材料）
まつ・ひのき	0.4～0.6	
けやき・さくら	0.6～0.8	
砂　　　　岩	2.0～2.5	
安　山　岩	2.2～2.6	
花　こ　う　岩	2.5～2.7	
普通コンクリート	2.2～2.4	
軽量コンクリート	1.5～2.0	
気泡コンクリート	0.8～0.9	
鋼	7.9	真　比　重
銅	8.9	
アルミニウム	2.7	
ガ ラ ス	2.5	

$$見掛けの比重 = \frac{その物質の質量}{見掛けの体積と同じ体積の水の質量} \tag{2・3}$$

コンクリート用骨材である砂利や砂など粉粒体の計量においては，**単位容積質量**が使われる．容器に骨材などを詰めたときに，詰められた骨材の質量を容器の容積で割った値である．単位容積質量は慣用上単位容積重量と表現されることが多い．

$$単位容積質量 = \frac{容器に詰めた粉粒体の質量}{容器の容積} \ [kg/l] \tag{2・4}$$

粉粒体を容器に詰めたとき，容器の容積に対する粉粒体の容積の割合を**実積率**といい，容器の容積に対する空隙の割合を**空隙率**という．実積率と空隙率を加えると100％になる．

$$実積率 = \frac{容器に詰めた粉粒体の容積}{容器の容積} \times 100 \ [\%] \tag{2・5}$$

空隙率 = 100 − 実積率〔％〕

2・2・2 熱伝導・熱伝達・熱貫流・比熱・熱膨張

熱は放射（輻射），対流，伝導により伝播される．建築物の構成部分とこれに接する流体との間の熱の移動は，放射，対流，伝導のいずれによっても起こり，これを一括して熱伝達という．また壁体などを熱が通り抜ける場合を熱貫流という．

建築材料の熱伝播過程は**図2・1**のように熱伝導，熱放射，熱伝達，熱貫流の4形式に分けられる．

熱伝導　　隣接する物質の間の熱移動

熱放射　　空間を通過した放射線による熱移動

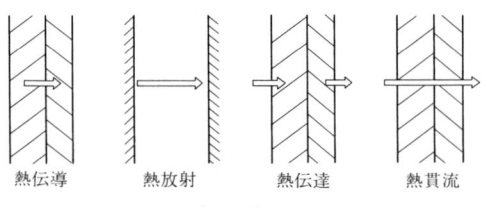

図2・1

熱伝達　　熱伝導と熱放射と熱対流(流体の移動に伴う熱移動)による熱移動
熱貫流　　壁や床で区切られた空間から空間への熱移動

　熱伝導率は材料の内部における熱の移動しやすさを示すもので，温度差のある2点の間を移動する熱量で表される．**図2・2**のように，温度が θ_1〔℃〕の所から θ_2〔℃〕の所へ断面積が A〔m²〕で長さが L〔m〕の固体を通って t 時間の間に移動する熱量を Q〔J〕とすると，熱伝導率 λ は次式で計算される．

$$\text{熱伝導率 } \lambda = \frac{Q \cdot L}{A \cdot t \cdot (\theta_1 - \theta_2)} \quad [\text{J}/(\text{m}\cdot\text{h}\cdot\text{°C})] \tag{2・6}$$

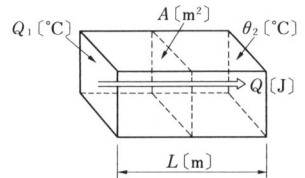

図 2・2

　熱伝達率は，固体表面とそれに接する周囲流体との間の熱の移動しやすさを表す．表面温度 θ_1〔℃〕の固体が気温 θ_2〔℃〕の流体に接し，表面積が A〔m²〕である部分を通って t 時間の間に固定から流体へ移動する熱量が Q〔J〕であるとき，熱伝達率 a は次式で求められる．

$$\text{熱伝達率 } a = \frac{Q}{A \cdot t \cdot (\theta_1 - \theta_2)} \quad [\text{J}/(\text{m}^2\cdot\text{h}\cdot\text{°C})] \tag{2・7}$$

　壁や床を通り抜ける熱量は，熱貫流率から計算される．**図2・3**のように，厚さ d〔m〕で表面積 A〔m²〕の壁体を，気温 θ_1〔℃〕の側から気温 θ_2〔℃〕の側へ t 時間の間に移動する熱量は，**熱貫流率**を K〔J/(m²·h·℃)〕とすると次式で与えられる．

$$Q = K \cdot (\theta_1 - \theta_2) \cdot A \cdot t \quad [\text{J}] \tag{2・8}$$

　熱貫流率の小さい材料や構造部分ほど，断熱性にすぐれている．熱貫流率は，材料の熱伝導率と表面の熱伝達率から導くことができる．図2・3の場合，壁体の二つの表面における熱伝達と内部における熱伝導で移動する熱量は，いずれも Q であるから，つぎの三つの式が成り立つ．

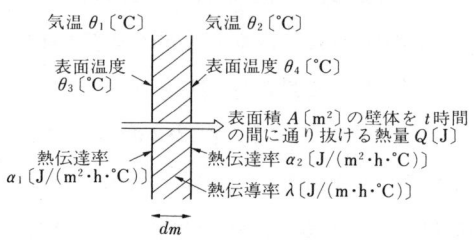

図2・3

$$Q = \alpha_1 \cdot (\theta_1 - \theta_3) \cdot A \cdot t$$
$$Q = \lambda \cdot (\theta_3 - \theta_4) \cdot A \cdot t / d$$
$$Q = \alpha_2 \cdot (\theta_4 - \theta_2) \cdot A \cdot t$$

これらから θ_3 と θ_4 を消去すると

$$Q = \frac{1}{\frac{1}{\alpha_1} + \frac{d}{\lambda} + \frac{1}{\alpha_2}} (\theta_1 - \theta_2) \cdot A \cdot t \tag{2・9}$$

式 (2・3) と式 (2・4) を比較すると, K が α_1, α_2, λ, d で表され, つぎの式 (2・10) のようになる.

$$K = \frac{1}{\frac{1}{\alpha_1} + \frac{d}{\lambda} + \frac{1}{\alpha_2}} \tag{2・10}$$

材料に熱が伝えられると温度が上昇する. 材料の温度が1℃上昇するときの**熱量**を**熱容量**といい, 熱容量をその材料の質量で割った値を**比熱**という.

$$比熱 = \frac{熱容量}{質量} \quad [J/(kg \cdot ℃)] \tag{2・11}$$

温度が上昇すると一般に材料は膨張する. 温度が1℃上昇したときの長さの増加率を熱膨張率または線膨張率という.

2・2・3 光の反射と透過・色調・光沢

光は, 紫外線, 可視光線, 赤外線を総称したもので**図2・4**のように波長が $10^{-8} \sim 10^{-3}$ m の**電磁波**である. 日射を受けると熱く感じるのは, 波長の長い光の働きである. 波長の短い光は, 高分子の分子結合を破壊する作用がある. 木材やプラスチックに長期間光があたると, 表層の強度が低下し退色するのはこ

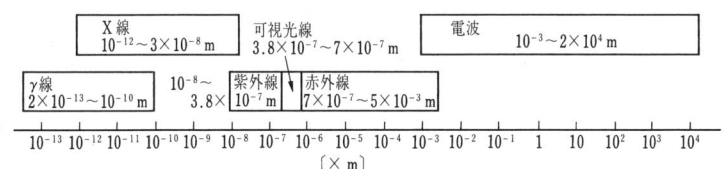

図2・4 電磁波の種類と波長

のためであり，**紫外線劣化**と呼ばれている．

　光が材料にあたると，一部が反射し一部が吸収され残りが透過する．入射光の強さに対する反射光の強さの割合を**反射率**という．材料の表面が平滑なほど，また入射角が大きいほど反射率は大きい．**透過率**は，入射光の強さに対する透過光の強さの割合である．入射角が0すなわち垂直に入射した光の透過率は，透明ガラスで90％，すりガラスで80％，着色ガラスで20％前後である．

　可視光線は波長によって**表2・2**のような色をしている．これらの**単色光**が混じり合って**白色光**になる．材料は，個々に特有の波長の光を吸収するので，白色光が材料にあたると，吸収された光の色の補色が反射光の色となり，材料の色調がきまる．着色剤は，吸収する光の波長を調節するものである．繊維材料に使われるのが染料であり，展色材と混ぜて固体表面に塗り付けるのが顔料である．着色ガラスは，有色の無機質材料を添加して作られる．

表2・2 可視光線の波長と色

平均的な波長×10^{-7}[m]	色
4.3	菫（すみれ）
4.8	青
5.4	緑
5.8	黄
6.0	橙（だいだい）
6.6	赤

　材料の表面が平滑なときは光沢があり，細かい凹凸のある場合は反射光が散乱するのでつや消しになる．

2・2・4 吸音・遮音

　音は，空気の粗密波であり，空気の振動により運動エネルギーを伝播する．

音の強さとは，空気の振動によって音の進行方向に伝わるエネルギーのことである．

音に関する建築材料の性質として，表面材に使われたときの吸音性と，遮断層として使われたときの遮音性が問題になる．

吸音率は，材料に入射した音のエネルギーに対して吸収された音のエネルギーの割合であり，次式で求められる．

$$吸音率 = 1 - \frac{反射音のエネルギー}{入射音のエネルギー} \tag{2・12}$$

材料の吸音率は，音の周波数によって異なり，また表面が滑らかであるか凹凸があるかによって大きな差がある．**表2・3**は表面にせん孔がある場合とない場合の吸音率を比較したもので，表面にせん孔を設けた場合は，吸音率が大きくなる．

表2・3 せん孔によるボード類の吸音率の変化*

		音の周波数〔Hz〕					
		125	250	500	1 000	2 000	4 000
石綿セメント板	せん孔無	0.21	0.08	0.07	0.05	0.04	0.07
	せん孔有	0.15	0.30	0.38	0.23	0.18	0.23
せっこうボード	せん孔無	0.29	0.19	0.22	0.15	0.06	0.07
	せん孔有	0.30	0.40	0.26	0.18	0.07	0.11
合　　　板	せん孔無	0.24	0.10	0.08	0.05	0.05	0.10
	せん孔有	0.38	0.32	0.28	0.25	0.23	0.14

材料または構造体の遮音性は，次式で計算される**透過損失**（TL）によって表される．

$$透過損失(TL) = 10 \times \log_{10}\left(\frac{透過音のエネルギー}{入射音のエネルギー}\right) \text{〔dB：デシベル〕} \tag{2・13}$$

材質が均一で壁全体が振動しない場合は，壁の透過損失は単位面積当りの壁の質量に比例する．したがって密度の大きい材料ほど，また厚さが大きいほど遮音性がすぐれている．

---

* 狩野春一監修：建築材料・工法ハンドブック，地人書館（1969）

2・2・5 透気・におい

材料の透気性は，気密性の要求される構造物に使われた場合や，材料の化学的変質が気体の作用で起こる場合などで問題になる．

材料の透気性は，**透気係数**によって表される．ほとんどの多孔材料は透気性をもつ．コンクリートの場合は，両側で接する気体の圧力に差があると微量の透気があり，含水率が小さいものほど透気係数は大きい．

材料のにおいは，揮発性成分の出す蒸気の作用である．材料のにおいはそれぞれ特徴があり，時間が経つと薄れていく．新築の住宅のにおいが強く感じられるのは築後1年ほどの間であり，2年もするとあまり感じなくなる．**表2・4**は建築材料のにおいの元になる成分の例である．

表2・4 建築材料のにおいの成分

木　材	エステル，アルコール
コンクリート	水酸化カルシウム
プラスチックタイル	塩素(塩化ビニル)
塗料, 接着剤	アルコール，エーテル，炭化水素，酢酸，ホルマリン

2・2・6 透水・吸水・含水

内部に空隙をもつ材料は，一方の側から圧力をかけた水をあてると他方の側に水が透過する．この現象を透水という．

透水性は**透水率**によって表される．**図2・5**のように厚さ d 〔m〕，透水断面 A 〔m²〕の材料の一方の面に水頭 L 〔m〕の水圧が作用している状態で，t 時間の間に透過した透水量が Q 〔kg〕であるとき，透水率は次式で求められる．

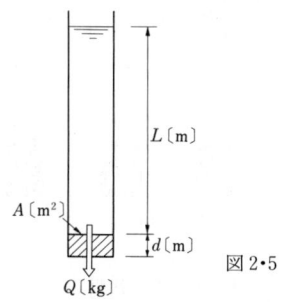

図2・5

透水率 $K = \dfrac{Q \cdot d}{A \cdot L \cdot t}$ 〔kg/(m・h)〕 (2・14)

内部に空隙が存在する材料が水に接すると，水圧がかからない状態であっても毛細管現象により吸水する．**吸水率**は，材料を水に一定の時間浸したときの吸水量を，乾燥させたときの材料の質量で割って百分率で表したものである．

吸水率 $= \dfrac{吸水量}{材料の乾燥時の質量} \times 100$ 〔％〕 (2・15)

内部の空隙に水を含んでいる材料を，一般に100℃前後の温度で乾燥すると，水分が蒸発して質量が一定の状態になる．この状態を絶対乾燥状態または絶乾状態という．

材料の含水状態は，絶乾状態の質量に対する含水量を百分率で表した**含水率**によって表される．

含水率 $= \dfrac{含水量}{絶乾状態の材料の質量} \times 100$ 〔％〕 (2・16)

材料の含水状態を表すのにいくつかの言葉がある．**図 2・6** のように，含水率が大きくなるにつれて石材や骨材は絶乾状態，気乾状態，表乾状態，湿潤状態と呼ばれ，木材は絶乾状態，気乾状態，繊維飽和状態，飽水状態と呼ばれる．

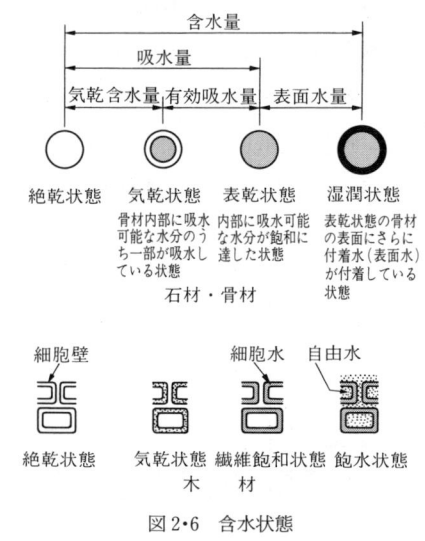

図 2・6　含水状態

材料の性質は含水状態によって変化し，個々の材料に特徴がある．

木材の場合は，細胞壁の内部だけが水で飽和した状態であるときの含水率を**繊維飽和点**といい，これ以上の含水率のときは強度と寸法がほぼ一定であるのに対し，繊維飽和点より含水率が小さい状態では含水率が小さいほど強度が大きくかつ収縮して寸法が短くなる．

2・2・7 乾燥・吸湿・収縮・膨張

乾燥状態にある材料を，一定の温度と湿度の空気中に置くと，吸湿して，ある含水状態に達し，水分の蒸発と吸湿が平衡状態になる．このときの含水率を**平衡含水率**という．図2・7は常温における建築材料の平衡含水率の例である．

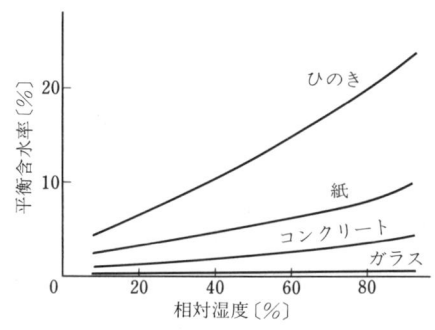

図2・7 材料の平衡含水率

材料の含水率が周囲の温度と湿度に対応する平衡含水率より大きいときは，材料の表面から蒸発する水分が吸湿される水分より多くなり，平衡含水率になるまで乾燥する．乾燥は材料の表層から起こり同時に内部の水分の一部が表層へ移動する．乾燥の速さは，材料に存在する空隙の大きさと分布状態によって左右される．空隙が微細で均一に分散されているほど，乾燥速度は遅い．

いくつかの例外を除いて，材料は乾燥すると収縮し，吸湿すると膨張する．収縮と膨張は，建築材料の利用において障害となることが多い．特に**乾燥収縮**は大きな問題であり，木質系材料では，割れ，そり，ねじれを生じ，セメント系材料では，きれつの原因になる．

2・2・8 界面・接着

　物質は一般に，気体，液体，固体のいずれかであり，これらの状態を，気相，液相，固相という．二つの相が接触している面を界面という．二つの相の6通りの組合せのうち，界面の性質が問題になるのは，気相-液相，気相-固相，液相-液相，液相-固相，固相-固相である．

　物質を構成している分子あるいは原子は，そのときの温度に対応する運動エネルギーをもって運動しており，同時に周囲の分子または原子との間に引力が作用している．温度が低い場合は，運動エネルギーが小さいので，分子または原子は同じ位置を保ち，固相の状態にある．温度が上がると運動エネルギーが大きくなり，分子または原子は相互に作用している引力に打ち勝ち，移動をはじめる．これが液相の状態である．

　液体と気体の界面にある分子は，密度の小さい気体の側の分子との間のきわめて小さな引力と，それよりずっと大きい液体の側の分子との間の引力を受けており，両者を合わせると液体の表面にある分子には内部に引き込もうとする力が働いている．表面と垂直な方向の力の成分は液体の分子が外へ飛び出そうとするのとつり合っているが，表面にそった方向の力の成分は液体の表面の分子が互いに引張りあうような力になって作用する．このため，液体表面には表面にそった任意の方向に作用する引張力が存在する．これを**表面張力**という．

　液体の分子の運動エネルギーは，個々の分子において異なり，かなりのばらつきがある．高い運動エネルギーをもつ分子が液体の表面にあると，液体の内部の方向に作用する引力に打ち勝って，外へ飛び出す．この現象が蒸発である．気体の分子が液体の表面に衝突すると，運動エネルギーの小さい分子や衝突で運動エネルギーが減少した分子は，液体の中に入り込む．液体と気体の界面で，液体から飛び出してくる分子と入り込む分子の量が平衡になったとき，その気体を**飽和蒸気**という．

　液相または固相が，異なる物質の気相または液相と接触している界面では，分子が二つの相の間で入り混じる．このときに，界面近くの濃度と相の内部の濃度が異なる状態で平衡に達するような場合を**吸着**という．

浸透性，洗浄性，分散性，起泡性，可溶性など，液相と他の相との界面の性質は液相の表面張力が小さいほど顕著である．界面活性剤あるいは表面活性剤と呼ばれているものは，界面に吸着されて，液体の表面張力を小さくする働きをもつ．せっけんが代表的な例である．一つの分子に疎水基と親水基があり，図2・8のように，水溶液では親水基を水に向け，油中では疎水基を油に向けるように界面に吸着する．

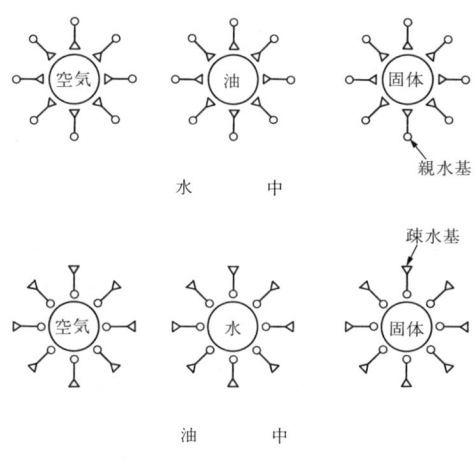

図2・8　界面活性剤の吸着

接着は，一般に液状の接着剤を二つの固体の表面に付けて密着し，接着剤が硬化することにより固体を接合することである．接着剤と固体の界面における接着力は，投錨効果と呼ばれる械機的接着力と，接着剤と固体の分子または原子の間の化学結合による引力および分子間力によって生じる．

投錨効果は，固体表面の凹部に浸入した接着剤が硬化し，くさびの働きをするものである．分子間力は，電気的に中性な分子が分極するために起こる力で，通常の接着の界面における分子間または原子間距離では，引力が作用する．分子間力が引力の場合は，ファンデルワールス力ともいわれる．分子間力による接着の場合は接着力が弱く，他の化学結合による接着の場合は接着力が強い．例えば，エポキシ系接着剤は，共有結合により接着力が生じており，数十MPaの引張強度をもつ．

2・3 材料の力学的性質

2・3・1 弾性および塑性的性質

（1）応力-ひずみ曲線 試料を一軸方向に破壊するまで，徐々に引張荷重または圧縮荷重を加えて行う試験を静的引張試験または静的圧縮試験という（静的という言葉を略す場合も多い）．このとき破壊に至るまでの刻々において，試料に加えられている荷重とそのとき生じた変形との測定から，荷重-変形曲線が得られる．通常，荷重 P は，荷重をかける前の試料の断面積 A_0 で割った応力度 $\sigma=P/A_0$ で，変形は試料の長さ変形 $\varDelta l$ を元の長さ l_0 で割ったひずみ度 ε で表される（**図 2・9**）．このようにすることによって，試料の大きさに影響を受けない材料固有の性質としての応力とひずみとの関係が得られ，材料の力学的性質を知るうえで最も基本的な資料となるものである．この関係を応力-ひずみ曲線と呼んでいる．代表的な材料の応力-ひずみ曲線の概略を図 **2・10** に示した．

軟鋼の場合は変形の小さい間の応力-ひずみ関係は直線であるが，応力があ

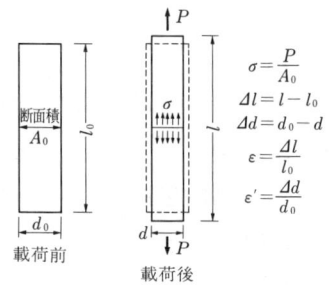

図 2・9 棒の引張試験および応力とひずみの定義

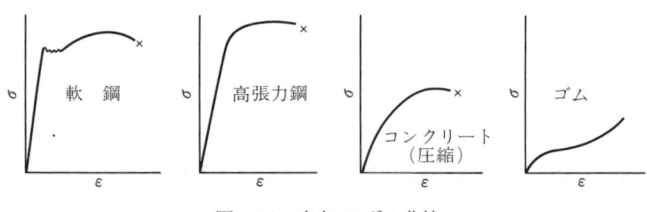

図 2・10 応力-ひずみ曲線

2・3 材料の力学的性質

る値に達すると（降伏点），変形だけが進行しだし（塑性変形），次いでまた応力を増加させないと変形が増加しなくなる（硬化）。このあたりになると，軟鋼の引張試料は断面積を急激に減少させてくびれてくる（**図 2・11**）。応力は最大値に達し応力-ひずみ曲線は負勾配となって最終的には破壊する。コンクリートの場合は，最初から曲線的な関係を示すが，応力が大きくなるとしだいに塑性的傾向を強め，応力の最大値に達し負勾配を経て破壊に至る。破壊までのひずみは軟鋼に比べてかなり小さい。ゴムの場合は前二者とまた異なった挙動を示し，小さな応力で極端に大きなひずみが生ずるのが特徴である。破壊時のひずみを最大ひずみ，ひずみ能力などと呼ぶが，これの大きいものほど延性的で粘りがあり，小さいものほどもろい性質を示す。

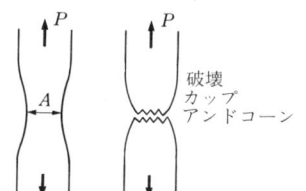

図 2・11　鋼棒の引張破壊

つぎに，荷重を最後まで単調増加させていった場合の曲線を処女応力-ひずみ曲線と呼ぶ場合があるが，それに対して途中で除荷する場合を考えてみよう。**図 2・12** のように完全に元に戻る場合と，一部は回復して一部は残留ひずみとして残る場合とが見られる。外力を元に戻したときひずみが元に戻る性質を物体の弾性的性質という。外力を元に戻してもひずみが元に戻らぬ性質を塑性的性質という。軟鋼の場合は，初期においては完全に弾性的性質を示し，降

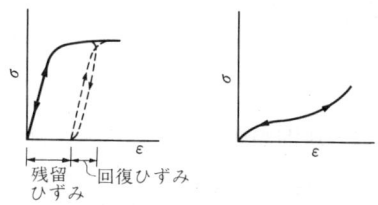

図 2・12　載荷，除荷過程の応力-ひずみ曲線

伏点に達すると塑性的性質を示し，次いでひずみ硬化の領域に入る．コンクリートのように応力-ひずみ曲線が初期の段階から非線形の場合のひずみは，弾性的な性質によるひずみ成分と塑性的な性質によるひずみ成分とからなっていると考えられる．コンクリートの場合は，塑性流動の部分と同時に小さなマイクロクラックなどの発達による非線形化の部分も含まれているので金属のような意味での塑性的性質とは異なっている．

除荷過程で回復するひずみは弾性的な性質であるため，この部分の応力-ひずみ関係は立上り部分の直線と平行になる．さらに再負荷を行うと，除荷点までは，やはり弾性領域部分と平行に上昇していき，その後は，処女曲線と同じ経過をたどる．このように，いったん大きな変形を受けたものは，降伏点が上昇するが，破壊するまでの変形（変形能力）が小さくなり，もろくなったと考えられ，これを加工硬化と呼んでいる．

図 2・13 のように，試料を水平にずらす試験もあり，これをせん断試験と呼ぶ．水平に作用する荷重 Q を断面積 A_0 で割った値 $\tau = Q/A_0$ をせん断応力度，ずれた角度 $\gamma = u/h$ をせん断ひずみ度と呼ぶ．τ-γ 関係についても，σ-ε 関係とほぼ同様な関係が得られる．

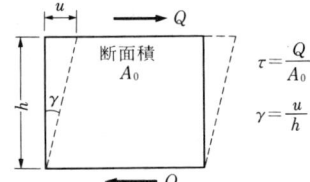

図 2・13　せん断試験

（2）　実用的な弾性係数　　外力を元に戻すとひずみが元に戻る性質を弾性的性質というが，弾性範囲では，応力-ひずみ関係は直線となる．つまり，つぎのように

$$\sigma = E \cdot \varepsilon, \quad \tau = G \cdot \gamma \tag{2・17}$$

となり，いわゆるフックの法則が成り立つ．E，G は応力-ひずみ関係の傾きを意味し，それぞれヤング係数，せん断弾性率と呼んでいる．

その他に，図 2・9 で示すような，縦ひずみに対する横ひずみの比 $\nu = -\varepsilon'/\varepsilon$

をポアソン比といって，これも弾性係数の一つとしてよく用いられる．また，場合によっては，静水圧と体積ひずみの関係を示す体積弾性係数 $K=-\Delta V/V$ も用いられる．弾性体内のある点における応力を三次元的に考えれば，9つの応力成分，ひずみ成分で表される．これらの応力-ひずみ関係を表すためには，最も一般的な場合として 36 個の独立な定数（弾性係数）が必要となるが，材料がすべての方向に同じ弾性的な性質を示すなら，つまり材料が等質等方的であるとすると，独立な弾性係数は 2 個でよいことが弾性力学により知られる．したがって，先ほど E，G，ν，K の四つの弾性係数を定義したが，これらのうち 2 個が知られれば，あとの二つは従属的に求められることになる．これらの関係を示すとつぎのような式になる．

$$G=\frac{E}{2(1+\nu)}, \quad K=\frac{E}{3(1-2\nu)} \tag{2・18}$$

表 2・5 に各種の材料のヤング係数の概数の一覧を示した．

表2・5 各種材料のヤング係数（概数）

木　　　　材	$0.7 \sim 1.0 \times 10^4$ [N/mm²]	石　灰　岩	$3 \sim 4 \times 10^4$ [N/mm²]
花 こ う 岩	$5 \sim 6$　　〃	コンクリート	$1.8 \sim 3.5$　〃
砂岩（石灰質）	6 前後　　〃	鋼	$21 \sim 22$　〃
大　理　石	$7 \sim 8$　　〃	アルミニウム	$7 \sim 8$　〃

2・3・2　粘 性 的 性 質*

一般に固体では外力を加えた場合，外力の大きさに応じて一定のひずみが生じそのまま変形が停止してしまうが，液体のように自由に変形し，流動するものは，ある決まった外力で流動が生じ，大きな外力を加えればそれだけ大きなひずみ速度で流動することが知られている．また，外力を加えたままにしておくと，質点の運動のように加速度が生じてひずみ度がしだいに上昇するようなことはなく，一定の速度で流動することも知られている．つまり，流体の内部では加速度を生じさせないような抵抗力が存在することがわかる．これは，内部の分子間相互の摩擦に起因すると考えられており，これを内部摩擦または粘性と呼んでいる．

---
* 井本立也：概説レオロジー（上），東京化学同人（1963）を参考にしている．

図 2・14 のように流体を流動させると外力によって速度勾配が生じる．この勾配は外力が大きければ大きいほど大きくなる．また，流体の速度とは

$$\frac{d\gamma}{dt} = \frac{1}{dt}\left(\frac{\partial \Delta x}{\partial y}\right) = \frac{1}{dy}\left(\frac{\partial \Delta x}{\partial t}\right) = \frac{dv}{dy} \tag{2・19}$$

であるから速度勾配と同じである．これからも，外力によって流動速度が生じることがわかる．

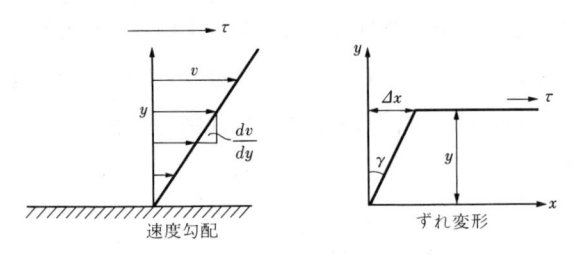

図 2・14 粘性体の流動

粘性流動におけるニュートンの法則は次式のような外力と流動速度が比例すると考えるものである．

$$\tau = \eta \cdot \frac{d\gamma}{dt} \tag{2・20}$$

ここで η は，内部の抵抗の大きさを表すと考えられるから，これを粘性係数と呼ぶ．単位は dyn・s/cm² である．

実在の材料は理想的なニュートンの法則に従うものだけではない．これを非ニュートン流れという．図 2・15 にみられるように（$\tau - d\gamma/dt$）関係が曲線のもの，ある応力 τ_0 になって初めて流動しだすもの（ビンガム流動）や，外力

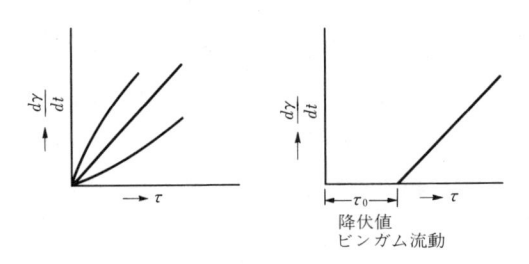

図 2・15 τ と $d\gamma/dt$ との関係

を加えると粘性が大きくなるもの（ダイラタンシー，ずれ応力のため見掛け上の体積膨張を起こす），時間的にだんだんと粘性が小さくなるもの（チクソトロピー），逆に粘性が大きくなるもの（レオペクシー）など，種々の挙動を示す．

2・3・3 粘弾性的性質*

岩石は日常的な時間の範囲では固体と考えられるが，きわめて長い時間の場合には流動しているともみられる．水は流れるものの代表的なものだが，瞬間的に水をたたくと反発を受ける．反発するということは固体特有の性質である．このように物質は，条件しだいでは弾性的にも粘性的にも挙動することはよく経験される．物体のこのような性質のことを粘弾性的性質という．

弾性的性質をフックの法則，粘性的な性質をニュートンの法則で表したが，両方を含む性質を最も簡単な式で表すとつぎのようになる．

$$\frac{d\gamma}{dt} = \frac{1}{G} \cdot \frac{d\tau}{dt} + \frac{1}{\eta}\tau \tag{2.21}$$

これをマックスウェルの式と呼んでいる．この式で挙動が表されるような物体をマックスウェル物体と呼ぶ．

この物体がどのように挙動するかを調べてみよう．いま外力 τ をかなり短時間の間に加えたとすると，式（2・21）の右辺第1項は第2項に比べて十分に大きくなるから，$d\gamma/dt = (1/G) \cdot (d\tau/dt)$ となり，これはフックの法則に一致する．つぎに外力をゆっくり加えたとすると，右辺第1項は小さな値となるから，$d\gamma/dt = (1/\eta)\tau$ となり，これはニュートンの法則と一致する．

この物体にあるひずみ γ_0 を加えて，その後ひずみを一定にしておくとどうなるであろうか．$d\gamma/dt = 0$ として式（2・21）を解くと

$$\tau = \gamma_0 G \cdot e^{-\frac{t}{t_0}} \tag{2.22}$$

となり，**図 2・16** のように応力は指数関数的に減少することがわかる．つまり，粘弾性的な物体にひずみを加えたまま放置しておくと，応力は緩和されることになる．ここで t_0 は η/G であり，単位は時間である．

このような物体は

---

* 前出 (p. 21)

$$\tau = G\gamma + \eta \frac{d\gamma}{dt} \tag{2・23}$$

で表されることもある．いま，外力 τ_0 を $t=0$ で載荷し，そのまま持続させた場合を考えてみよう．$\tau=\tau_0$ を上式に代入して解くと

$$\gamma = \frac{\tau_0}{G}\left(1 - e^{-\frac{t}{t_0}}\right) \tag{2・24}$$

となり，ひずみは**図 2・17** のように指数関数的に増加することがわかる．このような現象をクリープ現象と呼ぶ．

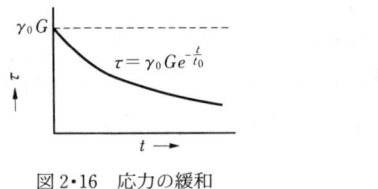

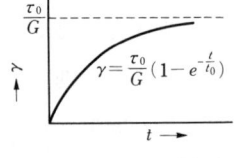

図 2・16 応力の緩和

図 2・17 クリープ変形

2・3・4 破壊・降伏および強度

材料の破壊は脆（ぜい）性破壊と延性破壊に大別される．**図 2・18** のように，脆性破壊は破壊するまでのひずみが非常に小さく破壊直前までほぼ弾性的に挙動するが，延性破壊は破壊までに大きな塑性ひずみを伴う破壊である．金属が延性破壊をする場合には，最大応力に達した時点で図 2・11 のように試験片はくびれ出し，最終的にはカップアンドコーンのような形状をして破壊する．

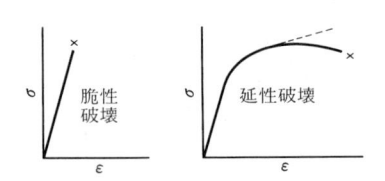

図 2・18 脆性破壊と延性破壊

材料が脆性破壊するか延性破壊するかは，材料の特性，力の加わり方，環境条件などによって決まってくる．材料内に介在物や欠陥などが多いと脆性破壊を起こし，応力が急激に加わると変形速度よりも応力の増大速度が大きくなって脆性的に破壊する．また，応力が引張応力やせん断応力の場合にも脆性破壊

を起こすことがある．金属などの場合，低温であったり，水素ガスなどが表面に存在すると脆性破壊を起こすことがある．

破壊には，この他に疲労破壊，クリープ破壊，衝撃破壊などがあり，ミクロ的には，粒内破壊，粒界破壊などの呼称があるが，ここでは荷重を静的に加えていった場合の破壊または流動についてのみ限定して述べることにする．

それでは，材料が脆性破壊するときの応力（強さ），延性破壊する場合の流動し始める時点での応力（降伏点）について少し調べてみよう．

材料がすべるということは，図 2・19 に示すように，原子または分子間においてポテンシャルエネルギーの山を乗り越えて相対的にずれるということであるから，原子または分子間の結合力などがわかっていれば，すべりに必要な応力は計算から求めることができる．

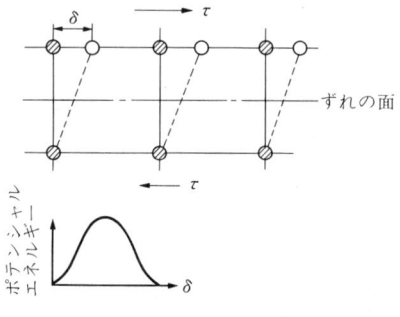

図 2・19 分子または原子の相対移動

実際に計算してみると，例えば鉄は 6 762 N/mm² のせん断強さになるといわれている*．実在の鉄でこんなに強いせん断強さ（降伏点）をもったものはもちろんない．そこで，このように計算された強度のことを理論強度と呼んでいる．ではどうして理論と実際がこのように違うのであろうか．たとえ話を持ち出すと*，床に敷かれたカーペットの端を引張ってずらすには大変な力がいるけれど，カーペットにしわを作って，そのしわを引き伸ばすのはさほど困難ではない．金属の結晶の中にもこのしわに相当する転位が存在していると考えられている．転位とは図 2・20 に示すように，結晶格子の欠陥のことである．

---

* 内山 郁 編著：鉄鋼・高強度に挑む，工業調査会（1981）

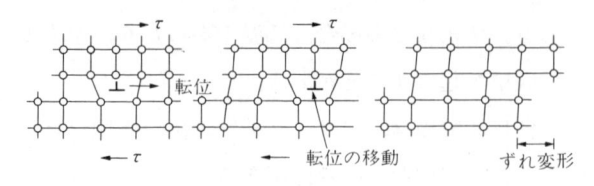

図 2·20　転　　位

せん断力によって転位が移動していけば，つまり各個に相対ずれが起こっていけば，非常に小さな力でもマクロ的な相対ずれを起こさせることができる．このように降伏強さは，転位の存在とその運動に大きくかかわっており，さまざまな力学的挙動がこれによって説明づけられている．

すべりではなく，原子または分子間においてお互いに分離し新しい破面を作り出す場合はどうであろうか．この場合も原子などの結合力がわかれば計算することができ，ごく大ざっぱにいえばヤング率の 1/10 ぐらいと考えてよい．もちろん，これも実在の材料の強さとはまったく一致しない．計算では理想的な材料を考え，これが一挙に分離すると考えているからで，実在の材料では，こういうことは起こらず，必ず欠陥だとか介在物を含んでおり，この周辺でまず破壊が起こり，これが各個に破壊していく．それをグリフィスはつぎのように考えた．

材料の中に**図 2·21** のような長さ $2c$ の偏平な楕円状のクラックが潜在していると考える．このとき，応力集中によって，クラック先端では，理論的な強度に等しい応力が生じていると考えられる．クラックが広がりはじめると，弾性エネルギーが解放されるが，一方では，クラックが大きくなるので表面エネルギーが増加する．クラックが広がったことによって解放されるエネルギー

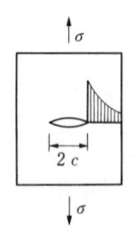

図 2·21　欠陥部の応力集中

U_E は

$$U_E = \frac{\pi c^2 \sigma^2}{E} \tag{2・25}$$

であり，表面エネルギーの増加分 U_S は

$$U_S = 4c\gamma_S \tag{2・26}$$

である．ただし，γ_S は単位面積当りの表面エネルギー．ここで，クラックの拡大に対して，弾性エネルギーの解放する割合（$\partial U_E/\partial c$）が表面エネルギーの増加の割合（$\partial U_S/\partial c$）より大きくなれば，$U_S - U_E$ はエネルギーを小さくさせる方向に向かい，クラックは自発的に拡大し全体が破壊に至る．そのときの応力は

$$\frac{\partial U_E}{\partial C} = \frac{\partial U_S}{\partial C}$$

から

$$\sigma = \left(\frac{2\gamma_S E}{\pi C}\right)^{\frac{1}{2}} \tag{2・27}$$

となる．

　グリフィスによって導かれた脆性破壊の発生条件は，塑性変形をまったく生じない一種の理想的な完全脆性破壊の場合であり，実際には，クラック先端では塑性流動が起こって，エネルギーを吸収し，破壊を遅らすことになる．実際に使用する材料では，完全に脆性破壊するものは力学的な材料としては不適であるから，むしろ，転位などが存在して，塑性流動が起こりやすい材料のほうがよいということになる．また，クラック先端に大きな介在物などが存在すると，クラックの成長を妨げて，これまた，完全に脆性的に破壊するのを防止してくれることもある．介在物は応力を集中させて強さを弱めるが，同時にひび割れの成長を妨げてくれる役割ももっていることになる．

　材料試験的には，降伏点，最大引張強度などが実測されるが，材料強度は前述したように，材料の欠陥か介在物などによって大きく影響を受けるので，強さには種々の特徴がでてくる．その一つとして強さは，材料中の最も大きい欠陥や介在物に強く影響を受けることが容易に想像される．このような性質のこ

とを組織敏感性とも呼んでいる．そして材料中の最も大きな欠陥はあらかじめ制御することはできないから不確定である．いいかえれば，強度は不確定現象であることがわかる．このため強度の実測値はヤング率などの測定値より大きくばらつくのが普通である．これに対して，変形や，ヤング係数などは最も大きい欠陥だけではなく，その他のすべての欠陥を含む組織全体の平均的な挙動として現れてくる．つまり組織的に鈍感であることがわかる．二つめに，材料の寸法が小さくなってくると，中に含まれる欠陥が少なくなり大きな強度が実測される．これは，普通のガラスに比べて，ガラス繊維の強度がはるかに大きくなることからもわかる．また，コンクリートにおいても，10ϕ のシリンダのほうが 15ϕ のシリンダで強度試験するより大きな値となることでもわかる．このような現象を強度の寸法効果という．

さらに，物質が破壊することは，時間的な現象でもあるから，外力を加える速さによっても強度の実測値は変わってくる．加力速度が速いほど強度の測定値は大きくなる．

2・3・5　繰返し疲労破壊

材料に**図 2・22** に示すような時間とともに変動する荷重を繰り返し加えていくと，ついには，破壊に至ることがある．このような現象を繰返し疲労破壊という．実在の構造物に使われている材料は多かれ少なかれ，このような状態におかれている．このため，材料の疲労特性について知ることはきわめて大切なことである．

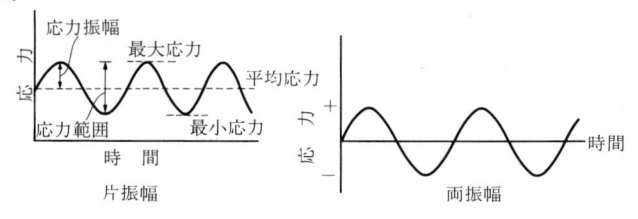

図 2・22　繰返し負荷応力

繰返し疲労破壊の実験の方法は材料の各分野で若干異なっている．コンクリートの場合は，圧縮荷重，曲げ荷重が主で，応力の振幅は片振りがほとんどである．繰返しの周期は $10\,\mathrm{Hz}$ 前後で行われており，2×10^6 回で実験を打ち切

るのが通常である．金属の場合は，回転曲げ試験機などによって正負の応力を負荷する場合が多い．最大の繰返し回数は $10^7 \sim 10^8$ まで行う．

測定結果の表示は，図 2・23 のように，縦軸に応力 S，横軸にその応力で破壊するまで繰返した回数 N をとった S-N 曲線で行う．通常横軸は対数目盛としコンクリートの場合，縦軸は応力レベル（最大応力／静的強度）で表すことが多い．金属の場合は縦軸は応力振幅で表す．通常 S-N 曲線は直線になる例が多い．金属の場合はある応力のところで水平に折れる．このことは，ある応力以下では無限に近く繰り返しても破壊が起こらないことを意味しており，このときの応力を耐久限と呼んでいる．鉄鋼の場合，耐久限は引張強度が大きいほど大きくなる．コンクリートの場合，このような耐久限が存在するかどうかはまだ正確に確かめられてはいないが，通常は耐久限は存在しないという前提で議論が進められている．

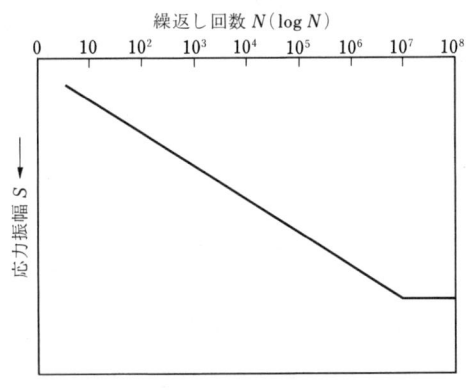

図 2・23　S-N 線図

破壊回数が $10^2 \sim 10^3$ 以下の部分とそれより多い場合とでは区別して取り扱われることが多い．前者を低サイクル疲労，後者を高サイクル疲労とも呼んでいる．建築において，地震による破壊の場合は，前者が必要であり，この場合は何回で破壊するかよりも，応力-ひずみの履歴曲線が大切になる．

疲労破壊回数は，材料の欠陥や介在物に，静的強度以上に大きく影響を受ける．そのため，まったく同じように製作した材料に同じ応力のもとで破壊回数

を測定しても，大きくばらつくのが特徴である．コンクリートなどの場合は1桁から2桁の範囲でばらつく．そのため実際の取扱いには統計的処理が不可欠となる．このため，**図 2·24** に示すようなS-N-P線図が用いられる．

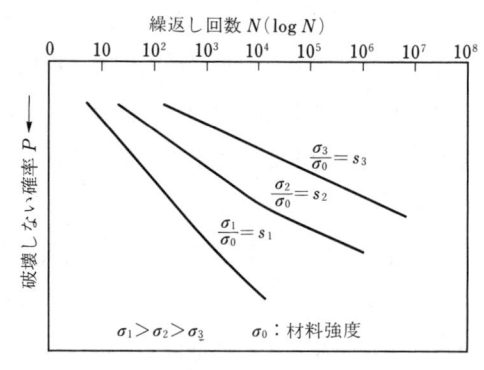

図 2·24　S-N-P線図

2·3·6　クリープ変形・クリープ破壊

粘弾性的性質のところで述べたように，一般に物質は持続荷重のもとで変形しつづける性質をもつ．このように，一定応力のもとでひずみが時間とともに変化することをクリープという（鉄鋼は常温ではみられないが 300〜400°C ぐらいになるとこの現象がみられるようになる）．コンクリートや木材などは常温でもクリープ現象が生じる．

載荷した応力がかなり大きい場合には，各材料に共通して，時間と変形の関係は，**図 2·25** にみられるようなクリープ曲線となる．この曲線からわかるようにクリープ曲線は三つの領域からなっている．それぞれの領域は，ひずみ速

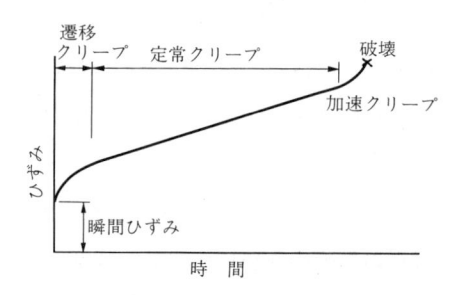

図 2·25　定荷重下における時間とひずみの関係

度が時間とともに減少していく遷移領域（1次クリープ），次いでひずみ速度が一定となる定常領域（2次クリープ），最後にひずみ速度が急増して破壊に至る加速領域（3次クリープ）と呼ばれている．この場合のように，クリープ変形の後破壊する現象をクリープ破壊または遅れ破壊と呼ぶ．コンクリートの場合は静的強さの70％ぐらいの荷重以下ではこのような遅れ破壊の現象は生じない．遅れ破壊が生じる最低の応力度をこの物質の真の強さと呼ぶこともある．なぜなら，静的試験で測定された値は，あくまで，ある特定試験時間内の現象であって，試験時間をきわめてゆっくりと行えばこの値が測定されるはずである．事実，クリープ破壊する応力では破壊に結びつくようなひび割れが生じており，単に時間的に遅れているだけであるとみることができる．

定常クリープのひずみ速度は，応力や温度によって決まり，応力 σ に対してはノートンの法則，つぎの指数式関数表示

$$\dot{\varepsilon} = k\sigma^n \tag{2・28}$$

などが用いられる．k, n は定数で温度に依存する．

コンクリートや，木材の場合は低応力の場合のクリープ現象が主として大切になってくるので，**図 2・26** に示すような1次クリープ，2次クリープしか現れない場合を取り扱う．この曲線を実際の解析や設計に用いる場合は，曲線を数式表示しなければならないが，これについては多くの提案式があり，別の成書を参考にしていただきたい．

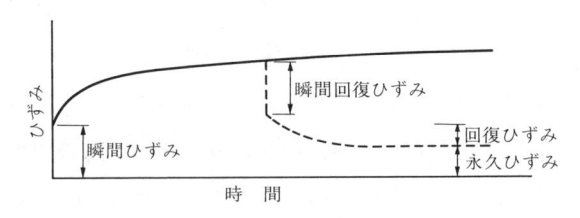

図 2・26 低応力の場合のクリープ現象

クリープ曲線をさらに細かくみてみると，各材料によって，それぞれ異なった特性を示すことがわかる．それは現象的には同じでも，それが現れてくるメカニズムがそれぞれ異なっていることによるものである．例えば，クリープ変

形を体積ひずみ成分とせん断ひずみ成分に分解してみると，金属の場合は体積ひずみ成分は0とみなせるが，コンクリートの場合はかなり大きくなる．これはコンクリートのクリープは水分の移動をともなっており，乾燥収縮と同様に体積変化となって現れるからである．

さらに，クリープ変形の途中で除荷すると，図2・26のように，ゆっくりと回復する部分と回復しないで残留する部分とが現れてくる．前者は，遅延弾性と呼ばれることがある．このようにみると，ひずみは，つぎのような三つの成分からなっていることがわかる．

　　　全ひずみ＝瞬間ひずみ＋遅延弾性ひずみ＋永久ひずみ

2・3・7　硬さ・すりへり

材料が硬いとか軟らかいとかいう言葉は分野によっていろいろな意味に用いられる．例えば，金属材料では切削，加工のしやすさを表すのに用いられることがあり，岩石では研磨しやすいかどうかを，またコンクリート用骨材では軟石を見い出すのに用いられる．その他，建築では床材のすりへり，きずのつきやすさ，表面仕上げの感覚の問題などに関連して用いられる．

摩耗に対する抵抗の程度を調べるものとしてドリー（Dorry）の摩耗試験機，骨材に対してはデバル（Deval）の試験機，ロスアンゼルス（Los Angels）試験機などがある．反発硬度も硬さを表すものの一つで，ショアー（Shore）の硬さ試験などがある．これは試験片に球を衝突させ，反発によるはね上がりが大きいものほど硬いと判定するものである．コンクリートに用いられるシュミット（Schmidt）ハンマなどもその一種で，硬いものほど強度も強いという前提に立って，非破壊試験で強さを調べるのに用いられる．押込み硬度は小さな鋼球やダイヤモンドの角錐を材料に押し込み，その印跡のできぐあいから硬さを調べるもので，ロックウェル，ブリネル，ビッカース（Rockwell, Brinell, Vickers）硬さ試験法などがある．材料の刻みや切削工具に対する抵抗性を調べるのに用いられる．ひっかき度も表面の硬さを調べるのに用いられ，マルテンス（Martens）の硬度計などがある．コンクリートの軟石量の試験法には黄銅棒によるひっかき抵抗の度合によって調べる方法が用いられる．

2・4 耐　久　性

2・4・1 耐　用　年　数

　建物は一つのシステムである．建築材料は設備機器などとともに建物のシステムを構成する要素の一つである[*1]．耐用年数とはシステムとしての建物またはその要素が使用に耐えなくなるまでの年数である．建物は自然環境の中で種々の外的作用を受けてシステム全体およびその要素の物性が変化し，やがて建物の外観や機能[*2]に障害が生じるようになる．この現象を劣化（degradation）という．劣化の程度を劣化度というが，耐用年数は劣化度が建物の存続と安全に関する要求性能[*3]を満たさなくなった時点で決まる．これを物理的耐用年数という．建築材料は構法，施工法とともに物理的耐用年数に密接に関与する．

　耐用年数は，図 2・27 に示すように，経営・経済性あるいは都市計画・生活レベルの要請などから決まることもあり，前者を経済的耐用年数，後者を社会的耐用年数という．基本的に物理的耐用年数はこれらの耐用年数よりも長くなければならない．

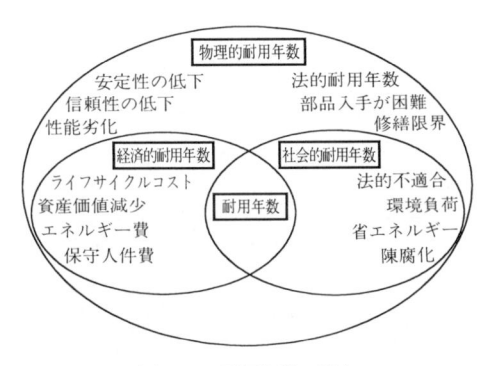

図 2・27　耐用年数の概念

[*1] 建物をシステムとして見た場合，構法はシステム要素のつなぎ方，施工はその組立方である．
[*2] 機能とは目的または要求に応じて物が果たす役割をいう．
[*3] 性能とは目的または要求に応じて物が発揮する能力をいう．

耐用年数は建物がこれから先何年間存続し得るかを予測することである．図 2・28 に住宅を例にとって日・欧米の更新周期の比較を示す．実際に建てられた建物が解体・撤去されるまでの地上に存続した期間に関するデータとして参考になる．更新周期は日本が 30 年なのに対してドイツ 70 年，フランス 86 年，アメリカ 96 年，イギリス 141 年である．更新が物理的，経済的，社会的耐用年数のいずれによるかによって論点が変わるし，国によって地理的・歴史的背景も異なるのであるが，日本の住宅は欧米諸国に比べて極端に使用期間が短い．そのことが建築廃棄物の増大を招き，大きな環境問題となっていることは事実である．

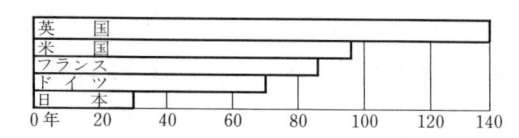

図 2・28 住宅更新周期の国際比較（日本経済新聞 1999.7.25 号）

2・4・2 耐 久 性

（1） ライフサイクル　現実の建物は竣工から滅失までの間，何もしないわけではなく，通常，保守・修繕などの維持・保全を行う．建物の維持・保全を行いながら滅失に至る期間をライフサイクル (life cycle) という．ライフサイクルの概念を図 2・29 に示す．建物が有する性能（Q）は竣工時の初期水準（Qi）から経年とともに低下するが許容水準（Qa）以下にならないように

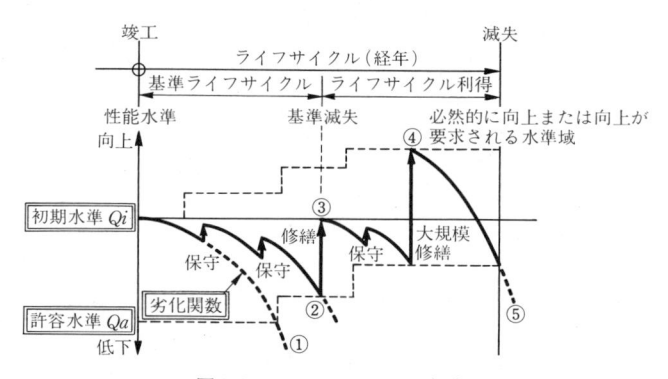

図 2・29　ライフサイクルの概念

保守を行う．時間の経過の中で生活レベルあるいは設備機器の向上，社会的要請などで Qa, Qi はともに変化する．図中③は Qa が変化した場合，④は Qi が変化した場合で，修繕あるいは大規模修繕を行って性能水準を回復・向上させる．

（2） 耐久性方程式　　耐用年数は一種の未来予測であるから，これを行うための予測関数すなわち耐久性方程式が必要である．耐久性方程式は建物性能の初期水準（Qi），許容水準（Qa）および劣化速度 $D(t)$ で構成される．

$$Qa = Qi - \int D(t)\,dt$$

耐久性方程式の劣化関数は図2・29①を与える．保守をしないときの物理的耐用年数は Qa との交点である．通常は保守を繰り返してやがて Qa を下回る時点で耐用年数に至る（②基準滅失）．この時点で修繕を行って図中③に水準を回復すれば物理的耐用年数を延ばすことができる．Qi を越えた水準まで回復させることもある（図中④）．③，④のいずれを選択するかはライフサイクルコスト（life cycle cost, LCC）によって評価する．このようにしてライフサイクル利得（gain）を得る．

（3） 循環建築　　建物は一つのシステムであり建物に固有の耐用年数を有する．システムを構成する要素の一つである建築材料もそれぞれに耐用年数をもつが，材料の耐用年数は種類，環境条件などによって異なる．したがって，ライフサイクル利得を大きくするには部材要素を取り替えやすい，つまり，保守・修繕を行いやすい建築構法にしておく必要がある．さらに，保守・修繕工事の際に建築廃材をできるだけ少なくすることが環境対策上求められる．これは建築時にも共通する．このような要求を満たす構法の建築を循環建築と呼ぶ．

循環建築は，具体的にはシステムとしての建築要素である建築材料とその構成のつなぎ方(構法)において異質の材料を接着(bonding)しないことである．

2・4・3　劣化外力

耐久性問題は耐久性基礎方程式を解くことに帰するが，劣化関数 $D(t)$ には外的作用の内容および作用を受ける材料の機械的，物理的および化学的な，つ

まり材料科学的性質が総合的に関係してくるので複雑である．

劣化（degradation）とは，地震や火災などの災害を除いた物理的・化学的・生物的要因などの外的作用によって性能が低下することである．

物の劣化に影響を及ぼす諸因子を劣化要因といい，劣化要因を総称して劣化外力という．劣化外力は，エネルギー系と劣化媒質系（エネルギーを受けて活性化して劣化に関与する）とに大別される（**図2・30**参照）．

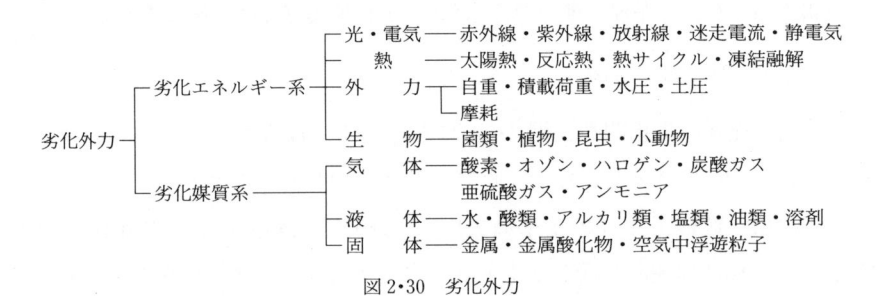

```
                    ┌ 光・電気 ── 赤外線・紫外線・放射線・迷走電流・静電気
         ┌ 劣化エネルギー系 ┤ 熱   ── 太陽熱・反応熱・熱サイクル・凍結融解
         │           ├ 外 力 ┬ 自重・積載荷重・水圧・土圧
劣化外力 ┤                    └ 摩耗
         │           └ 生 物 ── 菌類・植物・昆虫・小動物
         │           ┌ 気 体 ── 酸素・オゾン・ハロゲン・炭酸ガス
         └ 劣化媒質系 ┤              亜硫酸ガス・アンモニア
                     ├ 液 体 ── 水・酸類・アルカリ類・塩類・油類・溶剤
                     └ 固 体 ── 金属・金属酸化物・空気中浮遊粒子
```

図2・30　劣化外力

2・4・4　劣 化 現 象

物の性能は劣化外力によって低下する．物の性能低下にともなって現れる現象を劣化現象という．劣化要因は異なっても劣化現象は同じことがある．また，表面に見られる症状や体に感じられる症状をさして劣化症状ともいう．

劣化要因は物理的，化学的に作用する．通常，両作用は同時に進行し，かつ，相乗効果を示す．ただし，いずれか一方が比較的優勢に進行する場合がある．例えば，湿潤・温暖な低地では化学的劣化作用が活発になるし，乾燥・寒冷地帯，高山地帯などでは物理的劣化作用が卓越する．

（1）　劣化エネルギー系要因による劣化現象

（a）　光劣化（photo-deterioration）　光のエネルギーは波長が短いほど大きい．太陽光の中で光劣化に関係するのは紫外線に限られる．地表に届く紫外線の波長は300 nm 以上でありこの紫外線の光化学反応によって劣化する．

（b）　放射線劣化（radiation deterioration）　10^3 eV（$=9.6$ kJ/mol）以上のエネルギーを有するものを放射線という．α線（ヘリウムの原子核），β線（高速電子），γ線（波長 $0.01 \sim 0.0001$ nm の電磁波），X線（波長 $0.1 \sim$

10 nm の電磁波），中性子線などがある．放射線を受けた物質の劣化は，放射線のもつ高エネルギーによって活性化されて光化学反応による場合と，放射線の粒子性に起因する場合とがある．例えば，中性子が原子と衝突すると，原子配列をゆがめたり結合を切ったりあるいは原子をはねとばしたりする．中性子は原子との衝突を繰り返すうちに捕捉されその原子を同位体に変える．同位体は不安定で γ 線励起などが起こり材質は一般に硬脆化する．金属では強度は上昇するが伸びが著しく減少する．鉱物油では粘度が増加する．原子炉の設計では放射線損傷対策が重要である．

（c）**熱劣化**（thermal deterioration）　酸化反応は温度依存性が強い．高温下の酸化反応で材質が低下する現象を狭義の熱劣化という．熱によって温度が上昇すると物質は活性化する．アレーニウス（Arrhenius）の化学反応に対する速度定数の温度変化を表す式は，$K=A \cdot e^{-Ea/RT}$ である．これは T を温度，R を気体定数として速度定数 K が頻度因数 A と活性化エネルギー Ea を含む指数項（$e^{-Ea/RT}$）の積で表されるとするもので，単純には温度 T が 10℃ 上昇すると反応速度は 2 倍になる．

（d）**熱分解**（thermal decomposition）　熱による化学変化のうち，熱エネルギーが結合エネルギーを上回るときに生じる．熱分解を支配する要因としては加熱速度，物質の種類・構造，酸素などが影響する．

（e）**熱変形**（thermal deformation）　熱膨張は，熱エネルギーを受けて励起された原子間の平均距離が大きくなることによって生じる．

（f）**生物劣化**（bio-degradation）　生物による材料の損傷．カビ類（fungi），細菌類（bacteria），放射菌類（actynomyces）などの微生物が分泌する酵素による分解作用を微生物劣化（micro organisms）という．

（2）**劣化媒質系要因による劣化現象**

（a）**吸水劣化**（water deterioration）　材料の細孔におもに毛細管作用によって水が浸入する現象を吸水という．水蒸気を含む大気中に置かれた材料中への水蒸気の拡散現象は吸湿という．浸透と拡散の理論としてフィックの拡散式がある．大気中の水蒸気圧と平衡するために材料中の水分には脱着現象が

生じ，それにともない，可逆的な膨張（moisture expansion），収縮（drying shrinkage）が生じる．

（b） **溶解・溶出**（solution・elution）　水の溶媒としての作用によって劣化する．

（c） **活性物質による劣化**（degradation by active materials）　材料の表面が主として化学的に活性な物質によって劣化する現象．

（3） **金属材料に生じる劣化現象**

（a） **乾　食**（dry corrosion）　金属表面の結晶格子が破壊される現象を腐食（corrosion）という．金属とその皮膜界面で発生した金属イオンと酸素，ハロゲン，硫黄などの酸化性ガスとが皮膜中に拡散・反応する腐食を乾食という．乾食における腐食生成物はスケール（scale）と呼ばれ，鉄の場合は乾食によって，四三酸化鉄（Fe_3O_4）を主成分とした緻密な酸化物皮膜が形成される．黒皮と呼ばれ乾燥時には安定な保護膜として働く．

（b） **湿　食**（wet corrosion）　金属が電解質液体と接触して，金属と液体との界面に局部電池（local cell）を形成し，金属イオンとなって溶出していく現象．局部電池には，異種金属による電池構成（composition cell），濃淡電池（concentration cell），応力電池（stress cell）の形成などがある．一般にイオン化傾向の大きい金属ほど陽イオンになりやすいので腐食されやすい．実用上はおもに湿食が問題になる．鋼の湿食による腐食をさび（rusting）という．鋼のさびの主体は水酸化第二鉄（$Fe(OH)_3$）で赤さびと呼ばれる．体積が2〜4倍に増えるので鉄筋コンクリートではこの膨張圧によってひび割れが発生する．

（c） **塩　害**　密実なコンクリートはアルカリ性が高く，コンクリート中の鋼材の表面は緻密な不動態皮膜[*]で保護されているので腐食しにくい．コンクリート中に塩化物イオン（Cl^-）が一定量以上存在すると不動態皮膜は部分的に破壊されて鋼材は腐食しやすくなる．

（d） **微生物劣化**　鉄バクテリアが分泌・排泄するクエン酸などの有機酸

---

[*] 腐食抑制作用のある薄膜．鉄の酸化物またはオキシ水酸化物でできている．

による発錆促進，土壌菌の硫酸塩還元バクテリアによって還元された硫化水素による鉄や銅の硫化などが知られている．

(3) セラミックス材料に生じる劣化現象

(a) 熱割れ　　岩石は，一般に複数の造岩鉱物で構成されており各造岩鉱物の熱膨張係数が異なる．熱を受けた場合内部応力が生じ，これを繰り返すことによって破壊することがある．ガラスは全面が均等に熱せられればかなり高温でも耐えられるが，局部的に熱せられると熱応力が発生して熱割れを起こす．熱線吸収ガラスが日射によって割れることがあるのは熱応力による．

(b) 乾燥収縮・吸水膨張　　石材，陶磁器，コンクリートには微細な空隙があり吸水膨張～乾燥収縮を繰り返す．施工後数年を経てから，ひび割れ，釉薬剝がれ，はく離などを生じることがある．大気中に置かれた普通コンクリートでは $5\sim8\times10^{-4}$ 程度の乾燥収縮ひずみが生じ，これによってひび割れが生じることがある．一般に吸水して含水率が増すと強度が低下する．

(c) 凍害（frost damage, freezing damage）　　水は氷になると約9％の体積膨張が生じる．材料中の細孔空隙やクラックに含まれている水の凍結による膨張圧と凍結・融解の繰返しによる劣化を凍害という．コンクリートでは練混ぜ水を多くすると，$10^{-3}\sim10^{-4}$ mm 程度の細孔量が多くなり，この細孔中の水が -1°C 内外で凍結して凍害の原因になる．石材では，温度応力とともに凍結による膨張圧が物理作用による劣化外力の主要なものである．多孔質の粘板岩質軟石では表面にポップアウト現象が生じる．れんが，かわら，テラコッタなどの多孔質素地をもつ粘土製品も凍結融解作用を受けて，剝落や層状剝離を生じる．

(d) 溶出　　コンクリートの水和生成物に水酸化カルシウム（$Ca(OH)_2$）がある．コンクリートが流水に接すると遊離 $Ca(OH)_2$ が徐々に溶出する．雨水があたる箇所では，雨水中の炭酸（H_2CO_3）が $Ca(OH)_2$ に作用する．H_2CO_3 濃度が低い場合は不溶性の中性炭酸塩（$CaCO_3$）を生じて安定するが，H_2CO_3 の濃度が高くなると可溶性の酸性炭酸塩（$Ca(HCO_3)_2$）を生じて溶出する．ガラス表面は親水性でありガラス中のアルカリ分が溶出して表面

風化（ヤケと呼ばれる）を生じることがある．

（e） **中性化**　材料の表面が主として化学的に活性な物質によって劣化する現象である．コンクリートは，$Ca(OH)_2$ が強アルカリ性（pH 12～13）の化学活性のため低濃度のアルカリには侵食されないものの，多くの酸類，油脂類に侵食される．特に空気中の炭酸ガスの作用によって水酸化カルシウムが炭酸カルシウムに変化する反応は中性化（neutralization）と呼ばれる．コンクリートの中性化そのものは，強度にはほとんど影響しないが，鉄筋コンクリートの場合，鉄筋の不動態皮膜の形成が阻害され，酸素を含む水分が存在すれば，鉄筋がさびる．ガラスを含む陶磁器類は，一般に化学的に安定な材料であるが，フッ化水素酸，溶融アルカリなどに侵食される．

（f） **アルカリ骨材反応**　コンクリート中の水酸化アルカリ（NaOH, KOH）と骨材中のアルカリ反応性鉱物*との間の化学反応．アルカリ・シリカゲルの生成およびその吸水膨張によってコンクリートにひび割れが生じる．

（g） **汚れ**　建物の外壁は浮遊粉塵，排気ガスを吸着して汚れる．表面打放しコンクリートは気性藻と呼ばれる藻類が付着しやすく，コンクリート表面の汚れの原因の一つになる．

（4）　高分子材料に生じる劣化現象

（a） **天候劣化・風化**　有機高分子材料には光劣化が顕著に生じる．これらは遊離基（free-radical）や励起分子が開始剤となってラジカル反応が進み，酸化によって高分子の主鎖切断や架橋を生じる．硬脆化したり粘稠化したりする．屋外環境下で劣化する場合を天候劣化（weathering）という．木材表面が天候劣化によって銀白色に変化する現象を風化という．紫外線と水分，酸素による一種の漂白作用である．

（b） **変退色・脆化・収縮・ひび割れ**　高分子材料の熱劣化は光劣化と同じラジカル酸化反応によって生じる．

---

* アルカリ反応性鉱物には火山ガラス，クリストバライト，トリディマイト，オパール，微晶石英および結晶格子にひずみを有する石英がある．これを含む可能性のある岩石としては，安山岩，流紋岩，玄武岩，石英安山岩，花崗岩，チャート，砂岩，頁岩，石灰岩，粘版岩，片麻岩，片岩などがある．

（c）**熱変形**　多くのプラスチックは熱を加えると可塑性（plasticity）を示す．熱膨張率は他の材料に比較して著しく大きく，建築材料としては寸法安定性に欠ける．取付けにあたっては熱膨張に対する逃げを取っておく．

（d）**膨潤**　溶剤と高分子材料の極性が一致すると両者の合体現象が起こり膨潤してついには溶解する．

（e）**溶解**　プラスチックは，吸水性をほとんど示さないものから多量の水を吸収して特性が変化するものまである．一般に，水酸基（-OH），カルボキシル基（-CO-OH），アミン（-NH$_2$）などが結合すると吸水性が高くなり，はなはだしいときには水に溶解するようになる．ポリビニルアルコール，メチルセルローズ，カルボキシメチルセルローズなどは水によく溶解する．

（f）**オゾン劣化**　高分子材料の活性物質による劣化は，電気の良導体である金属とは劣化機構がまったく異なる．主として，化学的に活性な物質の高分子材料への侵入および拡散によって生じる．ゴム材料などで問題になるオゾン劣化は，活性ガスの一種であるオゾン（O$_3$）が高分子の二重結合などの不飽和結合部分を劣化させるものである．

（g）**干割れ・狂い**　木材は，含水率の増減によって伸縮する．含水率1％の変化に対する樹幹方向の伸縮率は，比重をρとすれば，約0.03ρ％である．木材の乾燥が不十分であると使用開始後に寸法変化，干割れ，狂いが生じる．含水率が増すと強度は低下する．

（h）**腐朽・食害**　木材腐朽菌による木材の分解を腐朽（rot）と呼ぶ．木材は，腐朽のほかにシロアリ，ヒラタキクイムシなどの食害よる穿孔によって損傷することがある．

2・5　材料の高温性状および防・耐火性能

2・5・1　燃　　　焼

（1）**燃焼の定義**　一般に燃焼とは，可燃物（可燃性物質）と空気中の酸素との酸化反応により，高熱と光を生じる状態と定義している．

（2）**燃焼の条件**　物質の燃焼条件として，可燃物，酸化剤（酸素），熱

の3要素が必要で，このうちの一つが欠けても燃焼は起こらない．さらに燃焼に至るには，可燃物の熱分解により放出される可燃性ガスの濃度と酸素の混合比が一定の範囲内（上～下限値）にある必要がある．その他に温度や圧力の条件も問題となる．

可燃物は燃焼により生じた熱でさらに熱分解し，可燃性ガスを放出して燃焼する．同時にこのとき生じた熱エネルギーが，さらに可燃物の燃焼を促進しながら図2・31に示すような燃焼サイクルを繰り返す．したがって，消化・難燃化の原理は，このリサイクルの中途で注水による熱エネルギーの低下，空気（酸素）の遮断，不活性ガス（CO_2 など）の供給による組成条件の低下などにより燃焼を停止させることである．

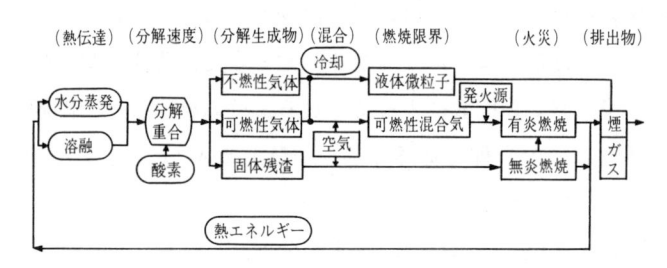

図2・31 高分子物質の燃焼系モデル*

（3） 燃焼の形態　　燃焼形態は，可燃物の状態（固体，液体，気体）や酸素の供給状態などにともなう組成条件によって蒸発燃焼，分解燃焼，表面燃焼，拡散燃焼などに区分できる．

a．蒸発燃焼：例えばガソリンやアルコールなどの燃焼のように，液体表面から蒸発した可燃性蒸気が空気中の酸素と液面上で一定の混合比（燃焼範囲）になると，発火エネルギーによって燃焼する現象．

b．分解燃焼：木材や石炭などの有機質の固体は，熱分解により分解ガスを発生し，そのうちの可燃性ガスと空気中の酸素が一定の混合比で，発火エネルギーによって燃焼する現象．

c．表面燃焼：炭やコークスなどは熱分解が起こりにくく，可燃物それ自身

---

* 秋田一雄：高分子の燃焼，高分子学会，Vol. 22, No. 253

が燃焼するもので，可燃物の表面に吸着した酸素と反応して表面が無炎燃焼を行う現象．

　d．拡散燃焼：通常の火災の燃焼のように，いったん生じた燃焼が周囲の空気（酸素）の供給を受けて連鎖反応的に燃焼が持続する現象．

（4）　引火と発火　　口火により発火したときの温度を引火温度（引火点）といい，口火なしの状態での温度を発火温度（発火点）という．一般に材料は塊状をなしているので，実際の引火点や発火点は材料の熱伝導率，断面積，加熱温度などにともなう材料の内部温度にも関係している．また，引火点は固体より液体のほうが低くなる．なお，代表的な有機材料である木材の発火形式を**図 2·32** に示す．

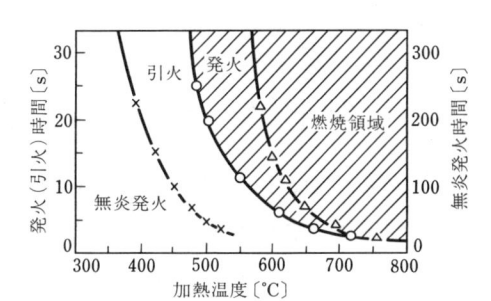

図 2·32　材料の発火形式*

2·5·2　建築物の火災性状

（1）　火災性状　　建築物の火災はその性状により建築物火災と延焼火災に大別でき，その火災の進行過程は概略的につぎのような段階に分けられる．

出火 → フラッシュオーバー → 火災最盛期 ┬→ 他区画へ延焼 → 鎮火
　　　　　　　　　　　　　　　　　　　 └→ 鎮火

この状態を防災対策も含めてモデル化すると**図 2·33** のようになる．

　火災の進行の程度を一定の建築空間で想定すると，出火源の種類，開口部の形状・寸法，室内空間の大小，内装材料の種類，室内の可燃物の状態，空気の供給量などによって進行過程が異なるので，火災現象は非常に複雑になる．

　ここで，つぎに火災に関する主要な用語のいくつかを示す．

　a．出火：可燃物が火源と結びついて発炎着火する状態をいう．

---

*　秋田一雄：木材の発火機構に関する研究，消防研究報告，9 (1959)

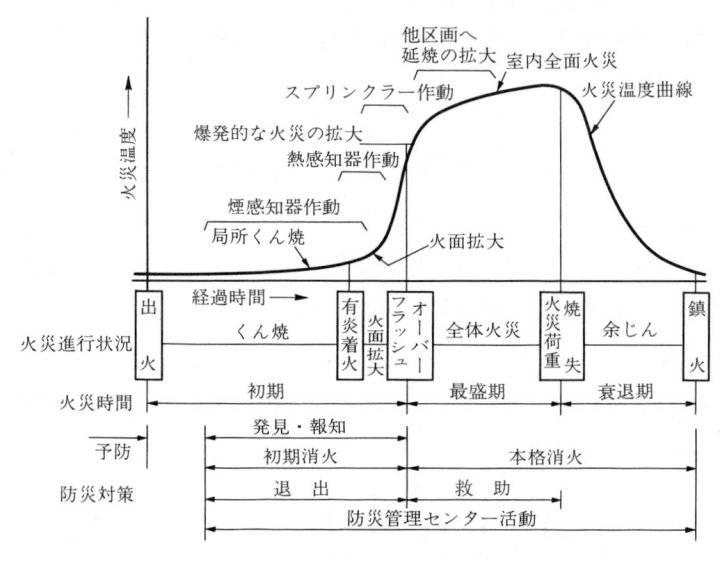

図 2・33　火災進行モデルと防災対策*

b．フラッシュオーバー：可燃性ガスと空気中の酸素の割合が燃焼範囲内に達し，爆発的な燃焼が起こり，短期間で室内全体に炎が拡大していく状態をいう．出火からフラッシュオーバーに至るまでの時間（**表 2・6**）が，避難許容時間を定める目標となる．

表 2・6　有炎着火からフラッシュオーバーまでの時間

内装の程度	フラッシュオーバーまでの時間〔分〕
可燃内装材	3
難燃材	4～5
準不燃～不燃材	6～8

（日本建築センター：防煙基準原案作成報告書資料）

c．火災荷重：単位床面積当りの可燃物量を示しており，火災性状を論ずる基本的要素である．単位は kg/m² で表す．

d．最盛期：フラッシュオーバー後は火勢が激しくなり，開口部から大量の

---

* 広瀬貞之，ほか 3 名：建築の防災設計，日本サムシング（1978）

黒煙や炎をふき出すなど，最も激しく燃焼する時期で，他区画への延焼を誘発する原因となる．

（2） 木造建築の火災　一般に木造建物の火災は，他区画（隣室，隣家）への拡大延焼の可能性が非常に強く，また，火災時の最高温度も高いが，急燃性のために継続時間が短いことがあげられる．

（a） 火災の進行状況および火災温度　木造建築での火災時の進行段階と経過時間との関係は，各種の要因によって影響を受ける．一般的な進行過程は，出火後の燃焼は火源付近の可燃物（家具など）などに限られているため局所的で，室内温度もさほど高くない．つぎに，炎は壁面から天井へと伝播・拡大し，火災温度が上昇し，ある時点で爆発的燃焼（フラッシュオーバー）が生じ，室内全体が火炎に包まれ温度が上昇する．

ところで，最近は高気密・高断熱性を有した木造建物も普及しており，内・外装材にも不燃性の高い材料の使用や区画防火性の確保など，在来工法に比較して防・耐火性が向上し，耐火造に近い火災性状を示している．例えば，3階建枠組壁工法木造住宅の実大火災実験（1995年）結果では，内装の不燃化と建物内部の気密性の向上により，1～2階への火災延焼速度の遅延や階段室における煙突効果の低減，さらに，1階の天井の長時間にわたる燃え抜け防止効果が認められる．また，隣棟への延焼防止効果を高めるには，建物外周部の不燃化と開口部に防火戸の設置などが重要である．

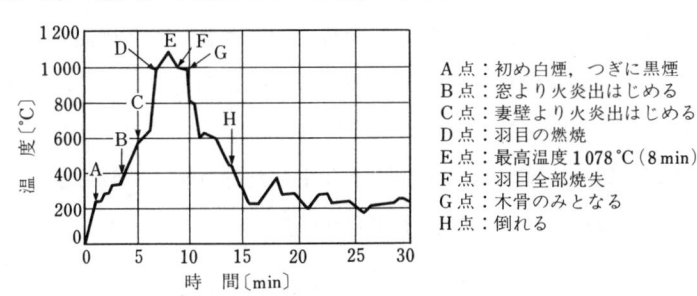

A点：初め白煙，つぎに黒煙
B点：窓より火炎出はじめる
C点：妻壁より火炎出はじめる
D点：羽目の燃焼
E点：最高温度1078℃（8min）
F点：羽目全部焼失
G点：木骨のみとなる
H点：倒れる

図2・34　木造家屋の火災状況（東大第3回火災実験　昭和8年8月28日：建坪29.9m²，開口部閉鎖状態，風速2～3m/s）*

---

* 内田祥文：建築と火災，相模書房（1953）

(b) 火災中の温度　出火家屋の屋内温度の変化は，その火災の進行の尺度といわれ，火災中の屋内温度と時間的変化の状況について**図 2・34** に示す．

（3） 耐火建築物の火災　耐火建築物は木造建物に比べて気密性が高いので，開口部が閉まっていれば他区画への延焼は少なく，火災温度も一般に低いため火災後も多くは再使用に耐える．ただ，内・外装材には有機質材料の使用例が多く，その場合に燃焼により発生する煙やガスが問題となる．

つぎに耐火建築物の火災の進行状況については，耐火建築物では気密性が高いので，初期は発炎着火が生じても進行は緩慢で，出火点からの拡大も局所的である．しかし，空気の供給が少ないと多量の煙が発生し，煙が充満すると出火点の発見や避難が困難になる．つぎに，成長期は窓ガラスが割れて空気の供給を受け，燃焼速度が急激に増大し，破れた窓ガラスなどの開口部から黒煙が噴出し始め，炎も噴出し，成長期は避難時間の決定の面からも重要な時期である．最盛期では火勢も盛んで，内装材の焼け落ちやコンクリートの爆裂などが生じ，高温が持続する．このときの火災温度や温度継続時間は構造物の耐力上問題となるが，温度の継続時間は可燃物の量よりもむしろ燃焼速度に関係する．衰退期に入ると火勢も衰えるために室内の見通しがよくなり，室温も直線的に下降しながら鎮火に至る．

（4） 煙の挙動　火災に煙はつきもので，発生ガスとともに人体に与える影響は大きく，煙は見通し可能距離の低下を招き，発生ガスは中毒作用を引き起こす．実際の火災では，煙とガスが同時に放出されて両者は複合的に作用する．したがって，近年のビル火災での多数の事故死の発生により，その指標としての煙の問題もクローズアップされている．

（a） 煙の性質　煙とは，可燃物より生じた熱分解生成物および燃焼生成物が冷却により凝縮し，その煙粒子が空気中に拡散しているものをいい，広い意味ではガスなどの粒子と共存している．

（b） 煙の伝播　炎は区画によりある程度さえぎられるが，煙やガスは階段やダクトなどを伝わり意外な箇所に伝播し，火災初期の避難行動や消火活動に障害となる．

出火点で発生した煙は熱気流に押され，室内の上半に層流をなし，やがて壁に沿って下降し室内に充満する．この段階ではまだ火災室にいても気付けば避難は容易である．つぎに，室内の一部に開口があれば煙は開口の上半から他の区画に流出する．フラッシュオーバーになると，煙は一気に増量するとともに室内や連通している区画の煙層は急激に降下して避難や消火活動をおびやかす．火災室から廊下やロビーなどに流出した煙の流速は通常 0.5～0.8 m/s（一般人の平均歩速：1.30 m/s，小走り：3.00 m/s）であるが，階段室などの開口部があると高低差と温度差による浮力効果により流速が増し，竪穴の最上部まで 3～4 m/s で最上部まで一気に上昇していく（**図 2・35**）．

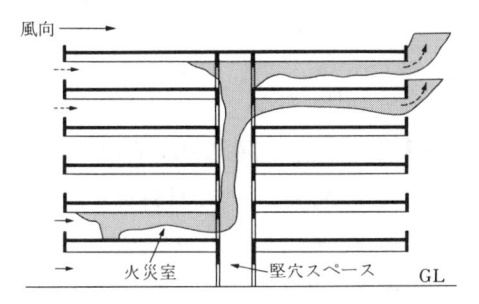

図 2・35 竪穴を通じての煙の流動*

煙が廊下などに流出すると，廊下の下方部分は火災室に向かって逆流する空気で煙がなくなり，姿勢を低くすれば煙を吸わずに避難できる．なお，ビル建築で煙の伝播しやすい箇所には階段室，空調・換気のダクト，エレベーターシャフトの乗降口引戸の隙間，エスカレーター上部開口部，さらに，カーテンウォールと床などの部材の取合い部の隙間，配管類の貫通部の隙間などには不燃材を充てんして層間区画を達成する必要がある．

2・5・3 建築防・耐火構造，防火材料および防・耐火試験

最近は都市構成が複雑化し，実際の建築物もその機能や形態が多種多様であるために建築物に発生する災害も年々複雑化や多様化の傾向を呈している．特に耐火建築物の出現は都市の不燃化を促進しているが，その耐火建築物が火災

---

* 広瀬貞之，ほか3名：建築の防災設計，日本サムシング（1978）

により思いがけない人的および物的被害をたびたび引き起こしている．その結果，防火・避難上の安全性の視点から，特に高さ31mを超える高層建築物および31m以下でも大規模な旅館やホテルなどでは，建築確認の際に防災計画書の作成が求められている．

建築防災関係の法規は，火災事例に対応して昭和25年の建築基準法の制定以来たび重なる改正が行われている．当初は，構造体の防・耐火性の確保が中心であったが，しだいに建築物内部の防火対策や避難時の安全性に向けて整備・強化されてきている．なお，関連法規として，建築基準法（法），建築基準法施行令（令），建築基準施行規則（規），建設省告示（建告）および消防関係では消防法（法）・消防法施行令（令），消防法施行規則（規），危険物の規則に関する政令（危令），危険物の規約に関する規則（危規），消防庁告示（消防告）などの各種の政令や規則がある．

（1）建築防・耐火構造　建築基準法では建築物の防火性能や避難上の安全性を確保するために，主要構造部やその材料などに対して一定の防火（耐火）性能を有することが要求されている．

まず，構造物は，耐火構造，準耐火構造，防火構造に，建築物は耐火建築物と準耐火建築物に区分され，つぎのように定義されている．

① 耐火構造：鉄筋コンクリート造，れんが造などの構造で，政令で定める耐火性能を有するもの（法第2条第7号，令第107条）．

② 準耐火構造：耐火構造以外の構造で，耐火構造に準ずる耐火性能で，政令で定めるものを有するもの（法第2条第2号の2，令第107条の2）．

③ 防火構造：鉄鋼モルタル塗，しっくい塗などの構造で，政令で定める防火性能を有するもの（法第2条第8号，令第108条第4号）．

④ 耐火建築物：主要構造部を耐火構造とした建築物で，外壁の開口部で延焼のおそれのある部分に政令で定める構造の防火戸その他の防火設備を有するもの（法第2条第9-2号，令第107条）．

⑤ 準耐火建築物：耐火建築物以外で，イまたはロのいずれかに該当し，外壁の開口部で延焼のおそれのある部分に，政令で定める構造の防火戸その

他の防火設備を有するもの（法第2条第9-3号，令第109-3条）．
　イ：主要構造部を準耐火構造または準耐火構造および耐火構造としたもの．
　ロ：イに掲げる建築物以外の建築物であって，イに掲げるものと同等の耐火性能を有するものとして，主要構造の防火措置その他の事項について政令で定める技術的基準に適合するもの．

　建築基準法では，建築物の主要部に対して防火的に一括して主要構造部（壁，柱，床，梁，屋根，階段）としており，構造耐力的な面からの主要部（構造耐力上主要部分）とは必ずしも一致しない．また，基礎と最下階の床は防火的に主要部分ではないので除かれている．

　一般に，耐火構造では主要構造部は，火災の際に一定の時間は構造耐力の低下が生じないように，不燃であって，大きな変形やきれつその他の損傷を起こさないことが要求される．耐火構造に準ずる耐火性能を有するのが準耐火構造で，木造の軸組に石膏ボードなどの防火被覆などを行うことを想定している．さらに，耐火構造と同様に主要構造部の部位ごとに耐火性能時間が定められており，それぞれ耐火被覆の仕様が定められている．また，防火構造は耐火・準耐火構造に比べて火災耐力は低下するが，延焼防止には相当効果があり，壁（間柱・下地は可燃または不燃），床（根太・下地は可燃または不燃），屋根部分については構造方法や厚さなどが定められている．

　（2） 防火材料　　防火材料は，建設省告示に基づく試験（特定試験機関）により，建築基準法・同施工令で要求性能に対する評価基準に基づき，不燃材料，準不燃材料，難燃材料，準難燃材料に級別され，つぎのように定義されている．その他に，通達などで屋根不燃材料，基材同等材料，壁装材料に分けられる．なお，防火材料の分類を**表 2·7** に，おもな通則的認定材料を**表 2·8** に示す．

　① 不燃材料：コンクリート，れんが，瓦，石綿スレート，鉄鋼，アルミニウム，ガラス，モルタル，しっくい，ALC板，その他これに類する建築材料で，政令で定める不燃性を有するもの（法第2条第9号，令第108-

表2・7 防火材料の分類*

区分＼材料	法的な防火性能(表現方法)による分類	下地の防火性能との区分		取扱い上からの区分
		下地の防火性能に影響されない	下地の防火性能に影響される	
防火材料	不　　　　　燃	不　　　　燃	基　材　同　等	通　則　的
	不 燃 (屋 根 用)	不 燃 (屋 根 用)		
	準　　不　　燃	準　　　不　　　燃		
	難　　　　　燃	難　　　　燃	基　材　同　等	
	準　　　難　　　燃	準　　難　　燃	壁　　　装	個　別　的
	基 材 同 等			
	壁　　　　装			
	屋　根　不　燃	屋　根　不　燃		

2条)．

② 準不燃材料：木毛セメント板，木片セメント板，パルプセメント板，石膏ボード，その他の建築材料で，不燃材料に準ずる防火性能を有するものとして建設大臣が指定するもの（令第1条第5号）．

③ 難燃材料：難燃合板，難燃プラスチック板，その他の建築材料で，難燃性を有するものとして建設大臣が指定するもの（令第1条第6号）．

一般に，不燃材料は通常の火災温度では燃焼現象を示さず，有害なガスや煙が発生しない無機材料がおもで，主要構造部や内装制限を受ける部分の仕上げ材として使用が義務付けられている．準不燃材料は不燃材料に準じ，火災時にはほとんど燃焼せず，発煙量もきわめてわずかで，有害なガスの発生や損傷のない材料であって，無機材料と有機材料を混合または積層させたものであるが，主体は無機材料である．また，難燃材料は不燃材料や準不燃材料に準じた性能を有し，火災初期に燃焼しにくく，避難行動や消防活動を妨げる大量の発煙，有害ガスの発生および有害な損傷などを起こさない材料である．したがって，おもに木質材料やプラスチック材料に難燃処理した有機材料で，内装仕上げ材として使用する．

（3） 防・耐火試験　建築基準法では，構造部材や内・外装材料に関して，JISで材料と工法を組み合わせた実物試験を行うことを原則とした各種の試験法（**表2・9**）が確立されている．火災試験法を大別すると，内・外装材の

* 火災学会編：火災便覧新版

2・5 材料の高温性状および防・耐火性能

表2・8 防火材料（通則的認定）*

防火材料	防火性能	用途	防火材料	防火性能	用途
石綿スレート，石綿セメントパーライト板，吸音用孔あき石綿セメント板，石綿セメントケイ酸カルシウム板，化粧石綿スレート	不燃	屋根・内外装	ドロマイトプラスター	不燃	壁・天井
			化粧石綿ケイ酸カルシウム板，化粧石綿スレート	不燃・準不燃	壁・天井
			GRC板，GRC管	不燃	壁・天井・ダクト
せっこうボード，不燃せっこう積層板，化粧せっこうボード，無機繊維強化せっこうボード	不燃・準不燃	壁・天井・間仕切	伸銅品（板・条・管）	不燃	屋根・壁・配管
せっこうプラスター塗りラスボード，せっこうラスボード下地仕上用せっこうプラスター塗り	不燃	内壁下地・仕上	無機質断熱材張亜鉛鉄板	不燃	屋根・壁・天井
			難燃化ポリエチレンフォーム張金属板，無機質フォームプラスチック張金属板	準不燃	屋根・壁・天井
化粧せっこう吸音ボード，特殊せっこう吸音ボード，吸音用孔あきせっこうボード	準不燃	天井	カラーアルミ	不燃	屋根・内外装
			せっこう複合金属サイディング	準不燃	外装
シージングせっこうボード	準不燃	内外壁下地材	塗装ステンレス鋼板	不燃	屋根・内外装
ロックウール吸音板	不燃	壁・天井仕上材	普通木片セメント板	準不燃	屋根・天井・床・外壁・間仕切
ロックウール保温材，ロックウール化粧保温材	不燃	断熱・吸音材・防火・耐火材			
吹付ロックウール	不燃	断熱・吸音・耐火被覆	硬質木片セメント板（化粧板を含む）	準不燃	外壁材・内装材
グラスウール保温板，グラスウール化粧保温板，グラスウール表面化粧板	不燃・準不燃	壁・天井・間仕切・床の保温・吸音材	セルロースファイバー	準不燃	内装（吹付け）
			木毛セメント板，木毛パーライトセメント板	準不燃	屋根下地・天井・内外壁・床・間仕切
着色亜鉛めっき鋼板	不燃	屋根・内外壁	パルプセメント板，化粧パルプセメント板，パルプセメントパーライト板，化粧パルプセメントパーライト板	準不燃	壁・天井
塩ビ鋼板	不燃・不燃（屋根用）・準不燃・難燃	屋根・内外壁・天井			
石綿ケイ酸カルシウム板	不燃	1種 内外壁・天井	難燃合板	難燃	内装（壁・天井・間仕切）
		2種 1号：壁・天井・耐火被覆板	ガラス繊維強化ポリエステル板（FRP板）	難燃・準難燃	屋根，下見壁の採光用，間仕切
		2号：見え隠れ部分の耐火被覆板	網入硬質塩化ビニル板	準難燃	屋根・アーケード

防火性能の評価と構造部材の防・耐火性能の評価を行う試験に区分できる．

耐火構造，準耐火構造，防火構造などの構造部材や防火戸を対象として実大

* 岸谷孝一，ほか：建築材料ハンドブック，博報堂（1987）

表2・9 建築基準法に基づく火災試験概要*

名称	試験の対象となる材料，構造部材等			適用される火災試験法の概要	
	部位	防火性能級別	おもな構成材料等	関連試験規格	適用試験
防火材料	壁・天井の内装，外壁・屋根の外装	不燃材料	スレート，ロックウール，金属板等の基本的には無機質材料	昭和45年告示第1828号	基材試験
					表面試験
		準不燃材料	木毛セメント板，硬質木片セメント板等の無機質と有機質の混合材料	昭和51年告示第1231号	表面試験 穿孔試験 ガス有害性試験
				昭和59年告示第1372号	模型箱試験
		難燃材料	薬剤等で難燃化した有機質材料（難燃合板等）	昭和51年告示第1231号	表面試験 ガス有害性試験
耐火構造	柱	1・2・3時間耐火	鉄筋コンクリート造 鉄骨造（木造不可）	・昭和44年告示第2999号 ・JIS A 1304	加熱試験
	はり	1・2・3時間耐火			
	外壁・間仕切壁	30分，1・2時間耐火			載荷加熱試験
	床	1・2時間耐火			衝撃試験（はりを除く）
	屋根	30分耐火			
準耐火構造	柱	45分，1時間耐火	木造 鉄骨造	平成5年告示第1454号	加熱試験（非耐力部材に適用）
	はり	45分，1時間耐火			
	外壁・間仕切壁	30分，45分，1時間耐火			載荷加熱試験（耐力部材に適用）
	床	45分，1時間耐火			
	屋根	30分耐火			
防火構造	壁，床，軒裏	—	木造 軽量鉄骨造	・昭和34年告示第2545号 ・JIS A 1301 ・JIS A 1302	加熱試験
					衝撃試験（軒裏を除く）
土塗り壁同等構造	外壁	—	木造のみ	昭和46年建設省住宅局建築指導課長通達第487号	加熱試験
防火戸	窓，出入口等の開口部（ドア，シャッター，サッシ）	甲種（1時間耐火）乙種（20分耐火）	木製，鋼製，木質系材料と不燃性材料を組み合わせたもの	平成2年告示第1125号	加熱試験
					衝撃試験

試験体を用いた耐火試験は，**図2・36**に示す標準加熱温度関係（最盛期の火災温度のモデル化）に従って加熱し，最盛期での延焼拡大防止や倒壊防止のために必要な部材の荷重支持耐力，遮炎性，遮熱性を評価するものである．一方，

---

* 中村賢一，山田 誠：木造建物の防火設計，産調出版（1999）

防火材料としての内・外装材は，出火および初期火災の拡大防止のために壁や天井に使用される．防火材料に対する試験は，防火材料を不燃材料，準不燃材料，難燃材料などに性能級別することを主目的とし，試験では火災初期の壁や天井が受ける加熱条件を想定して試験体を加熱し，燃焼時の発熱性，発煙性，燃焼生成ガスの有害性を調べるものである．なお，この試験法には，基材試験，表面試験，穿孔試験（表面試験に類似），さらに，これらの試験に比べてより実際に近い試験体を用いる模型箱試験などもある．

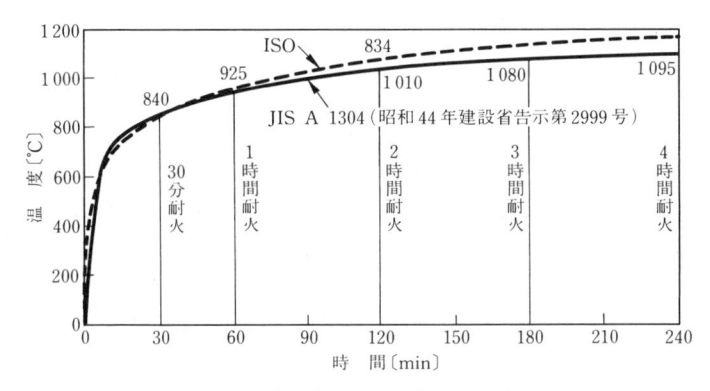

図 2·36 標準加熱温度曲線(耐火曲線)

2·5·4 有機材料の燃焼

火災による人的・物的損失を最小限にくいとめるには，防・耐火性能の高い材料を用いる必要がある．そのためには，火災の進行段階と材料の高温性状（**図 2·37**）の関係から，火災初期の内装材の燃焼性，成長期の内装材その他の可燃材の発煙性や発ガス性，最盛期の不燃性構造部材や耐火被覆材などの性状（強度，伝熱，変形，軟化，溶融など）が問題となってくる．

有機材料の代表的なものに木材やプラスチック系の材料がある．一般にこれらの材料は分解燃焼によって生じる分解生成ガス中の CO，H_2，C_nH_n などの可燃性ガスと分解炭素が空気中の酸素と化合して燃焼する．

（1）木質材料　木質系材料の高温性状は本質的には木材と同じで，燃えやすいなどの欠点がある．木材は 260°C（引火点）前後で熱分解が盛んになり，適当な口火で引火するので引火点を出火危険温度ともいい，400～460°C

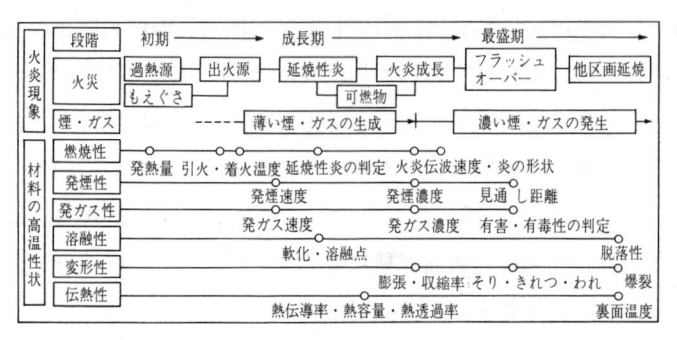

段階	初期	成長期		最盛期	
火災	過熱源/もえぐさ	出火源	延焼性炎 可燃物	火炎成長	フラッシュオーバー	他区画延焼
煙・ガス		----- 薄い煙・ガスの生成 -----	→	濃い煙・ガスの発生	

材料の高温性状:
- 燃焼性: 発熱量 引火・着火温度 延焼性炎の判定 火炎伝播速度・炎の形状
- 発煙性: 発煙速度 発煙濃度 見通し距離
- 発ガス性: 発ガス速度 発ガス濃度 有害・有毒性の判定
- 溶融性: 軟化・溶融点 脱落性
- 変形性: 膨張・収縮率 そり・きれつ・われ 爆裂
- 伝熱性: 熱伝導率・熱容量・熱透過率 裏面温度

図 2·37*

では口火なしで発火（発火点）する．また，長期間熱を受けると木材が炭化していき，熱分解による発熱の蓄積で木材温度が上昇し，100～150℃程度の低温でも無炎発火(低温着火)の可能性があり，特に厨房などでは注意を要する．

（2）**プラスチック材料**　プラスチックは，熱に対する挙動から熱可塑性樹脂と熱硬化性樹脂に大別され，一般的な高温性状はつぎのとおりである．

 a．熱変形は100℃前後で生じ，しかも100℃以下の低温加熱でも強度低下が著しい．
 b．一般的材料より燃焼速度が大で，発熱量も大きい．
 c．熱分解温度が低く，大部分が300～500℃で引火または着火する．
 d．発煙量が多く，発炎時にススが多いものがある．
 e．多種類の有毒ガスを発生する．

以上の性質から，プラスチック材料の単独使用は難しいので，防火性能を高めるためにつぎのような方法が採用されている．

 a．ガラス繊維，アスベストなどの無機質材料を充てんする．
 b．アルミニウム，鋼などの金属や箔，耐熱性のよいプラスチックなどを積層する．
 c．各種の難燃剤を添加する．

（3）**燃焼生成ガス**　最近は有機材料，特にプラスチック材料の使用が増えたため，熱分解により生じた有毒ガス（毒性ガス）が問題となっている．特

* 濱田　稔，ほか20名：建築学大系，21（建築防火論），彰国社（1976）

に問題の有毒ガスには CO, HCN, HCl があり, 前二者は窒息性ガスで後者は刺激性ガスである.

一般に, 建築材料の熱分解により発生する有毒ガスにはつぎのようなものがある.

a. 木質材料（セルロースが主成分）は一酸化炭素（CO）と炭酸ガス（CO_2）を発生する.

b. 含塩素材料のポリ塩化ビニルは 350°C 程度から塩化水素（HCl），500°C 以上では HCl と CO を発生し，HCl の毒性が問題となる.

c. 含窒素材料のポリウレタン，ポリアクリロニトリル，ポリアミド，ユリア樹脂，メラミン樹脂は CO とシアン化水素（HCN）を多量に発生する. 一般に HCN 発生量は材料の含有窒素量に比例し, 高温ほど多くなる. HCN の存在は危険である.

d. ゴムや羊毛などの硫黄を含む材料は CO, CO_2 とともに亜硫酸ガス（SO_2）や硫化水素（H_2S）を発生する.

e. 絹や羊毛などの燃焼生成ガスは CO, CO_2 とともに HCN, アンモニア（NH_3）を含む.

f. ポリスチレン樹脂やフェノール樹脂などは CO, 尿素樹脂は HCN の有毒ガスが発生する.

これらの有毒ガスの急性中毒の症状を**表 2·10** に示す.

表 2·10　主要な有毒ガスの急性中毒の性状*

ガスの種類	急性中毒の症状
塩酸ガス	呼吸器管(粘膜の障害), 胸部の刺痛, 声門閉塞, 呼吸不能
硫化水素	頭痛, 胸部圧迫, 倦怠
アンモニア	目鼻の刺激, 吐気, 気管支
炭酸ガス	吸気深度大となる(3%), 胸部熱気を感じる, 意識不明(8〜10%)
シアン化水素	気道粘膜の刺激, 心臓弱り呼吸困難, 中枢神経細胞および血管壁における細胞呼吸停止
一酸化炭素	頭中痛, 脱力

2·5·5　無機材料の高温性状

火災時における無機材料の最大の特徴は燃焼しないことで, 防・耐火性には

---

* 野瀬喜勝：産業医学の実際, 金原出版

問題はないが，高温性状としての変形，きれつ，爆裂，強度低下，崩壊などの現象は構造材料であるコンクリートや鋼材では問題となる．これらの性状を引き起こすおもな原因に材料の膨張や収縮がある．その他の金属，ガラス，石材などは膨張，収縮，軟化，溶融，分解を起こす．比較的低い温度で軟化や溶融を生ずる材料はアルミニウム（融点 658°C），花こう岩（α 石英 → β 石英の変態温度が 575°C），大理石（生石灰移行反応が活発な温度は約 800°C），ソーダ石英ガラス（軟化点 550°C）などは防火上から留意する必要がある．

（1）鋼　建築構造用鋼材はおもに軟鋼に属しており，加熱によりその高温性状は著しく変化する（**図 2・38**）．

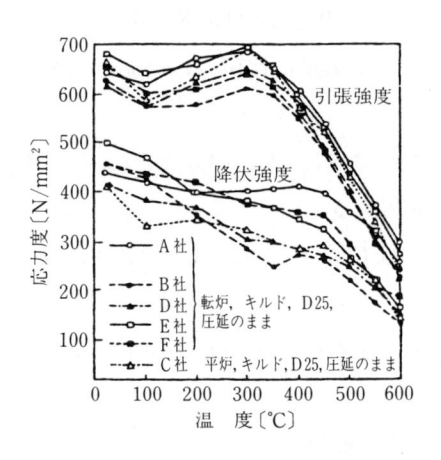

図 2・38　加熱中の鉄筋（SD 40）の引張強度と降伏強度*

鋼材のおもな性質である引張強度は 300°C 以上では急激に低下し始め，400°C 以上では軟鋼特有の降伏点現象を失う．また，鋼構造では，鋼材温度の限界（**表 2・11**）は最高 450°C，平均 350°C で，通常の構造用鋼材の高温時の降伏点の約 2/3 であるため，耐火被覆（**表 2・12**）により鋼材の耐火性能を向上させ，高温時での柱や梁などの架構材の耐力低下にともなう破壊防止の必要がある．

なお，最近では，耐熱温度を従来の鋼材の約 2 倍に向上させた新しい構造用

---

* 日本鋼構造協会：鉄筋コンクリート用棒鋼および PC 鋼棒，鋼線の高温時ならびに加熱後の機械的性質，JSSC, Vol. 5, No. 45（1969）

2・5 材料の高温性状および防・耐火性能

表2・11 許容鋼材温度

構 造 種 別	最高温度	平均温度
鉄筋コンクリート造,鉄筋コンクリート製パネル造など	500℃以下	—
プレストレストコンクリート	400℃以下	—
鋼構造	450℃以下	350℃以下

表2・12 耐火被覆の材料と工法

構　　法	お　も　な　材　料
打 込 構 法 (現場打ち構法)	普通コンクリート,軽量コンクリート,気泡コンクリート
左 官 構 法 (塗仕上構法)	普通モルタル,軽量モルタル,パーライトモルタル,ひる石モルタル,パーライトプラスター,ひる石プラスター
吹 付 構 法	吹付岩綿(吹付ロックウール),ひる石モルタル,ひる石プラスター
張 付 構 法 (接着構法)	石綿ケイ酸カルシウム板,ALC板,石綿,ロックウール板,せっこう板,PCa板
メンブレン構法	岩綿板(ロックウール板),吹付岩綿
プレハブ構法	石綿ケイ酸カルシウム板,気泡コンクリート板,PCa板
複 合 構 法 (合成被覆構法)	上記の各種組合せ

鋼材(耐火鋼)が開発されている.この耐火鋼(モリブデン添加)は,用途(アトリウム,スポーツ施設,展示場,駐車場など)により,実際の建物に耐火被覆なしで露出使用されている.また,高流動コンクリートを圧入した充てん形鋼管コンクリート柱(CFT柱)工事では,鋼管が表面に露出していても,条件によっては耐火被覆なしでも耐火性能の確保が可能とされている.

（2） **コンクリート**　コンクリートは耐火性の高い構造材料であるが,火災時の高熱により損傷が生じ,強度や弾性係数が低下する.その原因には,コンクリート構成材料間の膨張・収縮の差異,コンクリート自体の耐火性,コンクリート部材断面に生じる温度差に基づく内部応力の発生などが考えられる.

セメント硬化体は高温加熱を受けると（**図2・39**）,硬化体は105℃までに自由水やゲル水の脱水にともなって収縮が始まり,250〜350℃ではAl_2O_3やFe_2O_3を含む水和生成物が脱水し,400〜700℃ではカルシウムシリケート水和生成物のほぼ大部分の脱水とともに$Ca(OH)_2$も脱水するなど,高温域では結合水の放出により収縮が一層増大してミクロ的なひび割れが発生する.つぎに,骨材は加熱温度が上昇するほど膨張が生じる.

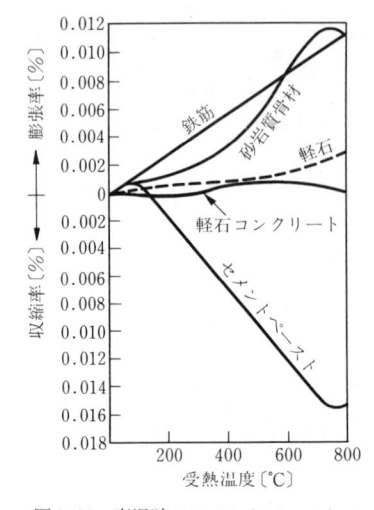

図 2·39　高温時のセメントペースト，骨材，鉄筋，コンクリートの膨張[*1]

図 2·40　加熱中のコンクリートの圧縮強度残存率[*2]

このように，セメント硬化体と骨材の界面に発生する内部応力や結合水の脱水などによりコンクリート組織がゆるみ，劣化が進行する．なお，コンクリートの熱劣化の評定項目には，加熱前に対する比で表す残存圧縮強度比（**図 2·40**）や残存静弾性係数などがある．

使用骨材別のコンクリートの熱膨張率は，砂岩や石灰岩が大きく，次いで安山岩や玄武岩で，人工軽量骨材は小さい．また，火災を受けたコンクリートは物性低下以外に爆裂がある．爆裂は加熱面に近いほど大きく，高温時の膨張による面外変形や内部の自由水の水蒸気化による内部圧力の発生などによる．

2·6　材料の複合理論

2·6·1　複合の意義

金属の内部に異種の分子や粒子を分散させて入れると，金属結晶格子の転位が拘束されるため，金属が降伏する強度を大きくすることができる．

[*1] 原田　有：建築耐火構法，工業調査会（1973）
[*2] 吉村福治郎：高温度におけるコンクリートの力学的性質に関する研究（その2），日本建築学会論文報告集，No.173（1970）

セラミックスは，直径が数 μm から数十 μm（10^{-6}〜10^{-5} m）のひげ状の結晶であるウイスカーにすると，欠陥の存在する確率が非常に小さくなるので，著しく高い強度をもつようになり，理論強度または理想破壊強度*といわれる弾性係数の 1/10 前後の強度に近づく．ウイスカーの長さは短いが，これを金属やプラスチックで包み込むように結合すると，連続した高強度の材料を作ることが可能である．

このように，材料の複合という考え方は，異種の材料を組み合わせてより高い強度の材料を作り出そうとすることから生まれてきたものである．今世紀中ごろに合成高分子と金属冶金の技術が発達し，それを使って多数の新しい材料が発明され，その技術を表すのに複合という言葉がよく使われるようになった．初期のころは，一つの材料に異なる材料を分散させた形態で結合させ，もとの材料単位では得られないすぐれた力学的性能を得ようとする技術を，材料の複合と表していた．現在では，同じ材料であっても，その結合形態を人為的に変える場合や，力学的性質以外の性能を改善しようとする場合であっても，材料の結合形態に手を加えてよりすぐれた材料を作り出そうとする技術を，材料の複合という．

2・6・2　複合の形式

複合材料において，全体を結合している材料のことを**マトリックス**といい，内部に分散または配向されている材料のことを**分散相**という．複合の形式は，分散相の形状によって分けられる．分散相が繊維状であるとき繊維補強，粒子状であるとき粒子強化，きわめて微細であるとき分散強化，層状に重ね合わせるとき積層強化と呼ばれる．建築の分野では，粒子強化と分散強化について，両者をまとめて粒子分散強化と表現することが多い．また，鉄筋コンクリートはマトリックスであるコンクリートを分散相である鉄筋の骨組で補強したものであり，巨視的に見るなら複合材料と考えることができる．この場合は，骨組補強と呼ばれる．

繊維補強補合材料　　　fiber reinforced composite materials

---

* 横堀武夫：材料強度学，技報堂（1955）

粒子分散強化複合材料	particle dispersion strengthened composite materials
積層強化複合材料	lamination strengthened composite materials
骨組補強複合材料	skelton reinforced composite materials

建築における複合材料を複合の形式で分けると**表2・13**になる．複合材料を材質によって分類する場合は，一般に，マトリックスの材質によって分ける．セメント系・セラミックス系・プラスチック系・ゴム系・木質系・金属系複合材料などである．

表2・13 建築における複合材料

	複合形態	例
	繊維補強	鋼繊維補強コンクリート（SFRC），ガラス繊維補強セメント（GRC），FRP（繊維補強プラスチック），石綿スレート，木毛セメント板
	粒子分散強化	モルタル，コンクリート，レジンコンクリート，ポリマーセメントモルタル，AEコンクリート，気泡コンクリート，木片セメント板
	積層強化	合板，せっこうボード，集成材，ほうろう鉄板，断熱亜鉛鉄板，ポリ塩化ビニル金属積層板，合せガラス
	骨組補強	鉄筋コンクリート，プレストレストコンクリート，ALC板，フェロセメント

2・6・3 繊維補強

図2・41は，材料の大きさと強度の関係を表したものである．材料の断面の寸法が小さくなるほど強度は大きくなる．これを**寸法効果**という．このように高強度をもつ繊維状の材料を延性の材料で結合し，高強度の材料を得ようとするところから繊維補強が生まれた．

コンクリートなど脆性の材料は，引張強度が小さく曲げや衝撃に対してきわめて弱い．短繊維状の材料をコンクリートのような脆性の材料に分散して入れると，繊維状の材料が脆性の材料をつなぎ止めるような働きをするため，引張強度が向上し強靱性が出てくる．この場合，繊維状の材料は，繊維状にして高強度にすることが直接の目的ではなく，脆性の材料に密に小さな間隔で分散させて混入することが重要になる．

このように，繊維補強には，二つの複合機構がある．高強度をもつ繊維状の

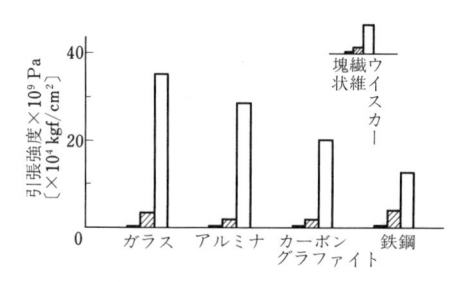

図2·41 材料の寸法と強度[*1]

材料を延性のマトリックスで結合する方法と，脆性のマトリックスに繊維状の材料を密に分散して入れる方法である．前者にはガラス繊維補強プラスチック（FRP）があてはまり，後者には鋼繊維補強コンクリートやガラス繊維補強セメントがあてはまる．マトリックスが延性であるか脆性であるかによって，繊維補強の複合機構は異なる．両者を比較してみたのが**表2·14**である．

表2·14 マトリックスの種類による繊維補強複合材料の特徴[*2]

	延性マトリックスの場合	脆性マトリックスの場合
複合材料の例	ガラス繊維補強プラスチック	鋼繊維補強コンクリート ガラス繊維補強セメント
繊維体積率	～0.9	～0.1
マトリックスの役目	繊維から繊維への応力の伝達 繊維の物理的・化学的保護	圧縮応力の負担，応力の伝達 繊維の物理的・化学的保護
繊維の役目	応力の負担	引張応力の負担，クラックを拘束して急激な破壊を防止
複合効果	強度，降伏点，弾性，軽量	強靭性，引張強度，弾性

繊維補強複合材料の性能を導くための考え方として，**複合則**と呼ばれているものがある[*2]．マトリックスの性能と繊維の性能を加え合わせたものが繊維補強複合材料の性能であるものとするもので，基本的には次式で表される．

$$\sigma_c = \sigma_f \cdot V_f + \sigma_m \cdot (1 - V_f) \tag{2·31}$$

σ_c：繊維補強複合材料の性能 σ_f：繊維の性能
σ_m：マトリックスの性能 V_f：全体に占める繊維の体積率

[*1] 複合材料技術集成，産業技術センター（1976）
[*2] 林 毅：複合材料工学，日本科学技術連盟（1971）

式 (2・31) を説明するため，例として繊維補強複合材料の引張強度を取り上げる．**図 2・42** は，一方向に配向された連続繊維で補強された場合である．繊維およびマトリックスの引張応力度とひずみ度の関係を**図 2・43** のようにモデル化して表す．

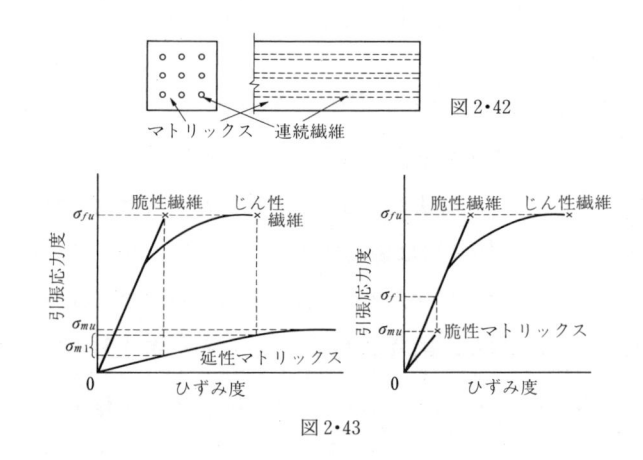

図 2・42

図 2・43

複合材料に引張応力が作用すると，初期の間は，マトリックスと連続繊維は同じひずみ度で伸びる．ひずみ度が大きくなると，延性マトリックスの場合は連続繊維が先に破断し，脆性マトリックスの場合は，マトリックスが先に破断する．延性マトリックスの場合は，連続繊維とマトリックスで負担する引張応力度の最大値 $\sigma_{fu} \cdot V_f + \sigma_{m1} \cdot (1-V_f)$ と，マトリックスだけで負担する引張応力度の最大値 $\sigma_{mu} \cdot (1-V_f)$ のうち，大きいほうの値が引張強度を表す．脆性マトリックスの場合は，連続繊維とマトリックスで負担する引張応力度の最大値 $\sigma_{f1} \cdot V_f + \sigma_{mu} \cdot (1-V_f)$ と，連続繊維だけで負担する引張応力度の最大値 $\sigma_{fu} \cdot V_f$ のうち，大きいほうの値が引張強度を表す．

$$\left.\begin{array}{l}\text{延性マトリックスの場合} \\ \quad \sigma_{fu} \cdot V_f + \sigma_{m1} \cdot (1-V_f) \text{ または } \sigma_{mu} \cdot (1-V_f) \text{の大きいほう} \\ \text{脆性マトリックスの場合} \\ \quad \sigma_{f1} \cdot V_f + \sigma_{mu} \cdot (1-V_f) \text{ または } \sigma_{fu} \cdot V_f \text{ の大きいほう}\end{array}\right\} \quad (2 \cdot 32)$$

これを引張強度と繊維体積率の関係で示すと**図 2・44** になる．繊維体積率が

小さい範囲では，複合材料の引張強度はマトリックスの引張強度に近似した値になる．繊維体積率が大きい範囲では，繊維体積率が大きいほど複合材料の引張強度は大きい．

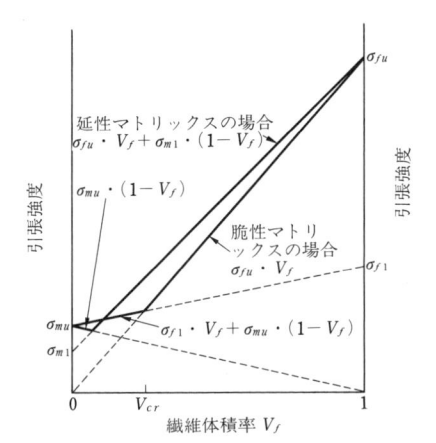

図2・44

連続繊維でなく短繊維を用いて補強する場合は，繊維が同じ方向を向いていないときに繊維の配向を考慮した係数を考える必要があり，また繊維の応力が均一でないので繊維の応力を平均的な値として取り扱う必要がある．繊維の配向による係数を k とし，繊維の応力の平均値を $\overline{\sigma_{fu}}$ あるいは $\overline{\sigma_{f1}}$ とすると，短繊維補強複合材料の引張強度は次式で表される．

$$\begin{array}{l}\text{延性マトリックスの場合}\\ \quad k \cdot \overline{\sigma_{fu}} \cdot V_f + \sigma_{m1} \cdot (1-V_f) \text{ または } \sigma_{mu} \cdot (1-V_f) \text{の大きいほう} \\ \text{脆性マトリックスの場合}\\ \quad k \cdot \overline{\sigma_{f1}} \cdot V_f + \sigma_{mu} \cdot (1-V_f) \text{ または } k \cdot \overline{\sigma_{fu}} \cdot V_f \text{の大きいほう}\end{array} \right\} \quad (2\cdot33)$$

繊維の配向による係数は，すべての繊維の方向が引張応力の方向と同じとき最大で1となり，引張応力の方向からずれた方向の繊維が多くなるほど小さくなって，すべての繊維が引張応力の方向と垂直であるとき最小で0になる．繊維の応力の平均値は，応力分布状態を近似的にモデル化して計算される．図2・45のように長さ l の繊維の両端から $l_c/2$ の部分で線形に分布し，中央部分で σ_{fu} または σ_{f1} の一定の引張応力度になっていると仮定する場合は，$\overline{\sigma_{fu}} =$

図 2・45

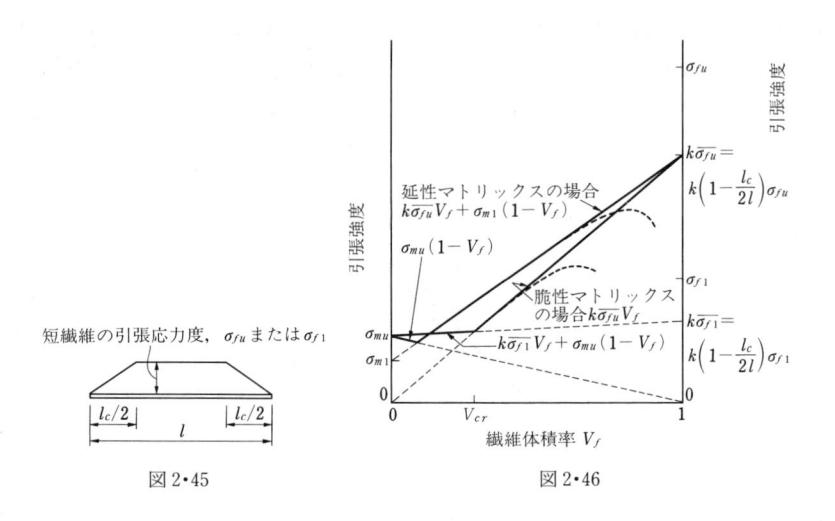

図 2・46

$(1-l_c/2l)\cdot\sigma_{fu}$ あるいは $\overline{\sigma_{f1}}=(1-l_c/2l)\cdot\sigma_{f1}$ である．

　短繊維補強複合材料の引張強度を表す式（2・33）を，繊維体積率との関係で示すと**図 2・46**になる．短繊維補強では，繊維体積率が小さいと，複合材料の引張強度はマトリックス自体の引張強度と似た値になり，繊維体積率をある値より大きくすると，複合材料の引張強度がマトリックス自体の引張強度より大きくなる．この傾向は，連続繊維補強の場合の図 2・44 と似ているが，同じ繊維体質率で比較すると，短繊維補強の場合は，繊維が分担または負担できる応力が小さいため，複合材料の引張強度は，連続繊維補強の場合より小さい．

　実際の短繊維補強複合材料は，繊維体積率が増えると，繊維のからまりやマトリックスの中での分散に不均一が生じるために，マトリックスと繊維の間の応力の伝達が不十分となり，引張強度は図 2・46 の点線で示したように，式（2・33）で導かれる値より低くなる．この傾向は，脆性のマトリックスの場合に著しい．

　脆性のマトリックスを繊維補強して，引張強度を大きくする効果を出すためには，繊維体積率をある値（図 2・44 と図 2・46 で V_{cr} で示される値）以上にする必要がある．繊維体積率がこの値以上のときは，マトリックスが破断した後に繊維だけで負担できる引張強度が大きいことを示している．鉄筋コンクリー

トでは，コンクリートの引張強度を無視して鉄筋だけに引張応力を負担させており，脆性マトリックスの繊維補強は，寸法尺度を変えて考えると，鉄筋コンクリートの考え方に相通ずる．

2・6・4 粒子分散強化

金属に異なる原子や金属酸化物などを分散して入れると，強度が大きくなることが古くから経験的に知られていた．また，金属が塑性変形を起こす応力を金属原子間の結合から計算すると，**表 2・15** のように実測値よりはるかに大きい値であることが明らかにされていた．20 世紀になって，これらの現象の理由が転位と名づけられた性質によって明らかにされた．**図 2・47** に示す例について説明すると，EFGH の面でせん断するような変形を生じる場合は，上下の部分が EFGH の面で一様にすべるのではなく，金属結晶格子を構成している原子（図 2・47 の○印）の一部が移動して，移動が終了したときに全体的な変形を生じる．この移動のことを**転位**という．転位は図 2・47 の (b) で MN の線の所に生じており，この線を転位線という．転位が起こる応力は，EFGH 面全体の原子の結合力ではなく，転位線に位置する原子の結合力に等しい．このため，金属の塑性変形は，断面の全体で同時に変形すると考えた応力（表 2・15 の計算値）よりもはるかに小さな応力（表 2・15 の実測値）において生じる．

表 2・15　金属が塑性変形を生じる応力の計算値と実測値

($\times 10^8$ Pa $\fallingdotseq$ 10 kgf/cm^2)

種　　類	計算値	実測値
銅　　（単結晶）	6 000	1
ニッケル（単結晶）	11 000	6
アルミニウム	4 000	30
鉄　　鋼	13 000	500

転位線が移動していく場合に，異種の金属原子や金属酸化物などの粒子が存在すると，転位がこれらの障害を乗り越えて移動するためには，より大きな応力が必要になる．このため，粒子を分散させて転位を制御し，金属の性質をよりすぐれたものにすることが可能となる．これが金属マトリックスの粒子分散強化である．

図2・47

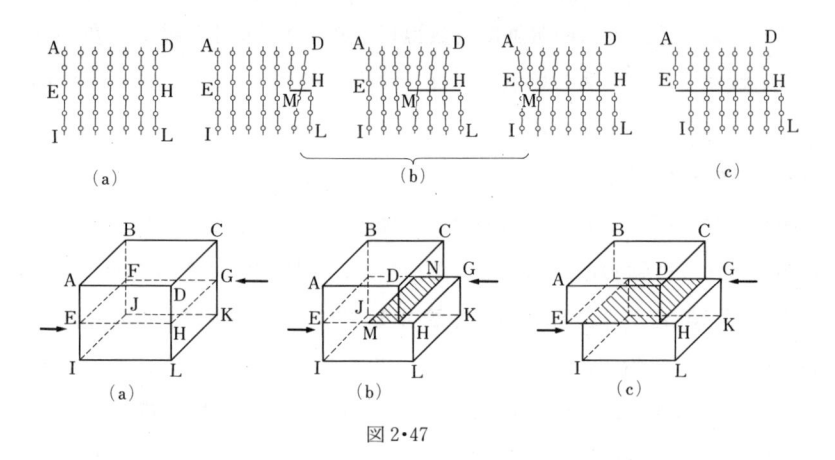

　プラスチックやゴムのマトリックスを粒子分散強化するのは，一般に，マトリックスの弾性係数が小さいので，粒子を入れることにより弾性係数を大きくすることが目的である．例えば，プラスチックに，微少なガラスの中空体であるガラスバルーンや無機鉱物質粉末を入れたり，ゴムにカーボンブラック粒子を入れる．粒子分散強化されたプラスチックやゴムの弾性係数を計算する基本的な式として，アインシュタインの**粘性複合則**がある．

$$G_c = G_m \cdot (1 + k \cdot V_p) \tag{2・34}$$

　　G_c：複合材料のせん断弾性係数，G_m：マトリックスのせん断弾性係数
　　V_p：全体に対する粒子の体積の割合
　　k：付着面の状態による係数，マトリックスと粒子の接着が十分のとき
　　　2.5で，接着が不十分なほど小さくなり，接着がないとき最小で1となる．

　式(2・34)は，粒子がマトリックスより十分硬い場合を対象にしたものであり，粒子の体積率が小さい範囲で，実測値とよく近似する．

　モルタルやコンクリートは，砂や砂利の骨材が分散相で，骨材を結合しているセメント水和物の結晶をマトリックスと考えると，粒子分散強化複合材料の一つといえる．骨材を入れずに，セメントだけを水と練って用いることは，石張りなどの左官工事を除いて，ほとんどない．この理由は，セメントだけでは

硬化した後の乾燥収縮が大きく,きれつの発生が顕著で使用に耐えないからであり,また,骨材により増量を計ってコストを下げて経済性をよくするためと型枠に投設して成形するために必要なワーカビリチを得るためでもある.

2·6·5 積 層 強 化

異種または同種の材料の薄板を層状に重ねて接合した構成の積層強化複合材料は,単体のものに比べるとつぎのような特性がある.

- 層の位置に適した性質をもつ材料を組み合わせることにより,強度,剛性,音響特性,軽量性,防火・耐火性,耐久性,遮断性,美観などにすぐれた材料を作れる.
- 異方性のある材料を層ごとに方向性が交差するように積層して,異方性を小さくすることができる.
- 天然の材料に潜在する欠陥を取り除き,小断面の基材を用いて大きな寸法の材料を作れる.

中間に空気の層を設けることは,断熱性において効果が大きいのでよく利用されるが,空気が移動しない工夫が必要である.断熱マットとしてガラス繊維のマットが中間の層に使われるが,これはガラス繊維に断熱性があるのではなく,ガラス繊維の間に封じ込められた空気の断熱効果が大きいからである.

クラッド材は,異種金属の薄板を金属結合によって結合したもので,積層強化の一つであり,補合という考え方が出てくる以前から,硬貨,銃弾被甲材,バイメタルなどに使われている.

第3章　木材・木材製品

3・1　概　　　説

　木材は古来から建築材料として重要な位置を占め，同時に最も親しまれてきた材料である．しかし，近年，非木造建築物の増加にともなって木材は主要材料の座をゆずっているが，住宅などの小規模建築の構造材としての役割を担っており，また，仕上材，造作材などに使用されている．さらに合板や集成材などの加工品をはじめとして，その他の板製品などにも用いられているなど，建築にとっては今でも重要な材料である．

　現在，日本の木材需要量は約 110 000 千 m^3 で，そのうち外材は 75％程度である．全製材用の約 80％が建築用で，このうち約 90％（約 36 000 千 m^3）が住宅建築に向けられ，全用材需要量の約 32％を占めている．

　木材の一般的な特徴としてつぎのような長所や短所がある．

（長　所）
a．樹種が多く外観が優美である．入手しやすく，長大部材が得られる．
b．加工が容易で任意の形状が得られ，しかも接合が簡単である．
c．強度では引張強度が大きい（大きい順に引張強度，曲げ強度，圧縮強度，せん断強度である）．靱性は大で，比重は小で，比強度は大である．
d．熱伝導率，熱膨張率が小さいので断熱性も比較的大きく調湿能力がある．

（短　所）
a．可燃性であり着火点温度も低い．
b．一般に強度は含水率，比重，加力方向および各種の欠点などによって影響をうける．なお，強度のうちでせん断強度がかなり小さい．
c．吸水性や吸湿性を有し，乾湿による変形が大きいために狂いやすい．
d．腐朽，虫害，風化などの作用により耐久性が低下しやすい．

3・2 分類とおもな木材

3・2・1 分　　　類

日本の気候は植物の成長に適しており，木材として利用できるのは針葉樹と広葉樹である．針葉樹は軟質で加工も容易であり，木理が通直な大材が得られるために構造材やその他に造作材としても活用される．広葉樹は硬質で耐磨耗性も大きく，その木肌を生かして造作材や家具などに利用されている．

3・2・2 おもな木材

国内産および外国産の主要木材の産地や特性などについて**表3・1**に示す．

表3・1 主　要　木　材*

(1) 日本産木材（針葉樹）

材　種	主　産　地	特　　　性	おもな用途
ス　　ギ	全国一般，特に秋田，静岡，三重，愛知，和歌山，奈良，京都	木理通直，軟質，軽量で水湿に耐え，加工が容易．辺材は黄白，心材は淡紅，赤褐色，暗赤色	建築一般．建具，みがき丸太，電柱．樹皮は屋根葺用など．用途は最も広い
ヒノキ	長野，愛知，岐阜，奈良，和歌山，三重，高知	硬軟適度，加工性容易．香気，光沢がよく，反曲は少なく，水湿に耐え，針葉樹材の王	高級建築用材．建具，家具．樹皮は屋根葺用にする
ヒ　　バ	青森，長野，愛知	ヒノキに似るがやや劣る．刺激性香気があり，耐久性きわめて大．色はヒノキよりも黄味	土台，床束，大引き，大壁造りの柱など
アカマツ	全国一般，特に岩手，宮城，福島，千葉，宮崎	脂気が多く，反曲は大．水湿に耐え（生木は水中で完全不朽），辺材部が多い	杭，はり，敷居，根太，たるき，杭地業用の丸太，皮付き化粧丸太
クロマツ	本州南部，九州，四国地方	脂気が多く，アカマツよりも水湿に弱く，シロアリに侵されやすい．辺材は白，心材は黄白	アカマツとほぼ同じ．その他こけら板，白太の杢目を化粧天井板とする
カラマツ	本州中央の山岳地帯，浅間，富士，日光など	脂気が多く，よく水湿に耐える．辺材が多い	土台，床材など
エゾマツ	北海道，その他	モミに似て，さらに軟質，収縮，反曲は大，耐久性は小	モミ，ヒメコマツに準ずる
モ　　ミ	千葉，静岡，和歌山，中国・四国地方	軟質，加工性は大．乾燥による収縮，反曲は大．色は淡黄色	建築一般用並材．建具，梱包用箱材など
ツ　　ガ	京都，和歌山，宮崎，静岡，岐阜，高知	ヒノキに次ぐ良材．緻密でやや硬質，節部の加工は困難，光沢がある	柱，内法材，造作材，縁甲板など

* 小林盛太：木造の技術，理工学社（1975）

表3・1 （つづき）

(2) 日本産木材（広葉樹）

材種	主産地	特性	おもな用途
ナラ	北海道，青森，秋田，岩手，鳥取	光沢があり，木肌の外観は粗い．黄褐色．髄線が美しい．ひずみやすいので乾燥を十分にする必要がある．大ナラ，小ナラがある	家具，建具，内法（うちのり）材など．合板
セン	北海道，長野，栃木，奥羽地方	ナラ，シオジよりもややもろい．木目の美しいものがある．淡黄白色	
シオジ	北海道，奥羽地方，長野	ナラに似るがやや劣る．外観はさらに粗い．反曲は小さく淡褐色	
タモ	北海道，静岡，愛知	センに似ている	
ケヤキ	山口，和歌山，静岡，秋田，青森，高知	光沢があり，外観がよく，反曲は小．木目の美しいものがあり，広葉樹材の王	家具，建具，内法材など．合板，彫刻用
ブナ	東北地方，伊豆半島	灰褐色で通直性は小．比重が大きく，反曲は大．雑木に類する	縁甲板など
カシ	熊本，鹿児島	灰白色，髄線美しく比重は大．硬質	敷居の埋めガシ（樫），栓，柄，器具の柄や軸
カツラ	北海道，東北地方	比較的軟質で加工も容易．辺材は淡褐色，心材は灰色褐紅	家具，装飾用，彫刻用
サクラ	北海道，静岡	淡褐色，質は緻密，平滑．割れが少なく工作によい	敷居，家具，装飾用
シナ	北海道	淡白で明るい．緻密で平滑，女性的外観	合板
カエデ	北海道	淡褐色．緻密で木目の美しいものがある	家具，合板
キリ	東北地方，八丈島	灰白色，軽量で吸湿，反曲性ともに少ない．外観は美しい	家具，装飾用

(3) 外国産木材（針葉樹）

種類		主産地	特性
北米材	ベイスギ	アメリカとカナダの国境付近（西海岸地方）	日本のスギより弱く製造加工が容易．水湿に強いが土台には柔らかすぎる．構造材としてより天井板，造作材，建具材など
	ベイマツ	アメリカ（オレゴン州，ワシントン州），カナダ（ブリティッシュコロンビア州）	北米材中輸入はベイツガにつぎ耐久性や強度は大．値段が高く，製品やアメリカ合板として輸入．構造材，防腐土台，造作用など
	ベイツガ	アメリカ（オレゴン州，ワシントン州），カナダ（ブリティッシュコロンビア州）	北米材中，輸入量が最大．割れやすく，水湿にも弱く耐久性は小．防腐土台，造作材，建具材など
	ベイヒ	アメリカ（オレゴン州，カリフォルニア州）	日本のヒノキに似て腐りにくく，材質は若干劣る．構造材，造作材，床板など．最近は価格が高く銘木的に使われている

3・2 分類とおもな木材

表3・1 (つづき)

種類		主産地	特性
北米材	ベイヒバ	北アメリカ西海岸地方	日本のヒバと同様に腐りにくく，耐久性は大．構造材，造作材，床板など
	ベイモミ（ノーブルファー）	アメリカ（ワシントン州，オレゴン州，カリフォルニア州）	材質は日本のモミに類し，加工が容易．耐久性はさほど大きくない．造作材，建具材など
	スプルース（シトカスプルース）	アラスカ州西南海岸～カリフォルニア州	日本のエゾマツと同種で，性質も似る．ベイツガより良く，エゾマツと同様腐りやすく，加工容易．構造材，造作材，建具材など
北洋材	エゾマツ	沿海州，サラリン	日本のエゾマツと同種で性質も似る．構造材（枠組壁工法），防腐土台，造作材，建具材など
	トドマツ	沿海州，サハリン	日本のトドマツと同種で性質も似る．構造材（枠組壁工法），防腐土台，造作材，建具材など
	タブリカラマツ（ソ連カラマツ）	沿海州，サハリン	日本のカラマツと性質は似る．強度が高く，虫害に強く耐久性は大．水湿に強く，最近は土台や柱などにも使用
その他	ラジアータパイン（ニュージーランドパイン）	ニュージーランド	南方産針葉樹でマツの代用．成長が早く，年輪幅も広くて，日本のマツより強度は低い．土台などの使用には，処理が必要
	タイヒ（台湾ヒノキ）	台湾	台湾のヒノキで日本産より劣るが，その代用．構造材，造作材，化粧材，建具材など

(4) 外国産木材（広葉樹）

種類		主産地	特性
南洋材	ラワン（赤ラワン，白ラワン）	フィリピン，インドネシア	白ラワンと赤ラワンが代表的．赤ラワンのほうが外見，材質ともに優秀．合板，化粧板，建具材など
	タンギール	フィリピン（ミンダナオ島）	材色，材質が赤ラワンに酷似した高級ラワン．やや堅く耐久性は大．合板，化粧板，造作材など
	アピトン	フィリピン，インドネシア	外観はラワンに類似，ラワンより比重が大で強い．加工は難．収縮により狂いやすい．構造材，防腐土台，造作材など
	チーク	インド，ビルマ，タイ，インドネシア	淡紅褐色．強度は中程度で耐久性は大．狂いも少なくて装飾材や高級家具材など
	コクタン	インド，スリランカ，タイ，ビルマ，マレーシア	黒色か黒褐色で堅い．比重は大．装飾材や高級家具など
	マホガニー	メキシコ，パナマ，キューバ	チークに似た性質で，加工しやすくて狂いも少ない．装飾材や高級家具材など

3・3 組織と分類

木材に利用される樹幹部の断面やその断面の状態を**図3・1**に示す．

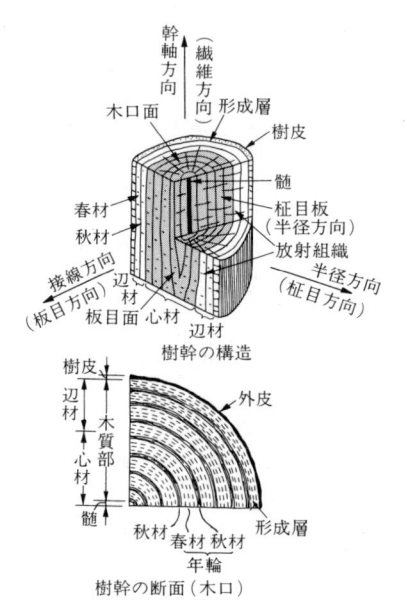

図3・1 樹幹部*

（1） 細　胞　木材が樹種により性質が異なるのは，細胞とその細胞組織に起因している．針葉樹はおもに仮導管，柔細胞，放射組織，樹脂溝などから構成され，そのうち仮導管は全体の90～97％を占めており，構成組織が簡単なために広葉樹より物理的性質にむらが少ない．広葉樹はおもに導管，柔細胞，木繊維，放射組織などから構成され，そのうち木繊維が35～65％程度を占めている．

（2） 成　分　一般に木材の化学組成（重量比）は，主成分が繊維素約50％，リグニンが約25％，ペントザンが約15％，その他の成分が約10％で，樹種による化学組成の差は少ない．しかし，樹種による性質が異なるのはおもに木材組織の違いによるものである．

（3） 年　輪　樹木の成長は樹皮の下の形成層の細胞分裂により，外側に

---

* 小林盛太：木造の技術，理工学社（1975）

3・3 組織と分類

樹皮を内側に木質部を形成する．この細胞形成は，春季は細胞の成長は旺盛であるために比較的大きくて薄膜のため軟弱であり，秋季は細胞は小さく厚膜で緻密なため強硬で，前者を春材（早材），後者を秋材または夏材（晩材）という．したがって，四季のある地域では同心円状の輪環が1年周期で出現して年輪を形成する．

（4） 心材・辺材 木口（樹幹の断面）の樹心部を心材，樹皮に近い部分を辺材という．心材（赤味）は細胞が半枯死状態で樹液が少ないが，樹木に強固性を与える．また，辺材に比べて組織が密で強くて狂いがなく，耐久性もあり虫害を受けにくく造作材としては上等である．しかし，辺材（白太）は，心材に比べて材質が柔らかく節も出やすく狂いやすく，腐朽しやすい．

（5） 木理・紋理 木材組織の性状や細胞の並び方などにより木材表面に現れた模様を木理（木目）といい，代表的なものに通直木理，波状木理，施回木理，交錯木理などがある．特に木理が美しい紋様を呈している場合は紋理または杢（もく）といい，珠（たま）杢，縮緬（ちりめん）杢，鶉（うずら）杢，如輪（じゅりん）杢，鳥眼（ちょうがん）杢などがある．

（6） 木表・木裏 板目材の樹心側を木裏，樹皮側を木表という．木表は表面が美しいので仕上げ面に用いられるが，木裏より縮みやすいので引違い戸の上枠などの溝（みぞ）は木表側に作る．また，木裏は見え隠れに使用されることが多い．

（7） 木材の欠点 木材の欠点は成育中や製材後にも生じ，欠点のない材は少ないので，使用上支障を起こしたり，品質低下を引き起こすことがある．
おもな木材の欠点としては

a．節（枝が樹幹の肥大成長により樹幹部に包みこまれた部分）
b．あて（発育が順調でないために年輪のほとんどが秋材からなっている部分）
c．割れ（木理に沿った細胞自身の破壊およびはく離に基づく木材の開口）
d．もめ（風圧，雪圧などによる樹幹の曲げ，あるいは軸方向に生じる圧縮破壊）

e．入り皮（樹皮が木部中に巻き込まれた部分）

などがあり，それ以外にも，ねじれ，反り，やにすじ，胴打ちなどがある．

3・4 諸　性　質

3・4・1 物理的性質

（1）**比　重**　木材の細胞膜の実質量によって支配される比重を真比重という．真比重の値は 1.50（F. Kollman）とされ，この値は樹種によって左右されない．なお，一般に比重といえば見掛け比重（普通比重）のことである．

（a）**空隙率**　空隙率 c は木材の比重を用いて次式から求まる．

$$c = 100 - m = (1.00 - r_0/1.50) \times 100 \ [\%]$$

ここに，m：木材の実質率，r_0：全乾比重

（b）**含水状態**　含水状態での比重は，絶乾状態（全乾状態）では絶乾比重（全乾比重），気乾状態では気乾比重（**表3・2**），伐倒直後では生材比重という．

表3・2　木材の気乾比重[*]

比　重	日　本　産　木　材		米　材	南　洋　材
	針　葉　樹	広　葉　樹	針　葉　樹	広　葉　樹
0.3〜0.4	サクラ，ネズコ，スギ	キリ	ベイスギ，スプルース	—
0.4〜0.5	トーヒ，ヒバ，エゾマツ，トドマツ，モミ，ヒノキ	カツラ，ホオノキ	ベイツガ，ベイヒ，ベイヒバ，ベイモミ	—
0.5〜0.6	アカマツ，カヤ，ツガ，クロマツ，カラマツ	クリ，シオジ，シラカバ	ベイマツ	ホワイトラワン
0.6〜0.7	—	クス，ブナ，カエデ，ケヤキ，クワ，ミズナラ	—	タンギール，ラミン，レッドラワン
0.7〜0.8	—	コナラ	—	チーク，マホガニー
0.8〜0.9	—	シラガシ	—	カリン
0.9〜1.0	—	アカガシ	—	タガヤサン
1.0以上	—	—	—	シタン，コクタン

[*] 建築学大系 13（建築材料学），彰国社（1977）

木材を大気中に放置すると，その周辺の湿度と平衡状態に達し，そのときの含水率を平衡含水率とするが，含水率は大気中の湿度により変化するため一定ではない．なお，木材の性質を比較するために材の含水率を一定とした標準含水率（日本やドイツでは15％，欧米では12％）が定められている．

（2） 含有水分　　木材内部が絶乾状態から飽和含水状態に至る4段階（図3・2）の含有水分状態が木材の基本的性質に影響を与える．

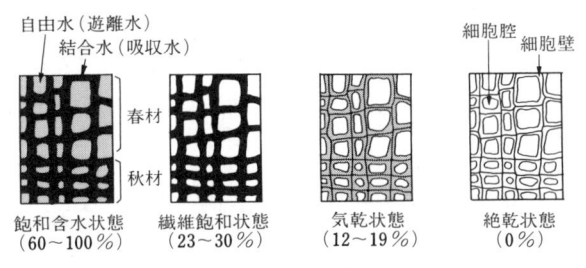

図3・2　含水状態の変化（針葉樹の木口面拡大図）*

まず木材が水を含むと，木材繊維の細胞壁中に結合水（吸収水）として吸収される．つぎに細胞壁が飽和状態に達すると余分な水は細胞間隙に含まれ，この水は自由水（遊離水）と呼ばれ，木材内部での移動や蒸発が自由に行える．この状態で細胞壁が飽和状態に達したときを繊維飽和点（含水率約28～30％）という．特に絶乾状態から繊維飽和点までが木材の伸縮，強度，弾性などに大きな影響を与えるが，それ以上の含水率では木材の性質にほとんど影響を与えない．

（a）　容積変化　　木材は含水率の程度により容積変化，すなわち，乾燥すれば収縮し，湿気を受けると膨張する．しかし，この長さ変化は結合水の増減に関係しているが，繊維飽和点以上での自由水の増減には無関係である．

木材の長さ変化は各種の要素が影響しあうために一律に定まらないが，一般につぎのようなことがいえる．

a．比重の大きい材は細胞膜が厚くて長さ変化が大きいので，秋材は春材より変化が大きい．

---

* 成澤潔水：木材（その特性と効用），パワー社（1976）

b．辺材は心材より変化が大きく，心持ち材は心去り材より割れが生じやすい．

c．接線方向(板目方向)＞半径方向(柾目方向)＞繊維方向の順に変化が大きい．

d．広葉樹は針葉樹より変化が大きい．

e．乾湿の繰返しを多く受けると変化の程度が少なくなる．

（b） 狂 い　木材は同一材でも収縮率の差による変形によって狂いが生じ，特に木材の使用後に不都合が生じる．例えば，構造材の接合部のゆるみなど大きな問題となる．これらの狂いが生じるのは，不均一な乾燥や年輪に不ぞろいのある材，あて材，節，辺材や心材を含んでいる材，板目面と柾目面の収縮率の差の大きな樹種および板目材での木表側への反りなどの原因に起因している．

以上のような狂いの一般的防止法としては，木材を適度に乾燥させることである．つぎに選材として柾目材，高温乾燥材，木理交差の合板などを使用し，塗装する．さらに，厚い板目材は木表を外面として木裏に鋸目（背割）を入れ，同様に心持ち材は壁側などの隠れる面に必ず背割を行って乾燥を防止する．また，木取り位置によっても図3・3のような狂いが生じる．

図3・3　木取り位置による狂い

3・4・2　力 学 的 性 質

（1）応力とひずみ　一般的な木材の応力とひずみの関係を図3・4に示すが，木材は完全な弾性体ではない．まず直線部分が存在し，この接線部分と始原接線との分岐点を比例限度としている．曲げの場合は引張りや縦圧縮のようななめらかな曲線を描くが，横圧縮の場合には少し特異な傾向を示す．

（2）各種の強度　木造部材に加わる外力には柱や束の垂直材に対する圧

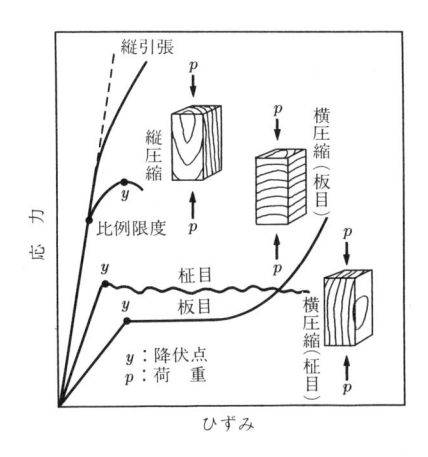

図3・4 木材の応力とひずみ*

縮応力, 梁や桁の横架材に対する曲げ応力, 洋小屋組材などに対する引張応力および接合部分などに対するせん断応力などがある. 一般に木材は軸方向の引張力に強い抵抗を示すが, 引張材としてはあまり用いられず, その他の圧縮力, 曲げ力およびせん断力を受ける部分に用いられることが多い.

力学的性質に大きな影響を与える主たる要素として含水率, 加力方向, 比重および各種の欠点などあげられる.

(a) **含水率** 一般に繊維飽和点以下では**図3・5**に示すように, 含水率の減少に従って強度が増加するが, 靱性は減少する. しかし, 繊維飽和点以上ではほぼ一定の強度を示す.

木材の外力に対する抵抗の大小は結合水の増減と関係しているが, 自由水の増減とは無関係である. これは結合水が細胞膜内に浸透して組織の凝集力を低下させるためである.

一般に木材の強度とは気乾状態 (含水率約17％程度) の強度を示すから, 生材など含水率の高い木材では乾燥により乾裂やひずみが生じ締付けボルト, くぎ, ジベルなどの接合具の性能低下や強度低下を生じて好ましくない. 木構造設計規準 (日本建築学会) では施工後直ちに荷重をうける構造部材の平均含水率は20％以下と定めている.

---

* 平井信二・木方洋二:建築用材の知識, 地球社 (1965)

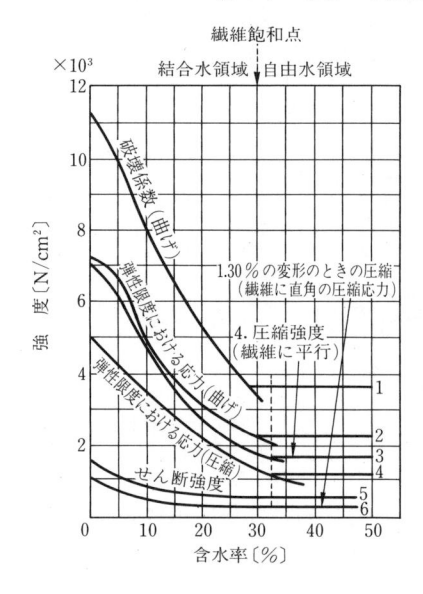

図3・5 含水率と強度*

(b) 加力方向 木材の強度は繊維の走行方向により大きな影響を受け，このことは**表3・3**からも判断できる．

表3・3 各種強度間の関係（無欠点材の場合）

	繊維に平行	繊維に鉛直
圧 縮 強 度	100	10 〜 20
引 張 強 度	250 〜 300	6 〜 20
曲 げ 強 度	170 〜 200	10 〜 20
せん断強度	針葉樹 16 / 広葉樹 19	ー

（繊維に平行な圧縮強度を100とした場合）

木材の繊維方向の強度では引張＞曲げ＞圧縮＞せん断の順であるが，引張強度は欠点による低下が大きいため，構造設計に用いる許容応力度では曲げ＞圧縮＞引張＞せん断強度の順となる．また，引張やせん断強度に対して圧縮や曲げ強度は比較的大きな変形能力を有している．

(c) 比 重 比重は木材の実質量に比例し，外力に対する抵抗，すなわ

---

* 日本建築学会：建築材料用教材（1996）

ち，強度とも一定の関係が成立し，一般に比重が大きいほど強度も大きい．なお，おもな木材の比重と各種強度との関係を**表 3・4** に示す．

表3・4 主要樹種の力学的性質*

樹種			比重	曲げ強度 〔N/mm²〕	圧縮強度 〔N/mm²〕	せん断強度 〔N/mm²〕	曲げヤング係数×10³ 〔N/mm²〕
針葉樹	日本材	ヒノキ	0.44	76	41	7.6	9
		サワラ	0.34	56	34	5.1	6
		ヒバ	0.45	76	41	6.1	9
		スギ	0.38	66	36	9.7	8
		アカマツ	0.52	92	46	9.2	12
		ツガ	0.50	76	46		8
	北米材	ベイスギ	0.37	55	36	6.1	8
		ベイヒ	0.47	82	47	7.7	12
		ベイヒバ	0.49	80	45	8.1	10
		ベイマツ	0.49	81	48	8.1	12
		ベイツガ	0.47	72	45	8.4	11
		スプルス	0.45	73	40	8.3	11
	北洋	エゾマツ	0.47	71	32	9.2	10
		カラマツ	0.60	105	47	13.3	12
	南洋	アガチス	0.51	87	42	10.3	12
広葉樹	日本材	イタヤカエデ	0.65	97	46	12.2	12
		マカンバ	0.67	107	44	14.3	13
		キリ	0.30	36	20	5.6	5
		ブナ	0.65	102	46	13.3	12
		ミズナラ	0.68	102	46	11.2	10
		シオジ	0.53	92	45	11.2	10
		ヤマザクラ	0.52	107	46	15.3	12
		ケヤキ	0.69	102	51	13.3	12
	南洋材	レッドラワン	0.58	93	49	8.6	11
		ホワイトラワン	0.50	84	44	8.5	12
		レッドメランチ	0.55	90	49	10.2	11
		アピトン	0.73	121	54	14.3	13
		チーク	0.52	68	37	9.9	7

（d） 欠点と強度 木材の欠点は強度や剛性の低下につながるので，梁や柱に部材固有の外力を集中して受ける場合など，特に材の中央部付近の欠点は避けなければならない．

木材固有の欠点に節があり，圧縮強度では生き節，死に節，抜け節の順に，しかも節の径が大きいほど強度が低下する．引張強度では抜け節と同様に，す

---

* 日本建築学会：建築学便覧Ⅱ 構造（1977）

べての節が断面欠損として強度低下をきたす．特に曲げ強度では節の位置も問題で，梁の下端側に節があるとその節の部分に応力集中が生じて弱くなる．

（3）めり込み強さ　木構造物の接合部には部分的に力が加わることが多い．このような場合，通常の場合に比べて力学的性質が著しく低下することがあるので注意を要する．

（4）硬　さ　木材は比重や圧縮強度が大で，樹脂の多いものほど硬く，同一材では木口面＞板目面≒柾目面の順に硬い．また，硬さにより硬材と軟材に分けられる．

（5）割裂き強さ　木材は繊維と直角方向の力により，繊維にそって割れやすい．これを割裂きといい，その程度は樹種によって異なる．

構造材での割裂きの原因はくぎやくさびの打込みおよびほぞ穴の不良などによることが多く，接合部の耐力に影響を与える．

（6）クリープ　クリープとは材に一定の荷重が長時間作用すると，時間の経過にともない徐々に変形する現象をいう．一般に応力が繊維方向と平行な場合のクリープ限度（変形がほとんど進行しないときの応力度）は，圧縮では強度の約 50〜60％，引張では約 60〜70％および曲げでは約 40〜50％とさ

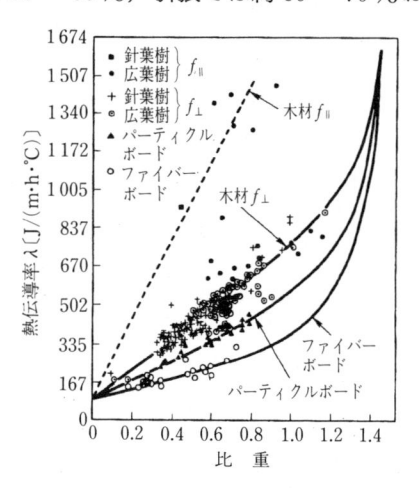

図3・6　熱伝導率と比重*

---

* F. Kollmann, W.A. Côté,: Principle of Wood Science and Technology, Spring-Verlag（1968）

れている.

（7） **熱伝導率**　熱伝導率は，繊維方向や木材の比重および含水率により変化する．なお，熱伝導率と比重の関係を**図3・6**に示す．

3・5　製材・乾燥・規格

3・5・1　製　　　材

木材は使用まで，伐木，枝落し，皮はぎ，製材および乾燥の順に4工程が必要となる．その中で，伐木後に適当な長さに切った丸太や粗い四角形にした杣（そま）角を素材といい，裁断寸法，採取位置および順序などを考えて所要の材をひくように計画することを木取りという．この素材を鋸などで加工することを製材といい，一般に厚木の製材の歩留りは針葉樹が60～70％，広葉樹が40～65％である．

3・5・2　乾　　　燥

木材乾燥法には天然乾燥と人工乾燥（燃焼ガス法，加熱空気法，高周波法）がある．乾燥することにより，a．軽量化，b．収縮，反曲などによる狂い防止，c．腐朽防止，d．強度増進，e．加工しやすさ，f．薬剤処理や塗布などに効果がある．

最近の木造住宅は高気密，高断熱指向が強い密封型で，住環境が冷暖房で人工的に調節可能となるため，住宅部材の寸法の安定のために使用場所により異なる含水率（**表3・5**）が求められるなど，木材の乾燥度が重要な問題となる．

表3・5　仕上げ含水率と使用場所*

用　途	使用場所	平衡含水率〔％〕	仕上げ含水率〔％〕
一般建築用材	エアコン室内	11～12	12
	通常室内	13～15	10～12
	屋　外	15～16	11～13
家　具	エアコン室内	9～11	10
	通常室内	13～15	9～14

* 秋田県立農業短期大学木材高度加工研究所：木材百科，木材加工推進機構（1998）

3・5・3 規　　　格

(1) 木材の関連規格　木材の規格は全般に日本農林規格（JAS）によるが，建築用材に関しては主として建築学会の木工事（JASS 11）や木構造設計基準がある．それ以外には日本工業規格（JIS）や日本住宅木材技術センター性能認証（AQ）などの各種の規定があり，それらについて**表 3・6**に示す．

表 3・6　おもな建築用木材製品と規格体系*

区分		規格の種類
軸材料	素材	素材・そま角(JAS)
	一般製材	押角(JAS)，針葉樹の構造用製材(JAS)，針葉樹の造作用製材(JAS)，針葉樹の下地用製材(JAS)，広葉樹製材(JAS)
	枠組壁工法用製材	枠組壁工法構造用製材(JAS)，機械により曲げ応力等級区分を行う枠組壁工法構造用製材(JAS)
	たて継ぎ材	枠組壁工法構造用たて継ぎ材(JAS)
	処理木材	建築用防火木材(JIS)，土台用加圧式処理木材(JIS)
	集成材	集成材(JAS)，構造用集成材(JAS)
	単板積層材(LVL)	単板積層材(JAS)，構造用単板積層材(JAS)
	その他	PSL(個別認定)，TJI(個別認定)
面材料	普通合板	普通合板(JAS)，コンクリート型枠用合板(JAS)，足場板用合板(JAS)，構造用合板(JAS)
	薬剤処理合板	難燃合板(JAS)，防火戸用合板(JAS)，防炎合板(JAS)，防虫合板(AQ)，防腐合板(AQ)
	その他の合板	特殊合板(JAS)，フローリング(JAS)，パレット用合板(JAS)
	ボード類	パーティクルボード(JIS)，ファイバーボード(JIS)
	パネル類	構造用パネル(JAS)，建築用構造材(JIS)

(2) 製材規格　おもな木材製品は規格化（JAS や JIS）され，大きくは構造用と造作用に分類されるが，構造用は厳しい品質基準が設けられている．

旧 JAS（1996 年廃止）での製材は，針葉樹の構造用製材，針葉樹の造作用製材，針葉樹の下地用製材，広葉樹製材の 4 種類の JAS に再編成されている．それ以外に枠組壁工法用製材規格として，枠組壁工法構造用製材，機械により曲げ応力等級区分を行う枠組壁工法構造用製材，枠組壁工法構造用たて継ぎ材の 3 種類の JAS がある．この中で，おもな構造用製材の規格を**表 3・7**に示す．

＊ 秋田県立農業短期大学木材高度加工研究所：木材百科，木材加工推進機構（1998）

表3・7 おもな構造用製材の規格（JAS）

区分・主用途		等 級	寸法形式	含水率
針葉樹の構造用製材	甲種（目視・曲げ用）	1〜3級の3等級	規定寸法。139種類（甲種は寸法によってⅠ，Ⅱに区分）	15, 20, 25%を境界に4種類に区分
	乙種（目視・圧縮用）			
	機械等級区分	E 50〜E 150の6等級		
枠組壁工法構造用製材	甲種（目視・曲げ用）	特〜3級の4等級	11種類	19%を境界に，乾燥材と未乾燥材に区分
	乙種（目視・圧縮用）	3等級	3種類	
	MSR（機械等級区分）材	29等級	6種類	
枠組壁工法構造用たて継ぎ材	たて枠用（目視）	1等級	2種類	すべて乾燥材（19%以下）
	甲種（目視・曲げ用）	特〜3級の4等級	6種類	
	乙種（目視・圧縮用）	3等級	2種類	

3・6 劣化と保存

3・6・1 劣　化

木材は，各種の要因により風化，腐朽，食害などを短期，長期にわたって引き起こしながら進行し，材の強度の低下にともなって劣化していく．

（1）風化　木材は長年の風雨，日光，じんあいなどの作用で，しだいに表面から，しかも軟らかい春材部から風化が進行し，材の強度や弾性が徐々に失われてゆく現象である．

（2）腐朽　木材を腐朽させる菌類にはバクテリア，カビおよび腐朽菌（キノコ類）があり，この中で腐朽菌が最も大きな被害を与える．材の腐朽には，材表面が褐変したり白変する褐色腐朽（ワタグサレタケ，ナミダタケ）や白色腐朽（カワラタケ，カイガラタケ），材表面が黒褐色からスポンジ状になる軟腐朽（ケトミウムグロボサム）がある．これらの菌の生育環境条件として，温度（20〜40℃），湿度（90％以上），空気（酸素30％以上）および養分（木材含水率30〜60％）の4条件がある．したがって，木材の腐朽阻止にはこの生息4条件のどれか一つを断つことである．

木材の腐朽は樹種により程度は異なるが，腐朽の概略を**表3・8**に示す．

表 3·8 木材の種類と耐久性の程度[*1]

耐久性	日本材	米材	南洋材	北洋材
大	ヒノキ, ヒバ, ネズコ, クリ, ケヤキ, ヤマザクラ	ベイヒ, ベイヒバ, ベイスギ, レッドウッド, ビャクシン	チーク, タイヒ, コキー, バンキライ, ビリアン	—
中	スギ, カラマツ, モミ, ヒメコマツ, クヌギ, カシ, ナラ, カツラ, シラカシ	ベイマツ, カラマツ, マツ類	アピトン, カプール, クルイン, レッドラワン, ダークレッドメランチ, アルモン, バクチカン	ダフリカカラマツ, ベニマツ
小	エゾマツ, トドマツ, アカマツ, クロマツ, ツガ, ブナ, シナノキ, シイ, タモ, トウヒ	ベイツガ, シトカスプルース, ベイモミ, ストロープマツ, ラジアータパイン	ラミン, バルサ, ビヌアン, アンベロイ, ゴム, ジェルトン	エゾマツ, トドマツ, オーシュウアカマツ

(3) 食害 木材は昆虫により生材や乾燥材の別なく食害を受け,その代表が白アリである.白アリの防除対策としては,住宅の防除処理だけでは不十分で,木部の薬剤処理や床下の土壌処理を同時に行う必要がある.最近は薬害の少ないカーバメート系やピレスロイド系の薬剤が用いられている.また,白アリ以外では,ひらたきくい虫（ラワン虫）がラワンや広葉樹に数年にわたって被害を与えることが知られている.

以上のように,木材の劣化現象には多くの因子が関係しているが,作用する因子と樹種の耐久性とでは差異があることが**表 3·9**からもわかる.

表 3·9 耐久性の比較[*2]

種　　別	樹　　　　　種
水湿に耐えるもの	ヒノキ, ヒバ, カヤ, コウヤマキ, ツガ, カラマツ, クロマツ, クリ, シオジ
乾湿に変化に耐えるもの	ヒノキ, ヒバ, カヤ, クリ, ナラ, サクラ
菌類に侵されやすいもの	ブナ, カバ, マツ, ナラ
シロアリに侵されやすいもの	マツ類, スギ, モミ, トウヒ
シロアリに侵されにくいもの	チーク, クス, ケヤキ, カシ, ヒバ

3·6·2 保　　　存

木造住宅でも 300 年程度の寿命は夢ではない.しかし,それだけの工夫が必

[*1] 小林盛太：木造建築の性能設計, 金竜堂 (1980)
[*2] 建築学大系 13 (建築材料学), 彰国社 (1977)

要である．例えば，使用部位ごとの樹種の選択（特に土台，基礎柱，梁），構造材を長持ちさせるための通風，将来を考えて実用性が低下した部材の交換できるような工法の組み込みなどを設計の段階で考慮すべきである．

（1） 防腐・防蟻法　　防腐・防蟻法の基本は，腐朽菌や白アリが木材を利用できないように木材の外側に防腐・防蟻処理の高い薬剤で保護層を作ることである．**表3・10**のうちで加圧注入法が最も効果が高いと考えられ，薬剤としてはクロムやヒ素を含まない毒性の低いアルキルアンモニウム塩素，銅・ホウ素・アゾール素，ホウ素・アルキルアンモニウム塩素および脂肪酸金属塩素などが用いられている．また，最近では木造細胞構造や成分に対する化学加工による耐久性向上技術が研究されている．なお，JISでは**表3・11**に示すような防腐剤が規定されている．

表3・10　防腐・防蟻処理方法とその特徴*

処理方法	おもな特徴
塗　布	少量の薬剤で手軽に処理できるが，むらが生じやすい
吹　付	広い面積を手軽に処理できるが，むだな薬液が多くなる
浸　漬	処理むらがなく多量の材を処理できるが，薬液が多量に必要
拡　散	簡便な装置で，生材を浸潤度大きく処理できるが，水溶性薬剤しか使えず，長時間を要する
温冷浴	簡便な装置で，含水率の影響を受けずに高吸収量処理できるが，長時間を要する
減　圧	辺材の処理に適し，注入量を調整できるが特別な施設が必要で，現場処理ができない．未乾燥材には適さない
加　圧	浸潤度大きく，むらも少ない．処理時間が短く能率的であるが減圧法と同様のことが要求される
接着剤混入	合板，ボードなどの再構成材料の処理に適し，製造ラインの変更も必要ないが，エレメント大きさに制約され，多量の薬剤が必要である

（2） 構造法および設計法からの防腐法（木構造設計規準）　　防腐処理材に構造法や設計法を合わせて考えると一層の防腐効果が期待できる．したがって構造上および設計上からは，構造体への水分の浸透防止を図ることがかんじんで，特に屋根面，外壁面，基礎，開口部などの雨仕舞，使用水の水仕舞が問題で，水分浸透後は湿気も含めて小屋組，軸組，床組内部などの換気に十分に

---

* 秋田県立農業短期大学木材高度加工研究所：木材百科，木材加工推進機構（1998）

表3・11 木材防腐剤の種類 (JIS)

区分	JIS	薬剤	特徴	用途
油性	JIS K 2470	クレオソート油	塗装否で低毒性で刺激臭．処理材は褐色で，安価で古くから使用	構造材（土台，柱，はり，小屋組）や，造作材（モルタル塗り下地）
油溶性	JIS K 1551	ペンタクロルフェノール (PCP)	塗装可で毒性あり刺激臭．処理材は無色で，性能は最もすぐれているが高価	防腐・防虫処理木材
水溶性	JIS K 1550	フェノール類，無機フッ化物系木材防腐剤	塗装可で毒性あり．処理材は黄緑色	防腐土台
	JIS K 1552	ペンタクロルフェノールナトリウム (Na-PCP)	塗装可で毒性あり．処理材は無色	防腐・防虫処理木材
	JIS K 1554	クロム，銅，ヒ素化合物系木材防腐剤 (CCA)	塗装可で毒性あり．処理材は緑色	防腐土台

配慮を行うことである．そのためには構造上から

a．乾燥材（含水率25％以下）の使用

b．腐朽箇所に耐久性のある樹種の使用

c．基礎のレベルアップ（地盤から20cm以上）と換気口の設置

d．湿気の多い箇所に換気口の設置

などを，さらに設計上からは

a．外壁には抱水性の少ない材料の使用

b．排水や水仕舞に対する考慮

c．屋根の形状の単純化

d．屋根やひさしの張出し（45cm以上）

などのことを考える必要がある．

3・7 燃焼と防火

3・7・1 燃焼

一般に木材の燃焼現象は木材の物理的性質（比重，含水率，熱伝導率，化学成分），形状（断面形状，断面積）および発火条件などに影響される．

木材を加熱するとまず水分が蒸発し，180°C前後で可燃性ガス（CO，H_2，CH_4など）と木酢酸やアセトンなどが溜出し，引火して瞬間的に炎が生じるが可燃性ガスがなくなると消える．このときの温度を引火点という．さらに温度が上昇し約260〜270°C以上では引火した炎は持続し，分解したガスの発生が盛んになる．このときの温度を着火点といい，この状態では口火がなければ炎（無炎着火）を生じない．実際問題としてこの状態は危険で，通常260°Cを木材の火災（出火）危険温度という．さらに温度が400〜460°Cになれば，自然に着火する．このときの温度を発火点温度という．

3・7・2　防　　　火

可燃材料の木材を耐火的に改変することは非常に困難であるが，木材防火のための基本的な考え方としては可燃性ガスの遮断や温度上昇の阻止がある．

建築用木材にほどこされる防火方法としてはつぎのような方法がある．

（1）**不燃性かつ断熱性材料で覆う方法**　木材表面が260°Cまで上昇しないようにする方法で，モルタルやプラスター塗りがあり，モルタル塗りがよく用いられている．

（2）**薬剤処理法**　薬剤処理を行った木材を防火木材（JIS A 5801：建築用防火木材）といい，リン酸モリブデン，アンモニウム塩，ハロゲン化合物などを塗布または圧入したもので，NH_3やH_2Oの不燃性ガスにより可燃性ガスを稀釈したり，HPO_3の脱水炭化作用などにより無炎燃焼を起こさせるものである．

（3）**発泡性塗料**　発泡性防火塗料（JIS K 5661：建築用防火塗料）とは，熱の反応による塗料の発泡作用で，木材表面に形成される断熱層により着火を防ぐものである．

3・8　木　材　製　品

3・8・1　合　　　板

合板は古くからなじみ深い木材製品である．一般に合板（plywood）は単板（veneer）を繊維方向に1板ごとに直交させて奇数板を接着させたものである．

合板の原木は南洋材が主流であるが，最近の資源の問題などから，針葉樹を原木とした合板も製造され始めている．

合板のJASでは，普通合板，難燃合板，防火戸用合板，コンクリート型枠用合板，構造用合板，足場板用合板，防炎合板，パレット用合板および特殊合板の9種類に対して品質と規準（**表3・12**）が定められている．また，規格の他に，建築部材として使用場所や用途に応じた基準も作られている．

表3・12 おもな合板の品質と規格（JAS）*

	構造用合板	コンクリート型枠用合板	普通合板	特殊合板
接着力分類	特類：屋外または常時湿潤状態使用に耐える 1類：屋内使用に耐える	1類：長時間外気および湿潤露出に耐える	1類：左欄に同じ 2類：通常の外気および湿潤露出に耐える 3類：通常の耐湿性をもつ	1〜3類：左欄に同じ
等級分類	1級：構造耐力上主要な部材．板面基準によりA1〜C3までの8等級 2級：各種下地用．板面基準によりAB〜CDまでの8等級	1種：仕上げ精度・美観が要求される 2種：1種以外	1等〜3等：表面単板の品質による分類，A・B・ABといった区分をすることがある F1〜F3：ホルムアルデヒド拡散量による分類，数値の小さいほうが拡散量が少ない	摩耗性，表面性などによって，F，FW，W，SWに分類 F1〜F3：左欄に同じ
市場流通製品寸法〔mm〕	幅・長さ：900×1818（2級のみ），910×1820，910×2440，910×2730 厚さ：5，7.5，9，12，15	幅・長さ：900×1800，600×1800 厚さ：12，15	幅・長さ：910×1820 厚さ：2.3，2.5，3，4，5.5，9，12，15	幅・長さ：910×1820，61〜608×2430，61〜608×2730 厚さ：2.5，2.7，3，4，5.5，12，15

合板で最も重要なのは接着剤の耐水性である．構造用合板（5〜24mmの範囲で9段階）の接着性能により対象とする接着剤は，特類と1類に分類され，特類はフェノール系樹脂，1類はメラミン系樹脂が対象である．普通合板では1類（上記）と2類があり，2類はユリア系樹脂が対象である．

なお，特殊合板としては

---

* 秋田県立農業短期大学木材高度加工研究所：木材百科，木材加工推進機構（1998）

a．構成が特殊な合板
b．表面に溝や穴を開けたり，プリント塗装などを行った合板
c．防火剤や防腐剤などの薬剤処理を行った合板
d．椅子や家具に用いられる高周波積層成型合板

などがある．

3・8・2 集成材

集成材（JAS）とは，人工乾燥したひき板や小角材などの部材（ラミナ）を繊維方向に互いにほぼ平行にして，厚さ，幅および長さの方向に集成接着した一般材と定義している．

したがって，集成材は

a．各種の欠点の分散や除去により無欠点材に近い強度性能の確保
b．幅，厚さ，長さ方向に任意の長大部材の確保
c．デザイン的に自由な形状表現やアーチ（曲がり材）などの製作が可能
d．狂い，伸縮，割れなどの排除
e．大断面では耐火性が高い
f．薬剤処理後の接着による防腐，防虫，防火性能の向上

などの各種の長所があげられる．

集成材のJAS（1996年改正）では，造作用集成材，化粧ばり造作用集成材（造作用集成材に化粧単板を貼り付け），化粧ばり構造用集成材（在来軸組構法の和室の柱），構造用集成材の4種類に分類（**表3・13**）されている．

集成材の構造用と造作用の違いは，所要の耐力の保証の有無によるもので，構造用では強度保証のための条件設定や性能保証試験が義務づけられている．また，接着剤は，使用環境が過酷で，耐力部材として十分な性能が必要な場合はレゾルシノール系接着剤，使用環境が通常の耐力性能を要求される場合はレゾルシノール系および水性高分子イソシアネート系接着剤などが用いられる．

集成材は用途別に区分すると，構造用集成材と造作用集成材がある．構造用集成材は体育館，講堂，工場，教会などに使用され，大きなスパンを柱なしで支持できる．また，造作用集成材は表面に化粧単板（0.6～2mm程度）を張

表3・13 集成材の種類と規準 (JAS)*

規格	集成材		構造用集成材		
	造作用集成材・化粧ばり造作用集成材	化粧ばり構造用集成柱	小断面集成材	中断面集成材	大断面集成材
用途	造作用・主として内部造作	主として在来軸組工法住宅柱材	構造耐力用部材		
使用環境条件	住宅内部		温湿度環境・風雨・火災の可能性によって2条件に区分		
寸法	—	9〜13.5 cmの正方形断面	短辺7.5 cm未満,長辺15 cm未満	短辺7.5 cm以上,長辺15 cm以上で大断面集成材以外のもの	短辺15 cm以上,断面積300 cm^{2}以上
等級	1・2等	1等級	ラミナの樹種・配置・強度性能に応じた多くの等級		

ったもので,一般住宅の柱,敷居,鴨居,長押,階段回り,カウンターなどに用いられる.しかも均質な材が大量に工場で量産可能である.

3・8・3 ファイバーボード

木材繊維の集合体を乾燥もしくは熱圧して材状に成形したもので,吸音性や断熱性が相当よいので,内装材,壁下地,屋根下地などに用いられるが,耐湿性は劣る.

ファイバーボードは低,中,高密度と,密度によっておのおの軟質繊維板(インシュレーションボード:JIS A 5905),中質繊維板(セミハードボード:JIS A 5906),硬質繊維板(ハードボード:JIS A 5907) などに区分される.

3・8・4 パーティクルボード

木材の小片に接着剤を添加して熱圧成形した板状製品で,異方性が少なく,節や腐れが除去されているために反りや割れが発生しにくい.従来は家具用材料としての用途が中心であったが,最近では接着剤や製造技術の発達により建築用としても使用され始めている.

なお,パーティクルボード(JIS A 5908)は,表面・裏面の状態,曲げ強さ,使用接着剤,難燃性などによって区分されている.

---

* 秋田県立農業短期大学木材高度加工研究所:木材百科,木材加工推進機構(1998)

3・8・5 フローリング

フローリングは表面加工やその他の所要の加工を施した板材で、床材に用いられる。また、製品は工場で作られ、JASにより単層フローリング（単層または2層）と複合フローリング（3層以上）に区分される。なお、モルタルなどを用いてコンクリートの床に直張りする場合は、裏面に防湿処理を（アスファルトを塗布）して湿気が上がってくるのを防ぐ。

3・8・6 木質セメント板

木質セメント板は、木片、木毛、木質繊維などとセメントを混合して成形したもので、木片セメント板（JIS A 5417）、木毛セメント板（JIS A 5404）、パルプセメント板（JIS A 5414）などがある。一般にこれらの板は木質材料の加工性とセメントの不燃性を有し、比重によって性質や用途は異なる。

木片セメント板は変色木片セメント板（ドリゾール板：かさ比重0.5～0.8）と硬質木片セメント板（センチュリーボード：かさ比重0.8以上）に区分される。前者は断熱性や吸音性にすぐれ、準不燃材料として使用されており、後者は断熱性、防火性、吸音性にすぐれ、準不燃材料で、他の材料との組み合わせで防火構造や遮音構造にも使用されている。

木毛セメント板は、難燃木毛セメント板と断熱木毛セメント板に区分されている。前者は準不燃材料で、発煙、有毒ガスの発生がなく、防火性能が必要とされる内・外装下地材に、後者は空隙が多く軽量なので、断熱性や吸音性を必要とする内・外装下地材として使用される。

パルプセメント板は、パルプセメント板と化粧パルプセメント板に区分されており、化粧パルプセメント板は普通化粧と耐湿化粧とがある。一般にパルプセメント板は、軽量で加工性が良好で、曲げや耐衝撃性があり、断熱性、遮音性、防火性にすぐれた準不燃材料である。

第4章　石材・岩石製品

4・1　概　　説

　岩石とは固結および半固結状態の地殻を構成する物質とされ，その岩石を切り出して建設工事用などのために所要の形状に成形したものを石材という．

　石材は歴史的にも重要な建築材料であって，わが国では明治以後に本格的洋風石造建築が出現したが，1923年（大正12年）の関東大震災での石造建築の崩壊によって耐震性が問題となり，法的規制や鉄筋コンクリート造の発達にともない，近年，石材は構造材としてではなく内・外装材や床材などに用いられることが多い．

　現在，建築の工事量の増加や意匠の多様化により多くの原石が諸外国より輸入されている．原石の採掘から仕上げ加工に至る全工程はほぼ機械化されている．また，石材の取付け工法の発達によって，地震力や風圧力などに対しての対応が強く要求される高層ビルにも石材の使用が可能となっている．

　石材の一般的な特徴としてつぎのような長所や短所が考えられる．

（長　所）

a．不燃性，耐水性，耐磨耗性，耐久性などに富み，圧縮強度も大である．

b．装飾性に富み，魅力的な外観や色調を有している．

（短　所）

a．硬質のため成形に難があり，かつ重量があるため輸送しにくい．

b．各種の不均質な部分を有しており，均質で欠点のない大材が得にくい．

c．耐熱性や耐火性の劣るものがある．

d．部材相互および他の材料からなる部材との接合が難しい．

e．圧縮強度が大きいのに対して，曲げ強度や引張強度が非常に小さく，概略で引張強度は圧縮強度の約 1/10 ～ 1/30 程度である．

4・2 組成と分類および種類

4・2・1 組成

地球の外側に位置する地殻部分(約 10 〜 50 km)の岩石は,成因により火成岩,堆積岩,変成岩の 3 種類に大別(**図 4・1**)される.

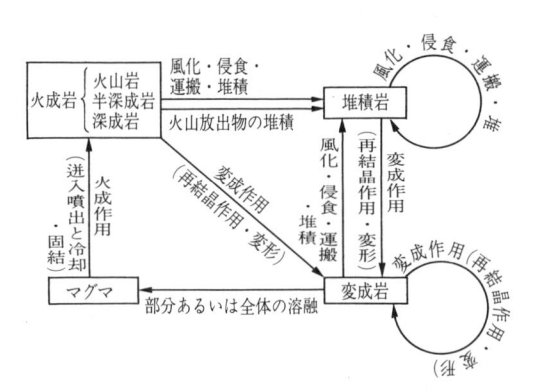

図 4・1 マグマ,火成岩,堆積岩,変成岩のサイクルモデル*

岩石を構成する鉱物を造岩鉱物といい,各鉱物の岩石中の比率や結合状態などによって,岩石の色調や性質が変化してくる.しかしながら実際に岩石の大部分を構成し,重要な役割も果たしている主要造岩鉱物には石英,カリ(正)長石,斜長石,黒雲母,白雲母,輝石,角閃石,かんらん石,方解石などの鉱物がある.

4・2・2 分類

(1) 岩石の成因と種類による分類 岩石は地質構造が複雑化するほど変形や変質が生じやすいため多くの種類が存在しており,成因により**表 4・1**のように分類できる.なお,JIS A 5003 では,石材は岩石の種類により花こう岩類,安山岩類,砂岩類,粘板岩類,凝灰岩類,大理石および蛇紋岩類に分類されている.

(2) 強度による分類 JIS A 5003(日本工業規格)では,石材は圧縮強

---

* 関 陽太郎:建設技術者のための岩石学,共立出版(1976)

表4・1 成因による岩石の分類と特徴（飯島 亮・加藤栄一）

成因による分類		生成の特徴	岩石名（例）
火成岩	深成岩	地下20～30km付近でマグマが高圧で徐々に冷却凝固．岩石全体が結晶質で大塊	花こう岩・かんらん岩 閃緑岩・斑れい岩
	半深成岩	マグマが地表近くで急に冷却凝固．深成岩と火山岩の中間で結晶質であるが，不均一な結晶	石英斑岩
	火山岩	マグマが地上に噴出し，急激に冷却固結．半結晶質またはガラス質の斑状のものが多い	石英粗面岩 安山岩・玄武岩
堆積岩	火山細屑岩 風成堆積岩 水成砕屑岩	火山放出物や岩石が風化や水食によって破砕後，地表や水中に沈殿堆積して固結した再生岩石	凝灰岩 黄土・ローム 砂岩・粘板岩・頁岩
	有機沈殿岩	炭酸石灰質の水中生物の遺骸などが海中で堆積，固結	石灰岩・チャート
	化学沈殿岩	水中に溶解した物質が化学作用で沈積して生成	鍾（じく）状石灰岩，岩塩
変成岩	動力変成岩	地殻の圧力を受けて変成	圧砕岩
	熱変成岩	マグマによる高熱や水蒸気により変成	大理石
	動力熱変成岩	圧力と熱の作用で変成	片麻岩・結晶片岩

表4・2 石材の圧縮強度による分類（JIS）

種類	圧縮強さ [N/cm²]	参考値		岩石名（例）
		吸水率 [%]	見掛け比重	
硬石	4903以上	5未満	約2.7－2.5	花こう岩・安山岩・大理石
準硬石	4903未満 981以上	5以上 15未満	約2.5－2	軟質安山岩・硬質砂岩
軟石	981未満	15以上	約2未満	凝灰岩

さにより硬石，準硬石，軟石に分類（**表4・2**）されている．

（3） 形状および寸法による分類　　JIS A 5003では，石材の形状により

表4・3 石材の形状と寸法（JIS）

形状	角石	板石	間知石（けんち）	割石
寸法 [cm]	厚さ×幅×長さ 12×15 15×18 ×91 15×21 ×100 15×24 ×150 15×30 18×30	幅×長さ×厚さ 30×30 ×8-12 40×30 40 45 50 ×90×10-15 60 65	控長 表面積 [cm²] 35以上 620以上 45以上 900以上 50以上 1220以上 60以上 1600以上	控長 表面積 [cm²] 30以上 620以上 35以上 900以上 40以上 1220以上

4・2 組成と分類および種類

表4・4 石材の種類と特徴および用途

分類	種類	特徴	用途
火成岩	花こう岩類（斑れい岩，閃緑岩を含む）例：稲田みかげ(茨城)・万成石(岡山)・北木石(岡山)・インペリアルレッド(スウェーデン)・マホガニーレッド(アメリカ)・韓国白みかげ(韓国)・韓国抱川(韓国)	通称みかげ石．組成は石英，長石，雲母等の結晶体からなり，色調によって白みかげ，挑色みかげ，黒みかげ等がある．また結晶体の大きさで大みかげ，中みかげ，小みかげとも呼ばれる．結晶が美しく，緻密堅硬で，磨くと光沢が出る．比重大，耐久性大，耐摩耗性大，吸水性小，耐火性小（約200℃できれつを生じ500℃で崩壊）．大材が得やすい	（板石）壁，床，外構（割石，角石）石垣，階段，基礎石
	安山岩類 例：新小松石(神奈川)・白河石(福島)・鉄平石(長野)	各地で産出し種類が多い．細かい結晶質，ガラス質．組成は輝石，角閃石(まれに黒雲母)，斜長石等．灰色〜灰黒色，色調暗く光沢なし．重量大，緻密堅硬，吸水性小，耐久性大，耐摩耗性大，耐火性大．鉄平石は板状節理で薄板にしやすい	（板石）壁，床（角石，割石）石垣，階段，基礎石
	抗火石（東京・静岡）	多孔性，断熱性大	（板石）断熱材
堆積岩（水成岩）	粘板岩類 例：雄勝石（宮城）	石質は一般に緻密であるがはく離性のあるものが多い．天然スレートはこの一種．色調は青灰色〜黒色（黒色が上等品とされている）．やや光沢あり．吸水性小，耐久性大，曲げ強度大．粘板岩から人工軽量骨材が生産される	（薄板）壁，床，屋根材
	砂岩類 例：銚子石(千葉)・サンドストーンホワイトレッド(インド)	光沢なし．耐火性大（ただしケイ酸質のものは小），吸水性大，耐摩耗性小，汚れやすく，風化しやすい．硬質のものから軟質のものまで範囲が広くある	（板石）壁，床（割石，切石）石垣，外溝
	凝灰岩類 例：大谷石(栃木)・房州石(千葉)	粗質，軟質，軽量，吸水性大，強度小，風化しやすく，加工仕上げ容易．焼成加工もできる	（板石）壁（角石）基礎，石垣
変成岩	大理石類 例：寒水(茨城)・ビアンコカララ(イタリア)・トラバーチンアロマナ(イタリア)	結晶は微粒．含有物によって種々の色調や斑紋が生じる．白，ピンク，黄，朱，青，茶，黒と変化に富むものが多い．磨くと光沢が出る．堅硬質，吸水性小，耐摩耗性小，耐火性小(600℃付近で崩壊)．屋外では風化を受けやすく，酸類に弱い	（板石）壁，床（砕石）テラゾーの種石
	蛇紋岩類 例：蛇紋石（埼玉・長野）	かんらん岩の変質によってできたもので大理石とはやや異質．黒，濃緑，白等が多彩な模様をなしている．磨くと光沢が出る．性質はほぼ大理石に似ている	（板石）壁，床（砕石）テラゾーの種石

角石，板石，間知(けんち)石，割石に，さらに，寸法により角石と板石は幅×長さ×厚さ，間知石と割石は控長×表面積により分類（**表4・3**）されている．

（4） 種　類　現在，建築用石材の大部分は原石として輸入され，石材の色調や模様は非常に豊富で，多くの内・外装材として利用されている．なお，一般的な石材の種類と特徴および用途について**表4・4**に示す．

4・3　諸　性　質

一般に岩石は数種類の鉱物から構成されているために，岩石の物理・化学的性質は鉱物の種類や比率，さらに，鉱物の結晶構造を構成する原子の種類，結合および配列状態などに支配されている．

（1） 物理的性質　岩石は天然材のために不均質で，かつ，成因により異方性を示す場合が多い．物理的性質（**表4・5**）も岩種により強度，吸水率，硬度などは差が大きいが，熱膨張率や真比重などは比較的その差が小さい．

表4・5　石材の物理的性質

岩種	石　　名	産　地	見掛け比重	吸水率〔%〕	圧縮強度〔N/cm²〕	曲げ強度〔N/cm²〕	硬度
花こう岩	稲　田	茨　城	2.63	0.22	14 225～16 677	1 207～1 491	104
	万　成	岡　山	2.62	0.33	16 549～18 325	1 197	90
	恵那錆	岐　阜	2.60	0.45	15 588	638	100
	議　院	広　島	2.63	0.21	12 949	1 481	108
	インペリアルレッド	スウェーデン	2.67	0.08	18 776	1 059	103
	ガウチョコロラド	ブラジル	2.47	0.12	17 786	1 638	115
	ブルーパール	ノルウェー	2.69	0.15	14 048	1 579	103
	カナディアンブラック	カ　ナ　ダ	2.76	0.06	13 852	1 010	92
	シーニトモンチク	ポルトガル	2.61	0.62	14 999	942	100
	韓国白みかげ	韓　　国	2.61	0.21	13 469	1 216	104
	マホガニーレッド	アメリカ	2.66	0.14	15 431	1 109	104
	インデアンブラック	イ　ン　ド	2.90	0.13	27 625	3 090	95
砂岩	サンドストーンレッド	イ　ン　ド	2.35	2.70	10 762	961	54
	サンドストーンホワイト	イ　ン　ド	2.24	2.90	11 282	795	58
安山岩	新　小　松	神奈川	2.30	1.83	11 429	844	—
凝灰岩	大　谷　石	栃　木	1.40	19.04	853	226	—
粘板岩	雄勝スレート	宮　城	2.73	0.24	17 952～20 012	—	—
大理石	蛇　紋	埼　玉	2.74	0.37	9 506	—	59
	ペルリーノ	イタリア	2.62	0.37	10 222	1 128	55
	ビアンコカララ	イタリア	2.71	0.13	12 164	1 511	45
	ボテチーノ	イタリア	2.70	0.09	8 731	1 246	62
	ローズオーロラ	ポルトガル	2.71	0.10	8 044	1 324	42
	ペンテリコン（ホワイト）	ギリシャ	2.69	0.05	7 691	1 854	46
	シベックホワイト	ユーゴー	2.86	0.19	15 598	1 148	50

（a） **強　度**　　岩石は典型的な脆性材料の一つで，圧縮強度が特に大きいのに対して，曲げ強度，引張強度，せん断強度などは小さく，例えば引張強度は圧縮強度の 1/10〜1/30 程度にすぎない．

一般に強度の大きい岩石は花こう岩や安山岩，次いで大理石などで，弱い岩石には砂岩や凝灰岩などがある．しかし，同一岩種でも岩石の非均質性や成因による異方性により強度は相当異なる．また，圧縮強度は岩石中の層理，節理，石目に対して直角方向の加圧のときは平行の場合より大きくなる．さらに含水率の高い凝灰岩，砂岩，抗火石は含水率の増加により強度低下を示す．なお，岩石の σ-ε 曲線（**図 4・2**）は，一般にコンクリートなどと異なり下に凸の形状を示す．

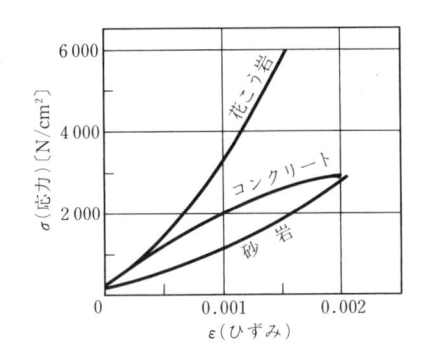

図 4・2　岩石の σ-ε 曲線[*]

（b） **比重・吸水率**　　造岩鉱物の真比重は約 2.5〜3.6 の範囲にあるが，一般に岩石の比重は乾燥時の見掛け比重をさしており，緻密な岩石では 2.0〜3.0 程度，空隙の多い岩石では 2.0 程度以下である．つぎに吸水率は耐久性（風化，凍害など）に関連し，吸水率の大きい岩石は耐久性が小さくなる傾向にある．このように，強度，比重（見掛比重），吸水率などの岩石固有の性質の間には，ある程度の相関関係が存在する．

（c） **硬　さ**　　硬さと磨耗性は密接な関係があり，床材や外装材に用いる場合に重要となる．耐磨耗性の大きな岩石は花こう岩や安山岩で，つぎが大理石や砂岩で，凝灰岩が最も弱い．なお，湿潤状態での耐磨耗性は乾燥状態に比

---

[*]　建築学大系 13（建築材料学），彰国社（1977）

べて劣る．

（2） 化学的性質　石材にとって重要なことは，まず大気中や雨水中に含まれる炭酸ガス，亜硫酸ガス，硫酸アンモニウム，塩化アンモニウム，石炭酸およびセメント中のアルカリ分などによる化学作用が引き起こす劣化である．さらに，石材中の金属含有鉱物が酸化にともなう膨張によって生じる組織破壊や，白華（エフロレッセンス：石材中の少量のアルカリ分とセメント中の硫酸分の化合による白粉の硫酸ソーダの晶出）といった現象による石材の損傷に気をつける必要がある．なお，耐酸性の大きなものに花こう岩，安山岩があり，小さいものには大理石，石灰石，蛇紋岩などがある．

4・4　劣化と汚れ

4・4・1　耐久性

石材は比較的耐久性に富む材料であるが，物理・化学的および機械的作用により耐久性が低下し，その結果，石材に劣化損傷が生じてくる．

（1） 耐久性　石材の耐久性低下はおもに物理・化学的および機械的作用の相互の関連のもとに生じている．化学的作用として4・3節で述べたようなことが考えられ，物理的作用として造岩鉱物の伸縮の差による内部応力の発生，乾燥・湿潤の繰返しにともなう収縮・膨張によるひび割れ発生，含有水分の凍結融解にともなう組織のゆるみなどがある．それ以外にも，機械的作用としての風が砂を吹き付けることによるすりへり，床材や敷石などにみられる磨耗などがあげられる．

一般に石材の耐久性に関しては，吸水率が小さく，表面の仕上げが平滑で，雨水にさらされにくいほど大である．耐久性の大きい石材には花こう岩や安山岩があり，劣るものには軟質の砂岩や凝灰岩などがある．特に主成分が$CaCO_3$からなる大理石や石灰岩などは酸に弱い．

（2） 耐火性　石材は一般に不燃材であるが，石材中の造岩鉱物によっては，火災時に熱膨張率の差に起因する内部応力の発生によって崩壊するものや，材質の変形や分解により耐火性の劣る石材もみうけられる．

耐火性（**図 4・3**）の高い石材，すなわち，温度上昇による強度低下が少ない石材に安山岩，砂岩，凝灰岩などがあり，逆に耐火性の劣るものに花こう岩，石灰岩，大理石などがある。なお，花こう岩や石英質砂岩では石英の変態（575℃でα石英がβ石英に変化）にともなう体積膨張により組織のゆるみや破壊が生じ，主成分が$CaCO_3$の大理石や石灰岩では 600〜800℃ でひび割れが生じ，極端な場合には崩壊により生石灰まで変化して粉体化することもある。

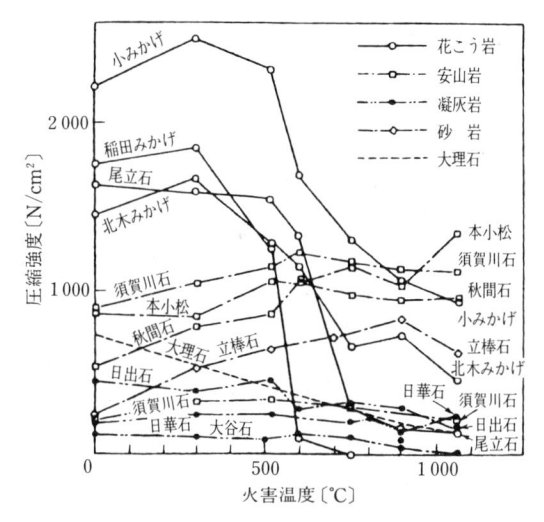

図 4・3　石材の火害温度と圧縮強度*

4・4・2　汚　　　　れ

特に外装石材は大気汚染による汚れや鉄類の腐食による鉄粉の付着，化学成分の晶出や酸類との化合およびコケや菌類の発生などにより石材表面が汚れる。これらの汚れの清掃には，①石材への害が少ない，②石材の色調を変化させない，③大面積では品質のばらつきが少ない，④他の部材（金属やガラスなど）に影響を与えない，⑤清掃が短期間ですむ，などの要求を満たす洗剤の選定が重要である。したがって，一般的な石材の汚れやシーリング材そのものの汚れには酸化フッ化アンモニウムなどが洗浄効果が高く，清掃のサイクルの目安は 5〜7 年程度とされている。また，問題となるエフロレッセンスの

---

*　近藤鉄郎：旧建築学ポケットブック材料編，オーム社

除去には，ナイロンブラシや弾性研磨材による表面研磨や弱酸類（シュウ酸，リン酸ソーダなど）による酸洗いが用いられている．

特に装飾が目的の大理石の保護は（JASS 9 石工事），直接手を触れたり，酸，油類，ほこりを付着を防止し，散水では湿潤させない．長年の汚染には純性せっけんを溶かした微温湯を軟らかい純毛の布に含ませて洗い，よく汚れをふき取った後，乾燥した布を用いてワックスでタンポ仕上げをする．

4・5　採石と加工および石張り工法

4・5・1　採　　　石

採掘場所（石丁場）での石材の基本的な切出しは，硬石は節理にそってダイナマイトで大割りにした後，石目にそってあけた多数の小穴にたがねを打ち込んで小割りにして原石（$2m^3$ 程度）として取り出す方法が多くとられており，軟石ではダイヤモンドのこ（鋸）刃による機械掘りが多く行われている．

4・5・2　加　　　工

石材には厚物の真物と薄物の挽（ひき）物（挽材）があり，現在の建築の需要としては挽物がほとんどで，かつ，大量生産が必要なために機械による一貫作業により量産化が行われるようになっている．

最近の石材の仕上げには機械の導入が著しく，特にジェットバーナー仕上げが外装材仕上げの主流となり，その他に本磨き仕上げなどが用いられている．しかし一方では，意匠的観点から機械仕上げでは得られない微妙な味わいが手仕上げには残されている．なお，石材の標準仕上り厚さを**表 4・6** に，また，日本建築学会「建築工事標準仕様書 JASS 9 張り石工事（案）」では堅石（花こう岩など）や大理石などの標準的な表面仕上げについて定められているが，花こう岩の粗面仕上げおよび磨き仕上げについて**表 4・7** と**表 4・8** に示す．

4・5・3　石張り工法

現在の石工事では，薄い板状の張り石と躯体に取り付ける石張り工法が一般で，石張り工法は古くからの在来工法で低層建築に用いられる湿式工法と，最近の高層建築に用いられる乾式工法に大別（**図 4・4**）できる．

4・5 採石と加工および石張り工法

表4・6 石材の標準仕上り厚さ (JASS 9)

〔単位:mm〕

仕上げの種類		外　装	内　装
挽石	磨き仕上げ	25 以 上	20 以 上
	たたき(機械)仕上げ	石種により25～30以上	石種により25～30以上
	つつき(手たたき)仕上げ	50 以 上	50 以 上
	バーナー仕上げ	25 以 上	25 以 上
割石	割肌仕上げ(片面機械挽き)	石の種類サイズにより異なるが 75 以 上	
	割肌仕上げ(両面割肌)	石の種類サイズにより異なるが 120 以 上	

表4・7 花こう岩の粗面仕上げの種類 (JASS 9)

〔単位:mm〕

仕上げの種類		仕上げの程度	仕上げの方法	加工前の石厚の目安
のみ切り	大のみ	100 mm角の中にのみ跡が5個	手加工	60 以 上
	中のみ	100 mm角の中にのみ跡が25個		
	小のみ	100 mm角の中にのみ跡が40個		50 以 上
びしゃん	荒びしゃん	16目びしゃん(30 mm角に対し)で仕上げた状態	手加工または機械加工	手加工 35～40 機械加工 30 以 上
	細びしゃん	25目びしゃん(30 mm角に対し)で仕上げた状態		
小たたき		1～4枚刃でたたき仕上げた状態		30 以 上
ジェットバーナー仕上げ		表面のはじけ具合が大むらのないもの	手加工または機械加工パフ仕上げの有無	27 以 上
挽肌		機械(大のこ)で挽いたままの状態	機械加工	25 以 上

表4・8 花こう岩の磨き仕上げの種類 (JASS 9)

仕上げの種類	仕上げの程度	備　考
粗磨き	#24～#80カーボランダムと石または同程度の仕上げとなるダイヤモンドと石のみで磨いた状態	機械加工 (型ものの手加工 石厚は部位により異なる)
水磨き	#400～#800とカーボランダムと石または同程度の仕上げとなるダイヤモンドと石のみで磨いた状態	
本磨き	#800～#1500のカーボランダムと石または同程度の仕上げとなるダイヤモンドと石のみで磨き、さらにつや出し粉を用いパフで仕上げた状態	

(注) 目地あいばは，原則として糸面をつける

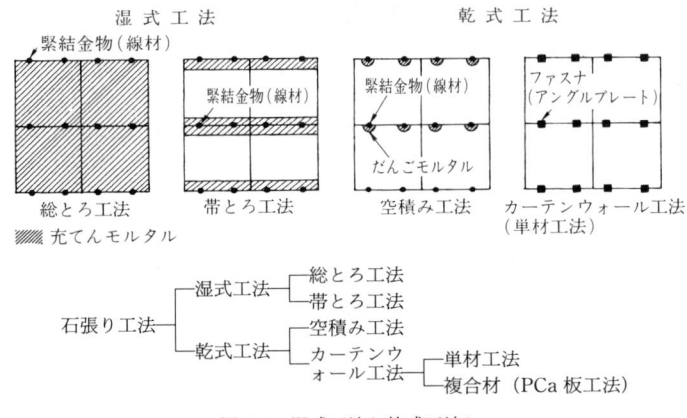

図4・4 湿式工法と乾式工法*

4・6 欠点と等級および名称

4・6・1 欠　　点

　石材の欠点としてJISでは寸法の不正確，そり，きれつ，むら，くされ，欠け，へこみがある．軟石ではこのほかにはん点および穴があり，さらに，化粧用では色調または組織の不ぞろいやしみなどが欠点としてあげられる．

　石材の各欠点についてJISではつぎのように用語を定めている．

　そり：表面および側面の曲り

　きれつ：表面および側面のひび割れ

　むら：表面の部分的な色調の不ぞろい

　くされ：簡単に削り取られる程度の異質部分

　欠け：みえがかり面のりょう角部の小さい破砕

　へこみ：表面のくぼみ

　はん点：表面に部分的に生じたはん点状の色むら

　穴：表面および側面に現れた穴

　しみ：表面における他の材料の色素付着．

---

* 西原良治，ほか1名：最近の石張り工事，建築技術，No. 338（1979）

4・6・2 等　　級

石材の品質は産地および岩石の種類により1等品，2等品および3等品とし，その区分は**表4・9**のとおりである．

表4・9　石材の等級と規準（JIS A 5003）

等　級	基　　　　　準
1等級	（1）4・6・1に示す欠点のほとんどないもの （2）荷口のそろったもの
2等級	4・6・1に示す欠点のはなはだしくないもの
3等級	4・6・1に示す欠点が実用上支障のないもの

4・6・3 名　　称

石材の呼び方は，JIS A 5003ではつぎのように定めている．

$\begin{pmatrix}産地また\\は固有\\名\quad称\end{pmatrix} \cdot \begin{pmatrix}岩石\\の\\種類\end{pmatrix} \cdot \begin{pmatrix}物理的性\\質による\\種\quad類\end{pmatrix} \cdot \begin{pmatrix}形状\\による\\種類\end{pmatrix} \cdot (等級) \cdot \begin{pmatrix}寸\quad法\\厚さ×幅\\×長さ\end{pmatrix}$ または $\begin{pmatrix}寸法\\区分の\\種類\end{pmatrix}$

例：〇〇〇・花こう岩・硬石・板石・1等品・10×50×91〔cm〕

（ただし，呼び方は必要のない部分を除いてもよい．）

4・7 岩 石 製 品

4・7・1 人　造　石

大理石，蛇紋岩，花こう岩，凝灰岩などを種石に，白色セメントに顔料を混ぜ，硬練りで成形し，天然の石材に似せて仕上げたものを人造石という．

人造石の表面をグラインダーで平滑仕上げをしたものを研出しといい，表面を洗い出して種石を浮き出させたものを洗い出しという．人造石は種石により区別し，大理石を種石に用いたものをテラゾ，種石に大理石以外を用いてテラゾに準じたものを擬石という．なお，人造石には成形品ばかりでなく，現場塗り仕上げに現テラとして床仕上げにも多く使用される．

最近では，樹脂を結合材に用いた人造石や，従来の方法と異なる方法で材料を溶融して石に似せた製品も出現している．

（1） **テラゾ**　大理石を種石として大理石に似せた色調や仕上げを行ったもので，内装材として用いられる．なお，工場製品としてJIS化されているテラゾブロック（JIS A 5411）やテラゾタイル（JIS A 5415）は内壁材に，また，現場塗り仕上げのテラゾは床仕上げに用いられる．

（2） **擬　石**　花こう岩や安山岩を種石とし，テラゾと同様の工程で製作される．用途は一般に仕上げ材として，花こう岩の取付けに準じて高層建築のコンクリート製カーテンウォールとして外壁に用いられる．

4・7・2　樹脂系人造石

結合材にセメントの代わりに熱硬化性のポリエステル樹脂やエポキシ樹脂を用い，防水性，耐酸性などにすぐれ，水回り部品などにも用いられている．

4・7・3　結晶化ガラス

溶融したざらめ状のガラスを加熱焼成により結晶化させたもので，ホワイト，ライトブルー，ピンク，ブラウン系統などの色調があり，大理石の代用品として内・外装材に最近よく用いられるようになってきている．特徴として同一色調のものが大量に供給可能であると同時に曲面加工が可能で，物理・化学的性質も自然石と同等以上の性能を有している．

第5章　鉄　　　　　鋼

5・1　概　　　説

5・1・1　鉄の技術史

人間が金，銅，スズなどの精錬と加工の技術を得たのは紀元前 4000 ～ 3000 年ごろであろうと推定されている．鉄は，金，銅，スズに比べ融点がはるかに高く精錬が困難であったことから，これらから，若干遅れて 3000 ～ 2000 年ごろだろうと推定されている．しかし，古代の鉄は必ずしも溶かして精錬したのではなく，700 ～ 1 000℃ 程度の半溶融の形で精錬されたため，技術的には銅とスズを混ぜて青銅を作るより簡単であったことと，鉄はさびるため考古学的遺物が残りにくいことなどの理由によりむしろ鉄器のほうが青銅器より先行していたとの説もある*．

いずれにしても人間が文明のかなり初期の段階において鉄を手に入れることができたのは，鉄（Fe）はアルミニウム（Al）に次いで二番目に多く地殻中に含まれる金属元素であり，酸化鉄の形で鉄分を 40 ～ 70 ％ 含んだ鉄鉱石が広く分布していること，**図 5・1** に示すように岩石分を除去し酸化鉄から酸素を除

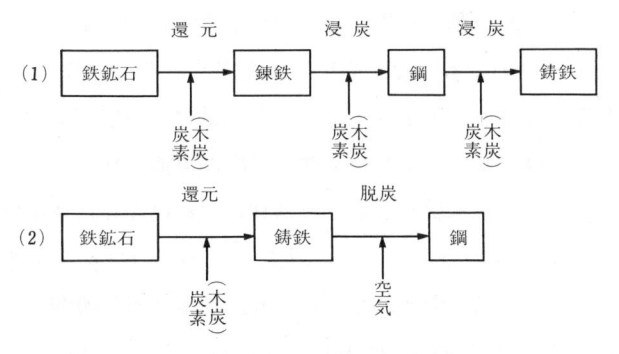

図 5・1　鉄鉱石の精錬プロセス例

---

* 飯田賢一：日本鉄鋼技術史，東洋新報を参考にした．

去（還元）することで比較的精錬プロセスが単純だったことによるといえる．

さらに，鉄が青銅器にとって代わり，古代から現代に至るまで文明を支え発展させてきた基礎素材であり続けたのは，原料の豊富さ，技術的に簡単であることと同時に，その性質の他に類をみない独自性によるものである．鉄は，一見相反しているように思われる強硬さと粘りをあわせもっており，しかも炭素やその他の元素の量と熱処理によって鉄の性質は見違えるように変ぼうするからである．

ここで，鉄の技術史について簡単にふれておこう．鉄鉱石と燃料（薪，木炭）を炉の中に入れ，ふいごで強熱し続けると酸化鉄は還元し鉄鉱石は穴だらけの海綿状の塊になる．これを鍛造して鉱滓をしぼり出したのが錬鉄である．これをさらに木炭で加熱し，炭素を加え焼入れをして鋼化したのが古代から中世にかけての製鉄法である．このような技術は侵炭と脱炭の量，加熱と冷却の速度などのきわめて微妙なバランスのうえに立脚しており，先ほど製鉄技術は比較的簡単であると述べたが，すぐれた鉄を確実に得るのはじつは青銅より難しかったのに相異ない．還元した軟らかい鉄から焼入れによって鋼を得る方法を発見するには長い年月を要した（紀元前1400年ごろと伝えられている）．科学的な裏付けのない古代，中世において，このような技術は高度に経験的なものであり，秘法として代々受け継がれていった．このような事情は日本の古代製鉄法「たたら吹き」も含めて世界中ほぼ同じようであった．

送風用ふいごに，水車動力を用いた高炉による溶鉱炉がようやく出現したのは，14世紀ドイツ地方であった．それ自体煙突である高炉の中は高温となり，鉱石は炭素を吸って融点が下がり1.7％の炭素量になってついに1200℃で溶融状態となる．これによってようやく鉄は量産が可能となった．しかし，その燃料であり還元剤である木炭を得るため森林資源が枯渇し自然環境が破壊された．1713年，A. ダービ父子によって木炭に代わってコークスを燃料とする高炉が発明されこの問題は解決された．しかも，動力に蒸気機関が用いられるようになって鉄の生産は飛躍的に増大した．このような炉から製造される銑鉄（鋳鉄）は鋳物には向くが硬くてもろく加工ができないため，さらに強くて粘

5・1 概　説

りのある鋼の大量生産が強く要請された．1784 年，H. コートがパッドル法という製鋼法を発明した．これは炉の中で銑鉄を溶かし人力によって棒でかきまぜながら空気中の酸素を混入して脱炭されるものであったが，まだ手工業の域を出ず鋼の中の鉱滓がそのまま残存して鋼の品質はよくなかった．1835 年，イギリスのハンツマンは，るつぼの中でコークスと一緒に銑鉄を溶かし，るつぼの中で静かに冷却固化し鉱滓のたまった上部を切り取って鋼を作った．この鋼は高級品として用いられたが，量産には向かなかった．ようやく大量の製鋼時代が始まったのは 1855 年，H. ベッセマーの転炉の発明以後である．この炉は溶けた銑鉄の中に空気を吹き込み，空気中の酸素で炭素を燃やし銑鉄を鋼に変える方法で，センセーショナルな発明として騒がれたが，実際には問題点が多く実用化されるようになったのは後年になってからである．1864 年にはジーメンス・マルチンによって平炉が発明され，本格的に製鋼が量産化されるようになった．その後，電気炉，連続鋳造法が発明された．製鋼法は平炉が主流であったが，1953 年純酸素上吹転炉が開発され，今日ではほとんどがこの転炉に移行しつつある．さらに連続鋳造法の工業化（1952 年）が今日の鉄鋼業を大きく飛躍させた．最近では省エネルギー製鋼法，目的に応じた高品質の製鋼法などが開発されつつある．

5・1・2　鉄鋼の種類および通性

　鉄鋼は炭素の含有量によって性質が大きく変わる．炭素量が増すにつれて強く硬く，溶けやすく，焼入性大，加工性小になる．そのため，炭素の含有量によって鉄鋼はつぎのように分類される．炭素量 0〜0.035％を鉄，0.035〜1.7％を鋼，1.7％以上を鋳鉄と呼ぶ．鉄は耐食性がよいが軟らかすぎる．鋼は 0.15〜0.7％ぐらいの炭素量のものが使用されており，建築に使用される鋼材は炭素量 0.2％前後ぐらいである．焼入効果や可鍛性があり強度は大である．鋳鉄は実際に使用される炭素量は 2.5％ぐらいである．溶けやすく，鋳物には適しているが硬くもろくて加工がしにくい．

　さらに，鋼は炭素の量によって**表 5・1** のように分類される．建築の構造用には軟鋼が主として使用される．

表 5・1 鋼の分類

種　類	炭素量〔%〕	用　　途
特別極軟鋼	0.08 以下	電線, 溶接棒
極　軟　鋼	0.08～0.12	ブリキ, 薄板, リベット
軟　　　鋼	0.12～0.20	鉄骨, 鉄筋, ボルト, ナット, 船舶用
半　軟　鋼	0.20～0.30	建築, 造船, 橋梁, 気缶板
半　硬　鋼	0.30～0.40	シャフト, ボルト, 矢板, ショベル
硬　　　鋼	0.40～0.50	鉄道レール, シリンダー
最　硬　鋼	0.50～0.80	シャフト, ねじ, 工具鋼, 刃物, ばね, ピアノ線

　その他, 普通鋼に対して特殊な目的のために作られた特殊鋼がある. 例えば, 耐候性鋼, 低温用鋼, ステンレス鋼などである. これらは炭素以外の元素 Ni, Mn, Cr, Si, W, V, Mo, Co などを添加した合金鋼である.

　さて, 建築材料としての鉄鋼の通性には
　（1）　強度および弾性係数が大きい.
　（2）　弾性に富みクリープが少ない.
　（3）　材質が均一である.
　（4）　比重が大きい.
　（5）　展延性に富み加工性が大である.
　（6）　製品供給が安定しており品質のばらつきが少ない.
　（7）　酸化によってさびやすい.
　（8）　高温度によって軟化しやすい.

などがある. なお, 鉄という言葉は, 先述したように冶金学的には炭素量による分類などがあるが, 慣用的には, 例えば建築に使用されている鋼材のことを鉄筋, 鉄骨と呼ぶように必ずしも厳密に区別されていないことがあり, 一般的な名称として用いられることもある.

5・2　鉄 鋼 の 製 造

　鉄鋼の製造は大きく分けて製銑, 製鋼, 造塊の三つの作業工程に分かれる. 製銑とは鉄鉱石中の岩石分を除去し酸化鉄を還元する工程である. 製鋼とは還元過程で溶け込みすぎた炭素を適量まで取り除き, かつ他の元素などの成分を

5・2 鉄鋼の製造

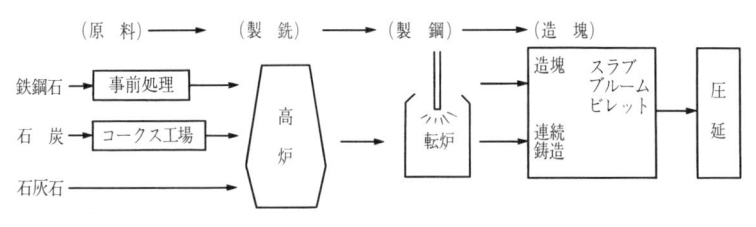

図5・2 鉄鋼の製造工程

調整する工程である．造塊は圧延によって製品を作りだすための素材を作る作業である．この一連の過程を**図5・2**に示してある．

5・2・1 製　　　銑

溶鉱炉（高炉）の上部から鉄鉱石，コークス，石灰などを投入し，これに約1 000℃に予熱された空気を吹き込み，炉内において加熱，還元，溶融が行われる．炉内では最高2 000℃以上に達し出銑口では1 500℃内外になる．このようにして原料から銑鉄（pig），鉱滓（slag），ガス灰（flue dust），ガスが産出される．鉄鉱石にはつぎの4種類がある．

磁鉄鉱(Fe_3O_4)鉄分 50～60％

赤鉄鉱(Fe_2O_3)鉄分 50～65％ 比較的還元されやすく最もよく使われる．

褐鉄鉱($Fe_2O_3 \cdot nH_2O$)鉄分 50～55％

菱鉄鉱($FeCO_3$)

製鋼用の鉄鉱石は品位が高い，還元性がよい，有害成分が少ない，成分の割合が適当で整粒されている．荷重などにより粉化しないなどの性質が要求される，これらを満足させるため産出する鉱石を選択することはもちろんであるが，粉鉱石を焼結機（パレット）で焼き固め，所要の条件を満足するようにしている．

コークスは，灰分やリン，硫黄などの含有量が少なくまた炉内において通気性をよくするため粒度を整えなければならず，衝撃や磨耗に耐えるための硬さが必要とされる．このようなことのため，コークスの製造には条件にあった良品質の石炭が要求される．コークスは炉内で加熱材と同時に還元剤となる．

石灰石は鉄鉱石中の不純物を鉱滓にして溶鉱から分離するため使用される．

5・2・2 製　　　鋼

原料を炉内で溶融し酸化剤を加えて不純物を除去し，さらに酸化剤などによって溶鋼中に多くなった酸素を脱酸剤によって除去し成分調整をして出鋼する一連の作業を製鋼と呼ぶ．

製鋼炉には平炉，電気炉，純酸素転炉が用いられる．純酸素転炉が発達するまでは平炉が主流であったが現在はほとんど純酸素転炉に移行しつつある．電気炉は優良鋼を得るために用いられる．製鋼炉は炉床材により塩基性炉と酸性炉とに分けられる．塩基性製鋼法は炉床材にドロマイトマグネシウムを使用し酸性製鋼法は硅砂が用いられる．

製鋼の原料にはつぎのようなものが用いられる．

主 原 料：銑鉄，くず鉄

補助原料：酸化剤（鉄鉱石，赤さび，マンガン，鉱石，酸素），造滓剤（石炭，石灰石），脱酸剤（フェロマンガンなど），蛍石，成分調整合金元素

5・2・3 鋼　　　塊

製鋼炉から出鋼した鋼を鋳型に注入し，脱酸剤を加えて，冷却凝固させてインゴットを造る作業を造塊と呼ぶ．脱酸条件によってリムド鋼，キャップド鋼，セミキルド鋼，キルド鋼に分けられる（図5・3にリムド鋼，セミキルド鋼，キルド鋼の模式図を示している）．

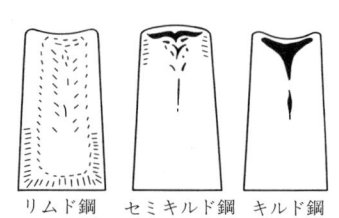

図5・3　鋼塊の種類*

リムド鋼は鋳型内で溶鋼中の酸素と炭素が作用して一酸化炭素を発生し，溶鋼が特有の沸騰撹拌運動（リミングアクションと呼ぶ）をしながら凝固した鋼

---

* 日本鋼構造協会編：鉄鋼の性質と高張力鋼，彰国社（1967）

である．脱酸剤としてフェロマンガン，少量のアルミニウムなどを加えて作った鋼である．表面は清浄であるが，偏析がある．溶鋼に含まれる気泡はその後の圧延によって密着するのでキルド鋼より歩止まりがよい．リムド鋼は低炭素圧延鋼材に広く用いられ，ことに薄鋼板はほとんどこれである．加工性もよく，特に軟らかいため冷間加工性は良好であるが，インゴットの頭部に硫黄の含有量が高くなっているため，溶接の際に硫黄割れが出やすく厚板などに使う場合には厚さに限界がある．

キャップド鋼は，未脱酸の溶鋼を鋳型に注入後まもなく脱酸剤を加えるか，または鋳型にふたをし，リミングアクションを早めに強制的に終了させ静かに凝固させた鋼である．

セミキルド鋼は，脱酸剤としてフェロマンガン，フェロシリコン，アルミニウムなどの適量を添加して，リムド鋼とキルド鋼の中間程度の脱酸を行った鋼である．偏析はリムド鋼より少ないので厚板に多く用いられている．

キルド鋼は，フェロシリコンやアルミニウムなどで十分に脱酸を行った鋼である．鋳型内での凝固進行中に一酸化炭素を発生させず静かに凝固し，比較的均質で偏析が少なく気泡もないが，上部中心に収縮孔ができ歩留まりはよくない．キルド鋼はあらゆる種類の鋼に適用でき，高炭素鋼，合金鋼はすべてキルド鋼である．高張力鋼の鋼板，棒鋼，形鋼などもすべてキルド鋼であり，溶接時の際の硫黄割れの危険が少ない．

(以上，主として JIS G 0203 鉄鋼用語-1984 によった)

5・2・4　分塊圧延，連続鋳造

鋼塊を均熱炉に入れて長時間加熱した後，圧延，成形，切断し，鋼片の形とする．鋼片にはスラブ，ブルーム，ビレット，シートバー，粗形鋼片などがある．

スラブは，断面が長方形で，通常，厚さが 50 mm を超え，幅は厚さの約 2 倍以上の鋼片である．鋼板および鋼帯の圧延素材として使用される．

ブルームは，断面がほぼ正方形または長辺が短辺の約 2 倍以下の長方形で，通常，一辺の長さが 130 mm を超える鋼片である．

ビレットは，断面がほぼ正方形で，通常，一辺の長さが 130 mm 以下の鋼片

または断面が円形の鋼片である．

シートバーは，断面が長方形で，通常，厚さが 45 mm 以下，幅 250 mm 程度の短冊状の鋼片である．粗形鋼片は，特に大形の形鋼，シートパイルなどの素材として粗圧延された特殊形状の鋼片である．(JIS G 0203 鉄鋼用語-1984 によった)．これらは鉄鋼半製品とみなされる．

連続鋳造は，上記の造塊-均熱-分塊圧延の工程を省略し，溶鋼から直接に圧延素材となるブルーム，ビレット，スラブなどの鋼片を自動的に製造する．

5・2・5 生産状況および製造原単位

1997 年の世界の粗鋼生産量は 797.0 で，中国 107.567，日本 104.545，アメリカ 98.485（単位 1 000 M.T，鉄鋼統計要覧，1998）であり，日本は中国に次いで世界第 2 位となっている．

製品を単位当り作るに要する原料やエネルギーの量を原単位と呼ぶ．従来，エネルギー源として低廉な石油を大量に使って日本の製鉄業は大きく発展してきたが，昭和 48 年のオイルショック以来，石油価格の高騰，供給不安などが発生した．製鉄業は日本の一次エネルギーの約 17 ％を消費することなどもあり，省エネルギー化が進められた．最近で環境保護の立場からくず鉄の利用率が上がっている．

5・3　鉄鋼の構造と組織

5・3・1　鉄鋼の変態と結晶構造

純鉄を室温から温度を上げていき，長さの変化を測定していくと図 5・4 のように，温度の上昇とともに直線的に膨張していくが 910℃ 付近になると急に収縮を起こし，また，しばらくすると漸次膨張して 1 400℃ 付近で急に膨張し，その後は約 1 500℃ の融点まで直線的に膨張する．

このことから，純鉄は 910℃ と 1 400℃ で内部構造に変化が起こったことがわかる．事実，結晶構造を調べてみると，910℃ までは図(b)のような体心立方構造であり，それを超すと同図のような面心立方構造となり，1400℃ を超すと元の体心立方構造に戻る．910℃ でいったん収縮が起こるのは，同じ原子

5・3 鉄鋼の構造と組織

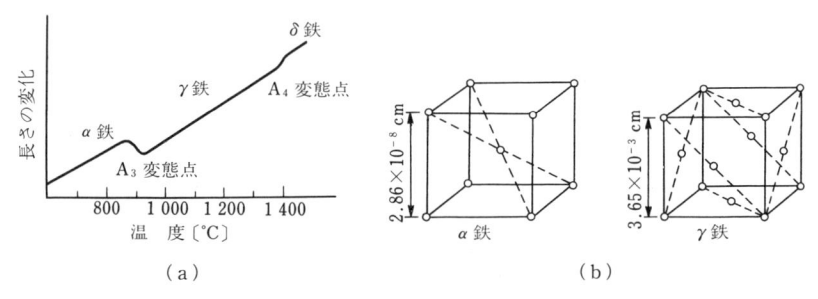

図5・4 鉄の変態*

の数に対して体心立方より面心立方のほうが詰まりのよい構造だからである．体心立方格子配列の鉄を α 鉄，面心立方格子配列の鉄を γ 鉄と呼んでいる．また，温度によって，このように一つの相から他の相へ変化することを変態といい，このときの温度を変態点という．

　純鉄に炭素が加えた炭素合金鋼の場合どうなるであろうか．鉄鋼の場合，炭素は鉄の中に固溶しているか炭化鉄（F_3C）かの二つの状態で存在している．γ 鉄の場合は 1145℃ で最大約 2％ までの炭素を固溶することができるが，α 鉄の場合はほとんど固溶しない．したがって，γ 鉄の温度を下げていくと α 鉄に変態するか，それまで固溶されていた炭素は固溶され得ずに炭化鉄となって析出する．固溶体としての鉄の性質は炭素量が増えるにつれてその性質が変化する．変態点もその一つで炭素量が増すにつれて変態点が低下する．

　以上のことから，鉄鋼は α 鉄相，炭素を固溶した γ 鉄相，炭化鉄相の 3 相からなっていることがわかる．そして，これらがどのように存在するかは温度と炭素の量によって決まってくる．なお，α 鉄相をフェライト（純鉄），γ 鉄相をオーステナイト，炭化鉄相をセメンタイトと呼ぶ．

　三つの相の存在と温度と炭素量との関係を図示したものを状態図と呼んでいる．**図 5・5** に平衡状態図を示した．平衡状態図とは，相の変化に要する時間に十分余裕があるように温度をゆっくりと変化させた場合の状態図である．

　この図を少しみてみよう．図 5・5 のように炭素量 0.8％ の γ 鉄を徐々に温

---

* 松倉恒夫：金属材料の歩み，総合科学出版（1975）

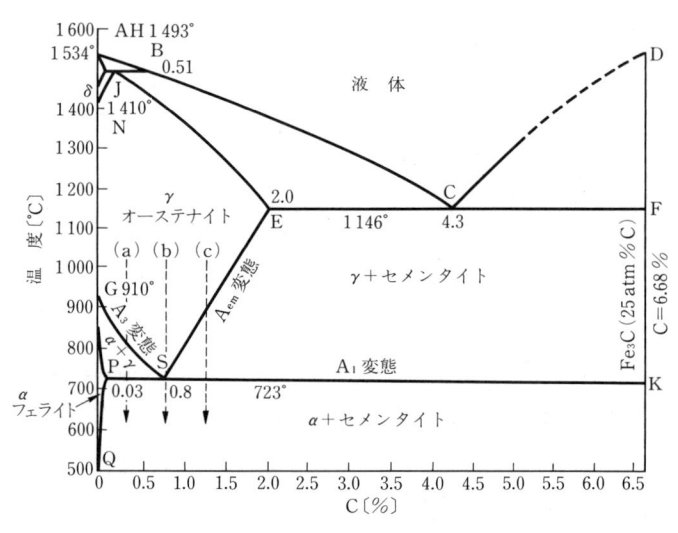

図5・5 Fe-FeC 平衡状態図

度を下げていくと，723°C において α 鉄とセメンタイトを同時に析出する（点線(b)）．この変態点を A_1 変態点と呼ぶ．この組織を顕微鏡でみると α 鉄とセメンタイトが層状に重なり合っており，この組織をパーライトと名づけている．また，パーライトだけから成る鋼を共析鋼とも呼ぶ．炭素量が 0.8% 以下の γ 鉄を図5・5 のように徐々に温度を下げていくと（点線(a)），A_3 との交点において α 鉄が析出し始め（この曲線で示される変態点を A_3 変態点という），さらに温度が下がると α+γ 領域では α 鉄と γ 鉄が共存した状態で，温度が下がるにつれて γ 鉄中の炭素の濃度は大きくなり，0.8% の濃度になると 723°C で，γ 鉄はいっきょにパーライト組織となる．したがって，この場合の鉄はフェライトとパーライト組織から成っている．炭素量が 0.8% 以上の場合は（点線(c)），A_{cm} との交点において，セメンタイトが析出し始め（この曲線で示される変態を A_{cm} 変態という），さらに温度が下がると γ+セメンタイト領域ではセメンタイトと γ 鉄が共存し，セメンタイトが析出するにつれて γ 鉄の炭素量の濃度は下がり，0.8% になると，いっきょにパーライト組織に変態する．したがって，この場合の組織はセメンタイトとパーライトとから成

っていることがわかる．

　以上はγ相をきわめてゆっくりと冷却した場合の状態変化である．急冷した場合はどうであろうか．この場合には非平衡組織の生成が現れる．γ相の冷却速度によって相の種類と割合および生成温度が変化する．このような場合の状態図は，横軸に時間，縦軸に温度を用いて表す．通常，A_1温度以下に急冷した後，等温保持した等温変態図，一定速度で冷却した連続冷却変態図が用いられる．

　オーステナイト相を急冷すると，結晶格子だけが面心立方格子から体心立方格子に変化してマルテンサイト組織が形成される．また等温変態では，フェライト相が生成した後炭化物の析出が起こり，ベイナイト組織が形成される．このように，冷却速度によって，フェライト，パーライト組織（冷却速度遅い），ベイナイト組織（中間），マルテンサイト組織（速い）の鋼組織が得られる．

5・3・2　鋼の各組織の性質

　高温の鋼を熱力学的な平衡状態を保ちながら徐々に室温まで温度を下げながら得られた鋼の組織を標準組織という．この組織は前述したようにフェライト（α鉄），パーライト，セメンタイトから成っている．フェライトは軟質で，伸び性能もよい．セメンタイトは伸びが小さく，引張強度も小さい．パーライトは若干の伸び性能があり，引張強度は大きい．また，炭素含有量によって鋼は三つに分類されることがわかる．すなわち炭素量0.8％付近のパーライトのみから成る鋼，これを共析鋼と呼ぶ．炭素量がこれより以下でパーライト，フェライトを含む鋼，これを亜共析鋼と呼ぶ．また，炭素量が多くてセメンタイトを含む鋼，これを過共析鋼と呼ぶ．

5・4　熱　処　理

5・4・1　焼ならし

　焼ならしとは，Ac_3またはAc_{cm}点以上の適当な温度に加熱した後，通常は空気中で冷却する操作をいう．その目的は，前加工の影響を除去し，結晶粒を微細化して，機械的性質を改善することである．

5・4・2 焼なまし（焼鈍）

焼なましは，適当な温度に加熱し，その温度に保持した後，徐冷する操作をいう．その目的は，残留応力の除去，硬さの低下，被削性の向上，冷間加工性の改善，結晶組織の調整，所要の機械的，物理的またはその他の性質を得ることである．

5・4・3 焼 入 れ

焼入れとは，オーステナイト域に加熱した後急冷して硬化させる操作をいう．必ずしも硬化を目的とせず，単に急速に冷却する操作をいうこともある．一般には A_3 点以上 30～50°C ぐらいの温度に加熱して水または油中に投入して行われる．

5・4・4 焼 戻 し

焼入れ鋼は非常に硬いが粘りがない．また，過飽和固溶体であるため内部ひずみが大きく，不安定でそのまま放置しておくと変形を生じたりする．そこで焼入れによって生じたマルテンサイト組織を A_1 以下の温度に加熱し，硬さ，もろさをやわらげ内部ひずみを取り去ってできるだけ一様な性質にする操作を焼戻しという．焼ならしの後に用いることもある

（以上，熱処理の項は主として JIS G 0201 鉄鋼用語-1987 によった）．

5・5 鉄鋼の諸性質

5・5・1 物 理 的 性 質

表 5・2 に鉄鋼の物理的性質を示した．炭素量が多いほど比重，融点，熱伝導率，熱膨張係数は減少し，比熱はやや上昇する．

表 5・2　鋼の物理的性質*

炭素量	比重	融点〔°C〕	比　熱〔J/(kg・K)〕	熱伝導率〔W/(m・K)〕	膨張係数 常温〔°C〕につき
少↔多	7.86～7.80	1 530～1 425	465～490	14.65～10.23	0.000 011 7～0.000 010 4

5・5・2 力 学 的 性 質

（1）応力-ひずみ関係　　図 5・6 に，引張応力作用下の応力-ひずみ関係を

---

* 狩野春一監修・著：建築材料・工法，地人書館（1968）

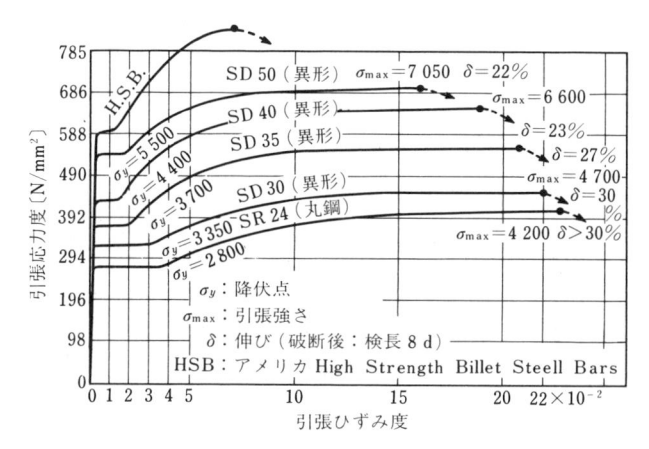

図5・6 熱間圧延鉄筋の引張応力-ひずみ曲線の例*

示した．初期応力の間は直線を示し，比例限，弾性限を経て降伏点に達する．

鋼材によっては上降伏点と下降伏点とが現れる場合がある．その後は荷重の上昇がなく，変形のみが進行するが，ひずみがある程度進行すると，ひずみ硬化域に入り荷重の最大値を示しその後破断に至る．比例限は，応力とひずみが比例関係にある最大限の応力である．この間は弾性域であるが，荷重を比例限より少し上げてもひずみが完全に戻る応力の限度がある．これを弾性限という．これを超えると塑性域に入る．比例限と弾性限はほぼ同じと考えてよいが弾性限が多少高い．

加工硬化を受けた鋼などの場合は**図5・7**のように明瞭な降伏点を示さない場合がある．この場合は，規定された永久ひずみに相当する点（JISでは特に規定のない場合は0.2%とする）を耐力と名づけて降伏点の代わりに用いる．

（2）**弾性係数** 弾性係数は炭素量やその他の含有物が増加したり常温加工や焼入れ処理などによってごくわずか上昇するが基本的には一定とみてよく，ヤング率は $19.6 \sim 21.6 \times 10^4 \text{ N/mm}^2$，せん断弾性係数 $79.4 \sim 83.4 \times 10^3$ N/mm²，ポアソン比約0.3である．温度によって大きく影響を受け，**図5・8**に示すように，500℃ぐらいになると弾性係数は急激に低下する．

---
* 原田，橋本，仕入：建築材料，理工図書

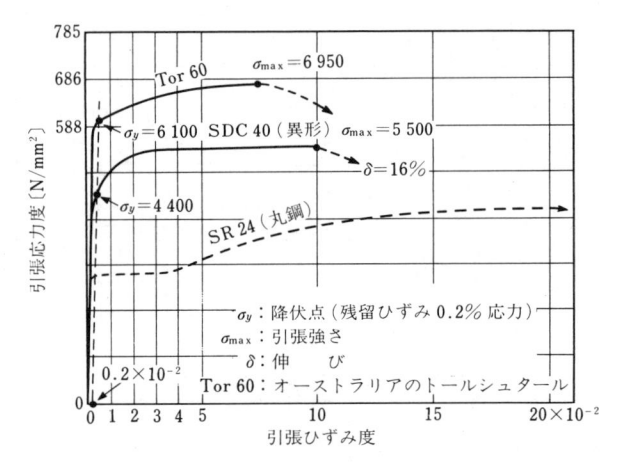

図5・7 冷間加工鉄筋と普通丸鋼における引張応力-ひずみ曲線の比較[1]

(3) 引張強さ・降伏点・耐力 応力-ひずみ曲線の最大値を引張強さと呼ぶ．この値は**図5・9**のように炭素量によって大きく影響を受け，炭素量0.8

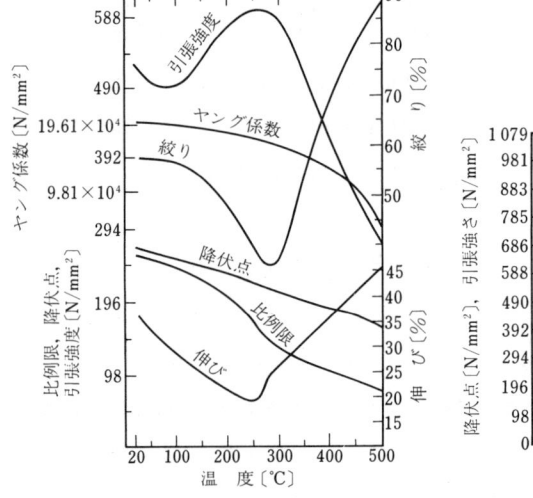

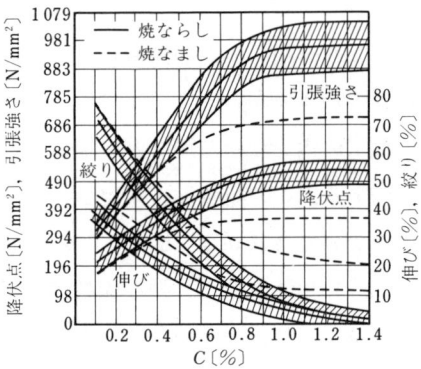

図5・8 高温における機械的性質の変化[2]　　図5・9 炭素量と機械的性質の変化[3]

---

[1] 狩野春一監修・著：建築材料・工法，地人書館（1968）
[2] 鋼材倶楽部編：土木技術者のための鋼材知識，技報堂（1968）
[3] 堀川一男：鉄鋼の基本的性質と最近の高張力鋼，No.8 普通鋼，日本鋼構造協会

％までは直線的に上昇するが，それ以上になると炭化鉄が遊離するため，それほど上昇しなくなる．温度によっては，図5・8のように，300℃ぐらいまでは上昇し，それ以上の温度では急激に小さくなる．低温においての性状は，素材の引張強さは低温になるほど上昇するが，切欠きがある場合にはある温度以下では急激に低下する．しかも，この破壊はあまり伸びを示さないもろい破壊となるため低温脆性という．

降伏点も引張強さと同じ傾向を示す．なお，単に降伏点という場合はJIS規格上は上降伏点をいうことが多い．(降伏点)/(引張強さ)を降伏比と呼んで鋼材の力学性能の指標とすることがある．この値が小さいほうが構造材としては安全性能が高い(低降伏比鋼材)．軟鋼では0.6ぐらいで高炭素鋼，熱処理鋼，冷間加工材などでは0.9ぐらいである．

(4) **伸び・絞り**　伸びは，荷重をかける前の標点距離に対する，破断後の標点間の長さ変化の比でこれを％で表したものである．絞りは，荷重をかける前の原断面積に対する破断後の(原断面積—最小断面積)の比を％で表したものである(JISでは，円形断面の試験片についてだけ求める)．いずれも鋼材に靱性があるかないかの目安となる．値が大きいほど靱性が大きくなる．

伸びと絞りは炭素量が増すほど小さくなる(図5・9)．つまり，炭素量が多いほどもろくなることを示している．温度によっては図5・8に示すように200～300℃付近でいったん小さくなるが(これを青熱脆性という)，温度がさらに上昇すると再び大きな値を示すようになる．

(5) **圧縮強度・せん断強度**　圧縮荷重下において，弾性係数や降伏点は引張荷重下のそれと同じとみてよいが，最大荷重(圧縮強度)は試験片の寸法によって異なる．高さに比べて断面積が大きい試験片で試験すると，試験片はタイコ型にふくらんで，引張強さより圧縮強さが大きくなる．細長い場合は座屈現象を起こし，引張強さより小さくなる．せん断強さは引張強さの約0.7～0.8ぐらいである．この場合も座屈現象を示す場合があるので，そのときはさらに小さくなる．

(6) **繰返し疲労強さ**　周期的に変化する，いわゆる繰返し荷重を加える

と，静的荷重の場合より小さい荷重で破壊する．疲れまたは疲労破壊という．一般には**図5・10**に示すようなS-N曲線で表される．鉄鋼の場合$10^6 \sim 10^7$回の間で曲線は水平になる．このときの応力を疲れ限度または耐久限という．この値は引張強さと相関関係にあり，**図5・11**に示すような関係がある．

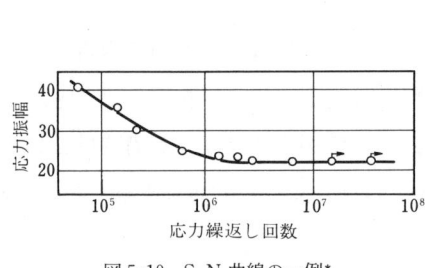

図5・10　S-N曲線の一例*

図5・11　引張強さと疲労強度との関係*

（7）衝撃強さ　衝撃に対する抵抗性の大きな材料は靱性が大きいということができる．靱性の大きい構造材料が当然好ましい．鋼材の衝撃に対する抵抗性は，試験片に切欠きを入れてハンマーで打撃し試験体の破壊に要するエネルギーを測定する．普通，シャルピー衝撃試験，アイゾット衝撃試験が用いられる．

衝撃値は炭素量が多いと小さくなる．引張強さが大きいほど一般には衝撃値は小さい．その他にも化学成分の影響，製鋼条件，圧延条件，熱処理などにより影響を受ける．鋼材中のP，Sなどの成分は鋼材の衝撃値を低下させる．キルド鋼は，リムド鋼よりすぐれている．脱酸，脱窒，脱水素を行うと衝撃値は上昇する．また，焼入れ，焼戻しを行うと衝撃値は向上する．

5・5・3　溶　接　性

最近は溶接構造がよく用いられる．溶接構造は溶接部に欠陥を生じやすいことが欠点の一つである．この欠陥は構造物の安全性において致命傷となることもある．溶接部の欠陥は技術的な未熟さ，鋼材の性質，溶接棒の性質などによって影響を受けるが，ここでは鋼材の面について述べる．

---

*　日本機械学会：疲れ強さの設計資料Ⅰ（1961）

溶接部は急熱，急冷を受けるので冷却速度が問題となり，そのため，硬化により変形能が失われ熱応力によるひび割れが生じることがある．あるいはひび割れは発生しなくても延性が失われて安全性を損なうことになる．

鋼材の溶接性がよいということは，このようなひび割れの発生や延性低下などがないような鋼材のことである．このことを表す指標として炭素当量（C_{eq}）という言葉が用いられる．一般には次式で表される．

$$C_{eq}[\%] = C + \frac{Mn}{6} + \frac{Si}{24} + \frac{Ni}{40} + \frac{Cr}{6} + \frac{Mo}{4} + \frac{V}{14}$$

この式から鋼中に含まれる元素を炭素量に換算し，溶接用の鉄鋼材料には，この値の上限が規定されている．

5・5・4 耐 腐 食 性

鉄鋼の腐食原因は純化学的腐食と電気化学的腐食に分けることができるが，建築で問題となるのはほとんど後者のほうである．

腐食を促進する原因としてつぎのようなものが考えられる．湿気，塩，酸，アルカリ，酸素および酸化剤，硫黄化合物，温度，応力，鉄鋼の組織などがあり，これらを考慮してつぎのような方法を用いて腐食を防止する．① 材質の選択，② 適切な設計，③ 防食被膜，④ 環境の処理，⑤ 陰極の防止，⑥ 定期的洗浄．

（1）　大気耐食性　　大気中の腐食は，温度，大気中の固形不純物，太陽熱の作用，大気を汚染するガスおよび塩類などによって支配される．腐食の進行は水分の存在状態においてのみ起こり，乾燥状態では起こらない．銅の添加は鋼の大気中での耐食性を増大する．少量のクロムの添加も大気耐食性を改善する．その他，各種の元素またはこれらの組合わせの元素が有効であり，最近では耐候性鋼として開発されている．

（2）　淡水および海水耐食性　　淡水の不純物によって腐食の度合は影響を受ける．加速するものは硫酸，硝酸，硫化水素塩化物などであり，水酸化カルシウムは腐食を阻止する．鋼への銅の少量添加は淡水中では効果が少ない．銅とクロムを添加すると耐食性を増す．海水は淡水より電導性があるので腐食し

やすい．鋼へクロムを3〜5％添加すると海水中での腐食量を減ずる．

（3） 土壌での腐食　土壌の性質によって支配され，材質の差異による影響は小さい．

（4） コンクリート中での腐食　コンクリートはアルカリ雰囲気であるので一般には腐食に対する保護材となる．しかし，大気中の炭酸ガスによりアルカリが中性化された場合，腐食の危険性にさらされることになる．また，コンクリート中に塩分が混入された場合（例えば海砂の使用）腐食を発生させるおそれがある．

5・6 鉄 鋼 製 品

5・6・1 鉄鋼製品の製造

製鋼工程でできた鋼塊（スラブ，ブルーム，ビレットなど）から図5・12のように加熱炉を経て圧延，熱間押出し鋳造などによって素材製品ができる．このうちほとんどの製品は圧延によって製造される．これらを加工，組立てなどして2次製品が作られる．

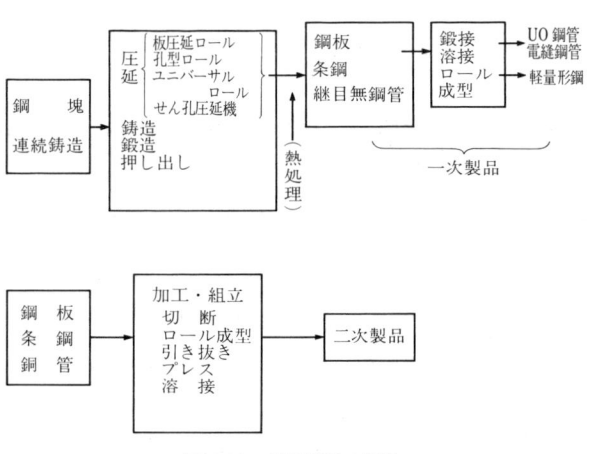

図5・12 鉄鋼製品の製造

（1） 圧　延　図5・13のように各反対方向に回転する二つのロールの間に圧延材をかみ込ませ，その断面積を縮小して所要の断面形の鋼材を製造する

ことをいう．圧延には加熱（1 000～1 300℃）して行う熱間圧延と常温ないし200℃ぐらいまでの温度で圧延する冷間圧延とがある．また，成形する形状によって孔型ロール，ユニバーサルロール，せん孔圧延機，板圧延用ロールなどが用いられる．

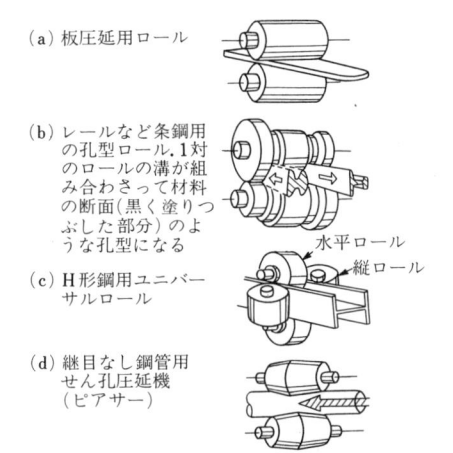

(a) 板圧延用ロール

(b) レールなど条鋼用の孔型ロール．1対のロールの溝が組み合わさって材料の断面（黒く塗りつぶした部分）のような孔型になる

(c) H形鋼用ユニバーサルロール　水平ロール　縦ロール

(d) 継目なし鋼管用せん孔圧延機（ピアサー）

図 5・13　圧延ロールの種類

（2）鋳造　主として電気炉で精錬した溶鋼を所定の形状の鋳型に注入して作られる．圧延に比べて複雑な形状のものを作ることができる．

（3）鍛造　鋼塊または鋼片をハンマーあるいはプレスで鍛造して所定の形状および機械的性質を備えた鋼材品を作る．

5・6・2　形状による鉄鋼製品の種類

おもな鉄鋼製品を形状で分類すると**表 5・3**のようになる．また，**表 5・4**に建築構造材の形状面から見た JIS 規格一覧表を示す．

表 5・3　形状による鋼材の分類

条　鋼……棒鋼，形鋼，線材
鋼　板……厚板，薄板類，鋼帯
鋼　管

（1）条鋼　断面に比べて長さが長い鋼材のことで，棒鋼，形鋼，軌条，線材に分類される．レール，鋼矢板，山形鋼などは孔型圧延で，H形鋼はユニバーサルロールで作られる．

（a）棒鋼　棒鋼には丸，角，平，六角，八角，半円形などの他に特殊

表5・4 形状面からみた建築構造材*

JIS 規格		新 鋼 材
G 3192	熱間圧延形鋼	外法一定 H 形鋼
G 3193	熱間圧延鋼板及び鋼帯	リブ付 H 形鋼
G 3194	熱間圧延平鋼	リブ付鋼管
G 3350	一般構造用軽量形鋼	合成床版用デッキプレート
G 3353	一般構造用溶接軽量 H 形鋼	鋳鋼継手
G 3352	デッキプレート	
G 3444	一般構造用炭素鋼鋼管	
G 3466	一般構造用角形鋼管	
G 5201	溶接構造用遠心力鋳鋼管	
A 5525	鋼管杭	

形状のものとして，異形棒鋼，ツイストバー，あるいはコイル巻きで出荷するバーインコイルなどがある．丸鋼，異形棒鋼は棒鋼需要の大部分を占め，用途は土木建築用の鉄筋材が多い．異形棒鋼は圧延の際，図5・14に示すような突起をつけたものでコンクリートとの付着性能を上げるためのものである．ツイストバーは冷間ねじり加工したもので高張力異形棒鋼である．平鋼は断面が長方形の棒鋼である．

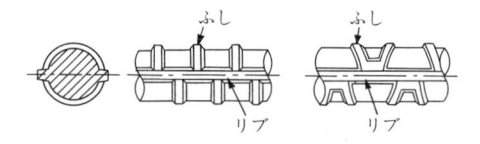

図5・14 異形棒鋼

（b） 線 材 線材は鋼塊または鋼片を熱間圧延して棒状にし，コイル状に巻いたものである．線材は普通線材と特殊線材とに分けられる．

（c） 形 鋼 断面の形状が複雑で断面積に比し断面性能が大きく，高力ボルト，溶接などにより他の材料との接合が容易であるのが特徴である．形鋼の形状を**表5・5**に示す．

山形鋼は軽量で，小型断面の割には断面効率がよいので鋼構造物に広く活用されている．

---

* 鋼材倶楽部：鋼構造建築物と鋼材（1990）

表5・5 おもな形鋼の断面形状とその種類

種類		断面略図	種類		断面略図
山形鋼	等辺	∟	軽量H形鋼		⊥
	不等辺			リップ付	
	不等辺不等厚				
溝形鋼	普通	⊏	軽量形鋼	リップ溝形鋼	⊏
	平行フランジ(PFC)	⊏		リップZ形鋼	
	H形鋼	I		リップハット形鋼	
	I形鋼	I		リップ山形鋼	
	CT形鋼	T		ハット形鋼	
	T形鋼	T		軽山形鋼	
				軽山形鋼	(不等辺)
	球平形鋼			軽溝形鋼	⊏
				軽Z形鋼	
鋼矢板	U形		デッキプレート	A	
	Z形			B	
	直線形			C	
				D	

　溝形鋼はフランジが平行でかつ他部材との組合わせが容易なうえ，断面剛性が大きいので構造部材として幅広い用途がある．平行フランジ溝形は，従来の溝形鋼のフランジのテーパをとり，平行フランジにしたもので，テーパ座金が不要でボルトの接合性がよい．

　H形鋼は断面性能が特にすぐれており，半工場製品としてすぐ使え，また，組立などが容易なため鉄骨構造，鉄骨鉄筋コンクリート構造の柱，はりとして，山留め工事の腹起し，切梁，杭などに広く用いられる．最近は，最新圧延技術により，図5・15のように外法寸法を一定化（従来は内法寸法一定）したH形鋼が用いられている．また，H形鋼のフランジ表面に格子目または，リング状等の突起を付け，鋼製覆工版用，鉄骨コンクリート用として利用されている．鋼矢板（シートパイル）は土工事の土留めなどに用いられる．

図 5・15　H 形鋼*

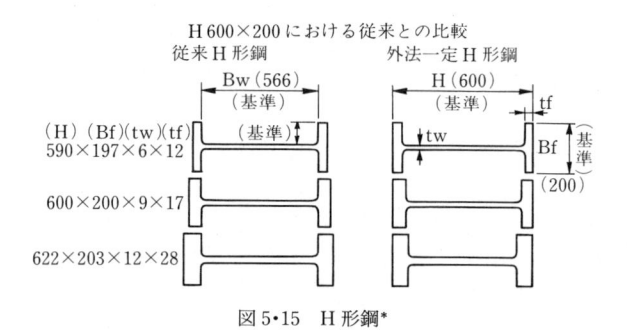

軽量形鋼は鋼板または帯鋼から冷間ロール成形機で製造する．表 5・5 に示すものが JIS で規格されている．

デッキプレートは，建築では型枠用デッキプレート，構造用デッキプレート，合成スラブ用デッキプレート，セルラデッキプレート，フリーアクセスフロアなどに利用され新しい床工法が開発されている．断面形状には用途に応じ多種あるが，**表 5・6** に例を示す．

型枠用デッキプレートは，コンクリート打設時には型枠として使用されるが，コンクリート硬化後は床荷重は鉄筋コンクリート床が支える．構造用デッキプレートは床全荷重をデッキプレートのみで支える床工法である．

合成スラブとはコンクリート打設時にはデッキプレートが床型枠材として機能し，コンクリート硬化後にはデッキプレートとコンクリートが一体となって曲げに抵抗する合成構造である．

セルラデッキプレートとは，デッキプレートの溝を使用して電気系統の配線を行うことにより効率のよい床電路システムを構成する．

フリーアクセスフロアとは，コンピュータや OA 機器を自由に装置できるようにするため，通常の床の上にある間隔をおいてさらにもう一層設けた床システムをいう．

（2）鋼板，鋼帯　鋼板は平らに熱間圧延または冷間圧延された鋼で，平板状に切断された鋼材である．鋼帯からの切断も含む．鋼板は，厚鋼板（厚さ

---

* 鋼材倶楽部：建設用鉄鋼製品の知識(平成 5 年度)

5・6 鉄鋼製品

表5・6 デッキプレートの形状と特長*

JIS G 3352 の呼び名	断面形状	寸法 [mm] 高さ H	寸法 [mm] 幅 W, W_0	寸法 [mm] 厚さ t	圧延のままの重量 W [kg/m]	有効幅を考慮した断面係数 Z [cm³/m]	全断面の断面二次モーメント [cm⁴/m]	特長
(キーストンプレート) AKD 12		25	650	1.2	8.46	14.0	17.5	コンクリートロスが少なく小スパン用
ALB 16		50	614	1.6	10.9	21.6	78.5	コンクリートロスが少なく中スパン用
BLD 23		75	690	2.3	19.4	79.1	316	※一方向スラブ用大スパン用に有利
JPA 60		100	570	6.0	38.0	253	1 263	大スパンの大きな荷重に適する

※ デッキプレートには一般型枠と一方向性スラブとがある。一方向性スラブとはデッキプレート溝を使用して一方向に配筋する床構造である

* 鋼材倶楽部：鋼構造建築物と鋼材（1990）

3mm 以上，熱間圧延により製造），薄鋼板（厚さ 3mm 未満，熱間または冷間圧延により製造）に分けられる．厚さ 6mm 以上を厚板，3 以上 6mm 未満を中板，3mm 未満を薄板ということもある．

鋼帯とは，平らに熱間圧延または冷間圧延された鋼で，コイル状に巻かれた鋼材をいう．建築構造用の厚板は JIS G 3193-1990 熱間圧延鋼板，鋼帯に規格されている．

しま鋼板は，ロール表面にしま目，鳩目，鋲型目をきざんで表面に凹凸をつけた厚板である．クラッド鋼板は，軟鋼の厚板をベースとしその片面または両面にステンレス鋼，チタン，黄銅，アルミニウムなどを合材（クラッド材）として熱間圧延または爆発法により接着したものである．

薄鋼板は，屋根，内外装用などの表面処理鋼板の原材として用いられる．最近，二枚の薄鋼板の間に樹脂層をもつラミネート型の制震鋼板の建材への利用が進んでいる．制震鋼板の減音効果から大空間の屋根構法（雨音の減音），床面および階段などへ利用されている．

（3）鋼　管　建設用鋼管には構造用鋼管と配管用鋼管がある．断面形状はおもに円形であるが，角形その他の形をしたものもある．鋼管の製法にはつぎのようなものがある．

鍛接法：加熱た鋼帯を連続的に管状に成形し，その縁を溶接ロールで押しつけて鍛接する．

電気抵抗溶接法：鋼帯をロール群によって冷間で連続的に管状に成形し縫目を電気抵抗熱により溶融圧着するもので，容易にかつ正確に製造できる．

継目無法：熱間で鋼片に孔をあけてパイプとするもので厚肉のパイプを製造できる．

UOE 法：鋼板をまず U プレスで U 形に，さらに O プレスで O 形に成形して縫目を内外面から溶接してパイプとする．

スパイラル法：鋼帯を連続的に螺旋状の円形に成形しながら縫目を内外面から溶接してパイプとする．長いパイプの製造が可能である．

ベンディングロール法：端曲げした鋼板をロールベンダで管形に成形し，縫

目を内外面から溶接してパイプとする．太径のパイプが製造できる．

遠心力鋳鋼管：円筒状の鋳型に溶鋼を注入し，高速回転による遠心力を利用して中空円筒状の鋼管を製造する．

角形鋼管：厚板4枚を組み合わせて溶接したり，圧延溝形鋼2本を対向させて溶接したり，あるいは，小径のものは円形管を角形に成形する．

以上の原管の他，用途に応じ，表面処理を施したつぎのような管が使用される．アルミメッキ鋼管，亜鉛メッキ鋼管，瀝青質系塗覆装鋼管，タールエポキシ系塗装鋼管，水道用硬質塩化ビニルライニング鋼管，ポリエチレン被覆管，モルタルライニング鋼管，水道用推進鋼管などがある．

建築構造用鋼管あるいは仮設用鋼管：JIS規格されている，一般構造用炭素鋼鋼管，一般構造用角形鋼管，溶接構造用遠心力鋳鋼管，鋼管杭などが用いられる．また，最近では鋼管の内部にコンクリートを充塡した，合成構造体が用いられるようになった．コンクリートに膨張材や特殊養生を施し鋼管とコンクリートを一体化させるものと，鋼管内面に突起を付け摩擦力によるだけでなく，おもに機械的結合により一体化させるものもある．

5・6・3　材質による鉄鋼製品の分類

建築構造に用いられる鉄鋼製品の材質等についてはJISで規格されている．関係の深いものについてあげると**表5・7**のようである．この中からおもなものを見ると**表5・8～表5・15**のようである．

表5・7　材質面からみた建築構造材*

JIS 規格			新　鋼　材
G 3101	一般構造用圧延鋼材	SS	〈建築構造用〉
G 3106	溶接構造用圧延鋼材	SM	TMCP 鋼
G 3114	溶接構造用耐候性熱間圧延鋼材	SMA	低降伏比 570 N/mm² 級高張力鋼
G 3350	一般構造用軽量形鋼	SSC	耐火鋼
G 3353	一般構造用溶接軽量 H 形鋼	SWH	ステンレス鋼
G 3352	デッキプレート	SDP	
G 3444	一般構造用炭素鋼鋼管	STK	
G 3466	一般構造用角形鋼管	STKR	
G 5201	溶接構造用遠心力鋳鋼管	SCW-CF	
A 5525	鋼管杭	SKK	

* 鋼材倶楽部：鋼構造建築物と鋼材（1990）

表5・8 一般構造用圧延鋼材（JIS G 3101-1995）

種類の記号	適用
SS 330	鋼板，鋼帯，平鋼および棒鋼
SS 400	鋼板，鋼帯，形鋼，平鋼および棒鋼
SS 490	
SS 540	厚さ 40 mm 以下の鋼板，鋼帯，形鋼，平鋼および径，辺または対辺距離 40 mm 以下の棒鋼

（備考） 棒鋼には，バーインコイルを含む

表5・9 溶接構造用圧延鋼材（JIS G 3106-1999）

〔mm〕

種類の記号	適用厚さ	
SM 400 A	鋼板，鋼帯，形鋼および平鋼	200 以下
SM 400 B		
SM 400 C	鋼板，鋼帯および形鋼	100 以下
SM 490 A	鋼板，鋼帯，形鋼および平鋼	200 以下
SM 490 B		
SM 490 C	鋼板，鋼帯および形鋼	100 以下
SM 490 YA	鋼板，鋼帯，形鋼および平鋼	100 以下
SM 490 YB		
SM 520 B	鋼板，鋼帯，形鋼および平鋼	100 以下
SM 520 C	鋼板，鋼帯および形鋼	100 以下
SM 570	鋼板，鋼帯および形鋼	100 以下

（備考） SM 520 B，SM 520 C および SM 570 は，受渡当事者間の協定によって，厚さ 150 mm までの鋼板を製造することができる

表5・10 建築構造用圧延鋼材（SN 材）（JIS G 3136-1994）

単位〔mm〕

種類の記号	適用厚さ		
SN 400 A	鋼板，鋼帯，形鋼および平鋼	6 以上	100 以下
SN 400 B			
SN 400 C	鋼板，鋼帯，形鋼および平鋼	16 以上	100 以下
SN 490 B	鋼板，鋼帯，形鋼および平鋼	6 以上	100 以下
SN 490 C	鋼板，鋼帯，形鋼および平鋼	16 以上	100 以下

（備考） 受渡当事者間の協定によって，超音波探傷試験を行った鋼板および平鋼には，"-UT" の記号を表1の種類の記号の末尾に付加して表す
　　例　SN 400 B-UT
　　　　SN 490 B-UT

5・6 鉄鋼製品

表5・11 溶接構造用耐候性熱間圧延鋼材（JIS G 3114-1998）

単位〔mm〕

種類の記号	適用厚さ	
SMA 400 AW SMA 400 AP	耐候性をもつ鋼板，鋼帯，形鋼および平鋼	200以下
SMA 400 BW SMA 400 BP	耐候性をもつ鋼板，鋼帯，形鋼および平鋼	200以下
SMA 400 CW SMA 400 CP	耐候性をもつ鋼板，鋼帯および形鋼	100以下
SMA 490 AW SMA 490 AP	耐候性のすぐれた鋼板，鋼帯，形鋼および平鋼	200以下
SMA 490 BW SMA 490 BP	耐候性のすぐれた鋼板，鋼帯，形鋼および平鋼	200以下
SMA 490 CW SMA 490 CP	耐候性のすぐれた鋼板，鋼帯および形鋼	100以下
SMA 570 W SMA 570 P	耐候性のすぐれた鋼板，鋼帯および形鋼	100以下

（備考）Wは通常裸のまま，またはさび安定化処理を行って使用し，Pは通常塗装して使用する

表5・12 鉄筋コンクリート用棒鋼（JIS G 3112-1987）
（平成3年1月1日から適用）

区 分	種類の記号	
	SI単位	（参考）従来単位
丸　鋼	SR 235 SR 295	SR 24 SR 30
異形棒鋼	SD 295 A SD 295 B SD 345 SD 390 SD 490	SD 30 A SD 30 B SD 35 SD 40 SD 50

表5・13 鉄筋コンクリート用再生棒鋼（JIS G 3117-1989）

区 分	種類の記号	
	SI単位	（参考）従来単位
再生丸鋼	SRR 235 SRR 295	SRR 24 SRR 30
再生異形棒鋼	SDR 235 SDR 295 SDR 345	SDR 24 SDR 30 SDR 35

表5・14 一般構造用炭素鋼管 (JIS G 3444-1994)

機械的性質	引張強さ〔N/mm²〕	降伏点または耐力〔N/mm²〕	伸び〔%〕	
			11号試験片 12号試験片 縦方向	5号試験片 横方向
製法区分	継目無，鍛接，電気抵抗溶接，アーク溶接			
外径区分	全外径	全外径	40 mm を超えるもの	
STK 290	290 以上	―	30 以上	25 以上
STK 400	400 以上	235 以上	23 以上	18 以上
STK 500	500 以上	355 以上	15 以上	10 以上
STK 490	490 以上	315 以上	23 以上	18 以上
STK 540	540 以上	390 以上	20 以上	16 以上

表5・15 一般構造用角形鋼管 (JIS G 3466-1988)
(平成3年1月1日から適用)

種類の記号	引張強さ〔N/mm²〕	降伏点または耐力〔N/mm²〕	伸び〔%〕 5号試験片
STKR 400	400 以上	245 以上	23 以上
STKR 490	490 以上	325 以上	23 以上

SS材：SS材のうちSS 400の使用量が多く，主要構造部材を除くほとんどの構造物の補助部材として，鋼板，形鋼などに適用されている．この鋼材は，通常，炭素含有量で所要の機械的性質を確保しているため，溶接性や靭性を保証した鋼材ではない．特に板厚が大きくなると，強度確保のため炭素量が高くなることがある．SS 490，SS 540 は原則として溶接を避けた構造物に使用すべきである．

SM材：SM材は，炭素含有量を低く押さえている，溶接性のすぐれた熱間圧延鋼材である．さらに靭性も良好であり，大型の鉄骨構造物には欠かせない．SM 400 は強度的には SS 400 と同等であるが，溶接性が良好であることから，厚肉の主要構造部材に使用される．SM 490 は代表的な溶接構造用圧延鋼材である．SM 520 は，この規格中非調質鋼で最も強度の高い鋼材である．

SN材：平成3年ごろに，建築鉄骨で溶接するときれつが入る鋼板が出回り

社会問題となった．それに対応するため，SN 鋼材が JIS 規格されることとなった．

SMA 材：SMA 材は，溶接性を考慮した耐候性熱間圧延鋼材である．高耐候性圧延鋼材は，鋼に特定の元素を若干添加することにより，普通鋼よりも鋼の耐候性（大気中での腐食に耐える性質）を向上させたものである．当初は銅を添加した含銅鋼が一般的であったが，最近では，各種の元素を用いている．メンテナンスフリーの関係で利用も広まりつつある．

TMCP 鋼材：最近の建築においては，鉄骨部材の極厚化，高強度化，高靭性化が進んでいる．これは厚板加工の技術とともに，既存の TMCP 鋼板に一部改良を加えた建築用 TMCP 鋼板の開発が行われたことによる．TMCP とは thermo-mechanical-control-process の略称で，加工熱処理または熱加工制御法と呼ばれている．熱間圧延時における圧延温度の制御と必要に応じその直後の冷却方法との組合わせにより最適な材質を作るプロセスである．建築構造用 TMCP 鋼板は，これに一部改良を加え

① 低 C_{ep} で溶接性に優れている
② 低 C_{ep} にもかかわらず高強度である
③ 降伏比が低く耐震性にすぐれている
④ 超音波音響異方性が小さいなどの性能をもたせたものである．

耐火鋼（FR 鋼）：一般の建築構造用鋼材は，高温耐力が 350°C 近辺で常温の 2/3（長期許容応力度）まで低下する．したがって，火災時に鉄骨の温度が 350°C 以下となるよう被覆をしなければならない．これは，コストアップ，工期が長くなること，室面積の有効利用が落ちることなどの損失が大きく，被覆の軽減のニーズはきわめて高い．耐火鋼はこのようなニーズに対応して開発されたものである．耐火鋼は高温耐力が一般鋼と比較して著しく高い，例えば，600°C での降伏点が常温規格値の 2/3 以上を保証している．また，弾性係数は 700°C まで急激な低下は起こっていない．常温時においては，溶接構造用圧延鋼材に合致している．

建築構造用低降伏比高張力鋼：構造物が降伏後も耐力が低下せずに十分な塑

性変形が生じる靱性にとんだ性状を示すためには,素材の降伏比(降伏強さ/引張強さ)が小さいほうが有利である.最近は,鋼材の高強度化が望まれているが,鋼材は引張強さの上昇率は降伏強さのそれより小さく,降伏強さと引張強さがほとんど同じ値となるような鋼材もでてきた.そこで,ビルの高層化,軽量化,有効床面積増加のニーズに対応するため,SM 570 鋼とほぼ同等の性質を有しかつ降伏比は 80 %以下の高張力鋼が開発された.

高張力鋼:引張強さ 491 N/mm² 以上で溶接性,切欠き靱性および加工性も重視して製造された鋼材.

調質高張力鋼:焼入焼戻しを施すことによって高張力鋼としての性質を与えた鋼材.

非調質高張力鋼:圧延のまま,または焼ならしの状態で高張力鋼としての性質を与えた鋼材.

鉄筋コンクリート用棒鋼:JIS では熱間で圧延された丸鋼および異形鋼と再生棒鋼とが規格されている.前者については,表 5・12 のように丸鋼 2 種類異形棒鋼 5 種類が規格されている.再生棒鋼については,表 5・13 のように,丸鋼 2 種類,異形棒鋼 3 種類が規格されている.

構造用鋼管:JIS では STK 材として 5 種類が規格されている(表 5・14).このうち STK 400 などがよく用いられる.角形鋼管は STKR 材として 2 種類規格されている(表 5・15).

ステンレス鋼:鉄をベースとして 11 %以上のクロムを含み,クロムが酸素と結合して不動態皮膜を形成することにより耐食性を維持する合金鋼と定義されている.ステンレス鋼には,たくさんの種類があるが,その基本形は**表 5・16** のとおりである.

ステンレス構造材として標準的に用いられるのは,通称 18-8 ステンレス鋼と呼ばれる SUS 304 である.これの一般的な特徴は,ヤング係数は,193 191 N/mm² で炭素鋼に比べて数%低い.線膨張係数が炭素鋼の約 1.5 倍,熱伝導率が同 1/3 程度の値である.耐候性については炭素鋼に比べ優れた性能を示す.ひっかき傷などにより,一部不動態皮膜が破壊されても,すぐに再生され

表5・16 ステンレスの系統分類*

基本成分区分	主成分による分類			金属組織による分類	特　徴
	通称名	代表鋼種	概略組成		
クロム系	13クロム系	SUS 410	13 Cr	マルテンサイト系	安価，耐食性やや劣
	18クロム系	SUS 430	18 Cr	フェライト系	価格，耐食両面から手頃感があり，広く使用されている
クロム・ニッケル系	21クロム—4.5ニッケル系	SUS 329 J3	21 Cr -4.5 Ni -2.5 Mo etc.	オースナイト・フェライト2相系	
	18クロム—8ニッケル系	SUS 304 SUS 316	18 Cr-8 Ni 18 Cr -12 Ni -2.5 Mo	オーステナイト系	高価ではあるが，耐食性，加工性，溶接性等が良好

るため，長期にわたって耐候性を維持する．しかし，この不動態皮膜は溶液中に塩素イオン，臭素イオンなどのハロゲンイオンが存在すると局所的に破壊され，孔食などの腐食に進展する場合がある．耐力は降伏現象が現れないため0.2％耐力を使用している．耐力の規格値は $206\,\text{N/mm}^2$ 以上，引張強さは $520\,\text{N/mm}^2$ 以上，伸びは40％以上となっている．

建築構造用ステンレス鋼材は，SAS 601-1933「建築構造用ステンレス鋼材」がステンレス協会により規定されている（**表5・17**）．この規格ではJISでの耐力がひずみ0.2％時の応力としているのに対し，0.1％耐力の下限を表すPS

表5・17 建築構造用ステンレス鋼材*

種類の記号	0.1％耐力[(1)]〔N/mm^2〕	引張強さ〔N/mm^2〕	降伏比[(2)]	伸び〔％〕
PS 235-SUS 304	235 以上	520 以上	0.6 以下	35 以上
PS 235-SUS 316	235 以上	520 以上	0.6 以下	35 以上
PS 235-SCS 13 A-CF	235 以上 325 未満	520 以上	—	35 以上
PS 325-SUS 304 N 2	325 以上 440 未満	690 以上	—	35 以上

注(1) 0.1％耐力とは，引張試験において0.1％の永久伸びを起こすときの荷重 N を平行部の断面積〔mm^2〕で除した商〔N/mm^2〕をいう
(2) 降伏比とは，引張強さに対する0.1％耐力の割合をいう

* 鋼材倶楽部：第2版　建設用鉄鋼製品の知識（1994）

235 または PS 325 を鋼種の前に付し表示することとしている．

5・6・4 建築の分野に使用される鉄鋼製品

（1） 土工事，基礎工事用　　U 形鋼矢板，Z 形鋼矢板，H 形鋼矢板，鋼管矢板，H 形鋼ぐい，鋼管ぐいなどがある．

（a） 鋼矢板　　相互にかみ合わせて打ち込む．密着しているため，止水性がよい．耐食性を必要とするため，銅を 0.25 ％以上含有させている．

（b） 軽量鋼矢板　　鋼板を冷間ロール成形したもの．厚さは 3～4 mm で引張強さは $402～510 \text{ N/mm}^2$ となっている．

（c） 鋼管ぐい　　JIS A 5525-1994 の SKK 400, SKK 490 が用いられる．寸法は，外径が 318.5～2 000 mm，肉厚は 6.4～25 mm まである．

（d） H 形鋼ぐい　　JIS A 5526-1994 の SHK 400, SHK 400 M, SHK 490 M が用いられる．

（e） 切りばり・腹起し用鋼材　　一般構造用圧延鋼材による H 形鋼，C 形鋼などが用いられる．

（2） 仮設材用鋼材

（a） 鋼製型わくおよび付属品　　鋼製型わく（メタルフォーム，スチールフォーム）には，フラットフォーム，曲面フォーム，スリットフォーム，コーナーフォーム，異形フォームなど各種がある．JIS A 8652 の規格がある．組立ての付属金具にUグリップ，Lピン，エキステンションバー，柱型わく締付け用クランプなどがある．

（b） 鋼製足場　　建築用鋼製足場には単管足場，わく組足場がある．単管足場に用いる足場用鋼管および枠組足場用建枠は一般構造用炭素鋼管 JIS G 3444-1994，STK 500 が用いられる．寸法はそれぞれ外径は 48.6 で肉厚 2.5，外径 42.7，肉厚 2.5 mm となっている．

（c） 鋼製支柱　　コンクリート床用型わくなどを支持するための支柱で，パイプサポート，わく組支柱，組立て鋼柱などがある．パイプサポートは図 **5・16** に示すようなもので，労働省告示第 101 で規定されている．腰管は JIS G 3444-1994，STK 400，外径 60.2，肉厚 2.0，差込み管は同じく STK 500 で外

5・6 鉄鋼製品

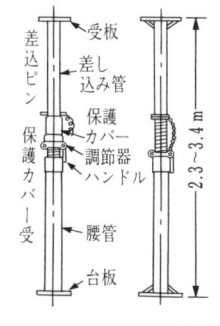

図5・16 コンクリート支保工用パイプサポート

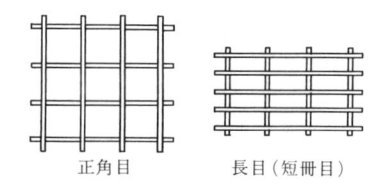

図5・17 溶接ワイヤメッシュ

径 48.3×肉厚 2.2 mm 各以上となっている．

(3) **鉄筋コンクリート用鋼材**

(a) **鉄筋コンクリート用棒鋼** 表 5・12，表 5・13 に示すようなものが用いられる．

(b) **溶接金網** JIS G 3551-1993 に規定されている．**図 5・17** に示すような金網で，スラブなどの補強筋として用いられる．素線を電気抵抗溶接したものである．鉄筋コンクリート用には素線の径 4 mm 以上のものが用いられる．

(4) **鉄骨構造用鋼材** 鉄筋構造の主構造には形鋼，鋼板，鋼管などが用いられる．軽量鉄骨構造には軽量形鋼，軽量角形鋼管などが用いられる．その他，床にはデッキプレート，筋違い材にターンバックルなどが用いられる．

(5) **プレストレストコンクリート構造用鋼材** PCの緊張材として用いれる．特に引張強さが大きいこと，リラクゼーションが小さいことなどが要求される．

(a) **PC 鋼線および PC 鋼より線** PC鋼線はピアノ線材（JIS G 3502-1996）に適合した線材で作られる．ピアノ線は高炭素鋼に冷間引抜き加工を繰り返し施したものであるが，これにパテンチングし，さらに残留ひずみを除却するため低温熱処理（ブルーイング）を行う．同じくPC鋼より線はJIS G 3502-1996の線材にパテンチングを行った後，冷間加工した線をより合わせた後，最終工程において残留ひずみ除去のため，ブルーイングを行ったより線で

表5・18 PC鋼線およびPC鋼より線の種類 (JIS G 3536-1996)

種類			記号	断面
PC鋼線	丸線	A種	SWPR 1 AN, SWPR 1 AL	○
		B種	SWPR 1 BN, SWPR 1 BL	○
	異形線		SWPD 1 N, SWPD 1 L	○
PC鋼より線	2本より線		SWPR 2 N, SWPR 2 L	8
	異形3本より線		SWPD 3 N, SWPD 3 L	∞
	7本より線	A種	SWPR 7 AN, SWPR 7 AL	✿
		B種	SWPR 7 BN, SWPR 7 BL	✿
	19本より線		SWPR 19 N, SWPR 19 L	✾

備考 1. 丸線B種は，A種より引張強さが 100 N/mm² 高強度の種類を示す
   2. 7本より線A種は，引張強さ 1720 N/mm² 級を，B種は 1860 N/mm² 級を示す
   3. リラクセーション規格値によって，通常品はN，低リラクセーション品はLを記号の末尾に付ける

ある．JIS G 3536-1994 に**表5・18**のような種類が規格されている．

（b） PC鋼棒　**表5・19**のような規格のものがある．これらは，キルド

表5・19　PC鋼棒の種類 (JIS G 3109-1994)

種類		記号
A種	2号	SBPR 785/1030
B種	1号	SBPR 930/1080
	2号	SBPR 930/1180
C種	1号	SBPR 1080/1230

鋼をストレッチング，引抜き，熱処理などにより作る．PC鋼線やPC鋼より線より若干強度は小さい．材端にねじ加工などができ，端部定着やカップラーによる接続が容易である．直径 9.2～40 mm が用いられる．

（6） 接合材・緊結材

（a） 溶接棒　軟鋼用被覆溶接棒は心線と被覆剤からなっている．心線の化学成分はJIS G 3503-1980 で定められており，低炭素量のリムド鋼から作られる．高張力鋼用被覆アーク溶接棒は，心線の直系 2.6～8.0 mm のものについてJIS Z 3212-1990 に規定がある．その他**表5・20**に示すようなJIS規格品がある．

表5·20 溶接材料のJIS規格品

規　　　格	名　　　称
JIS Z 3211	軟鋼用被覆アーク溶接棒
JIS Z 3212	高張力鋼用被覆アーク溶接棒
JIS Z 3214	耐候性鋼用被覆アーク溶接棒
JIS Z 3312	軟鋼および高張力鋼用マグ溶接ソリッドワイヤ
JIS Z 3313	軟鋼，高張力鋼および低温用鋼用アーク溶接フラックス入りワイヤ
JIS Z 3315	耐候性鋼用炭酸ガスアーク溶接ソリッドワイヤ
JIS Z 3320	耐候性鋼用炭酸ガスアーク溶接フラックス入りワイヤ
JIS Z 3351	炭素鋼および低合金鋼用サブマージアーク溶接ワイヤ
JIS Z 3352	炭素鋼および低合金鋼用サブマージアーク溶接フラックス

(b) ボルト・リベット　高力ボルトはJIS B 1186-1995の「摩擦接合用高力六角ボルト・六角ナット・平座金のセット」に規格として定められている．すなわち，ボルト，座金，ナットがセットで規格が定められている．**表5・21**に示すような3種があり，さらにトルク係数値によってA，Bに分けられる．JASS 6の仕様では，表5·21のうち2種を用いることになっている．ねじの呼び径はM 12，M 16，M 20，M 22，M 24，M 27，M 30の7種類がある．引張強さは1種，2種，3種がそれぞれ800～1 000，1 000～1 200，1 100～13 000 N/mm² である．これらは低炭素，特殊合金鋼に熱処理を施したものである．日本鋼構造協会ではJSS II SSで構造用トルシア形高力ボルトを規格している．

六角ボルト，ナット，座金は，ボルト，ナットの仕上げの程度によって，並

表5·21　高力ボルトのセットの種類（JIS B 1186-1995）

セットの種類		適用する構成部品の機械的性質による等級		
機械的性質による種類	トルク係数値による種類	ボルト	ナット	座　金
1種	A	F 8 T	F 10	F 35
	B		(F 8)	
2種	A	F 10 T	F 10	
	B			
(3種)	A	(F 11 T)		
	B			

（備考）表中括弧を付けたものは，なるべく使用しない

ボルト，中ボルト，上ボルトに分けられる．並ボルト，並ナットは軽微な構造物に使用し，せん断力を受ける個所には使用できない．中ボルトは建築用一般構造用に用いられる．上ボルトはピンなどの重要な箇所に用いられる．ボルトの引張強さは40キロ級が普通に用いられる．鉄骨構造用アンカーボルトの材質はSN 400 BまたはSN 490 Bとする．

リベットはリベット用圧延鋼材から作られる．材質はリベット用丸鋼（JIS G 3104-1987）SV 330, SV 400が用いられる．リベットの形状は丸リベット，さらリベット，平リベット，丸さらリベットなどがある．スタッドボルトは鋼とコンクリートの合成構造の結合材（シャーコネクター）として用いられる．

建築用ターンバックルは，ターンバックル胴1個とターンバックル2個とからなる（JIS A 5542-1982）．胴は割枠式（ST），パイプ式（PT）と2種あって前者はSS 400から，後者は機会構造用炭素鋼鋼管から作られる（JIS 5541-1993）．ボルトの材料はSS 400とする．頭部の形状により羽子板ボルト（S），アイボルト（E），両ねじボルト（D）の3種類がある（JIS A 5531-1993）．

木構造用金物にはアンカーボルトおよびナット・座金，普通ボルトおよびナット・座金，羽子板ボルトおよびナット・座金，短ざく金物，かな（矩）折れ

表5・22　くぎの種類（JIS A 5508-1992）

種　　類	材　質	記　号
鉄丸くぎ	鉄	N
		FN[(1)]
ステンレス鋼くぎ	ステンレス鋼	S
太め鉄丸くぎ	鉄	CN
細め鉄丸くぎ	鉄	BN
せっこうボード用くぎ	鉄	GN
	ステンレス鋼	GNS
シージングインシュレーションファイバーボード用くぎ	鉄	SN
自動くぎ打機用くぎ	鉄	PN
	ステンレス鋼	PNS

注(1)　FNは，主としてこん包用とする

金物，箱金物，かすがいが JIS A 5531-1978 に規格されている．材質は一般構造用圧延鋼材，熱間圧延薄鋼板，冷間圧延鋼板，再生鋼材，帯鋼などが用いられる．くぎは JIS A 5508-1992 に規定されている．**表 5・22** に示す種類があげられている．材質は JIS に規定されるくぎ用鉄線，普通鉄線，SUS 304 などが用いられる．

（7） 屋根材・仕上材・金属工事用金物など

（a） 亜鉛鉄板・着色亜鉛鉄板 建築の屋根や外壁に用いられる．コイル状のものと板状のものとがある．板状のものには平板と波形1号（大波），波形2号（小波）の3種がある．着色亜鉛鉄板は，亜鉛鉄板に着色塗料を焼き付けたものである．

（b） 加工鉄板 鋼板を加工し屋根や壁などに用いる．長尺折板屋根など各種のものがある．雨音などを吸収する制震鋼板なども用いられている．

5・7 鋳 鉄

1.7～6.68％の炭素を含むものを鋳鉄と呼ぶ．実用範囲は2.5～5.0％ぐらいである．溶鉱炉から出る銑鉄をそのまま用いる場合もあるが，多くは銑鉄にくず鉄，くず鋳鉄を加えて溶銑炉（キューポラ）で再溶解し成分調整されたものが使われる．

鋳鉄中の炭素は遊離した単独の C（黒鉛 graphite）と炭化鉄 Fe_3C（セメンタイト）の二様の状態で存在している．黒鉛は片状または粒状をしており軟らかいが，セメンタイトは非常に硬い．鋳鉄中の炭素が黒鉛状になるか，セメンタイトになるかは溶融状態からの冷却速度と炭素およびケイ素の存在量に関係する．鋳鉄を徐冷するとCは遊離析出し黒鉛状となり，急冷するとセメンタイトになりやすい．また，炭素，ケイ素の含有量の低いものはセメンタイトになりやすい．

鋳鉄の破面を見ると粒が粗大でねずみ色のものと粒が細かくて白色でち密なものがある．前者をねずみ鋳鉄（gray pig iron）といい，主として炭素が黒鉛状態となっており，後者を白鋳鉄（white cast iron）といい，炭素がセメンタ

イトになっている．

　鋳鉄は黒鉛の量，形状などによってその機械的性質が異なる．黒鉛が少ないほど硬くて強い．したがって鋳物としてはセメンタイトを多くするのがよいが，多すぎると硬くなりすぎ工作が困難となる．また，通常黒鉛は片状黒鉛となって互いに連絡しやすい形で析出してくるので，引張強さが著しく小さくなる．したがって，片状黒鉛が発達するのを防止するようにすれば強い引張強さのものが得られる．

　鋳鉄製品は普通鋳鉄，可鍛鋳鉄，高級鋳鉄などに分かれる．建築材料としては構造体には使用できないことになっており，強度が要求されない，窓格子，棚，装飾金物，階段の手すり，放熱器，鉄管，下水管などに用いられる．

5・7・1　普　通　鋳　鉄

　セメンタイトと黒鉛の量によって白鋳鉄，ねずみ鋳鉄に分かれる．普通鋳鉄の性質を**表 5・23** にあげてある．

表 5・23　普通鋳鉄の性質*

種類	色	比重	融点〔℃〕	硬　　点	引張強さ	収　　縮	縦弾性係数〔N/mm²〕
白鉄鋳	白銀	7.5〜7.7	1 100	鋳鉄中最硬でもろい	比較的大	大 2%内外 鋳造困難	16.77〜18.34×10⁴
ねずみ鋳鉄	黒灰	7.0〜7.1	1 225	柔軟で仕上げ容易 140〜220 （ブリネル）	比較的小 88.1〜343.2 N/mm²	小 0.5〜1.0% 鋳造容易	9.81〜13.73×10⁴

　一般には加工容易なねずみ鋳鉄を使用することが多く，白鋳鉄は強度を要する鋳物に用いる．

5・7・2　可　鍛　鋳　鉄

　鋳鉄の特長である鋳造性を活用し，もろさを改善して可鍛性を与えたものである．

　まず白鋳鉄を作り，つぎに焼なましによってセメンタイトを分解して黒鉛化し，酸化雰囲気の中で長時間高温加熱して脱炭して展圧性を出すようにしたものである．鋳物の表面近くを脱炭し内部に黒鉛化を残すようにしたものを黒心

＊ 狩野春一監修・著：建築材料・工法ハンドブック，地人書館

可鍛鋳物という．引張強さは約 343 N/mm² 伸びは 10 ～ 15 ％程度である．表面近くを脱炭し，内部に白鋳鉄を残したものを白心可鍛鋳鉄といい引張強さは約 392 N/mm² で伸びは約 5 ％程度である．

　このように，鋳造性と可鍛性が付与されるため，ジベル，スパーナ，ガス管，継手，錠前，窓出入口金物などに用いられる．

5・7・3 高 級 鋳 鉄

　鋳鉄をできるだけ高温に熱し黒鉛を完全に溶解しその後急冷すれば片状黒鉛が発達しなくなり引張強さの強いものが得られる．また白鋳鉄に鋼くずを加えて溶融し炭素含有量を共晶点以下に低下させ初晶黒鉛を出さないようにする．このようにして得たものを鋼性鋳鉄と呼ぶ．さらに Si，Mn などの黒鉛化を防止する元素を添加する．

　数％以下の Ni，Cr またはこれらの両元素を加えれば鋳鉄の組織を細かくかつ均一にすることができる．この種のものを特殊鋳鉄といい，引張強さは 294 ～ 568 N/mm² に達する．

第6章 非鉄金属

6・1 概説

　非鉄金属材料とは鉄鋼材料以外の金属材料をさし，種々の金属がある．非鉄金属は鉄鋼ほどには建築へ多用されないが，その独特な特性のため仕上材や設備などの部品として必要欠かせない建築材料である．

　非鉄金属は鉄鋼に比べて共通していえることは耐食性にすぐれていること，加工性，鋳造性にすぐれていることである．例えばサッシなどのように複雑な形状のものが，アルミニウムによれば押出しによって容易に作られるし，しかも耐食性にもすぐれている．

　ここでは，建築関係で主として用いられるアルミニウムおよび銅について述べる．

6・2 アルミニウムおよびアルミニウム合金

6・2・1 概説

　アルミニウムは地殻中に多量に含まれている金属であるが，直接に採集することが困難であるため発見されたのも1827年で，工業的に利用されるようになったのも1886年ごろのことである．

　このようにアルミニウムは比較的新しい金属材料であるが，軽くて強く，耐食性があることなどによって近年急速に多用されるようになった．

　いまのところ，アルミニウムはボーキサイトという鉱石から精錬されるが，ボーキサイトは日本にはほとんど産出せず，赤道を中心にして±30°の緯度の地域に偏在している．したがって，原料はすべて輸入にたよっている．

　アルミニウムの通性は軽い（鋼の約1/3）わりに強度が大，圧延，引抜き，押出しなどの加工性にすぐれ，大気中で純度の高いものは耐候性が鋼よりすぐ

れている．清水には侵されないが，海水，酸，アルカリには弱い．イオン化傾向が大きく建築用材としては直接コンクリートに接すると腐食されるなどの欠点がある．また，熱膨張係数が大きい（鋼の約2倍），耐火性が鋼より劣る（融点が鋼の1530℃に対して約660℃），軟質のためきずがつきやすいなどの欠点がある．

6・2・2 アルミニウムの製造

アルミニウムはボーキサイトを原料として概略次のような工程で作られる．まず，ボーキサイトと苛性ソーダとを混合し加圧，加熱すると原石中のアルミナ分（Al_2O_3）はアルミン酸ソーダとなって溶け出し，その他の不純物は赤泥となって分離する．さらにアルミン酸ソーダを冷却すると加水分解を起こし水酸化アルミニウム（$Al・(OH)_3$）が晶出し，これを煆焼すると無水のアルミナ分が得られる．これを電解槽で還元すればアルミニウムとなる．

電解槽から得られたアルミニウムの純度は99.8％台のものが多く，これを保持炉で成分調整し，普通地金，高純度地金，スラブ，ビレット，ワイヤバーの形に鋳造される．

普通地金は99.3～99.9％の純度で99.5％程度のものが最も多く使われる．これらは1～20 kgのインゴットに鋳造され，加工メーカーがこれを溶かして自由に使えるようになっている．これをさらに電解槽で精製すると99.99％以上のいわゆるフォーナインと呼ばれる高純度な地金が得られる．

アルミニウムは合金として使われることが多いので，あらかじめ種々の合金の形で鋳造しておき，これを溶解するだけで使用できる地金としておく．鋳物およびダイカスト用に用いるこれらの地金を合金地金と呼ぶ．

スラブはアルミニウム板を圧延製造するのに便利なように箱状の形に鋳造したもので圧延機の大きさによって各種のものが作られている．ビレットはアルミニウムのサッシなど複雑な断面形状をした製品を押出しで作るため円筒形に鋳造されたものである．

6・2・3 アルミニウムの性質

アルミニウムの特性は材料の純度，加工の程度，熱処理の条件，添加元素な

どによって著しく変化する．以下，これらについて簡単に述べる．

（1） 耐食性　アルミニウムは鉄鋼材料に比して耐食性がきわめてすぐれている．アルミニウムは反応性の高い金属であるが，表面に形成される酸化皮膜の保護作用によって耐食性が良好となる．

アルミニウムの電極電位は低く，陽極的であり，アルミニウムより陰極的な金属と接触すると陽極的に腐食される．乾燥状態では問題とならないが，雨露にあたる場合は接触部を絶縁する必要がある．アルミニウムとの組合わせで悪い順にあげるとカドミニウムまたは亜鉛めっき，クロムめっき，ステンレス鋼，スズめっき，ニッケルめっき，鉛合金，不銹鋼，鉄および鋼，銅および銅合金となる．

炭酸塩，クロム酸塩，硫化物などの中性水溶液中では耐食性は良好であるが塩化物溶液中ではよくない．酸性溶液中もよくない．アルカリ水溶液中では，アルミニウム表面の保護皮膜が溶解されるので速やかに侵される．

一般に亜硫酸ガス，硫化水素には強く，海水に対しては侵されるが鋼よりも強い．ただしジュラルミンは抵抗性がない．結露水が繰返し乾いたり付着したりすると案外耐食性がない．油煙が付着したままにしておくと点食が発生する．

アルミニウムの耐食性は純度が高いほどすぐれており，合金アルミニウムは純アルミニウムに比べて一般に耐食性は劣る．特に，銅，鉄および亜鉛元素が悪い影響を与える．ケイ素は若干影響を及ぼすが，マグネシウム，マンガンなどはあまり影響を与えない．

（2） 物理的・機械的性質　アルミニウムの物理的性質を**表 6・1**に示してある．機械的性質を**表 6・2**，**表 6・3**に示してある．アルミニウムは純度の高いものほど軟質であり，添加元素によって大きく影響を受けるが，加工の程度，熱処理によっても大きく影響を受ける．したがって，アルミニウム製品は後に示すような質別記号によって加工や熱処理の程度が明示されている．

アルミニウムは**図 6・1**のように加工硬化によって強度は増大するが伸び率が急減して加工が困難になる．現場で折り曲げたり，その他の加工をする場合は

6・2　アルミニウムおよびアルミニウム合金

表6・1　アルミニウムの物理的性質[*1]

物　理　量	99.996%Al	99.5%Al
比　　　重	2.689	2.71
溶　融　点	660.2	655
線膨張係数	$24.6\times10^{-6}(20\sim100°)$	$23.5\times10^{-6}(20\sim100°)$
比　　　熱	0.2226	0.2297
熱 伝 導 度	—	0.53
電気比抵抗	$2.6548\times10^{-6}\,\Omega\cdot\mathrm{cm}$	$2.922\times10^{-6}\,\Omega\cdot\mathrm{cm}$

表6・2　アルミニウム (1060) の機械的性質 (1)[*2]

質別	引張強さ 〔N/mm²〕	耐力 〔N/mm²〕	伸び 〔%〕	ブリネル硬さ	せん断強さ 〔N/mm²〕	疲労限 (5×10^8) 〔N/mm²〕
0	68.6	27.5	43	19	48.1	20.6
H 12	83.4	75.5	16	23	54.9	27.5
H 14	96.1	89.2	12	26	61.8	34.3
H 15	110.8	104.0	8	30	68.6	45.1
H 16	131.4	124.5	6	35	75.5	45.1

表6・3　アルミニウムの機械的性質 (2)

性　　　質	アルミニウムの純度〔%〕			
	99.996		99.9	
	焼なまし	75%冷間圧延	焼なまし	H 18
引 張 強 さ〔N/mm²〕	48.1	113.8	91.2	165.7
耐　　　力〔N/mm²〕	12.7	107.9	34.3	145.1
伸　　　び〔%〕	48.8	5.5	35	5
ブリネル硬さ	17	27	23	44

1/2硬質程度が使用される．

　アルミニウム合金は熱処理によって硬化し，引張強さが向上するものがある．この代表的なものとしてAl-Cu合金について説明してみよう．**図6・2**に平衡状態図を示している．

　いま，4％Cu程度のAl-Cu合金を500℃付近まで加熱するとCuはAlに固溶してα相となっているが，これをゆっくりと冷却していくとθ相 (CuAl 2) を析出し始め，Cuの溶解度は小さくなっていく．ところがこれを急冷するとθ相の析出が阻止され過飽和固溶体が常温で得られる．この過飽

[*1] 松倉恒夫：金属材料の歩み，総合科学出版
[*2] 椙山正孝：非鉄金属材料，コロナ社

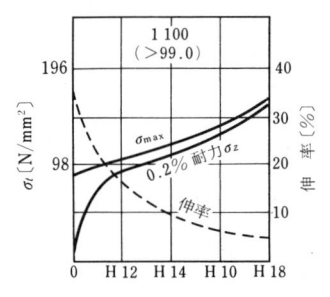

図 6・1　加工の程度と機械的性質の変化[*1] 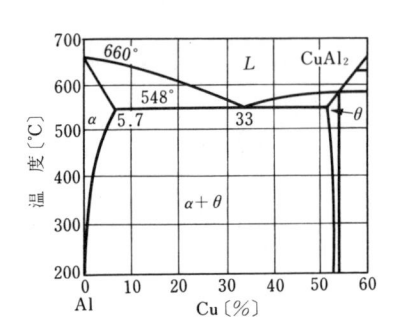　　　図 6・2　Al-Cu 系平衡状態図[*2]

和固溶体は不安定で θ 相を析出しようとする傾向を内在している．したがってこのアルミニウムは時間の経過とともに性質が変化する．この現象を一般に時効と呼んでいる．特に硬度や強度が著しく増大する場合にはこれを時効硬化という．合金によっては常温でこのような時効現象が起こるものと常温より少し高い温度（100～160°C 程度）で時効を起こすものがある．前者も常温時効，後者を人工時効と呼んでいる．このような時効を示すか示さないかは，添加元素の種類や量によって決まる．

　アルミニウムは鋼と異なり，低温でむしろ強度，伸びともに増大する性質がある．しかし，高温においては，鋼より弱く，熱処理や加工硬化を利用して強度を出している関係上熱によって焼なましされやすいことに注意しなければならない．特に溶接を行う場合は溶接部分が焼なましされる．**図 6・3** に高温でアルミニウムの耐力が低下する状況を示した．

　アルミニウムの弾性係数はほぼ $7～8×10^4 \text{N/mm}^2$ でこの値は合金でもあまり変わらない．応力-ひずみ曲線が**図 6・4** に示されている．

　熱による線膨張係数は鋼の約 2 倍で，温度による変形の障害が起こりやすい．融点は鋼よりかなり低いが，熱伝導率が大きく，またアルミニウムは表面が光っているため熱放射の影響を受けがたいため，場合によっては鋼より耐火性が大きい場合がある．

[*1] 後藤和男，森永，沼田，島倉：建築用非鉄金属材料，技術書院（1961）
[*2] 椙山正孝：非鉄金属材料，コロナ社（1979）

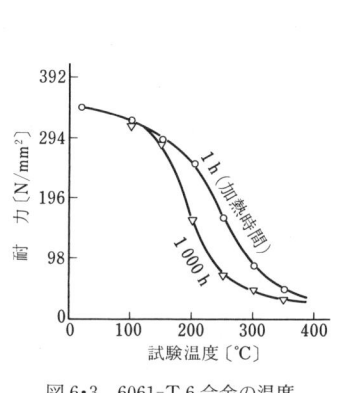

図6・3　6061-T6合金の温度による耐力の低下*

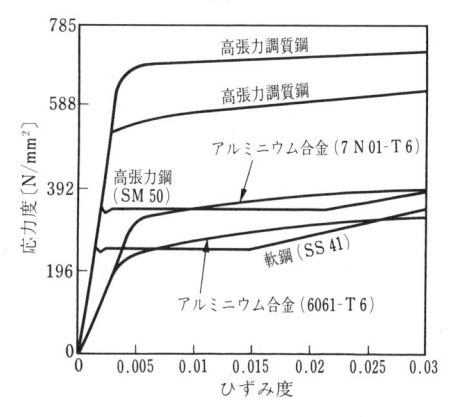

図6・4　アルミニウム合金の応力-ひずみ関係*

6・2・4　アルミニウム合金の分類と性質

アルミニウム合金は用途によって鋳物用のもと，塑性加工によって製品にする展伸用のものとに大別される．鋳物用合金は砂型，金型，ダイカスト用の三つに分類されるが，さらにそれぞれにおいて合金の性質によって高力合金，耐食合金に分類されたり，あるいは非熱処理合金，時効硬化処理合金などに分けられる．展伸用も同様高力合金，耐食性合金または非熱処理合金，時効硬化処理合金などに分類される．ここで耐食性合金とは高力合金ほど強度はないがかなりの強さをもち耐食性のすぐれたものをいう．

(1)　**アルミニウム合金鋳物**　アルミニウム合金鋳物は**表6・4**に示すようなものがあり，このうち，建築ではAC3A，AC5A，AC7Aなどが使用される．AC7A，AC3Aは耐食性がよい．ダイカスト用合金は**表6・5**のようなものがある．建築ではADC1，ADC3，ADC5などが用いられ，ドアの取手，手すり，内装などに使用される．これらの合金を大別するとAl-Cu，Al-Si，Al-Cu-Si，Al-Cu-Mg-Ni系に大別される．以下これらについて略述しておく．

(a)　**Al-Cu系合金**　Cuを4～5％添加する．鋳造性もよく，熱処理に

---

* 日本建築学会：アルミニウム合金建築構造設計施工規準案・同解説（1973）

表6・4 アルミニウム合金鋳物 (JIS H 5202-1992)

種類	記号	合金系	参考	
			合金の特色	用途例
1種A	AC1A	Al-Cu系	機械的性質がすぐれ,切削性もよいが,鋳造性がよくない	架線用部品,自転車用部品,航空機用油圧部品,電装品など
1種B	AC1B	Al-Cu-Mg系	機械的性質がすぐれ,切削性もよいが,鋳造性がよくないので鋳物の形状によって溶解,鋳造方案に注意を要する	架線用部品,重電気用品,自転車用部品,航空機用部品など
2種A	AC2A	Al-Cu-Si系	鋳造性がよく,引張強さは高いが,伸びが少ない.一般用としてすぐれている.	マニホールド,デフキャリア,ポンプボデー,シリンダヘッド,自動車用足回り部品など
2種B	AC2B	Al-Cu-Si系	鋳造性がよく,一般用として広く用いられている	シリンダヘッド,バルブボデー,クランクケース,クラッチハウジングなど
3種A	AC3A	Al-Si系	流動性がすぐれ,耐食性もよいが,耐力が低い	ケース類,カバー類,ハウジング類の薄肉,複雑な形状のもの,カーテンウォールなど
4種A	AC4A	Al-Si-Mg系	鋳造性がよく,靱性がすぐれ,強度が要求される大型鋳物に用いられる	マニホールド,ブレーキドラム,ミッションケース,クランクケース,ギヤボックス,舶用・車両用エンジン部品など
4種B	AC4B	Al-Si-Cu系	鋳造性がよく,引張強さは高いが伸びは少ない.一般用に広く用いられる	クランクケース,シリンダヘッド,マニホールド,航空機用電装品など
4種C	AC4C	Al-Si-Mg系	鋳造性がすぐれ,耐圧性,耐食性もよい	油圧部品,ミッションケース,フライホイールハウジング,航空機部品,小型用エンジン部品,電装品など
4種CH	AC4CH	Al-Si-Mg系	鋳造性がすぐれ,機械的性質もすぐれている.高級鋳物に用いられる	自動車用車輪,架線金具,航空機用エンジン部品および油圧部品など
4種D	AC4D	Al-Si-Cu-Mg系	鋳造性がよく,機械的性質もよい.耐圧性が要求されるものに用いられる	水冷シリンダヘッド,クランクケース,シリンダブロック,燃料ポンプボデー,ブロワハウジング,航空機用油圧部品および電装品など
5種A	AC5A	Al-Cu-Ni-Mg系	高温で引張強さが高い 鋳造性はよくない	空冷シリンダヘッド,ディーゼル機関用ピストン,航空機用エンジン部品など
7種A	AC7A	Al-Mg系	耐食性がすぐれ,靱性がよく,陽極酸化性がよい,鋳造性はよくない	架線金具,舶用部品,彫刻素材建築用金具,事務機器,いす,航空機用電装品など
8種A	AC8A	Al-Si-Cu-Ni-Mg系	耐熱性がすぐれ,耐摩耗性もよく,熱膨張係数が小さい.引張強さも高い	自動車,ディーゼル機関用ピストン,舶用ピストン,プーリー,軸受など
8種B	AC8B	Al-Si-Cu-Ni-Mg系	同上	自動車用ピストン,プーリー,軸受など
8種C	AC8C	Al-Si-Cu-Mg系	同上	自動車用ピストン,プーリー,軸受など
9種A	AC9A	Al-Si-Cu-Ni-Mg系	耐熱性がすぐれ,熱膨張係数が小さい.耐摩耗性はよいが,鋳造性や切削性はよくない	ピストン(空冷2サイクルな用)など
9種B	AC9B	Al-Si-Cu-Ni-Mg系	耐熱性がすぐれ,熱膨張係数が小さい.耐摩耗性はよいが,鋳造性や切削性はよくない	ピストン(ディーゼル機関用,水冷2サイクル用),空冷シリンダなど

表6・5 ダイカスト用アルミニウム合金 (JIS H 5302-1990)

種類	記号	参考		
		合金系	合金の特色	使用部品例
1種	ADC 1	Al-Si系	耐食性,鋳造性はよい.耐力はいくぶん低い	自動車メインフレーム・フロントパネル,自動製パン器内釜
3種	ADC 3	Al-Si-Mg系	衝撃値と耐力がよく,耐食性も1種とほぼ同等であるが,鋳造性はよくない	自動車ホイルキャップ,二輪車クランクケース,自転車ホイール,船外機プロペラ
5種	ADC 5	Al-Mg系	耐食性が最も良好で,伸び,衝撃値が高いが鋳造性はよくない	農機具アーム,船外機プロペラ,釣具レバー・スプール(糸巻き)
6種	ADC 6	Al-Mg系	耐食性は5種に次いでよく,鋳造性は5種より若干よい	二輪車ハンドレバー・ウインカーホルダー,船外機プロペラ・ケース・ウォーターポンプ,磁気ディスク装置
10種	ADC 10	Al-Si-Cu系	機械的性質,被削性および鋳造性がよい	自動車キャブレター・シリンダブロック・シリンダヘッドカバー,二輪車ショックアブソーバー・サイドカバー・クランクケース・ヘッドシリンダ,農機具ギヤケース・クランクケースカバー・ヘッドカバー・シリンダブロック,VTRフレーム・カメラ本体,電動工具カバーケース,モーターハウジング,ミシンアーム・ベッド,釣具ボディ・ドラム,ガス機器上下ケース・カバー・分配器,エスカレータークリート
10種Z	ADC 10 Z	Al-Si-Cu系	10種とほぼ同等であるが,鋳造割れ性と耐食性は若干よくない	
12種	ADC 12	Al-Si-Cu系	機械的性質,被削性および鋳造性がよい	
12種Z	ADC 12 Z	Al-Si-Cu系	12種とほぼ同等であるが,鋳造割れ性と耐食性は若干よくない	
14種	ADC 14	Al-Si-Cu系	耐摩耗性にすぐれており,鋳造性,耐力はよいが,伸びがよくない	自動車自動変速機用オイルポンプボディ,二輪車インサート・ハウジングクラッチ

よって時効硬化を示す.

 (b) **Al-Si系合金** 時効硬化を示さないが湯流れがよく鋳造に適している.シルミンと呼ばれており,JISで3種Aに相当する.これに少量のMgやCuを加えると熱処理効果を示すようになる.

 (c) **Al-Cu-Si系合金** Al-Cu系合金の鋳造性をSi添加によって改善し,また,Al-Si系合金の不良な切削性を銅添加によって改善している.熱処

理効果を示す．

（d）Al-Mg 系合金　耐食性，強さ，伸びにすぐれている．

（e）Al-Cu-Mg-Ni 系合金　Y 合金として有名である．耐熱性が大きい．熱処理効果を有する．

（2）アルミニウム合金展伸材　アルミニウム合金展伸材には**表6・6**のようなものがある．高力アルミニウム合金と耐食性アルミニウム合金に大別される．

表6・6　アルミニウム合金展伸材*

JIS 呼称	化学成分〔%〕	用　途
1080	Al … Si+Fe	屋根板，側板，板金用板，化学容器，その他一般（溶接線など）
1070	Al … Si+Fe	
1050	Al … Si+Fe	
1100	Al … Si+Fe	
5052	Al … Si+Fe Mg	溶接製品，一般用
5056	Al … Si Fe Mg	耐海水性，各種化学工業製品
3003	Al … Si Fe Mn	強力耐海水性，車船外装材
6061	Al … Cr Si Mg	窓わくなど押出材（加工容易で耐食，強さを必要とする場合）
6063	Al … Si Mg	窓わく，化粧材など押出普通製品
5083	Al … Fe Si Mn Mg	構造材，車船外装材，タンク用
2014	Al Mg Mn Si Cu	橋，その他構造材
2017	Al Mg Mn Si Cu	リベット材料（ジュラルミン）
2024	Al Mn Mg Cu	航空機用構造材（超ジュラルミン）
7075	Al Cu Mg Zn	航空機用構造材（超々ジュラルミン）
7N10	Al Cr Mg Zn	溶接構造材料

（a）高力アルミニウム合金　熱処理を施して機械的性質を向上させて使用するのが原則である．Al-Cu-Mg 系と Al-Zn-Mg 系に大別できる．

Al-Cu-Mg（2000系）　ジュラルミンと呼ばれ常温で時効硬化し高強度になる．Cu を含むので耐食性はよくない．

Al-Zn-Mg（7000系）　時効硬化性が著しく高強度の合金となる．高強度を有するが応力腐食割れ性がある．Cr を 0.2～0.3% 添加するとかなり抑制

＊ 後藤，森永，沼田，島倉：建築用非鉄金属材料，技術書院

される．機械的強度は現在アルミニウム合金中で最高である．

（b）　耐食性アルミニウム合金

Al-Mn（3000系）　　Al-1.2％ Mn の3003合金が用いられている．

Mn は Al の耐食性を害せずにこれを強力にする元素．非熱処理合金．軟質材として強度が高いので溶接用として適している．

Al-Mn-Mg　　3004合金がある．3003よりも強度が大きい．

Al-Mg（5000系）　耐食性がきわめてよい．Mg の添加量が少ないと時効硬化しない．Mg が3％以上だと鍛造，圧延，押出しなどが困難となる．展伸用合金は Mg が少ないため時効硬化を示さない．溶接も可能である．陽極処理が美しく仕上がり，強度も大きいため外面する窓枠やサッシなどに用いられる．

Al-Mg-Si（6000系）　靱性に富み，常温においても高度の加工が可能で，複雑な形状の部品の鍛造に適し，溶接性もよく，耐食性良好である．Si が含まれているため時効硬化を示す．

本系合金は展伸材として強度は他の合金に比べてやや劣る．建築用としてサッシなどに多用される．

（展伸材の記号）

表6・7　アルミニウム合金展伸材の記号（JIS）

アルミ展伸材の材質記号は，Aと4けたの数字で表す．

1位	2位	3位	4位	5位
A	×	×	×	×

第1位　アルミニウムおよびアルミニウム合金を表すAで，わが国独自の接頭語．
第2位～第5位の4けたの数字は ISO にも用いられている国際登録合金番号である．
第2位　純アルミニウムについては数字1，アルミニウム合金については主要添加元素により数字2から9までのつぎの区分により用いる（表6.8）．
第3位　数字0〜9を用い，つぎに続く第4位および第5位の数字が同じ場合は，0は基本合金を表し，1から9まではその改良型合金に用いる(例えば2024の改良型合金を2124，2224，2324と表す)．日本独自の合金あるいは国際登録合金以外の規格による合金についてはNとする．
　　　例：A 1080，A 7 N 01
第4位および第5位　純アルミニウムはアルミニウムの純度小数点以下2けた，合金については旧アルコアの呼び方を原則としてつけ，日本独自の合金については合金系別，制定順に01から99までの番号をつける．

表6・8 アルミニウム合金成分系統を表す数字（JIS）

1：アルミニウム純度99.00％またはそれ以上の純アルミニウム	5：Al-Mg系合金
2：Al-Cu-Mg系合金	6：Al-Mg-Si系合金
3：Al-Mn系合金	7：Al-Zn-Mg系合金
4：Al-Si系合金	8：上記以外の系統の合金

表6・9 形状記号（JIS）

記号	意味	記号	意味
P	板，条，円板	TW(TWS)	溶接管(同左特殊扱)
PC	合せ板	TWA	アーク溶接管
BE	押出棒	S(SS)	押出形材(同左特殊級)
BD	引抜棒	FD	型打鍛造品
W	引抜線	FH	自由鍛造品
TE(TES)	押出継目無管(同左特殊級)	H	はく
TD(TDS)	引抜継目無管(同左特殊級)		

表6・10 質別記号（JIS H 001-1998）

基本記号	定義	意味
F[2]	製造のままのもの	加工硬化または熱処理について特別の調整をしない製造工程から得られたままのもの
O	焼なましたもの	展伸材については，最も軟らかい状態を得るように焼なましたもの 鋳物については，伸びの増加または寸法安定化のために焼なましたもの
H[3]	加工硬化したもの	適度の軟らかさにするための追加熱処理の有無にかかわらず，加工硬化によって強さを増加したもの
W	溶体化処理したもの	溶体化処理後常温で自然時効する合金だけに適用する不安定な質別
T	熱処理によってF・O・H以外の安定な質別にしたもの	安定な質別にするため，追加加工硬化の有無にかかわらず，熱処理したもの

注(1) 展伸材については，機械的性質を規定しない
 (2) 展伸材だけに適用する

　JISでは展伸材の合金記号として**表6・7**に示すように，Aの後に4桁の数字で表すことにしている．それぞれの添加元素に対応する記号は2位において**表6・8**に示されている数字で表される．その他に，形状，加工，熱処理などの程度を示すため**表6・9**のような形状記号，**表6・10**のような質別記号をつけ加える．質別とは，製造過程における加工・熱処理条件の違いによって得られた機械的性質の区分をいう．

6・2・5 アルミニウムの表面処理

アルミニウムは耐食性を高めるため表面に酸化被膜を人工的に作る処理が行われる．また，この被膜はアルミニウム合金の成分によっていろいろな色相に自然発色し，仕上材として好まれる．工業的には陽極酸化被膜がよく用いられる．このなかでも硫酸法は広く普及している．これらによって得られる皮膜は合金の種類によって性能が大きく変化する．

アルミニウム製品へアクリル系の塗料を厚く均一に塗装する電着塗装法が開発されている．これは水溶性塗料で，被塗装物を陽性にし直流によって均一な塗膜を付着させる浸せき塗装法の一種である．

その他にアルミニウムにほうろう引きを行う方法がとられており，建築の仕上げ機などに使われている．合金の種類によっては適，不適がある．鋳物ではAC 3 A, AC 4 C, AC 7 A などが適しており，展伸材では1100, 3003, 6061, 6063などが適している．

6・3 銅および銅合金

6・3・1 概　　説

銅は自然銅として産出しまた融点が低いため（約1 030°C）最も古くから使用されてきた材料である．建築材料としても屋根，とい，装飾品などに用いられてきた．

銅がこのように用いられてきたのは，耐食性の良好なこと，加工が容易なこと，表面に発生する緑青による独特の美しさが好まれたためであろう．最近では，銅合金の特性を利用して建築工業材料として冷暖房や給排水用建築金物などに多く用いられるようになった．

銅は大気中で耐食性の強い金属であり，水にも強いが，モルタルやコンクリートなどのアルカリ反応を呈する物質，瀝青材，アスファルト材などにも銅は侵されない．

しかし強酸性の溶液には侵される．物理的には延性に富み加工しやすい．熱や電気の伝導率がよいなどの性質がある．

6・3・2 銅 の 精 錬

銅の原鉱石は主として硫化銅に属する黄銅鉱（$Cu_2SFe_2S_3$），硫銅鉱（Cu_2S）などが用いられる．

銅の精錬は鉱石中の不純物であるSやFeを除去してCuを押出するのであるが，これに乾式法と湿式法の2通りがある．

乾式法は鉱石，溶剤および燃料（コークス，石炭）を炉に入れ，1 000～1 250℃で空気を送りながら溶かし，岩石分を分離し，さらに転炉に溶融状態のまま入れ，酸化して粗銅を作る．転炉からは亜硫酸ガスが発生し，これは硫酸やせっこうの製造に用いられる．

粗銅は電気分解され陰極に銅が析出する．このまま地金として市販されたり，さらに融解して成分調整し所定の銅地金を作る．

6・3・3 純　　　銅

電解槽から得られたままの電気銅が普通に市販されるが，その他にさお（棹）銅，タフピッチ銅，リン脱酸銅，無酸素銅からなる形銅がある．電気銅は一般に銅とともに析出する不純物および水素などを含有しているため鍛錬性が悪い．

したがって，このような不純物を除去する必要がある．この目的で電気分解銅は一般にさらに精錬され酸素の量なども制御されて形銅とされる．

さお銅は電気銅線用に用いられ，JIS規格ではCu 99.9％以上導電率100％となっている．タフピッチ銅，リン脱酸銅，無酸素銅は酸素の量を制御して精錬されたものである（酸素は焼なまし脆性などの原因となる）．

タフピッチ銅は電解銅地金を溶解して酸素の量を0.04％に制御して形銅にしたものである．

リン脱酸銅はリンを用いて酸素を吸収したものであるが，リンを残留する．無酸素銅は真空中で溶解鋳造を行うか木炭粉末で溶湯中の酸化銅を還元し鋳造が終わるまで空気と接触させないようにして，リンを用いずに脱酸したものである．純銅の一般的性質を表6・11に示した．融点はアルミニウムより高いが鋼よりははるかに低い．熱膨張係数も同様にアルミニウムより小さいが鋼より

表6・11 純銅の性質

項　　目	単　　位	数　　　値
物理的性質		
融　　点	℃	1 083
沸　騰　点	℃	2 570
熱膨張係数		
(20～100℃)	10^{-6}/℃	16.0
(20～300℃)	10^{-6}/℃	17.7
比　　熱(20℃)	cal/g	0.092
熱伝導度(20℃)	cal/cm²/cm/s/℃	0.934
密　　度(20℃)	g/cc	8.9
機械的性質		
引張強さ	N/mm²	226～588　(加工小→大)
伸　　び	％	49～5　　(　〃　)
降　伏　点	N/mm²	49～363　(　〃　)
ヤング係数	10^4 N/mm²	10.1～11.77

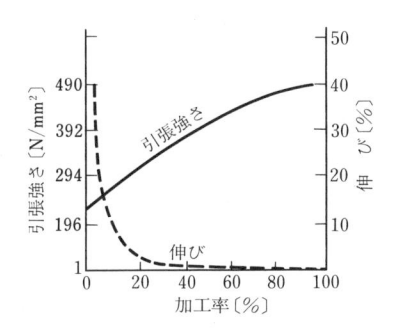

図6・5　タフピッチ銅の加工率による
引張強さ,伸びの変化*

は大きい．比重は約8.9で鋼に比べてやや大きい．機械的性質はアルミニウムに似ており，加工度により強度，伸び硬度等が変化する．**図6・5**にその様子を示した．したがって銅製品には一般に質別の程度が記される．銅の耐食性については大気ならびに水に対しては良好な耐食性を示す．これは大気中のCO_2ガス，SO_2ガスおよび水分などの作用により表面に塩基性炭酸銅，塩基性硫酸銅などを生成し，これが不溶性の保護被膜となるからである．

6・3・4　銅　合　金

(1)　黄　銅　黄銅とは銅と亜鉛の合金で真鍮（しんちゅう）ともいわれ

---

* 後藤，森永，沼田，島倉：建築用非鉄金属材料，技術書院（1961）

る．一般には亜鉛の含有量 40％以下のものが実用に供されている．黄銅は亜鉛添加量が増すに従って色調が変化する．亜鉛量が増加するにつれて黄色となり 20％ Zn でほとんど黄色となる．

（a） 黄銅の性質　比重は純銅の 8.9 から亜鉛が増すに従って直線的に下る．熱膨張係数は 39％ Zn で $1.663 \times 10^{-5}/℃$ 程度．亜鉛 30％ぐらいまでは引張強さ，伸び，硬さが増すが 40％になると引張強さ，硬さは急増するが伸びは減少する．大気中での耐食性は良好で，海水に対しては腐食されやすい．

（b） 黄銅の分類　展伸材としては，亜鉛量 5％から約 40％まで種々の組成のものがあり，以下のようなものがある．

95 Cu- 5 Zn　純銅と大差ないほど軟らかく，gliding metal といわれる．

90 Cu-10 Zn　丹銅といわれ色彩的には青銅に似ているので青銅の代用に使うことがある．

85 Cu-15 Zn　耐食性良好で，建築金具などに利用される．red brass ともいわれる．

80 Cu-20 Zn　装飾用金具，楽器，フレキシブルホースなどの用途があり low brass といわれることがある．

70 Cu-30 Zn　いわゆる七三黄銅で冷間加工が容易であり，また加工度を高めると強さも大となり，板，棒，管などに製造され，深絞り加工用として広く使用される．

65 Cu-35 Zn　用途は七三黄銅と似ている．

60 Cu-40 Zn　四六黄銅といわれる．常温における展延性は七三黄銅に比較して劣るが強さは大きい．板，棒などに加工して広い用途を有する．

（c） その他の黄銅　普通の黄銅に他種元素を添加したもの．

スズ入り黄銅　耐海水性などが増大する．また，硬さ，強さも増大する．アドミラルチーメタル (71 Cu-28 Zn-1 Sn)，ネーバル黄銅 (60 Cu-39.25 Zn-0.75 Sn) などがある．

高力黄銅　黄銅に Al，Fe，Mn などを添加して高強度をもたせた合金．

鉛入り黄銅　被削性が良好となる．したがって精密切削加工を必要とする

歯車，ねじ類に利用される．

洋　白　　洋銀ともいわれニッケルを添加した黄銅である．

アルミニウム黄銅　　強度が高く，耐食性，耐海水性，耐摩耗性がよい．

（2）青　銅　　主として銅とスズの合金をいう．

（a）スズ青銅　　銅とスズの合金で最も歴史の古い金属である．一般に黄銅よりも耐食性にすぐれ，耐摩耗性もよく，機械部品の鋳造品や美術工芸品などに使われる．鋳物の他，板，薄板，線などとして市販されている．建築では装飾用やカーテンウォールなどに使用される．

青銅の大気中の腐食は 0.000 15 ～ 0.002 mm/年ぐらいで，腐食によって表面に緑黒色ないし赤褐色の酸化被膜が生じる．淡水，海水中においてもすぐれた腐食の抵抗性を示す．

（b）砲　金　　10％までのスズを添加し，リンを脱酸剤として利用したものである．合金中に残るリン量が 0.05 ～ 5％程度になると強さを増し，耐摩耗性，弾性が改善される．かつては大砲の砲身材料に用いられ，現在は 88 Cu-10 Sn-2 Zn 青銅，88 Cu-8 Sn-4 Zn 青銅，含鉛砲金などを総称している．

（c）シルジン青銅　　高価なスズの代わりに安価なケイ素および亜鉛を用いる．

（d）リン青銅　　スズが 10 ～ 12％，リンが 0.3 ～ 2％を含む青銅で耐摩耗性が大きい．

（e）アルミニウム青銅　　アルミニウム 10％を添加した銅で一般には鋳造性を改良する目的で少量のマンガン，ニッケルおよび鉄などを添加する．耐熱性大．

（f）鉛青銅　　鉛を比較的多く含有する青銅．潤滑性がよい．

（g）ニッケル青銅　　ニッケルを約 10％加えた青銅．ニッケル，スズの含有量が増すとともに強さが上昇する．耐食性大．

（伸銅品の記号）

伸銅品は**表 6・12**に示される 5 けたの記号で表される．

また，形状記号は英語名の頭文字をとって

表6・12 伸銅品の記号（JIS）

伸銅品の材質記号は，Cと4けたの数字で表す．

1位	2位	3位	4位	5位
C	×	×	×	×

第1位　銅および銅合金を表すC．
第2位　主要添加元素による合金の系統を表す．
   1：Cu・高Cu系合金　　5：Cu-Sn系合金・Cu-Sn-Pb系合金
   2：Cu-Zn系合金　　　　6：Cu-Al系合金・Cu-Si系合金・特殊Cu-Zn系合金
   3：Cu-Zn-Pb系合金　　 7：Cu-Ni系合金・Cu-Ni-Zn系合金
   4：Cu-Zn-Sn系合金
第2位・3位・4位　CDA(Copper Development Association)の合金記号
第5位　0はCDAと等しい基本合金を表し，1から9まではその改良合金に用いる．

P：板 (plate)，T：管 (tube)，W：線 (wire)，R：条 (ribbon)，B：棒 (bar)
で表される．

第7章　セメント・コンクリート

7·1　コンクリート

7·1·1　概　　説

　コンクリート（concrete）とは，砂，砂利（骨材という）を結合材で結合して固めた一種の人造石である．一般にセメント（cement）と水を練り合わせたセメントペースト（cement paste）を結合材として用いた場合をコンクリートと呼ぶが，広義にはアスファルト・合成樹脂・せっこう・石灰を結合材とした場合も含む．

　セメントペーストに，砂を加えるとモルタル（mortar），モルタルに砂利を加えるとコンクリートと呼ぶ（**図7·1**参照）．

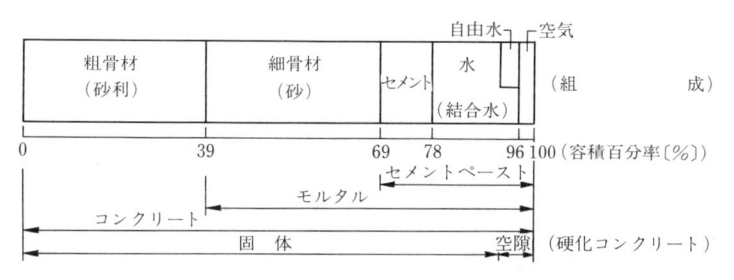

図7·1　コンクリートの組成の一例（W/C＝55％・Slump＝18 cm）

　コンクリートは，所要の流動性が得られるように水を加えて練り混ぜる．練り混ぜた後型わくなどに入れ静置すると，時間の経過とともにこわばりが増し，しだいに硬くなり，1カ月も経つと石のように硬くなる．このようにコンクリートの物性は，流動体から固体へと大きく変化するので，混練後数時間ほどの流動性を示す時期を「フレッシュコンクリート」（fresh concrete）と呼び，硬化したコンクリートと区別する．

　コンクリートは，鉄筋コンクリート構造（reinforced concrete，略称RC）

をはじめ，さまざまな所で広く用いられており，鋼，ガラスと並ぶ近代建築材料の一つとしてあげられる．しかし，その歴史は古く，古代エジプトではせっこうを，バビロンでは石灰を用いてモルタルを造り，ローマ時代には石灰に火山灰を混ぜ合わせた結合材でコンクリートを造って，さまざまな建造物を作り上げた．その後 18 世紀末までは，レンガの目地モルタルにローマ時代そのままの手法が伝承されるに過ぎなかった．18 世紀末ころから，人造セメント開発の研究が始まり，新しい形のセメントがつぎつぎと考案され，近代のコンクリート技術が始まる．初期のコンクリートは，締固めが困難なほどぱさぱさのコンクリートで，強度のばらつきも大きかった．1919 年，エブラムス（D. A. Abrams・米）によってコンクリート強度に関する「水セメント比説」(7・6・2 項(1)) が提案され，強度的にも信頼性のおける材料となる．その後施工機器・施工方法の改善や各種混和材料の開発にともない，耐久性のある高品質なコンクリートが打設されるとともに多様な要求事項にも対応できるようになった．

　コンクリートの混練は当初は手練であったが，明治時代の終わりごろにわが国へミキサが導入され，工事現場でミキサを使っての混練が始まった．1950 年に最初のコンクリートプラントが造られ，以後レディーミクストコンクリート（生コンクリート）の使用が一般化される．

　鉄筋コンクリートの工法の始まりは 1854 年のランボ（J. L. Lambot・仏）のコンクリート製ボートに求めることができるが，鉄筋による補強効果を示した 1867 年のモニエ（J. Mornier・仏）の特許が，鉄筋コンクリート工法の最初とされている．

　建築物では，1875 年にワード（W. E. Ward・米）が自宅の床を鉄筋コンクリートで構築した．1903 年にはペレー（A. Perret・仏）がパリに純鉄筋コンクリート造の集合住宅を構築した．わが国では，1894 年に田辺朔郎が造家学会（現在の日本建築学会）で鉄筋コンクリート構造の紹介を行っており，1903 年には彼の設計により琵琶湖疎水に鉄筋コンクリート造の橋梁がかけられた．1905 年に真島健三郎の指導のもとで佐世保軍港でポンプ室が建造されたといわれているが，詳細は不明である．1906 年に白石直治設計監督で神戸埠頭に

鉄筋コンクリート造純ラーメン構造の倉庫が建造された．

7・1・2 組　成

コンクリートは，水，セメント，砂，砂利を混合した形が基本形であるが，用途に応じて混和材料が加わる．各材料の混合割合は，普通のコンクリートでは大略図 7・1 のようである（7・8・2 項 調合 参照）．

組成割合は，打設時の作業性と硬化後の品質が確保されるように，要求事項に応じて調整を行う．砂利の量はできるだけ多く入れたほうが経済的であるが，多くすると打設時の作業性に問題が生じる．砂の量は，多いほど打設時の作業性が良くなるが，同じ軟らかさのコンクリートとするときの水量が増加し，硬化したコンクリートの品質低下を招く．水量は多いほど打設作業が容易になるが，材料の分離防止，硬化コンクリートの品質低下の面からはできるだけ少なくするのがよい．セメントの量が多いと打設時の作業性は向上し，硬化コンクリートの耐久性も向上するが，経済的には不利になり，発熱によるひび割れなどの心配もでてくる．このように，各材料の増減によって良化する面，悪化する面があるので，要求事項を満足し，かつつり合いのとれた組成となるように工夫する．

7・1・3　JASS 5

建設工事は，設計図書に基づいて進められる．設計図書には，設計図と仕様書があり，仕様書は設計図では表示できないような工事を進めるにあたっての工法や仕様などが記された契約書である．

代表的な仕様書に，日本建築学会が作成した「日本建築学会建築工事標準仕様書（Japanese Architectural Standard Specification）」をあげることができる．現場でコンクリートを打設する鉄筋コンクリート工事に関しては，JASS の第 5 番目「建築工事標準仕様書・同解説 5　鉄筋コンクリート工事」がある．通称 JASS 5 と呼ばれる．

7・1・4　コンクリートの種類と呼び名

川砂・川砂利を用いた混和材料無添加のコンクリートを，普通コンクリートと呼ぶ．これ以外のコンクリートは，その特定する言葉を頭に付けて呼ぶ．

（1） 使用骨材による分類（表7・1）

表7・1 使用骨材による分類

コンクリートの種類		使　用　骨　材	
		粗　骨　材	細　骨　材
重量コンクリート		重量骨材	重量骨材，砂など
普通コンクリート	普通コンクリート	川砂利	川砂
	砕石コンクリート	砕石，高炉スラグ	川砂，海砂，砕砂
軽量コンクリート	1種	人工軽量骨材	川砂，海砂，砕砂
	2種		人工軽量骨材＋砂類

（2） 施工方法・施工条件・要求条件などによる分類（表7・2）

表7・2 施工方法・施工条件・要求条件などによる分類

コンクリートの種類	概　　　要	JASS 5
寒中コンクリート	寒い時期に施工されるコンクリート．調合設計，養生方法などに特別な配慮が必要	14節
暑中コンクリート	気温の高い時期に施工されるコンクリート．スランプの低下や急激な水分の蒸発などを起こしやすい	15節
高流動コンクリート	高性能 AE 減水剤や微粉末などを添加し，流動性と材料分離抵抗性もあわせもたせたコンクリート	18節
高強度コンクリート	設計規準強度を $36\,\mathrm{N/mm^2}$ 以上としたコンクリート	19節
プレストレストコンクリート	PC 鋼線などによって，あらかじめ部材の引張側に圧縮応力を与え，曲げ耐力を著しく向上させる工法	20節
プレキャストコンクリート	コンクリートブロックなどのように硬化した状態で出荷されるコンクリート製品	21節
マスコンクリート	セメントの水和熱により表面と内部との温度差が $25\,°\mathrm{C}$ 以上になる部材に打設されるコンクリート	22節
海水の作用を受けるコンクリート	塩分浸透の可能性のある場所に打設するコンクリート．鉄筋の腐食防止に対する配慮が必要	24節
凍結融解作用を受けるコンクリート	構造物が凍結害を受けるおそれのある地域で打設されるコンクリート	26節
無筋コンクリート	土間・捨コンクリートなど，鉄筋で補強されてないコンクリート	28節
簡易コンクリート	木造建築物の基礎および軽微な構造物に使用するコンクリート	29節

7・1 コンクリート

（3） 使用混和材料による分類（表7・3） 混和材料については 7・4 節 混和材料を参照．

表7・3 使用混和材料による分類

コンクリートの種類	概　　　　説
AE コンクリート	AE 剤を添加したコンクリート
Non AE コンクリート	AE 剤無添加のコンクリート
膨張コンクリート	混和材として膨張材を添加し，コンクリートに膨張力を生じさせたコンクリート
発泡コンクリート	コンクリート中に微細な気泡を多量に含ませ軽量化・断熱性の向上を図ったコンクリート
繊維補強コンクリート	鋼，炭素，ガラスなどの短い繊維をコンクリート中に分散混入して，曲げ強度などを向上させたコンクリート

（4） 練混ぜ方法による分類（表7・4）

表7・4 練混ぜ方法による分類

コンクリートの種類	概　　　　説
機械練りコンクリート	コンクリートミキサで練り混ぜたコンクリート
手練りコンクリート	練り舟の中で，人力によって練り混ぜたコンクリート
レディーミクストコンクリート	ミキシングプラント工場で練混ぜまで完了した状態で出荷されるコンクリート．通常，生コン・レミコンとも呼ぶ
現場練りコンクリート	現場内にミキシングプラントを設置して造ったコンクリート．ダム工事などではこの方法が用いられる

（5） 打込み・締固め方法による分類（表7・5） 打設されたコンクリートが密実になるよう，打設後十分な締固めを行う．通常は，振動締固めが行わ

表7・5 打込み・締固め方法による分類

コンクリートの種類	概　　　　説
振動打ちコンクリート	バイブレータなどで振動を加えて締固めを行ったコンクリート．硬練りコンクリートでは，振動打ちとする
遠心力コンクリート	円柱形の型枠を高速回転させ遠心力で締固めたコンクリート．コンクリート製品の製造時に用いられる
真空コンクリート	打設後のコンクリート表面に真空マットを置き，真空マット内を減圧して，大気圧で加圧して締固めを行ったコンクリート
プレパクトコンクリート	粗骨材をあらかじめ先詰めし，その後モルタル分を注入して作るコンクリート．橋梁の柱脚などで用いられている

れるが，プレキャストなどでは特殊な締固めも採用できる．

（6） 養生方法による分類（表7・6）　養生については 7・6・3項（8）を参照．特殊な養生方法を示す．

表7・6　養生方法による分類

コンクリートの種類	概　　　説
（常圧）蒸気養生	大気圧の下でコンクリートを，通常最高温度が60～70℃の蒸気中で，早く固まらせたコンクリート
オートクレーブ	圧力がまの中に入れたコンクリートに，10気圧・180℃程度の蒸気を吹き込んで早く固まらせたコンクリート
ALC	autocrved light-weight concrete の略称で，多孔質なため軽量で断熱性状にもすぐれている．水に浮くほど軽量である

7・1・5　コンクリートの特徴

（長　所）

（1）　石灰石・粘土・砂・砂利など地表上で容易に入手できるものを原料としているので，比較的低廉である．

（2）　練混ぜ後，しばらくの間流動性を保つため，輸送にはポンプ圧送など便利な方法が採用できると共に型枠内部に注ぎ込むことで自由な成形が可能である．

（3）　高いアルカリ性のため，鋼材の腐食を防止する働きがある．

（4）　熱膨張率は，鋼材のそれにほぼ等しく，鋼材との協調性がよい．

（5）　不燃材で耐久性もあり，遮音性にもすぐれている．

（6）　重力ダム・テトラポット・鉄塔の基礎など重さが要求される部分には，その重さが有効である．

（7）　鉄筋コンクリートとして十分な実績があり，信頼できる材料である．

（短　所）

（1）　伸び能力が小さいので，乾燥にともなう収縮によるひび割れをはじめ，応力・鉄筋の腐食などによるひび割れを起こしやすい．

（2）　強度の割には，重量が大きい．

（3）　所要の強度を得るまでに時間がかかる．

7・2 セ メ ン ト

7・2・1 概　　説

　セメント（cement）の語源は，砕石を意味するラテン語の caementum からきている．セメントは広義には，結合材（cementing materials）をさすが，現在セメントといえば，土木・建築工事に用いられるセメントをさすのが一般的である．

　ここで，簡単にセメントの歴史について述べよう．

　焼せっこうは焼成温度が130℃程度と低く，製造しやすいので，古くから結合材として利用されてきた．B.C.3600年，古代エジプトではピラミッドの建設に用いられている．メソポタミヤ地方では，天然アスファルトを結合材として用いた例があるが，石灰の利用も始めている．ギリシャ時代には石灰が使用されたが，石灰に火山灰を混ぜると高強度で耐水性のあるものが得られることを見いだした．この技法は，後のローマへと受け継がれ発展する．ローマ時代には，豊富に産出する石灰と火山灰を混ぜ，これに砂，砂利を混入してコンクリートとし数多くの建設工事が行われている．なお，火山灰には多種類のものがあるが，イタリアのベスブイオ火山に近いポッツオリ（Pozzoli）地方が最も古いもので，この火山灰の名称 Pozzolana が，セメントに混ぜる火山灰を代表するようになった．これら火山灰には可溶性のシリカやアルミナが含まれていて，石灰を加えて水で練るといわゆるポゾラン反応を生じて硬化する．ローマ時代以降18世紀末まで，特筆に値するセメントに対する改良は見られなかった．

　1756年にジョン・スミートン（J. Smeaton・英）は，特殊な土で砕石を固めたものをヒントに，粘土混じりの純度の低い石灰を焼成すれば水硬性石灰が得られることを発見した．

　1796年，ジェームス・パーカー（J. Parker・英）は，粘土分を含む石灰を焼成して初めて水硬性セメントを造りだし，この色がローマ時代のモルタルの色に似ていたのでローマンセメントと呼ばれた．性能の良さを買われてテーム

ズ川河底トンネル工事などに用いられた．

ビカー（L. J. Vicat・仏）は，石灰に粘土を加え，半溶融状態まで焼成すると人工的にセメントが作れることを見いだし，ジェームス・フロスト（J. Froust・英）は，高温焼成の必要性をブリティシュセメントで示した．

1824年，ジョセフ・アスプジン（J. Aspdin・英）は，原料を微粉砕して焼成すれば，より高強度なセメントが得られることを見いだし，ポルトランドセメントと名付け特許を得た．このセメントが近代セメントの祖とされている．

ジョンソン（I. C. Johnson・英）は，アスプジンのポルトランドセメントの改良を試み，1844年，石灰と粘土の混合割合を5対2に調合した原料を半溶融状態まで焼成すれば高品質なポルトランドセメントとなることを発見した．

このように，近代セメント開発の歴史にはイギリスが重要な役割を果たしてきた．その他の国でのポルトランドセメントの製造は，フランスが1848年，ドイツが1850年，アメリカが1871年からである．わが国では，1875年「大蔵省摂綿篤製造所」から初めてのセメントが出荷された．

高炉セメントは1882年にブリュシング（G. Prussing・独）によって，アルミナセメントは1908年にビュー（J. Bied・仏），早強セメントは1913年，スピンデル（M. Spindel・オーストリア）によってそれぞれ考案された．

7・2・2　種　　　類

今日セメントは，大量生産型の汎用セメント，小数多品種型の特殊セメントに区分される．汎用セメントは，JIS R 5210に規格されるポルトランドセメントとこれに混和材を混ぜた混合セメントとがある．**表7・7**に示す．

特殊セメントは，汎用セメントの欠点を補うか，より高性能な性能をもたせたセメントで，**表7・8**にこれらを示す．

7・2・3　製　　　造

普通ポルトランドセメントの主原料は，石灰石・粘土・ケイ石で，このほか補助原料として鉄さい・蛇紋岩などを加えることもある．

原料は，粉砕，混合された後，ロータリキルンで，最高1400〜1450℃の温度で焼成され，クリンカーとなる．セメントは，このクリンカーにせっこう

7・2 セメント

表7・7 汎用セメントの種類

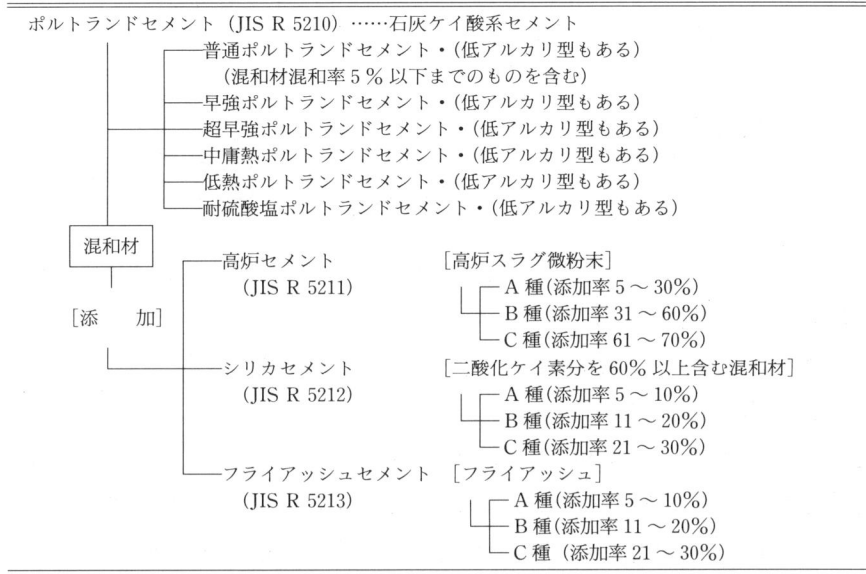

```
ポルトランドセメント (JIS R 5210) ……石灰ケイ酸系セメント
   ├─ 普通ポルトランドセメント・(低アルカリ型もある)
   │  (混和材混和率5％以下までのものを含む)
   ├─ 早強ポルトランドセメント・(低アルカリ型もある)
   ├─ 超早強ポルトランドセメント・(低アルカリ型もある)
   ├─ 中庸熱ポルトランドセメント・(低アルカリ型もある)
   ├─ 低熱ポルトランドセメント・(低アルカリ型もある)
   └─ 耐硫酸塩ポルトランドセメント・(低アルカリ型もある)

[混和材]
 [添 加]
   ├─ 高炉セメント          [高炉スラグ微粉末]
   │    (JIS R 5211)         ├─ A種(添加率5～30%)
   │                         ├─ B種(添加率31～60%)
   │                         └─ C種(添加率61～70%)
   ├─ シリカセメント         [二酸化ケイ素分を60％以上含む混和材]
   │    (JIS R 5212)         ├─ A種(添加率5～10%)
   │                         ├─ B種(添加率11～20%)
   │                         └─ C種(添加率21～30%)
   └─ フライアッシュセメント  [フライアッシュ]
        (JIS R 5213)         ├─ A種(添加率5～10%)
                             ├─ B種(添加率11～20%)
                             └─ C種(添加率21～30%)
```

＊混和材については，7・4・8項 混和材 参照

表7・8 特殊セメントの種類

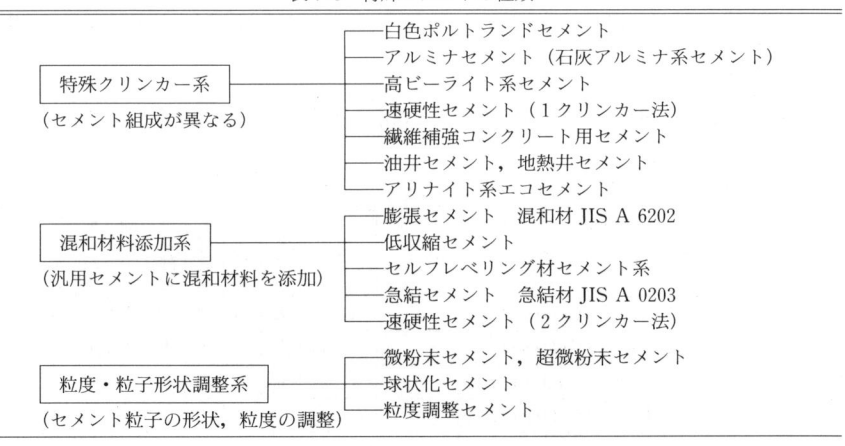

```
特殊クリンカー系 ──┬─ 白色ポルトランドセメント
(セメント組成が異なる) ├─ アルミナセメント（石灰アルミナ系セメント）
                    ├─ 高ビーライト系セメント
                    ├─ 速硬性セメント（1クリンカー法）
                    ├─ 繊維補強コンクリート用セメント
                    ├─ 油井セメント，地熱井セメント
                    └─ アリナイト系エコセメント

混和材料添加系 ─────┬─ 膨張セメント　混和材 JIS A 6202
(汎用セメントに混和材料を添加) ├─ 低収縮セメント
                    ├─ セルフレベリング材セメント系
                    ├─ 急結セメント　急結材 JIS A 0203
                    └─ 速硬性セメント（2クリンカー法）

粒度・粒子形状調整系 ┬─ 微粉末セメント，超微粉末セメント
(セメント粒子の形状, 粒度の調整) ├─ 球状化セメント
                    └─ 粒度調整セメント
```

を2～3％添加して，微粉砕したものである．

製造過程を図示すると，およそ**図7・2**のようである．

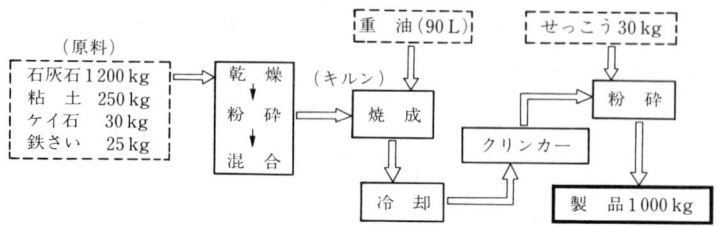

```
                                   重油(90L)      せっこう30kg
         (原料)
    ┌──────────────┐   乾燥        ↓             ↓
    │石灰石 1200 kg│   ↓   (キルン)            
    │粘 土  250 kg │⇒ 粉砕 ⇒ 焼成 ─────→ 粉 砕
    │ケイ石  30 kg │   ↓         │        ↑
    │鉄さい   25 kg│   混合       │    クリンカー
    └──────────────┘             ↓        ↑       ↓
                                冷 却 ────┘    製品 1000 kg
```

必要量は，製品1000 kgを作るための量で示す．

図7・2　セメントの製造工程

7・2・4 化 学 成 分

(1) クリンカーの組成鉱物　クリンカーを顕微鏡で観察すると，特徴のある4種類の組成鉱物が認められる．このうち六角板状の結晶をエーライト (alit)，円形で表面に線条のある結晶をビーライト (belit)，この二つの間を埋める物質（間げき物質）のうち暗く見える部分をアルミネート相 (Ca-aluminate)，明るく見える部分をフェライト相 (Ca-ferrite) と呼ぶ．

1929年，クリンカー鉱物の化学組成をボーグ (R. H. Bogue) は，**表7・9**のようにまとめ，元素からこれらの組成鉱物の組成割合を計算する方法を提案した．これをボーグの鉱物という．なお，セメントの化学では，表に示す略号が用いられる．

ボーグの鉱物とセメントの諸性状との間には表に示す相関性がある．

表7・9　ボーグの鉱物とセメントの性質との関係

鉱物名	化学式	略号	水和速度	水和熱	乾燥収縮	耐硫酸塩	強度 早期	強度 長期
エーライト	$3CaO \cdot SiO_2$	C_3S	大	中	中	中	大	大
ビーライト	$2CaO \cdot SiO_2$	C_2S	遅	小	小	大	小	大
アルミネート相	$3CaO \cdot Al_2O_3$	C_3A	速	大	大	小	小	小
フェライト相	$4CaO \cdot Al_2O_3 \cdot FeO_3$	C_4AF	中	小	小	中	小	小

(2) セメントの化学組成　セメントの化学成分は，クリンカーの成分にせっこうが加わったものである．セメント成分の化学分析は，JIS R 5202に規定される強熱減量（loss on ignition；ig.loss）・不溶解残分（insoluble residue・insol.)・二酸化ケイ素（SiO_2）・酸化アルミニウム（Al_2O_3）・酸化第二鉄（Fe_2O_3）・酸化カルシウム（CaO）・酸化マグネシウム（MgO）・三酸化硫黄（SO_3）・酸化ナトリウム（Na_2O）・酸化カリウム（K_2O）・二酸化チタン（TiO_2）・五酸化リン（P_2O_5）・一酸化マンガン（MnO）・硫化物硫黄（SO）・塩素（Cl）の15項目について行われる．

ボーグの鉱物組成は，S成分が二酸化ケイ素，A成分が酸化アルミニウム，F成分が酸化第二鉄，C成分は酸化カルシウムである．強熱減量の値が高いセメントは，古くなっている（風化した）可能性が高い．酸化第二鉄は，セメントの灰褐色発色成分の一つ．酸化カルシウムが多量に含まれていると，水和に際して膨張を起こす．酸化マグネシウムが多量に含まれていると，遅い膨張を起こす．適正な凝結時間を得るためにセメント量に対して2～3％のせっこうが添加されるが，せっこうの量は三酸化硫黄の量を1.7倍した値とする．酸化ナトリウムと酸化カリウムはアルカリ分（R_2O）とも呼ばれ，アルカリ分の多いセメントは，長期強度の低下，アルカリ骨材反応発生の要因となる他混和剤の分散・発泡作用に関係する．低アルカリ型セメントは，この含有量を制限したものである．

7・2・5 水和反応

セメントに適量の水を加えて練り混ぜると，流動性のあるペーストが得られる．これを2時間程度静置しておくと，しだいに流動性を失ってこわばり始め，24時間程度では硬く固まってしまう．セメントペーストの状態がこのように変化するのは，セメントと水が化学反応を起こし，水和生成物を生成するためである．この化学反応を，水和反応と呼ぶ．

水和反応は，三つの段階に分けて説明される．第1段階は，水を加えた直後の段階で，せっこう，石灰が溶出し，C_3A水和生成物のエトリンガイト（$C_3A \cdot 3CaSO_4 \cdot 32H_2O$，針状結晶）と水酸化カルシウム（$Ca(OH)_2$）がセメント粒子の表面に生成する．生成された水和生成物が，セメント表層で水との接触を阻止するため，水和反応は最初5分間程度は盛んに行われるが，しだいに遅くなり，30分から2時間くらいの休止状態が続く．

水和生成物の皮膜が壊れる第2段階は，C-S-Hゲル（トベルモライトゲル，$2CaO \cdot 2SiO_2 \cdot 3H_2O$，箔状結晶）の生成が加わり，しだいに粒子間の空隙が埋められてゆく．この状態は，24時間程度まで続く．

つぎに第3段階になると，粒子間空隙は水和生成物で満たされるようになり，ペーストは強度を示し始める．第3段でもC-S-Hゲルや水酸化カルシウムの生成は引き続き行われるが，せっこうが消費しつくされると，エトリンガイトに代わってテトラカルシウムアルミノフェライト水和物（$(C_3(A, F)H_{13})$）の生成が始まり，エトリンガイトはモノサルフェート（$C_3A \cdot CaSO \cdot 12H_2O$，六角結晶）への転換を起こす．

水和の進行にともなって水和生成物の量が増すとともにペーストは粘性を増し，ついには固体としての強度を示すようになる．

セメントと水和反応をする水の量は，セメント質量の25％程度である．しかし，セメント粒子のような微粒子を水に入れると，粒子表面に水分子が吸着（吸着水）して膜を作る．この吸着水を考慮すると，完全な水和反応が行われるために必要な水の量は40％程度となる．図7・3に水和反応が完全に行われたとした場合のペースト中の組成割合を示す．図中，未水和セメントは粉末状態のセメント粒子で，自由水は乾燥すると空隙となり，これらはいずれも強度は発揮しない．ペースト中で強度を発揮するのは，水和生成物で，この割合が

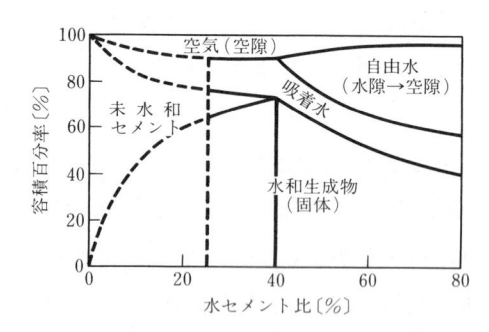

図7・3 各水セメント比で練り混ぜたペーストを長時間静置し，水和がほぼ完了したときの，水和生成物と空隙・自由水・吸着水の容積比
(*)水セメント比については7・6・2項(1)参照

多いほど強度は高くなる．水の量が40％を超えると，水量の増加とともに空隙の量は増加し，水和生成物の量が低下している．

セメントペーストは加水後1カ月程度で約1/2程度の水和反応が完了する．

7・2・6 物理・化学的性質

(1) **比　重**　クリンカー鉱物の比重を**表7・10**に示す．セメントは種類によってクリンカー鉱物の構成割合に多少の違いがあるので，比重も多少違ってくる．

表7・10　クリンカー鉱物の比重

C_3S	C_2S	C_3A	C_4AF	CaO	$CaSO_4$	高炉スラグ
3.15	3.28	3.04	3.63	2.7	2.97	2.8

普通ポルトランドセメントの比重は，3.15前後である．高炉スラグなどの混和材を添加した混合セメントの比重は，ポルトランドセメントの比重より小さくなる．古くなった（風化した）セメントの比重も，新鮮なものより小さい値を示す．

普通ポルトランドセメントの単位容積質量は，詰め方で差が生じるが，通常の軽詰めでは $1.5 t/m^3$ くらいである．実積率を計算すると $1.5/3.15 = 0.48$ となる．一般に，粒子が細かいほど実積率は低くなる．

(2) **粉末度**　粉末度とは，粒子の細かさの程度を示す値である．セメントの粉末度は，ブレーン空気透過装置（JIS R 5201）を用いて測定する．測定値を，ブレーン値（比表面積，cm^2/g）という．ブレーン値は，全体として細かいか粗いかを示す値であり，この値が高いほどセメント粒子と水との接触の機会が増えて，水和速度が早くなり，凝結および強度発現が早くなる．**表7・11**にセメントの種類ごとにブレーン値の下限が示されている．普通ポルトランドセメントのブレーン値は $3\,000 \sim 3\,500 cm^2/g$ 程度である．

セメント粒子の粒径を測定すると，$3 \sim 30 \mu m$ の範囲のものが $60 \sim 80\%$ を占め，平均粒径は $20 \mu m$ 程度である．

(3) **凝　結**　セメントペーストは注水後しばらくは流動性を保つが，しだいにこわばりを増しついには硬く固まってしまう．これを凝結硬化現象と呼ぶ．

表7・11 セメントに関するJIS規格

セメントの種類			比表面積 [cm^2/g以上]	凝結 始発 [分以上]	凝結 終結 [時間以下]	安定性 パット	安定性 ルシャテリエ [mm以下]
JIS R 5210	ポルトランドセメント	普通	2 500	60	10	良	10
		早強	3 300	45	10	良	10
		超早強	4 000	45	10	良	10
		中庸熱	2 500	60	10	良	10
		低熱	2 500	60	10	良	10
		耐硫酸塩	2 500	60	10	良	10
JIS R 5211	高炉セメント	A種	3 000	60	10	良	10
		B種	3 000	60	10	良	10
		C種	3 300	60	10	良	10
JIS R 5212	シリカセメント	A種	3 000	60	10	良	10
		B種	3 000	60	10	良	10
		C種	3 000	60	10	良	10
JIS R 5213	フライアッシュセメント	A種	2 500	60	10	良	10
		B種	2 500	60	10	良	10
		C種	2 500	60	10	良	10

セメントの種類		材齢	圧縮強さ (N/mm^2以上)				
			1日	3日	7日	28日	91日
JIS R 5210	ポルトランドセメント	普通	——	12.5	22.5	42.5	——
		早強	10.0	20.0	32.5	47.5	——
		超早強	20.0	30.0	40.0	50.0	——
		中庸熱	——	7.5	15.0	32.5	——
		低熱	——	——	7.5	22.5	42.5
		耐硫酸塩	——	10.0	20.0	42.5	——
JIS R 5211	高炉セメント	A種	——	12.5	22.5	42.5	——
		B種	——	10.0	17.5	42.5	——
		C種	——	7.5	15.0	40.0	——
JIS R 5212	シリカセメント	A種	——	12.5	22.5	42.5	——
		B種	——	10.0	17.5	37.5	——
		C種	——	7.5	15.0	32.5	——
JIS R 5213	フライアッシュセメント	A種	——	12.5	22.5	42.5	——
		B種	——	10.0	17.5	37.5	——
		C種	——	7.5	15.0	32.5	——

＊旧規格によるセメント強度(X)を新規格の値(Y)に換算するには、$Y=1.2X+7.5$ 式で換算を行えばよい

凝結硬化現象は水和反応にともなって起こるもので，練混ぜ直後には物理的凝集力で集まっていたセメント粒子は，水和反応の進展にともなって水和反応物が互いに絡み合い，網状構造を形成して，ペーストの粘性はしだいに大きくなる．さらに水和が進むと，粒子間の空隙は水和生成物で埋められ，強度が発揮される．

セメントの固まり始めを始発，固まり終わりを終結と呼び，JIS R 5201 に規定されるビガー針装置を用いて，この時間を計測する．本来，凝結現象は連続したものなので，始発，終結と区別できるものではないが，水和生成物による網状構造がある程度構成された状況が始発に相当し，実用的には始発時間内にコンクリートの打設を終了させることが要求される．

凝結現象は，温度の影響を受ける．普通ポルトランドセメントは，温度 20°C では始発時間は2時間位，終結時間は3時間くらいである．温度が低くなると遅くなり，高くなると早くなる．また，塩化カルシウムなどの塩類を添加すると，凝結は早くなる．一般的に減水剤の添加は，凝結を遅くする．

古いセメントなどでは，初期に急速な凝結を生じることがある．このような異常な凝結を偽凝結といい，JASS 5・T-101 に試験方法が示されている．偽凝結を起こすセメントを用いたコンクリートは，加水量の増加，ひび割れ発生など不都合なことが起こる．

（4） 水和熱　　水和反応では，発熱反応が起こる．セメントに水を加えると，熱が発生する．セメント1g当りの発熱量の合計を水和熱と呼び，JIS R 5203 にその測定方法が規定されている．

断面の大きな部材へ多量のコンクリートを打設すると，部材の中心部では水和熱が蓄積され，しだいに温度があがり，硬化時に部材にひび割れが生じることがある．発熱によってひび割れを起こす大断面の箇所へのコンクリートの打設には，水和熱発生のコントロールが必要となる．JASS 5 では，このような場合をマスコンクリートと呼び，施工上の注意事項が示されている．要点は，低発熱セメントを用いる，単位セメント量を少なくする，高温下での施工を避けるなどである．

(5) 風化 セメントを袋に詰めたまま室内に放置しておくと，セメント粒子が風化を起こし，塊状のセメント粉末が増えてくる．風化したセメントは，強度低下や偽凝結を起こすので，工事では使用してはいけない．

セメントの風化は，空気中の水分と二酸化炭素ガスの作用で，一種の水和反応と中性化（7・7・4項参照）が起こった結果である．空気中の水分がセメント粒子中の石灰分やエーライトに作用し，水酸化カルシウムを生じ，これに炭酸ガスが働き，炭酸カルシウムへと変化させる．一方，アルミネート相とせっこうに水分が働き，エトリンガイトを生じさせる．このようにして作られた生成物はセメント粒子表面を薄い膜状になって覆い，セメント粒子への水分の到達を妨げ，強度低下や異常凝結が起こる．

セメントは，生産されてから2カ月以内に消費されることを前提として，流通過程が計画されている．長期間セメントを保管する場合には，水分と二酸化炭素ガスが入らないように厳重に密封した状態で保管しなければならない．袋詰めのままで保管する場合は，通気を防ぎ，乾燥した場所で保管する．

(6) セメントのJIS規格 明治38年（1905年）に「農商務告示」で初めてポルトランドセメントの試験方法が規定された．セメントの規格は以来いく度かの改訂が行われ，現在は，JIS R 5201〜5203に試験方法，JIS R 5210〜5213に品質についての規格がある．なお，1997年に諸外国との整合性を図るためセメントのJIS規格が大幅に改定された．表7・11にセメントの品質に関する規格をまとめた．

7・2・7 各種セメントの特徴

(1) 普通ポルトランドセメント わが国で生産されるセメントの多くが，普通ポルトランドセメントである（1997年度生産割合74%）．したがって，単にセメントと呼ぶ場合のセメントは，普通ポルトランドセメントをさすことが多い．

(2) 早強・超早強ポルトランドセメント C_3Sの割合を増し，微粉砕しているため，強度の発現が早く，早期強度が高いことが特徴である．水和熱が多く発生する．工事を急ぐときや寒冷時の工事に用いるとよい．暑中コンクリ

ートやマスコンクリートでの使用は避けるのがよい．生産割合は少ない（1997年度生産割合 4 ％）．

（3）　**中庸熱ポルトランドセメント**　　C_2S の割合を増し，C_3S，C_3A の割合を押さえ，水和熱の発生を少なく工夫したセメントでマスコンクリートなどに用いられるが，耐硫酸塩性が良いこと，乾燥収縮が少ないことも利点としてあげられる．初期強度が低いことが欠点であるが，十分な養生を行えば，長期強度は普通ポルトランドセメント並になる．生産量は少ない．

（4）　**耐硫酸塩ポルトランドセメント**　　海水や温泉，工業廃水などには硫酸塩（ナトリウム・マグネシウム・カルウム）が含まれており，これらがセメントに作用してエトリンガイトを生成する．生成されたエトリンガイトは，セメントバチルスと呼ばれ，その膨張力でセメント硬化体は自己破壊を生じることがある．C_3A の含有量を減らし，耐硫酸塩性を向上させたセメントである．生産量は少ない．

（5）　**高炉・シリカ・フライアッシュセメント**　　普通ポルトランドセメントへ高シリカ質の混和材を添加したもので，混合セメントとも呼ばれる．高シリカ質の混和材は，セメント中の石灰分と反応して固まる性質（ポゾラン反応）がある．

　これらのセメントは，早期強度は低いが，長期強度は普通ポルトランドセメントと変わらない．ポゾラン反応で遊離石灰分が固定されるため，エフロレッセンス（白華）の防止や，耐水性・耐海水性の向上も期待される．高炉セメントの生産割合は全セメント生産割合の 17 ％（1997 年度）を占めているが，フライアッシュセメント，シリカセメントの生産量は少ない．

（6）　**アルミナセメント**　　ボーキサイトと石灰石にコークスなどを混ぜ，電気炉またはキルンで溶融するまで焼成して造られ，1 型から 4 型に分類される．

　材齢 1 日で普通ポルトランドセメントの 28 日強度に匹敵する強度が得られる超早強性があり，急ぐ工事に使用される．石灰分の含有量が少ないので，高温下においてもひび割れや剥離（スポーリング）が起こりにくく，1 型では 1

230～1400℃，2，3型では1500℃，4型では1600℃以上の耐火性能があり，耐火レンガの接着剤などとしても用いられる．

主成分のカルシウムアルミネート（C_3Aなど）水和物は，後にC_3AH_6に転移し，転移に伴い一時的に強度低下を起こすが，低温環境ほど転移にともなう強度の低下は少なく，転移後，強度は上昇に転じる．水セメント比を40％程度以下，環境温度を低く保つなどすると強度低下は起こらない．加水後3～10時間の間に普通ポルトランドセメントの28日間に相当する水和熱を発熱するので，マスコンクリートや暑中コンクリートには適さない．石灰含有量が少ないので鉄筋の防せい（錆）に不安があるが，耐酸性・耐硫酸塩性にはすぐれる．アルミナセメントにポルトランドセメント，せっこう，石灰および砂糖類を加えると凝結時間は短くなり，食塩は凝結を遅延させる働きがある．

（7） **白色ポルトランドセメント**　普通ポルトランドセメントの灰緑色は，酸化鉄とマグネシアに由来しているので，鉄分が混ざらないようにして製造すれば白色のセメントができる．普通ポルトランドセメントに比べて凝結が多少早くなるが強度には違いがない．

白色を生かしてタイルの目地モルタル，テラゾ板（人造石板）の製造などに用いられる．顔料を添加したものをカラーセメントという．

7・3　骨　　　材

7・3・1　概　　説

コンクリートを構成している材料のうち，砂，砂利などの固体粒子を総称して骨材と呼ぶ．コンクリートの70％前後は骨材によって構成されており，骨材の品質がコンクリートの諸性質に及ぼす影響は大きい（図7・1参照）．

コンクリートに加えられた骨材によって，それだけセメント使用量が低減するので，水和熱量を下げることができ，コストの低減にもなる．また，セメントペーストだけでは強すぎる粘りも骨材の混入で適当になり，コンクリートの乾燥に伴う収縮も緩和される．その他，ペーストだけでは備えていない，軽さやすり減り抵抗性などの特性を骨材の混合によって付加することができる．

かつては河川から採取した川砂利,川砂が骨材として用いられてきたが,これらの資源の枯渇にともない砕石,海砂などの利用が増えている.

7・3・2 骨材の種類

(1) 粒径による区分　骨材粒子の径を粒径という(**表7.12**).

表7・12　粒径による区分

骨材 aggregate	細骨材 fine aggregate	10 mmふるいを100%通過し,かつ,5 mmふるいを85%以上通過する粒径をもつ一群の粒子
	粗骨材 coase aggregate	5 mmふるいに85%以上留まる粒径をもつ一群の粒子

(2) 成因による区分　古くは河川に自然に存在する川砂・川砂利を用いたが,資源の枯渇,コンクリートへの要求性の多様化などにより,使用される骨材の種類も増えてきた(**表7.13**).

表7・13　成因による区分

天然骨材	天然自然に存在しているものを,そのまま骨材とする
	(例) 川砂利,川砂,海砂利,海砂,山砂利,山砂,火山れき(礫)など
［破砕］	岩石を破砕して骨材とする
	(例) 砕石,砕砂
［コーティング］(改良骨材)	骨材表面をセメントペーストなどで被覆
	(例) 改良天然軽量骨材,改良スラグなど
工業副産物	工業活動にともなって発生した廃棄物の活用
	(例) 空冷スラグ,スラグ細骨材,コンクリート破砕物など
人工骨材	焼成などの加工を施して作られる骨材.人工軽量骨材
	(例) 膨張頁岩,パーライト

(3) 比重による区分 (表7.14)

表7・14　比重による区分

重量骨材	4.0あるいはそれ以上の比重をもつ骨材.重量コンクリートではこの骨材を用いる
普通骨材	川砂利,川砂に代表される重さをもった骨材.絶乾比重は2.5～2.6程度のものが多い
軽量骨材	絶乾比重2.0程度以下の普通骨材より軽い骨材.軽量コンクリートではこの骨材を用いる

7・3・3　骨材に要求される性質

普通コンクリートに使用する骨材に要求される性質をつぎにあげる.

(1) 大小の粒の混ざり具合が適当であること(粒度)
(2) 粒の形(粒形)は球形に近いものがよい(粒形が,凸凹,角張り,扁平なものはあまりよくない)
(3) セメントや鉄筋に対して有害な物質を含んでいないこと(含有塩分)
(4) 化学的に不活性であること(アルカリ骨材反応)
(5) セメントペースト硬化体に比べて,強度も変形に対する抵抗性も劣ってないこと
(6) 耐火性・耐久性があり,耐磨耗性も備えていること
(7) 石質は,密実で,吸水性が低いこと
(8) 入手が容易で,価格が低廉なこと

7・3・4 骨材の粒度

骨材の粒度とは,骨材の大小粒の分布の程度をいい,骨材に要求される重要な性質である.

粒度のよい骨材を用いると作業性のよいフレッシュコンクリートとなるが,粒度が悪いと流動性の低下,打設時の分離などの障害が生じやすくなり,打設されたコンクリート表面が多孔質(ジャンカ)になるなどの欠陥が生じる.

JIS A 1102 に規定されるふるい分け試験方法によって骨材をふるい分け,粒度曲線や粗粒率(fineness modulus;f・m)を求めることによって,その骨材の粒度組成を知ることができる(**表7・15**).ふるい分け試験で用いるふるいの目の開き(呼び寸法)は,主系列のふるいとして 0.15, 0.3, 0.6, 1.2, 2.5, 5, 10, 20, 40 mm があり,補助ふるいとして 15, 25, 30, 50, 60, 100 mm がある.各ふるいの累加通過質量百分率(通過率)をグラフ化したもの

表7・15 細骨材のふるい分け試験結果の一例

呼び寸法 〔mm〕	10	5	2.5	1.2	0.6	0.3	0.15	受皿	計
残留量 〔g〕	0	25	30	95	125	120	80	25	500
残留率 〔%〕	0	5	6	19	25	24	16	5	100
累加残留率 〔%〕	0	5	11	30	55	79	95	100	—
累加通過率 〔%〕	100	95	89	70	45	21	5	0	—
粗 粒 率	(0+5+11+30+55+79+95)/100=2.75								

を，粒度曲線という．JASS 5 の標準粒度および JIS の粒度の規格に適切な粒度分布の範囲が示されているので，粒度曲線図内にこの適切な粒度分布範囲を描き，試験結果がこの範囲に対してどのような位置を占めるかでその骨材の粒度の適正さを判断する（**図7・4**）．使用予定の骨材が適切な粒度範囲をはずれているときは，粒度の異なる別の骨材を適当量混ぜ合わすか，偏っている部分を除くなどして，粒度を適切に調整する．この操作を粒度調整という．

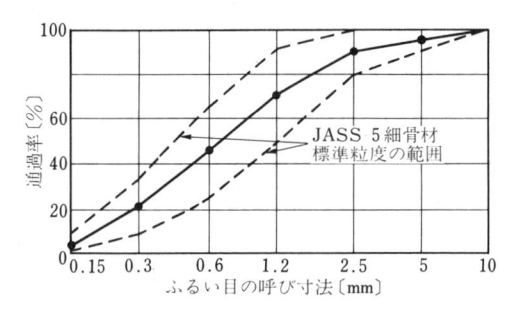

図7・4　表7・15の粒度曲線と標準粒度の関係

その他粒度で注意しなければならないこととして，細骨材では 0.3 mm ふるい通過率がある．0.3 mm 通過率が 10 ％以下では，コンクリートが分離しやすくなったり，ブリージング（浮き水，7・5・5項参照）が多くなったり，空気の導入が不安定になったり，ポンプ圧送時のパイプに閉塞が生じやすくなったりする．逆に，0.3 mm 通過率が 20 ％程度になると，コンクリートの作業性はよくなるが，同じスランプ（7・5・3項参照）のコンクリートを得るための水量が増加するので，0.3 mm 通過率は通常 10 〜 20 ％程度とする．粗骨材では 10 mm 通過率が重要であり，少ないと荒々しいコンクリートとなりやすい．

骨材粒子の大きさを粒径といい，粒径は対象試料骨材が残ったふるい目の開き寸法で呼ぶ．このうち最も大きい粒径を，最大粒径をいう．建築工事で用いられる粗骨材の最大寸法は，鉄筋の配筋間隔を考慮して 25 mm もしくは 20 mm である．

粗粒率は，主系列の 9 個のふるいの累加残留率の和を 100 で除した値で示す．粗粒率は，骨材粒子全体として粗目であるか細目であるかを表示する指標

で，値が小さいほど全体としての粒径は小さい．通常最大寸法 5 mm 以下の細骨材では 3.3 程度，同じく 2.5 mm 以下では 2.5 程度，1.2 mm 以下では 2.2 程度の値となり，細骨材では粗粒率でその大体の粒度分布を推定することができる．

7・3・5 骨材の吸水

骨材は内部に多少の空隙を持っており，水に接すると空隙部分に水を取り込む．取り込まれた水の状況によって，（1）絶乾状態，（2）気乾状態，（3）表乾状態，（4）湿潤状態の四つの状態に区分される（**図7・5** 参照）．

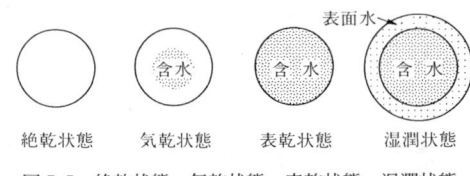

図7・5　絶乾状態・気乾状態・表乾状態・湿潤状態

骨材が取り込んだ水の量を含水量と呼び，絶乾状態の骨材質量に対する含水量の質量百分率を含水率〔％〕という．

また，表乾状態にある骨材での含水率は，吸水率〔％〕と呼ぶ．この値は近似的なその骨材の空隙割合を示す値である．

湿潤状態時の骨材には骨材表面にも水分が付着している．この水分を表面水と呼び，絶乾骨材に対する質量百分率を表面水率〔％〕という．

コンクリート混練時には，骨材の含有水分の状態を正確に把握しておく．表面水の管理が不十分であると，コンクリート中の水分量が変動し，所用のスランプが得られなくなったり，水セメント比（7・6・2項（2）参照）が変動し，所用の強度が得られなくなる．

コンクリート中での骨材の吸水状態が不明確なので，コンクリート混練に際しては，湿潤骨材を用いるのがよい．湿潤骨材を用いた場合，細骨材では JIS A 1111 または JIS A 1802 に規定される試験方法で，粗骨材では JIS A 1803 に規定される試験方法で表面水率を測定し，表面水量分を混練水の量から差し引き，コンクリート中の水量を所定の値に保つようにする．最近では骨材の表面

水率を，電気的方法や放射線を用いて自動測定する装置や表面水量を自動的に調整しながら混練する装置も開発されている．

7・3・6　比重・単位容積質量

2・2・1項の比重と同様に，骨材の比重も質量をその容積で除した値で表され，真比重と見掛比重とがある．

真比重は，骨材中の空隙を含まない造岩鉱物の比重をいう．

見掛比重とは，骨材粒子1個の質量を骨材表面で囲まれる容積で除した値で，通常これを比重と呼ぶ．粒子中の空隙の量が多いほど，真比重に対する見掛比重の値は小さくなる．骨材の質量は含水状態に応じて違いが生じるので，見掛比重は骨材の含水状態により，絶乾比重・気乾比重・表乾比重・湿潤比重が定義される．このとき，容積は測定方法の制約から表乾時の容積を用いる．

容器に骨材を詰め込んだとき，容器に入った骨材の質量を容器の容積で除した値を単位容積質量という．単位容積質量の値は，骨材の詰め込み方，粒度，粒径，比重などによって異なる値となる．試験方法は，JIS A 1104 に規定されており，鋼製容器に骨材を突き棒を使って詰め込み，詰め込まれた骨材の質量を計測し，これを容器の容積で除した値を単位容積質量とする．

骨材粒度が適切でない場合や粒径が悪い場合には，同じ方法で詰め込んでも多くの隙間が残る．単位容積質量の値は，骨材相互間の隙間が少ないほど大きく，隙間が多いと小さな値となる．隙間の多少は，空隙率で表す．空隙率は，単位容積質量試験を行い，2・2節の式（2・5）を用いて求める．粗骨材における空隙率は，その粗骨材を用いたときに密実なコンクリートとするために必要なモルタルの割合を表しており，空隙率の高い粗骨材を用いれば，モルタル使用量が多くなり，結果としてセメント使用量が増すことになる．

空隙の観点から適切な粒度分布を考えるとつぎのようになる．半径 r の完全な球体粒子を容器に最も密に詰めたとき，単位の構成要素は**図7・6**のように一辺 a が $a=4r/\sqrt{2}$ の立方体となる（稠密立方）．この立方体の中に球体は4個入るので，立方体中に占める球体の実積率と空隙率は

$$実積率 = [4(4/3)\pi r^3/(4r/\sqrt{2})^3] \times 100$$

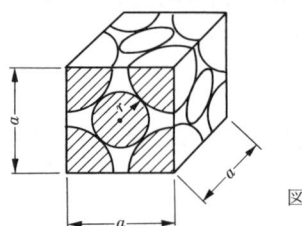

図7·6 稠密立方

$$\fallingdotseq 74\%$$

$$空隙率 = 100 - 74 \fallingdotseq 26\%$$

したがって，同一球形の球体の実積率の極限は74％になる．この半径 r の球体相互間に形成される隙間にちょうど入り込む大きさの小さな球体をこの隙間に入れると，空隙率は小さな球体の容積分だけ減少する．これを繰り返して空隙が少なくなるように，異なる粒径の粒子を組み合わせて入れていくと空隙率はさらに小さくなる．コンクリート用骨材はこのようになるべく空隙率が小さくなるようにすることが望ましい．

骨材の詰まり具合には，骨材の粒形も影響する．粒形が角張ったものや扁平な粒子を容器に詰めると，容器内でブリッジ現象やインターロッキング現象を起こし，空隙が多くなり，実積率は小さくなる．一般に川砂利の実積率は65％前後であるが，粒形が角張っている砕石では55〜60％前後と低くなる．

JIS A 1104に規定される単位容積質量試験から求められる実積率からも，骨材の粒形の善し悪しはある程度判断することができるが，粒形の善し悪しを判断するのはJIS A 5005（コンクリート用砕石）に規定される試験を行う．この方法では，粒度の影響を排除するため，粒度を一定にそろえた試料で単位容積質量試験を行い，実積率の大小で粒形の善し悪しを判断する．また，この方法で求められた実積率が，最大寸法20 mmの砕石では55％以上，砕砂では53％以上のものを用いるように規定されている．砕石は，なるべく実積率の大きいものを使用するのがよい．

7·3·7 有害物

骨材にコンクリートに有害な物質が混入していたり，骨材自体が有害な物質

の場合にはコンクリートに障害を引き起こす．また，鉄筋の腐食を促進する物質を含んでいる場合も，鉄筋コンクリート構造物の耐久性が低下する．鉄筋コンクリート構造物で使用するコンクリートを対象とした場合の有害物としては，以下のようなものがある．良質のコンクリートを得るためには，これらに該当する骨材の使用は避けなければならない．

（1） 有機不純物　動植物の分解物質や下水などの中にはフミン酸やタンニン酸などの有機酸類が含まれており，これら有機酸類がコンクリートに混合されると，セメント中の石灰分に作用して不溶解性の有機石灰を生じ，セメントの硬化を妨げる．これら有機酸類を有機不純物と呼び，骨材中に混入しないようにしなければならない．有機不純物は JIS A 1105 にその検出方法が示されている．

（2） せっこう（石膏）　セメントには凝結時間の調整のため 2〜3％程度のせっこうが添加されている．せっこうを多量に添加するとセメントは異常凝結を起こし，コンクリートにひび割れを発生させる．

（3） 泥分　粒径 0.074 mm（74 μm）以下の微粒子分を泥分と呼ぶ．泥分を多く含む骨材を用いると，同じスランプのコンクリートとするための水量が増加し，乾燥による収縮ひび割れが多くなったり，骨材とペーストとの付着が妨げられ強度低下を起こしたりする．骨材の採取や貯蔵時には，泥分が混入しないようにする．

泥分の含有量は JIS A 1103 の骨材の洗い試験方法によって求めるが，JASS 5 では，それぞれ砂利 1.0％以下，砂 3.0％以下，砕石 1.0％以下，砕砂 7.0％以下と規定している．

（4） 塩分　骨材資源の枯渇にともない海砂など海成骨材が使用されるようになったが，海成骨材には塩分が付着しておりこれが鉄筋の腐食を起こす原因となる．

鋼材（鉄筋）はアルカリ性の雰囲気中では表面に不動体皮膜が形成されて腐食しないが，塩分が存在すると不動体皮膜が破損され腐食が始まる．

細骨材中に含まれる塩化物量の測定は，JASS 5 T-202 に試験方法が示され

ているモール法で行う．塩化物含有率は，細骨材の絶乾質量に対するNaClの質量百分率で表示する．

　精製水に塩化物を混入した場合の塩分濃度と鋼材の腐食との関係を図7・7に示す．海から採取した直後の海砂には，鋼材の腐食が最も激しくなる0.2〜0.3％程度の塩化物量が含まれている．塩化物含有率が0.04％以下になると腐食速度は小さくなり，0.01％以下では腐食はほとんど起こらない．セメントペーストの場合では，半分程度の塩分がセメントと反応して不溶解性の化合物へと変化し，腐食に関係する塩分量は精製水の場合の半分程度に低減する．このため，コンクリートでは鉄筋の腐食に関係する塩化物の量は上記の値の1/2程度となり，腐食を起こさない塩化物含有量は0.02％とされる．JASS 5では，海砂に含まれる塩化物含有率の上限値を0.04％以下と規定している．採取した海砂の除塩方法には，海砂を真水で洗浄する．洗浄方法には，陸揚げ中のコンベヤの上で散水する方法，骨材置場の中で間けつ（歇）散水する方法などがある．これらの除塩方法で，塩分濃度を0.01％以下までにすることができる．海砂の使用に際しては，除塩を行ったものを用い，塩分含有量をJASS 5 T-202の試験方法で測定して規定値以下であることを確かめる．

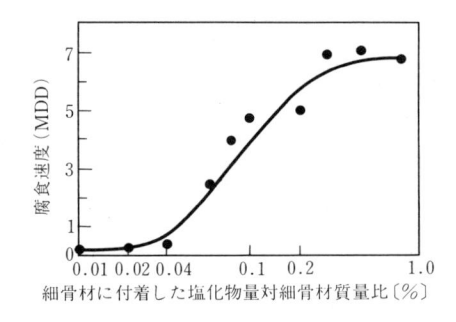

図7・7　細骨材中の塩分濃度と鋼材の腐食[*]

（5）軟石・粘土塊　骨材中の風化して粘土化した部分を軟石または死石といい，これが多く含まれるとコンクリート強度低下の原因となる．軟石の多い骨材の使用は避けたほうがよい．軟石はJIS A 1126に規定される試験方法で検出するが，比重が小さい骨材や吸水率が高い骨材は軟石の存在を疑ってみ

---

[*] 岸谷孝一：コンクリートジャーナル，Vol. 12, No. 2（1973）

るべきであろう．

塊の粘土は，JIS A 1137 に規定される試験方法で粘土塊量を測定する．粘土塊量は，JASS 5 では砂利では 0.2％以下，砂では 3.0％以下と規定している．

（6） アルカリ骨材反応　アルカリ骨材反応とは，骨材中のシリカ分 (Si) と主としてセメントに含まれるアルカリ金属 (Na^+, K^+) が反応を起こし，アルカリシリケートゲル（$2(Si\text{-}ONa)+H_2O$；ケイ酸アルカリ，水ガラスまたはシリカゲルに類似）を生成し，これが吸水膨張を起こして硬化したコンクリートにひび割れを発生させる現象である．この現象は正確にはアルカリシリカ反応というが，他にアルカリ炭酸塩反応・アルカリシリケート反応がある．

普通の岩石にはシリカ分は必ず含まれるが，反応を起こすシリカは結晶にひずみを持ったシリカである．トリジマイト・クリストバライト・潜晶質石英などがこれに相当するが，反応の有無は鉱物名や目視観察だけでは判別することはできない．

反応性のシリカとアルカリ金属があれば必ず反応を起こすというものではなく，いろいろな条件が最も悪い組合わせ（ペシマム量）のときに膨張ひび割れが起こる．

現在，アルカリ骨材反応を起こした場合の有効な対策はないので，あらかじめアルカリ骨材反応に対する対策をとっておくことが必要である．

骨材に対する反応性の有無の判定試験方法は，JIS A 5308 の付属書 8 および 9 に，化学法とモルタルバー法の二つの試験方法が示されている．化学法では，細かく砕いた骨材を水酸化ナトリウム溶液に漬け，溶解したシリカ分 (S_c) とアルカリ濃度の減少量 (R_c) を測定する．モルタルバー法では，細かく砕いた骨材でモルタルを作り，その長さ変化を測定する．試験の結果，化学法では $S_c \geqq 10\,\text{mmol}$ かつ $R_c < 700\,\text{mmol}$ のときに $R_c \leqq S_c$ であれば，またモルタルバー法では材齢 6 カ月の膨張率が 0.1％未満（材齢 3 カ月の膨張率では 0.05％未満）であれば無害と判定する．無害と判定された骨材を（A），無害と判定されなかったり，試験を行ってない骨材は（B）と区分する．やむえ

ず，区分（B）の骨材を使用する場合は，低アルカリ形のポルトランドセメントを使用する，コンクリート中のアルカリ総量を酸化ナトリウム換算で3.0 kg/m³以下にする，混和材（7・4・7項参照）の添加もしくは混合セメントの使用などの対策をとる．

7・4 混 和 材 料

7・4・1 混 和 材 料

セメント，水，骨材以外の材料で，コンクリートの性質を改善するために添加する材料を総称して混和材料と呼ぶ．混和材料は，数10 kg/m³などと多量に添加する混和材と，薬剤的に微量添加する混和剤とに区別される．

今日のコンクリートには必ずといえるほど混和材料は添加されており，多様化するコンクリートへの要求に対応している．なお，一般に「こんわざい」という場合は，混和剤のほうをさすことが多い．

7・4・2 表 面 活 性 剤

混和剤の中でも使用頻度が高いAE剤，減水剤，AE減水剤は化学混和剤と呼ばれ，主成分は表面活性剤である．

表面活性剤とは，気体・液体・固体の相互間の境界（界面）に介在して界面の性質を変化させ，起泡・湿潤・分散・乳化・洗浄などの働きをする薬剤である（図7・8）．

表面活性剤を水に溶解すると，分子は水のほうを向く親水基と水から逃れよ

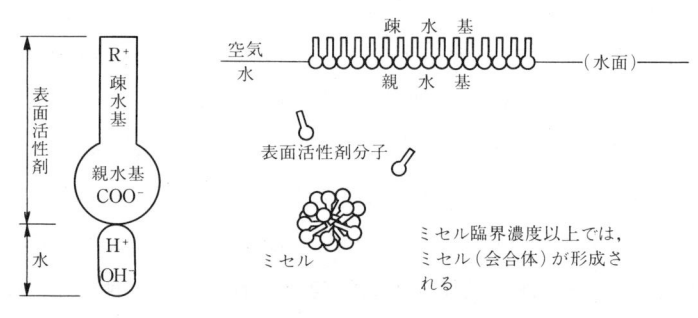

図 7・8　表面活性剤の分子と水面での配列（概念図）

うとする疎水基に分かれる．例えば，カルボキシル基（COOH）と炭素骨格（R）からなりたっている AE 剤の分子を水に溶解すると，カルボキシル基から H^+ が離れ COO^- となり，カルボキシル基側は（−）に帯電する．H^+ と OH^- に分極している水は，H^+ がカルボキシル基の COO^- と結合して水側を向く．反対側の（＋）に帯電している炭素骨格側は，水から遠ざかる．カルボキシル基は親水基で，炭素骨格側は疎水基となる．親水基と疎水基の特性により，AE 剤の分子は水と空気との境界，すなわち水面（界面）に整列し，水面の表面張力を低下させ，気泡を生じやすくする．

水溶性の表面活性剤は，水溶液中で表面活性を示す部分のイオンの形態によって陰イオン性表面活性剤（anionic surfactant），陽イオン性表面活性剤（cationic surfactant），両性表面活性剤（amphoteric surfactant）に分けられ，さらに水溶液中でイオン性を示さない非イオン性表面活性剤（non-ionic surfactant）に分けられる．

表面活性剤の効果は添加量とともに上がってくるが，ある量を越えると効果があまり変わらなくなる量が存在する．この限界量を，ミセル臨界濃度（critical micelle concentration；c・m・c）という．表面活性剤は，ミセル臨界濃度以下の範囲で使用する．

7・4・3 AE 剤

化学混和剤のうち，起泡性を目標として作られたものを AE 剤（air entrainig agent）といい，AE 剤を添加したコンクリートを AE コンクリートという．

水に溶解した AE 剤分子の親水基は水側を指向し，疎水基は空気側へ逃れようとして分子は水面に整列する．AE 剤分子が水面に整列すると，AE 剤分子間の引力は，水のそれよりも小さいため表面張力が減少し，気泡の生成が容易になり，攪拌にともなって発泡が起こる．

コンクリートに AE 剤を添加して攪拌すると，コンクリート中に数 μm から百 μm 程度までの大きさの気泡が多数生成される．気泡の表面は親水基の（−）の静電気に帯電し，気泡同士は互いに電気的に反発しあい，独立した気

泡がコンクリート中に分散される．

　気泡の量は，主として AE 剤の添加量と活性によって決定される．添加量が増えると気泡の量も増加するが，ミセル臨界濃度を越えて添加しても空気量は変化しなくなる．AE 剤は液体状のものがほとんどで，その適当な添加量は製品によって異なるが，大略セメント質量の 0.001～0.06％ 程度である．

　AE 剤の活性の度合は温度の影響を受け，温度が高くなると減少し，気泡の生成が少なくなる．打設時のコンクリート温度に注意して，添加量を定める（**図 7・9**）．

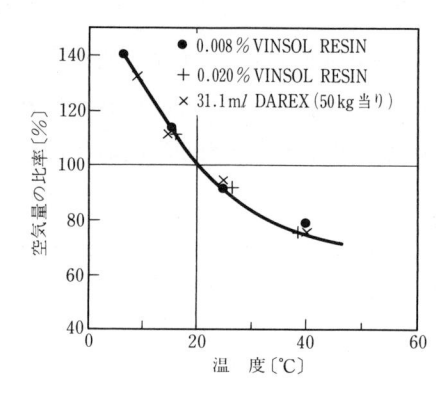

図 7・9　AE 剤添加による空気量・温度の関係*

凡例：
- ● 0.008％ VINSOL RESIN
- ＋ 0.020％ VINSOL RESIN
- × 31.1 ml DAREX（50 kg 当り）

縦軸：空気量の比率 [％]　横軸：温度 [℃]

　AE 剤添加によって生成された気泡は，連行空気（entrained air）と呼ばれ，一般的にはコンクリート容積の 3％ 程度の量とする．コンクリート中には AE 剤を添加しなくてもある程度の空気が含まれている．これを潜在空気（entrapped air）と呼び，通常 1～2％ 程度の量である．

　AE 剤の添加で生じた微少独立気泡は，フレッシュコンクリート時には外力に対してクッション的な働きをしてコンクリートの流動性を向上させ，ワーカビリティーを改善し，同じスランプを得るための水量を少なくする効果を生じ，気泡相互間の凝集作用はコンクリートに粘りを増し，ブリージング（7・5・5 項）も減少させる．硬化コンクリートでは，凍結水の逃げ場やひび割れの進展を緩和させ，凍結融解性能を向上させるなどの効果が生じる．フレッシュコ

---

* AE 剤ヴィンソルについて：山宗化学株式会社発行第 7 版（1974）

ンクリートの物性改善を目的とするときの空気量は4％，耐凍結融解性能向上を目的とするときは5％の空気量を目標としてAE剤の添加量を調整する．

7・4・4 減 水 剤

　液体と固体の界面に作用して，セメント粒子などに分散，湿潤作用を与える混和剤を減水剤という．セメント粒子のような微粉末を水中に入れると，微粉末粒子の表面は（－）に帯電し，分極している水分子と引き合って薄い水膜（吸着水層）を形成する．吸着水層の表面もまた（－）に帯電しているので，粒子は互いに反発し，分散する．しかし，この反発力は完全に粒子を分散させるには不十分で，微粉末の10～30％は凝集して塊状となる．減水剤を添加すると，疎水基は微粉末側に強く吸着され，親水基を外側に配した強固な吸着水層が形成され，電気的反発力が高まって微粉末粒子は水中に分散される．分散したセメント粒子は，水との接触の機会が増えるので水和反応が早くなり，コンクリートは早強性になるとともに強度も高くなる．

　また，分散によって塊の中に閉じこめられていた水分が解放され，潤滑剤としての水量が増し，同一のスランプを得るための水量が10～15％程度低減される．これはAE剤の約2倍の減水率である．水の解放はまたコンクリートの流動性の改善になり打設しやすくなる（ワーカビリティーの改善）．水量の低減は，コンクリートの分離，ブリージングの減少となる．

7・4・5 AE 減 水 剤

　AE剤と減水剤を混合して使用すると，両者の特徴を合わせた効果を得ることができる．二つを混合使用する場合，これをAE減水剤という．AE剤と減水剤は，別々にミキサに投入してもよく，あらかじめ混合したタイプのものもある．

7・4・6 高性能 AE 減水剤・流動化剤

　高性能AE減水剤は，高性能減水剤と空気連行剤（AE剤）を混合したもので，減水剤と類似な機構での電気的な反発力や高分子繊維による物理的な反発力などでより強固な分散性と分散時間の長時間化を図ったものである．また，ミセル臨界濃度が高いので，高い添加率にして減水率を高くすることができる．

高性能 AE 減水剤の出現により，高品質で高強度なコンクリートの作成が容易になった．また，多量の微粉末との併用で高い流動性と分離抵抗性を合わせもつ高流動コンクリートも高性能 AE 減水剤の使用で可能になり，打設作業の省力化，打設し難い箇所への打設などに使われている．高性能 AE 減水剤には，通常の凝結性状を示す標準型と凝結時間を遅らせた遅延型の2種がある．主成分で分類すると，ナフタリン系・ポリカルボン酸系・メラミン系・アミノスルホン酸系の4種類がある．添加率は，通常セメント質量の0.3～5.0％程度とかなり多い量が添加される．凝結時間は遅延傾向にあるが，添加率が高くなるほどこの傾向は大きくなる．

高い減水性能をもつ類似の混和剤に流動化剤があるが，効果の持続時間が短いので，通常は現場到着時にミキサ内に添加し，攪拌する方法がとられる．

7・4・7　その他の混和剤

（1）　**凝結（硬化）促進剤**　　塩化カルシウム（$CaCl_2$）をセメント質量の2％程度添加すると水和反応を促進し，凝結硬化促進の働きがある．しかし，塩化カルシウムには鉄筋の腐食を促進させる作用があるので，鉄筋コンクリートではこの使用は避けなければならない．水和反応促進の働きをもつものには，カルシウム・ナトリウムの塩化物や炭酸塩・硫酸ナトリウム・エチルアミン塩などもある．

（2）　**凝結遅延剤**　　減水剤・高性能 AE 減水剤には凝結を遅らせる働きがある．この性質を利用すると暑中コンクリート時の凝結時間調整や打設部の不良（コールドジョイント）の発生防止に活用できる．ケイフッ化マグネシウムにも凝結遅延効果がある．砂糖類の添加は，コンクリートの凝結を遅らせる．

（3）　**防せい（錆）剤**　　鉄筋の腐食は，鉄筋コンクリート構造体の寿命に直接影響する．防せい剤は，鉄筋の腐食を防止する目的の混和剤である．JASS 5 では，塩分含有量が0.04～0.1％の海砂を使う場合は，防せい剤を使用するようにしている．海塩粒子が飛来する場合にも，使用するとよい．

クロム亜硝酸塩，安息香酸塩は，アルカリの場合と同様に不動態皮膜を形成して腐食を防ぐ．防せい作用が高いので，少量の添加で効果が得られるが，添

加量が不十分だと局部的な腐食を起こす．炭酸塩，リン酸塩，ケイ酸塩は，鉄筋表面を溶けにくくし，N，O，OHなどの極性基をもつ有機高分子化合物は鉄筋表面を覆う皮膜を形成して鉄筋の腐食を防止する．これらの作用は小さいので添加量を多くする必要がある．JIS A 6205 に，鉄筋コンクリート用防せい剤の品質規程がある．

7・4・8 混和材

（1）ポゾラン類　セメントペースト中の遊離石灰分と反応して不溶解質のケイ酸カルシウムを作ったり，アルカリ環境下で溶解し硬化する性質をもつ粉体類を総称してポゾランという．ポゾラン類をあらかじめセメントに混合した場合は混合セメントといい，混練時に添加する場合は混和材という．

このような混和材を添加すると，強度をもつ生成物が生成されるのでセメント量が節減でき，セメント量の節減は水和熱の発生を少なくし，マスコンクリートの水和熱対策となる．また，水溶性の石灰分が不溶解質の物質へと変換されるので，エフロレッセンス防止や耐硫酸塩性の向上対策となる．超微粒子のものは，セメント粒子間の隙間を埋めるマイクロフィラー効果もあり，高流動コンクリート用混和材や高強度コンクリート用混和材として用いられる．

高炉スラグ粉末は，溶鉱炉から排出されたスラグを急冷し，粉砕したものである．粉末度は $3\,000 \sim 10\,000\,cm^2/g$ の範囲で，高炉セメント用には $4\,000\,cm^2/g$ 程度のものが混合されるが，高流動コンクリートなどではもっと粉末度の高いものを用いる．フライアッシュは，石炭燃焼型の火力発電所の炉から排出された溶融岩石の微粒子である．排煙の途中で電気集塵器（しゅうじんき）で集めて分級する．粉末度は $2\,900 \sim 5\,600\,cm^2/g$ の範囲である．シリカフュームは，電気炉でフェロシリコンや金属シリコンを製造する際のガス中に含まれる微粒子で，非結晶質のシリカ分を主成分とする．粉末度は $100\,000 \sim 250\,000\,cm^2/g$ と非常に高い．

（2）その他の混和材　天然産のポゾランには，火山灰・ケイ藻土・ケイ酸白土などがあるが，最近での使用例は少ない．花こう（崗）岩を焼成し，粉砕した粉末にもポゾラン反応が存在する．近年，資源活用・環境保全などの面

から塵埃の焼却灰の利用やスラッジと呼ばれるコンクリート洗浄排水の残留物などの利用も計画されている．

7・5 フレッシュコンクリート

7・5・1 概　　説

混練後2～3時間程度までのコンクリートを，フレッシュコンクリートという．この期間の性質は直接打設へ関係するだけでなく，硬化後の諸性質にも大きな影響を及ぼす．

7・5・2 ワーカビリティー

ワーカビリティー（workability）とは，フレッシュコンクリートの軟らかさ・流動性・分離性などコンクリートの打込み・仕上げなどの作業性の良否を総合的にいう言葉である．「施工軟度」と訳されることもある．ワーカビリティーの善し悪しの判断は施工条件によって異なる．ワーカビリティーが良い状態を「ワーカブルな」と表現する．

ワーカビリティーを直接測定することは困難であるが，簡単にワーカビリティーを表す数値としてスランプ値が用いられる．ワーカビリティーに関連ある性質を表す用語のいくつかを以下に記す．

（1）**コンシステンシー**（consistency）　水量の多少で，コンクリートの柔らかさは変化する．コンシステンシーとは，主として水量によって左右されるフレッシュコンクリートの流動性の程度をいう．

（2）**プラスチシチー**（plasticity）　フレッシュコンクリートの塑性的性質を表す言葉．具体的には，容易に型枠に詰め込むことができ，型枠を取り外すとゆっくりと変形するが，くずれたりしないコンクリートをプラスチシチーのよいコンクリートという．

（3）**フィニッシャビリティー**（finishability）　打設後のコンクリート表面の仕上げ作業の善し悪しを表す言葉．フィニッシャビリティーのよいコンクリートは，コテ仕上げのしやすいコンクリートである．

（4）**ポンパビリティー**（pumpability）　ポンプ圧送のしやすさを表す言

7・5 フレッシュコンクリート

葉．ポンプ圧送しやすコンクリートは，ポンパビリティーがよいという．

7・5・3 スランプ

スランプの試験方法は，JIS A 1101 に規定されている．測定は**図7・10**に示すように，上部内径10 cm・下部内径20 cm・高さ30 cmのスランプコーンと呼ばれる鋼製裁頭円錐容器にフレッシュコンクリートを詰めた後，コーンを静かに引き抜くとフレッシュコンクリートは崩れる．崩れたコンクリートの頂上の移動距離をcm単位で測り，これの値をスランプ（slump）値とする．

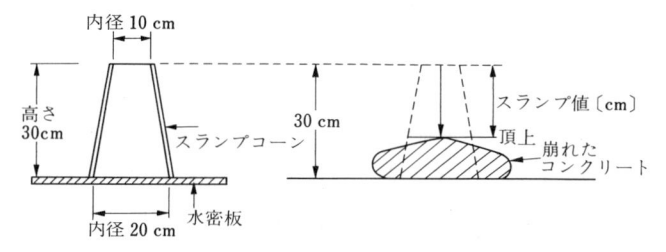

図7・10 スランプ試験

スランプ値とコンクリート中の水量（単位水量）とは，**図7・11**のようにほぼ比例する関係がある．この傾向はコンクリートの調合が多少変わっても大きく異なることはない．

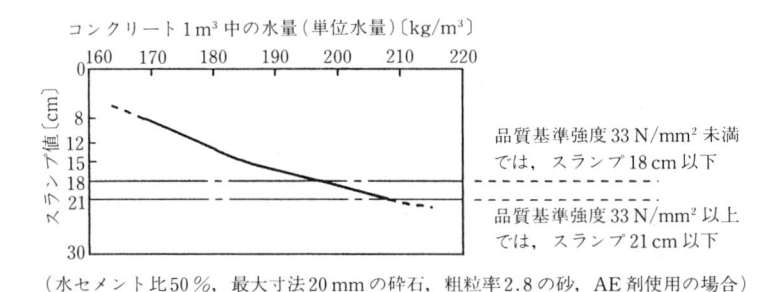

（水セメント比50％，最大寸法20 mmの砕石，粗粒率2.8の砂，AE剤使用の場合）

図7・11 スランプ値と単位水量の関係(例)

スランプ試験はフレッシュコンクリートのコンシステンシー試験方法であるが，これと同時にコーンを抜いたときのコンクリートの崩れ方，崩れたコンクリートの山の形，さらには突き棒で崩れたコンクリートや水密板をたたいたときの状況などを観察すると，ある程度ワーカビリティーを推定することができ

る．また，崩れたコンクリートの直径（flow 値）を測定し，これをスランプ（slump）値で除した値（fl/Sl 値）を求めると，例えば，スランプ18cm 程度の軟練りコンクリートであれば $fl/Sl=1.8$ くらいならワーカブルなコンクリート，2.0 以上であれば分離傾向にある，1.6 以下ならば粘性が強いなどと判断することができる（**図7・12**）．

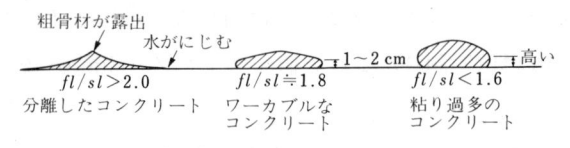

粗骨材が露出　水がにじむ　1〜2 cm　高い
$fl/sl>2.0$ 　$fl/sl\fallingdotseq1.8$ 　$fl/sl<1.6$
分離したコンクリート　ワーカブルなコンクリート　粘り過多のコンクリート

図7・12　ワーカビリティーの異なるコンクリート

7・5・4　ワーカビリティーに影響を与える要因

コンクリートは，打設のしやすさからは軟練りコンクリートのほうが有利である．しかし，後述のブリージングも含めた材料分離に対する抵抗性は軟練りコンクリートほど劣る．ワーカブルなコンクリートとは，この相反する二つの要求を同時に満足した状態をいう．コンクリートの組成割合（7・8節調合参照）を決めるときには，要求事項の一方に偏ることがないように調整しなければならない．この際，混和材料の使用は，有効な手法である．

水の粘性は非常に小さいので，コンクリート中では潤滑剤の働きをし，水量の多いコンクリートほど変形しやすい軟らかいコンクリートとなる．しかし，水量が多いほど材料分離を起こしやすい．軟練りコンクリートは，この傾向が高い．

連行空気はコンクリートを変形しやすくするので，連行空気量が多いほどコンクリートは軟らかくなる．セメントペーストのような粘りのある粘性体中では球体が最も小さな力で移動でき，互いのからみ合いも少なく，骨材の形が球形に近いほどコンクリート中での骨材の移動は容易になる．角張った砕石，砕砂を使った場合は，川砂利・川砂の場合よりも水量を増さないと同程度の流動性をもつコンクリートにはならない（7・3・6項粒形の判定参照）．逆に，球形に近い形の骨材ほどわずかな力でも容易に移動してしまい，分離しやすくなる．したがって骨材の形は，完全な球形のものよりも多少変形したもののほう

がよいとされている．また，適当な粒度分布の骨材ほど，骨材間の隙間が少なく，少ない量のペーストでもワーカブルなコンクリートが得られる．部分的に欠落のある粒度分布の骨材の使用は，分離を起こしやすい．特に，0.3 mm 以下の微粒子分が不足すると，粘りが少なくなる．AE 剤や減水剤などの減水性能のある混和剤を用いると，単位水量の低減，セメント粒子の分散などの効果で少ない水量でも，コンクリートは軟らかくなるとともに分離を抑制する働きがある．

7・5・5 沈降，ブリージング

コンクリート打設後しばらく経つと，上面に水がにじみ出てくるとともにコンクリート面が下降してくる．この現象をブリージング (bleeding) と呼び (図 7・13)，にじみ出てきた水をブリージング水という．ブリージングにともなってコンクリート面が下降することを，沈降現象という．

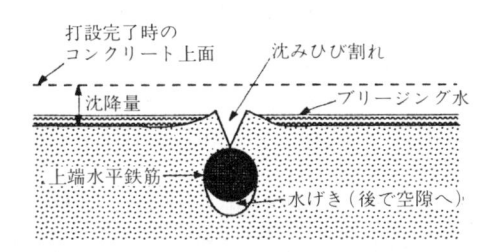

図 7・13 ブリージング現象

フレッシュコンクリートは，比重も粒径も異なる物質が水に懸濁した状態にあるので，時間の経過とともに比重の大きい粒子から先に沈降していく．水は相対的に上の方へ排除され，ブリージング水となる．

ブリージング水は水道(みずみち)を作りながら，セメント粒子や石粉などの微粒子をともなって上昇してくる．微粒分はコンクリート上面に沈殿し，脆弱なレイタンス (laitance) と呼ばれる水酸化カルシウムを主成分とする薄膜を形成する．

水の上昇により形成された水道によってコンクリートは多孔質となり，透水性・透気性の低下などコンクリートの耐久性の低下をもたらす．

鉄筋や粗骨材などの障害物で沈降が妨げられ，ブリージングは部分的に不均

一になる．特に，水平に配置された鉄筋や粗骨材の下側では図7・13のように沈降が阻害され，表面に沈みひび割れや障害物下部に空隙が生じる．硬化後にこれらの隙間を通って水や空気が流入し，漏水・鉄筋発せいの原因となる．レイタンスは低強度の上に水にも溶けやすい脆弱な層である．ひび割れや透水の原因になるレイタンスを除去した後に，上部コンクリートの打設を行う．

ブリージング現象は，主としてフレッシュコンクリート中での水分の移動現象によるものである．セメントの凝結が進んで粘性が高くなると，しだいに進行が遅くなり，ついには停止する．温度が20℃程度の場合では打設後2〜4時間程度で終了し，冬季では長く，夏期では早くなる．凝結遅延形の混和剤を使用した場合は遅くなる．

ブリージングの程度は，JIS A 1123に規定される試験方法で測定する．結果は，採取されたブリージング水のコンクリート上面 $1\,cm^2$ 当りの量（ブリージング量；ml/cm^2）もしくは単位水量に対する割合（ブリージング率；%）で表す．ブリージング量は，単位水量の多いコンクリートほど多く，軟練りコンクリートほど顕著に表れる．JASS 5では，ブリージング量が $0.5\,ml/cm^2$ 以下を推奨している．

JASS 5において単位水量を $182\,kg/m^3$ 以下とした規定には，この条件も考慮されている．AE剤，減水剤，AE減水剤，高性能AE減水剤などの使用は，ブリージング低減に効果がある．微粉末の添加は単位水量の増加がなければ，ブリージングを低減する．

ブリージングの終了時を見計らって，コンクリート上面を叩く作業（タンピング）を行うと，ブリージングによる障害を補正することができる．

7・5・6 フレッシュコンクリート中に含まれる塩化物

コンクリート中に塩化物（Cl^-）が含まれていると鉄筋の腐食が促進され，鉄筋コンクリート構造物の耐久性が低下する．コンクリート中に塩分が混入される経路には，使用材料に付着して混入してくる場合と硬化したコンクリートの表面から浸透してくる場合がある．海砂の場合は前者で，JASS 5では海砂に付着する塩化物量の上限値を0.04%としている（7・3・7項（2）参照）．塩化

物の混入は海砂の他に混練水・混和剤・海砂利およびセメントなどの可能性もある．

鉄筋防せいの観点からは海砂で規定するよりは，コンクリート中に含まれる塩化物の総量で規制するほうがより合理的な処置といえる．近年，フレッシュコンクリート中の塩化物量を，直接・簡易に測定できる測定器が開発され，現場でフレッシュコンクリート中に含まれる塩化物量を簡易に測定することが可能となった．JASS 5 では，フレッシュコンクリート中に含まれる塩化物の総量を $0.3\,\mathrm{kg/m^3}$ 以下とし，$0.3 \sim 0.6\,\mathrm{kg/m^3}$ の場合は防せい対策を講じるように規定している．

7・6　硬化したコンクリートの力学的性質

7・6・1　概　説

硬化したコンクリートの諸性質には，強度・変形能力など構造物の耐力にかかわる力学的性質のほか，耐火・腐朽・ひび割れ・鉄筋の防せい能力などの耐久性にかかわる事項がある．ここでははじめに強度などの力学的性質について，続いて耐久性にかかわる事項について述べる．

7・6・2　強度に関する諸説

構造材料としてのコンクリート強度は，圧縮強度で表示される．その他の強度は，引張強度，曲げ強度，セン断強度などと，名称をつけて呼ぶ．

所定の強度のコンクリートを造るには，調合と強度との関係を明らかにしておく必要がある．これについては従来から多くの説が提案されてきた．代表的な強度説を**表 7・16** にまとめた．

（1）**水セメント比説**（water-cement ratio theory）　1918 年，米国人エブラムス（D. A. Abrams）は「同一材料で作ったコンクリートの強度は，ワーカブルで密実なものであれば，水とセメントの質量比（水セメント比）によって決定される」とする説を提案した．

水セメント比と強度の関係は，通常の水セメント比の範囲では $F_c = A/B^x$ の式で表示される．式中の F_c はコンクリート強度〔$\mathrm{N/mm^2}$〕，x は水セメン

表7·16 強度諸説

強度説名称	提案者名	内容概説
最大密度説	Taylor & Thompson (1917)	強度は密度の関数であるとする説．ある範囲でのコンクリートには適用できるが，汎用性はない
骨材表面積説	Edwaeds (1918)	強度は骨材の表面積に対するセメント量に定まり，水量は骨材表面積とセメント量によって決まるとする説．骨材の表面積を求めるのが困難である
水セメント比説	Abrams (1918)	強度は水とセメントの比率で決定されるとする説．扱いやすさから今日でも実用式として広く用いられている．水セメント比と強度との関係は，指数式となる
セメント水比説	Lyse (1932)	水セメント比の逆数のセメント水比をとると，強度との間に直線間形が成り立つとする説．実質的には水セメント比と同じものであるが，より実用性が高い
セメント空隙説	Talbot (1921)	強度は空隙の割合に比例するとする説．基本的には広範囲に適用できる考え方であるが，一般的な強度式の確定が難しい

ト比，A，B は実験定数である．**図7・14** に F_c と x の関係の一例を示す．

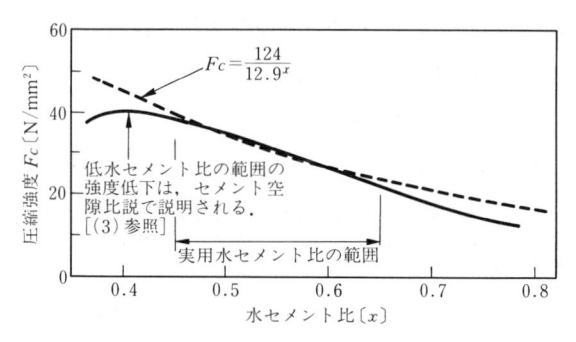

図7·14 水セメント比式の例

（2） **セメント水比説**（cement-water ratio theory） 水セメント比説では強度式が指数式のため，計算が面倒である．1932年，米国人リース（I. Lyse・米）は，水セメント比（$x=W/C$）の逆数であるセメント水比（$X=C/W$）を用いると，強度式は $F_c=a \cdot X+b$ の直線式で表されることを示した．これを，セメント水比説という．ここで F_c はコンクリート強度〔N/mm²〕，X はセメント水比，a，b は実験定数である．**図7・15** に図7・14の水セメント比式を併記して示した．図中の破線が水セメント比式から計算された

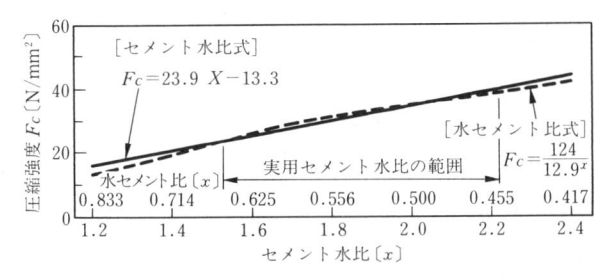

図7·15 セメント水比式の例

値で，これからセメント水比式を定めて計算した結果が実線である．セメント水比式は直線表示のため，実験定数を定めるときの実験の回数が少なくてすむことや計算が簡便であることなどから，今日では広く用いられている．わが国では浜田稔によってセメント強度（K）を考慮した $F_c=K(aX+b)$ の式が提案され，さらにこの式は，AEコンクリートや軽量コンクリートの場合にも適用できるよう拡張された．

（3） セメント空隙比説（cement void ratio thiory）　ぱさぱさ状態の硬練りコンクリートや締固めが不十分なコンクリートでは，水セメント比説が成立しない．AEコンクリートでは，空気量が過多になると強度低下が起こる．空隙の多いコンクリートでは，コンクリート中の全空隙量とセメントの容積量の比，すなわちセメント空隙比をとるとよく説明されることを，1921年にタルボー（A. N. Talbot・米）が示した．この説を，セメント空隙比説という．白山和久は，全空隙量を水量と空気量の和とし，これとセメントの絶対容積（セメント粒子の真の容積）との比をセメント空隙比とする式を示した．

　$[\sigma=\sigma_0 \times e^{(-b,P)}]$ と $[\sigma=\kappa \times d^{(-0.2)} \times \sigma_0 \times e^{(-b,P)}]$ の二つの式は，多孔質物質の空隙と強度の関係を簡便に表す式である．σ は多孔質物質の強度，σ_0 は空隙が含まれていないときの理想強度，P は空隙量，d は空隙の直径，e は e 関数，b, κ は実験定数を示す．前式より強度と空隙量の間には指数関数的関係があり，後式より空隙の直径が小さいほど強度低下が少ないことがわかる．

7·6·3　圧縮強度に影響する要因

（1）　供試体の形状などの影響　コンクリートの圧縮強度試験は，JIS A

1132に規定される直径の2倍の高さをもつ円柱形供試体で行う．供試体の直径は，粗骨材の最大寸法の3倍以上，かつ10cm以上とする．建築工事で用いられるコンクリートの粗骨材は25mm以下であるので，供試体直径は7.5cm以上となるが，直径10cmの供試体が使われることが多い．この場合の供試体の高さは，20cmとなる．

供試体の形状がこのように規定されているのは，供試体の形や大きさで試験結果に差が生じるためである．円柱供試体の直径（d）と高さ（h）の比（h/d）が小さくなるほど強度が大きく出る傾向がある．供試体の（h/d）とその強度の変化に関して，文献[*1]～[*4]のように多くの研究がある．（h/d）=2.0を規準としたときの，h/dの変化に対応する強度比（n）に関する実験式の例として$n=0.8+0.4\cdot(h/d)$があげられる．この式は，佐治らの実験で近似式として採用した式である[*5]．この式による（n）と（h/d）の関係を図7・16に示した．

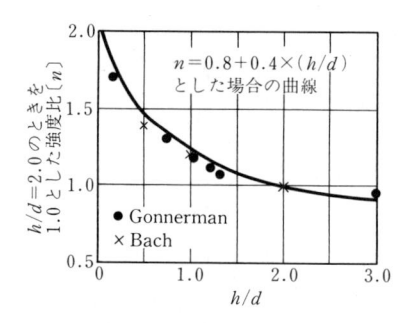

図7・16　h/dと強度比

表7・17　コアのh/dと強度補正係数

高さと直径の比〔h/d〕	補正係数
2.00	1.00
1.75	0.98
1.50	0.96
1.25	0.93
1.00	0.89

JASS 5では，鉄筋コンクリート造の構造体コンクリート強度を「構造体各部から切り取ったコア供試体の圧縮強度」と定義している．既設の構造物からコンクリートコアを採取した際，コアの高さが直径の2倍以下の場合がある．JIS A 1107では，このような場合には，コアの破壊荷重より計算された応力

[*1] 小坂義夫：日本建築学会研究報告，33(1655)
[*2] 同上，他1：セメントコンクリート，No.265(1969)
[*3] C.V. Bach：Elastizitat und Festigkeit(1924)
[*4] H.F. Gonnerman：ASTM(1928)
[*5] T. Saji：Memoirs of the Faculty of Eng. Kyushu Univ.(1962)

に，コアの直径と高さの比に対応した**表7・17**に示す強度補正係数を乗じた値を圧縮強度とするように定めている．

コンクリートの圧縮試験は，供試体の上下面に加圧板を密着させた状態で圧縮力を加える．したがって，供試体上下両端部分は，加圧板との間に生じる摩擦により横方向への変形が拘束された状態になる．圧縮強度はこの拘束の影響を受け，横方向に生じる引張応力の発生が阻止され，高さが低い供試体ほど圧縮強度は高くなる（図7・16）．加圧面に潤滑剤を塗布するなどして加圧面の横方向の拘束を緩和すると，供試体には縦方向に割裂が生じ，塗布しない場合より低い応力度で破壊を起こす．横方向の拘束を行うと強度が高くなる現象は，供試体の場合に限ったものではなく，例えば，コンクリートの角柱体に横方向の変形を拘束する補強を行って圧縮すれば，角柱体の耐力が高くなる．鉄筋コンクリート構造で用いる，帯筋（hoop）にはこの働きがある．

1957年にRILEM（国際材料試験連合）が各国へ供試体の形状，寸法の相違による強度差についてのアンケートを行っているが，その結果を見ると相似形の供試体では供試体寸法が大きいものほど強度は小さくなる傾向が見られる（2・3・4節強度の寸法効果参照）．

（2） 部分圧縮強度　図7・17のように供試体の一部分に力を加圧して，圧縮強度を求めた場合，これを部分圧縮強度あるいは支圧強度と呼ぶ．

図7・17のうち，（2）の上面が部分圧縮で下面を全面圧縮として場合の実験は，古くは1876年Baushingerの立方体の砂岩の試験片を用いた実験があり，その後コンクリートによる実験が多数行われている[1]〜[7]．これらの実験から，支圧強度 F_c' は，$F_c' = a \cdot F_c \cdot \sqrt[m]{A_c/A_1}$ などの形で表される．ここに，a, m は実験定数，F_c はコンクリートの標準強度，A_c は支承面積，A_1 は支圧面積で

---

[1] J. Baushingr : Technishen Hochschule, Munich(1879)
[2] 小坂，谷川：セメント技術年報，20(1966)，21(1967)
[3] 六車，岡本：セメント技術年報，17(1963)，18(1964)
[4] William Shelson : ACI(1957)11
[5] Campbell Allen : ACI(1958)5
[6] 一木保夫：土木試験所報告，第60号(1941)
[7] T. Au and D.L. Baird : Aci(1960)

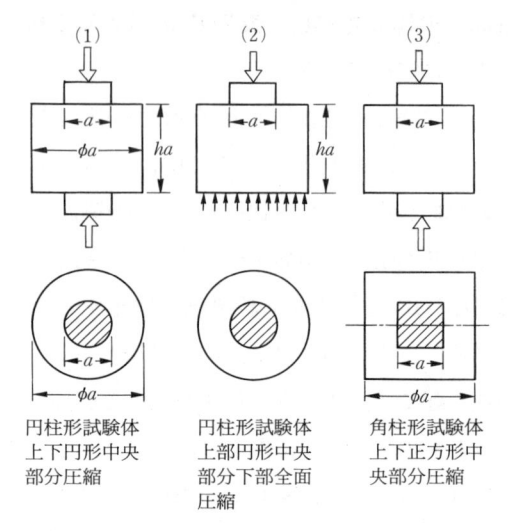

図7・17 部分圧縮

円柱形試験体
上下円形中央
部分圧縮

円柱形試験体
上部円形中央
部分下部全面
圧縮

角柱形試験体
上下正方形中
央部分圧縮

ある．普通コンクリートでは，$a\fallingdotseq1.0$，$m\fallingdotseq2.0$としてよい（日本建築学会プレストレストコンクリート設計施工規準）．すなわち

$$F_c' = F_c \cdot \sqrt{\frac{A_c}{A_1}}$$

強度倍率$(F_c'/F_c)=n$とすると

$$n = \sqrt{\frac{A_c}{A_1}}$$

これらの式は，供試体の高さに関する項が入っていない．佐治らは実験[*]から，図7・17の加力（1）および（2）に対し

$$n = 1.9t\frac{(2\phi^2+3)(\phi-1)}{(\phi^2+1)}h^\beta + \left(0.8 + 0.4\frac{1}{h}\right)$$

を提案した．式中 $t=$（引張強度/圧縮強度），β は図中の（1），（3）の加力の場合には3/5，（2）の場合には2/3とする．上の式は，ϕ および h が1～7の範囲で適用できる．式中 ϕ，h は加圧部分の直径または一辺 a で除した無次元化した値（図7・17参照）．

上下から同じ形で部分圧縮を受ける図7・17の（1）または（3）場合で，$t=$

---

[*] 佐治：コンクリートジャーナル，4，1 (1966)

0.1, $a=5\,\mathrm{cm}$, $\phi a=15\,\mathrm{cm}$, $ha=15\,\mathrm{cm}$ のときの強度倍率 (n) を求める.

$$\phi=\frac{\phi a}{a}=3, \quad h=\frac{ha}{a}=3, \quad \beta=\frac{3}{5}$$

これを上の式に代入すると, $n=2.47$ となる.

図7・17の(2)の場合は上の式では, 2.61. $n=\sqrt{A_c/A_1}$ では, 3.0 である.

(3) 材料による影響

(a) セメント コンクリートは骨材粒子をセメント硬化体が結合したものであるのでコンクリート強度に及ぼすセメント硬化体強度の影響は大きい.

浜田稔は, セメント強度を考慮したコンクリートの強度式として (7・6・2項(2)) 式を提案した.

(b) 骨材 コンクリート組成中の70％近くを骨材が占めていることから, 骨材の特性がコンクリート強度に影響することは容易に推定できる. 異なる強度の骨材を用いたコンクリート強度とセメント水比との関係の一例を**図7・18**に示すが, 図から骨材によってコンクリート強度に違いが生じることがわかる.

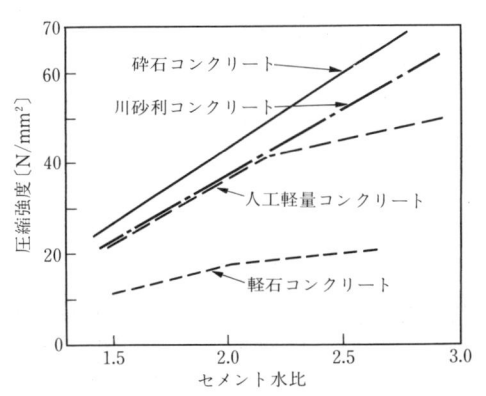

図7・18 骨材とコンクリート強度の関係の一例*

脆弱な軽石では, セメント水比を小さくしてセメントペーストの強度を改善しても, コンクリート強度の上昇にはつながらない. 骨材強度が軽石よりやや

---

* 村田二郎・菅原 操・宮崎昭二：高強度軽量骨材コンクリート，山海堂 (1966), p.17, 図1・10を参照.

高い人工軽量骨材では，コンクリート強度が低い範囲では川砂利コンクリートと同様な強度性状を示すが，高強度になると強度の増進は少なくなる．このように，コンクリート強度がある程度以上になると骨材強度の影響が表れ，セメント水比説は成立しなくなる．砕石の骨材の強度は，川砂利と同じ程度と見てよいが，セメント水比が同じ場合のコンクリート強度は，砕石コンクリートのほうが川砂利コンクリートより15％程高くなる．これは，川砂利はその表面がなめらかで，球形のため，モルタルとの付着性状が砕石に比べ劣ることがその原因の一つであるといえる．

（4）調合 まず，調合と強度の関係では，先に述べた水セメント比をあげなければならない．水セメント比の関係は，密実でワーカブルなコンクリートにおいて成立する．

細骨材の量が減少するとワーカブルなコンクリートとはなりにくく，コンクリート中の空隙が増し，強度は急激に低下する．浜田稔の実験から引用して図7・19に示す．

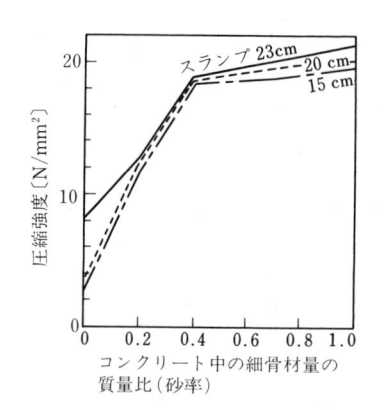

図7・19 細骨材量とコンクリート強度の関係例*

（5）練混ぜ時間 練混ぜ時間が短く，材料が十分に混合されてないとコンクリート強度は低くなる．コンクリートの混練は，すべての材料が十分に混合され，均一になるまで行う．実用的には全材料が均一に混合される最低の時間で十分である．

---

* 浜田　稔：建築材料，丸善（1964）を参照．

均一に混合されるまでの時間は，ミキサの種類によって異なるが，通常は1〜3分程度である．練混ぜによる均一性を確かめる試験方法はJIS A 1119に示されている．

（6） **練り置き時間**　混練後しばらく静置しておいたコンクリートを，再び練り返して打ち込むと強度が高くなる傾向がある．しかし，あまり長い時間置いたものはこわばりが生じたり，打込み後の凝結が早くなったり，低強度になる場合もあるので，練り終わったコンクリートは，なるべく早く打込みを終わらせるのがよい．

打込み限界の時間は，セメントの凝結状態によって制限される．JASS 5では練混ぜから打込み終了までの時間を，気温が25°C以下の場合は120分以内，25°C以上の場合は90分以内としている．

（7） **締固め**　打設後の締固めを十分に行わないと，コンクリート中に多量の空隙が残り，コンクリート強度の低下を招く．締固め方法は，棒状振動機の利用が最も効果のある方法である．適切な振動機の利用でコンクリート強度は高くなるが，振動のかけ過ぎは，逆にコンクリートの分離を招き，強度低下のおそれが生じる．

特殊な締固め方法には，加圧成形，真空コンクリート，遠心力成形などがある．ともに，コンクリート中の空隙を減らし，余剰水を絞り出す効果があり，強度が増進する．

（8） **材齢・養生**　混練時に水を加えてからの経過時間を，材齢（age）という．材齢の表し方は，日数でいう場合もあり，週でいう場合もあり，ときには年数や時間でいう場合もある．

コンクリートは，セメントの水和反応にともなって強度発現が起こるのであるから，水和反応の進行とともに強度は増進していく．普通ポルトランドセメントを用いたコンクリートを水温20°Cの水中に置いていた場合，材齢28日の強度を100％とすると，材齢3日では25％程度，7日では50％程度，3カ月では125％程度，1年では140％程度の強度を示す．このようにコンクリート強度は材齢によって変化するので，コンクリート強度は特別な場合を除き材

齢28日時の強度で呼ぶ．

　コンクリート打設後は，セメントの水和反応が十分に行われるよう，コンクリートを保管しておかないと強度の発現は望めない．水和反応が十分に行われるように，コンクリートを保管しておくことを，養生 (curing) という．

　養生では，水分と温度の条件の影響が大きい．水分が十分に供給される水中で養生（水中養生）を行うと，コンクリートは材齢とともに強度の増進が見られる．室内などの気中で養生した場合，水和反応に必要な水分が不足し，強度増進は止まってしまう．グリーン（Green）はこれらの状況を図7・20 としてまとめた．

　型わくに打設した後，そのまま封緘養生を行ったコンクリートの材齢28日まで強度性状を，図7・21に示す．コンクリートの初期強度は，養生温度が高いほど強度の発現が早く，温度が低いと遅くなる．

　養生温度が高いほど強度発現が早くなる関係は，温度80°C程度までは成立する．熱媒体として蒸気を用いた養生では，材齢1日で脱型に必要な強度が得

図7・20　養生条件と圧縮強度の関係(例)[*1]

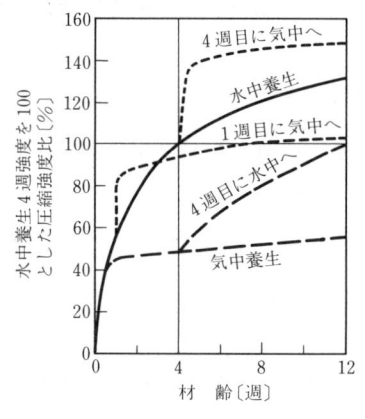

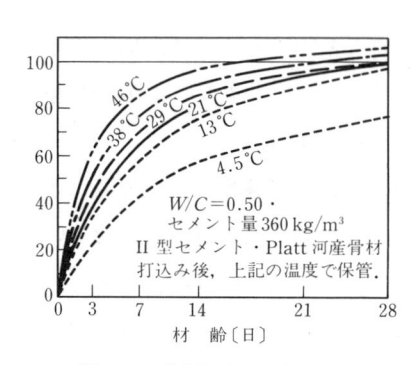

図7・21　養生温度と圧縮強度の関係(例)[*2]

[*1] T. S. Green : Cement and Concrete Eng., 12 (1927) ; 浜田稔：建築材料，丸善（1931）．一部簡略化．

[*2] CONCRETE MANUAL., 近藤泰夫：コンクリートマニュアル第7版，国民科学社（1974）．一部簡略化．

7・6 硬化したコンクリートの力学的性質

られる．

なお，水温 $20\pm3°C$ の水中で養生を行うことを，標準養生と呼ぶ．

（9） 破壊荷重載荷の速度　　圧縮強度試験を行うとき，供試体への載荷速度を早くするほど強度は高くなり，遅いほど低くなる．コンクリートの圧縮試験方法の JIS A 1108 では載荷速度の影響考慮して，載荷速度を毎秒 $0.19 \sim 0.29\,N/mm^2$ となるように定めている．

図7・22 に JIS 規格での標準載荷速度（静的載荷）に対応するひずみ速度 $1.0\times10^{-6}\,sec^{-1}$ 時の強度を基準とした，圧縮強度とひずみ速度との関係を示す．載荷速度が早くなるとひずみ速度も早くなるので，横軸は載荷速度と読み替えれば理解できよう．地震や爆発時では最大荷重に達するまでの時間は非常に短く，前者ではおよそ 10^{-1} 秒，後者ではおよそ 10^{-3} 秒である．これをひずみ速度に直すと $(1.0\times10^4 \sim 10\times10^8)\times10^6\,sec^{-1}$ に相当し，JIS 規格での標準載荷速度時の圧縮強度に比べて $1.2 \sim 1.4$ 倍とかなり高い破壊荷重を示す．

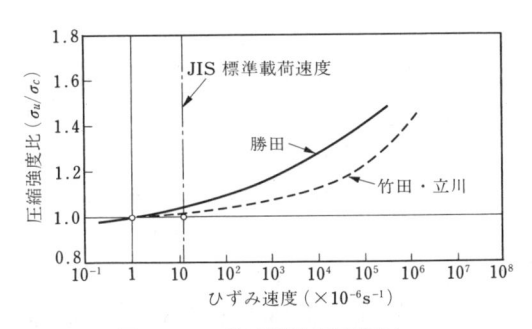

図7・22　ひずみ速度と圧縮強比*

一定の大きさの荷重を長時間にわたって持続させると，静的な圧縮強度の 80 % 程度の応力でコンクリートは破壊する．これをクリープ破壊という．クリープ（creep）とは，「一定持続応力下における供試体の時間的な変形」と定義される．静的載荷を行ったときのコンクリートの破壊時のひずみ度は，2×10^{-3} 前後であるが，**図7・23** のように載荷時間が長くなるとこの値が大きくなり，これに従って破壊時の応力度が低下してくる．このため，コンクリートに

---
* 狩野春一：コンクリート技術事典，オーム社（1986）

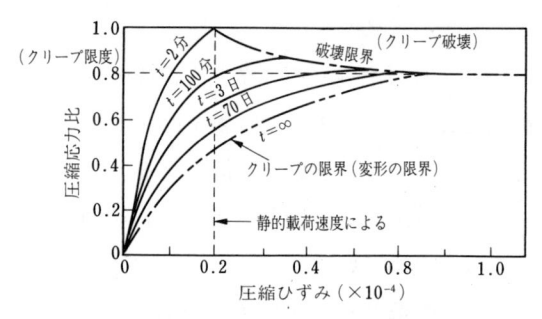

図7・23 圧縮クリープとクリープ破壊の例*

長時間に渡って載荷を続けると変形が増大するとともに低い応力で破壊する．

(10) 繰返し荷重　材料に繰り返して力を掛けると，低い応力で破壊を起こす．繰返し荷重を受けて材料が破壊することを疲労破壊という．

疲労破壊現象は，静的強度に対する応力比（S）と繰返し回数（N）との関係で表される．これを**図7・24**に示す．一般に，N は対数目盛をとり，S-N 曲線と呼ばれる．

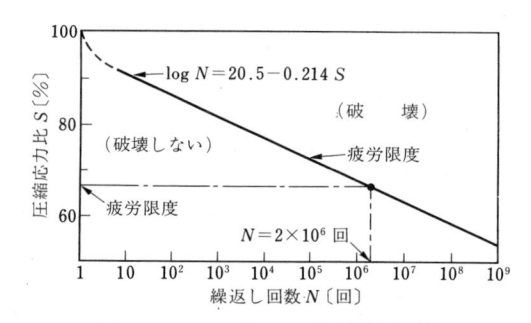

図7・24 コンクリートのS-N曲線の例

無限に近い繰返し回数に耐える最も大きい応力比を疲労限度という．コンクリートの疲労限度は確認されておらず，一般に 200 万回の繰り返しで破壊しなかった最大の応力比をもって疲労限界とし，この強度比はおよそ 65% である．

7・6・4　圧縮強度以外の各種強度

(1) 引張強度　コンクリートは脆性材料である．圧縮強度に比べて引張

---

* 坂田健次：コンクリート工学，Vol.17, No.7(1979)

強度は低い．狩野春一は，引張強度（σ_t）と圧縮強度（σ_c）との間で$\sigma_c=2.66\sigma_t^{1.44}$の関係を提示した．圧縮強度20 N/mm²程度のコンクリートでの引張強度は圧縮強度の1/10程度と見ておけばよいが，圧縮強度が高くなるほどこの比率は小さくなる．

コンクリートの引張強度を実験する際に，供試体を直接引張るのは困難である．通常はJIS A 1113規定の割裂引張試験方法が用いられる（**図7·25**）．割裂引張試験方法は，円柱供試体を圧縮試験機の載荷板の上に横に寝かせて設置し，直径方向に圧縮力を加える方法である．この載荷を行えば，供試体内部には垂直方向の圧縮応力の他に，同時にこれと直交する横方向に引張応力が発生する．圧縮強度に対して引張強度が低いコンクリートでは，引張による破壊が先行して供試体は縦に二つに割れて破壊する．供試体を完全な弾性体と仮定すると，発生する引張応力（σ_t〔N/mm²〕）は，$\sigma_t=2\cdot P/\pi dL$となる．ここで，Pは破壊荷重〔N〕，dは直径〔cm〕，Lは供試体の長さ〔cm〕である．

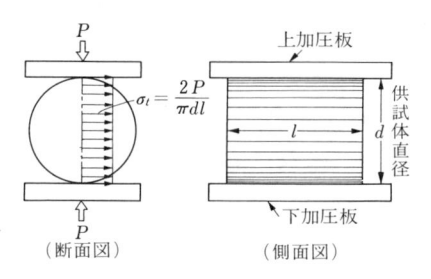

図7·25　割裂試験方法

（2）曲げ強度　曲げ強度は，長方形のコンクリート供試体を梁状に設置し，これに載荷したときの破壊荷重から求める．JIS A 1106では，コンクリート供試体梁を2点で支え，上部の2点に載荷する三等分点載荷方式で試験を行う（**図7·26**）．

破壊時の引張側縁応力を，曲げ強度とする．引張側縁応力（σ_B）の計算は，弾性範囲内で成立する$\sigma_B=M/I$，$I=bd^2/6$の式を用いる．ここで，Mは破壊時のモーメント〔N·cm〕，bは供試体の幅〔cm〕，dは供試体の高さ〔cm〕である．

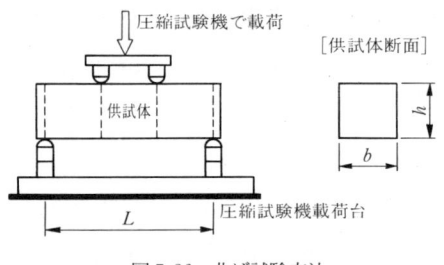

図 7・26 曲げ試験方法

　引張側縁応力がコンクリートの引張強度を超えたときに供試体の破壊が起こるのであるから，本来，曲げ強度は引張強度に等しくなければならない．しかし，塑性域での破壊現象に対して，計算式では弾性体として取り扱っているので，計算される曲げ強度の値は引張強度の約 1.5～2.0 倍の値となる．

　(3) せん断強度　鉄筋コンクリート部材に過大な曲げとせん断力が重複して働くと，斜めのひび割れが発生し，部材はぜい（脆）性的な破壊を起こす．せん断強度の試験方法として，中空の円柱供試体をねじる方法などが提案されているが，供試体に純粋なせん断強度（σ_S）のみを作用させることは難しい．理論的にモール（Mohr）の包絡線を用い，$\sigma_S = \sqrt{\sigma_t \cdot \sigma_c/2}$ として計算するのも一法である．ここで，σ_c は圧縮強度，σ_t は引張強度である．

　鉄筋コンクリート構造計算では，せん断強度は圧縮強度の 1/10 としている．

　(4) 付着強度　鉄筋コンクリート構造物で，鉄筋に引張応力あるいは圧縮応力が作用した場合，その応力はコンクリートと鉄筋の接着面に生じる付着応力によって相互に伝達される．付着応力は鉄筋コンクリート構造にとってきわめて重要な役割をもつものである．

　この付着応力の極限値としての付着強度を求めるにはいろいろな方法があるが，鉄筋をコンクリート中に埋め込み，それを引き抜く方法から付着強度を求める方法が簡便な方法である（ASTM C-234）（**図 7・27**）．この場合付着強度（σ_B）は，最大引き抜き力（P_t〔N〕），鉄筋径（d〔cm〕），鉄筋の埋め込み長さ（L〔cm〕）より，$\sigma_B = P_t/(\pi \cdot d \cdot L)$ で求められる．鉄筋の埋め込み長さは鉄筋径の 10 倍程度が適当で，埋め込み長さが長くなると上式で求められる付着強

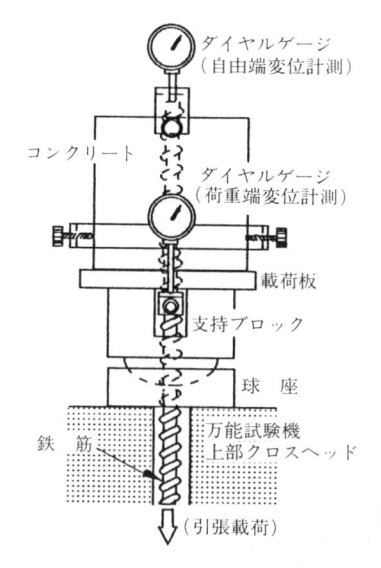

図7·27 付着試験方法

度は低い値となる．

　付着強度は，コンクリート強度・鉄筋の表面形状・鉄筋の埋め込み位置や方向などによって異なる．表面が平滑な普通丸鋼では鋼材とコンクリートの間の付着力しか期待できないが，異形棒鋼では表面突起のコンクリートとかみ合いによる物理的な付な付着力もあわせて生じるので，普通丸鋼より2～3倍の付着強度を示す．水平に配置した鉄筋では，ブリージング現象による鉄筋下端の空隙のため付着強度が低下する．梁などでは上端筋ほどその影響が大きく，下端筋の半分近くの値となる．普通丸鋼の付着強度はおよそコンクリートの圧縮強度の平方根に比例して付着強度も上昇する．圧縮強度 $20\,\text{N/mm}^2$ 程度の普通コンクリートでの普通丸鋼の付着強度は $3\,\text{N/mm}^2$ 前後の値である．鉄筋コンクリート構造計算では，材料の安全率を3にとり $1.0\,\text{N/mm}^2$ 程度の値としている．水平に配置された上端筋では，1/1.5程度に低減する．異形棒鋼では，普通丸鋼の1.7倍くらいの値が用いられる．

7·6·5　軸方向応力とひずみ度の関係

　コンクリートに荷重を加えれば，変形を起こす．コンクリート供試体の軸方向に荷重を加えたときの応力-ひずみ度の関係曲線の概略を，**図7·28** に示す．

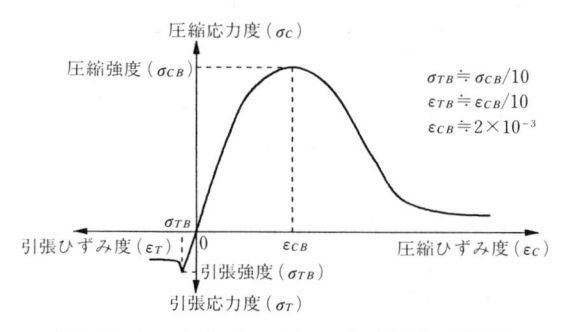

図7・28 コンクリートの応力-ひずみ度曲線の概念図

$\sigma_{TB} \fallingdotseq \sigma_{CB}/10$
$\varepsilon_{TB} \fallingdotseq \varepsilon_{CB}/10$
$\varepsilon_{CB} \fallingdotseq 2 \times 10^{-3}$

この際，応力度は載荷加重を供試体の断面積で除した値とし，ひずみ度は供試体表面に貼り付けた電気抵抗線ひずみゲージの変化を静ひずみ計で計測して求める．

圧縮荷重作用時の応力-ひずみ度曲線は，低応力時から曲線を描き鋼材のような直線域は存在しない．最大応力度時では，約 2×10^{-3} のひずみ度を示す．通常の載荷方法では最大応力度を越えたあたりで供試体は破壊するが，ごくゆるやかなひずみ速度で載加を行うと最大応力度以降に応力降下域が表れる．

引張荷重載荷時では，応力とひずみ度とは破断近傍までほぼ直線関係を示し，破断時のひずみ度は，圧縮強度時のひずみ度の約 1/10 の値である．

応力-ひずみ度曲線の勾配を，ヤング係数（E_c）または静弾性係数と呼ぶ．ヤング係数は，応力と変形を関係づける重要な数値である．

低応力度の範囲から応力度とひずみ度が比例しない圧縮時のコンクリートでは，図7・29に示すように初期ヤング係数，セカントモジュラス，タンゼントモジュラスが設定でき，それぞれ異なる値となる．通常は，セカントモジュラスが用いられ，圧縮強度の 1/3 または 1/4 の点における応力度とひずみ度の比をヤング係数とされることが多かったが，圧縮強度の 1/3 の点とひずみ度が 50×10^{-3} の2点におけるセカントモジュラス（σ_a/ε_a）をヤング係数とすることが共通試験方法として提案されている．

コンクリートのヤング係数は，骨材の種類が同じであれば圧縮強度が高いほど大きく，軽量コンクリートのヤング係数は普通コンクリートより小さい値と

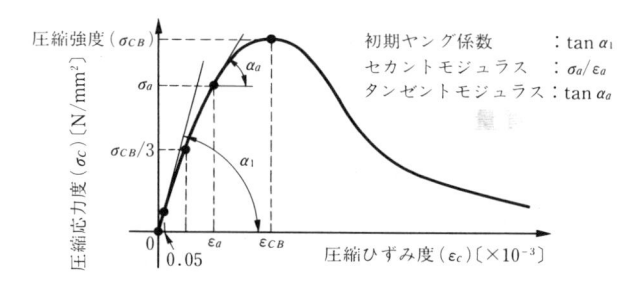

図7・29 圧縮時のコンクリートのヤング係数

なる．これらの関係を考慮し，コンクリートのヤング係数（E〔N/mm²〕）を推定する簡易な実用式としてつぎの式があげられる．ただし，γは硬化コンクリートの単位容積質量〔t/m³〕，F_cはコンクリートの圧縮強度〔N/mm²〕である．

普通コンクリートでは，γは2.3t/m³，F_cは20N/mm²程度であるので，ヤング係数は2.35×10^4N/mm²程度の値となる．

$$E = 2.36 \times 10^4 \times \left(\frac{\gamma}{2.3}\right)^{1.5} \times \left(\frac{F_c}{20}\right)^{0.5} \text{〔N/mm²〕}$$

7・6・6 ポアソン比

材料に応力を作用させると，軸方向の縦ひずみと，これに直交する方向の横方向にもひずみが生じる．横ひずみ（ε_2）に対する縦ひずみ（ε_1）の割合をポアソン数（m）といい，この逆数をポアソン比（ν）という．鋼材のmは3程度，コンクリートでは低応力時には$m=6\sim7$程度であり，ひび割れ発生時には$m=9\sim12$程度になる．

7・6・7 せん（剪）断弾性係数

せん断応力度（τ）とせん断ひずみ度（γ）との間には，$\tau = G \cdot \gamma$の関係があり，比例常数（G）をせん断弾性係数という．せん断弾性係数はヤング係数（E）とポアソン数（m）を用い，つぎの式より計算で求められる．

$$G = \frac{E}{2} \cdot \frac{m}{m+1}$$

7・7 硬化したコンクリートの物理・化学的性質

7・7・1 単位容積質量

フレッシュコンクリートの単位容積質量は，1m³のコンクリートを作るに用いたすべての材料の質量を合計した値である．

硬化したコンクリートを気中に置いておくと，水分が蒸発し，蒸発した水分量だけ単位容積質量は軽くなる．JASS 5では気乾状態のコンクリートの単位容積質量の推定式として $W=G_0+S_0+1.25C+120$ を示している．ここで，W は硬化したコンクリートの単位容積質量〔kg/m³〕，G_0，S_0 は粗骨材，細骨材の絶乾状態時の質量〔kg/m³〕を表す．セメントと水和した水量がセメント質量の25％程度と仮定して，セメント質量 C〔kg/m³〕を1.25倍する．蒸発せずにコンクリート中に残る水分量を120 kg/m³ 程度と見る．硬化した普通コンクリートの単位容積質量は2.3t/m³ 程度，粗骨材が入ってないモルタルでは2.0t/m³ 程度である．

7・7・2 体積変化

コンクリートは，含水率・温度・荷重などの変化や化学反応によって体積変化を起こす．コンクリートは伸び能力に劣る（7・6・5項）ので，拘束された状態でコンクリートが収縮を起こせば，部材にひび割れが発生する．また，膨張を起こせば，膨張ひび割れが生じ，場合によっては部材の伸長で他の部材にひび割れを発生させることもある．

荷重による変形については7・6・5項を参照．

（1） 乾燥収縮 コンクリートの収縮のおもな原因は，セメントペーストの収縮によるもので，セメントペーストの収縮にはつぎの三つの場合がある．

（a） 硬化収縮：水和反応にともなう収縮
（b） 乾燥収縮：含有水分の蒸発による収縮
（c） 炭酸化：水酸化カルシウムの炭酸カルシウムへの変換にともなう収縮

（a）の硬化収縮は，セメントの水和反応によって起こる収縮である．水和反応によりセメントペーストは当初の容積の92％程度に収縮するため，水和反

応が進むと水とセメントペーストの容積が小さくなる．この結果，セメント使用量の多いコンクリートは，収縮率が大きくなる．

（c）の炭酸化にともなう収縮は，セメント硬化体中の遊離水酸化カルシウムが炭酸ガスと反応して炭酸カルシウムへ変換されると，容積が1/1.2程度に減少することで起こる収縮である．この現象は，つぎに述べる乾燥収縮現象と重複して起こるので，一般には乾燥収縮に含めて取り扱われる．

（b）の乾燥収縮は，硬化したセメントペースト中の水分の蒸散がおもな原因で，硬化したセメントペーストは乾燥すると収縮を起こす．気中に保管されたコンクリートも，乾燥の進展とともに収縮量が増大する．鉄筋コンクリート構造物に発生するひび割れのおもな原因は，乾燥収縮によるものである．

室内に保管したコンクリートの収縮率と材齢の1例を**図7・30**に示す．乾燥収縮曲線には，$S=t/(a \cdot t+b)$の実験式が適用される．ここで，Sは材齢tにおける収縮率〔$\times 10^{-4}$〕，tは材齢〔日〕，a，bは実験定数である．

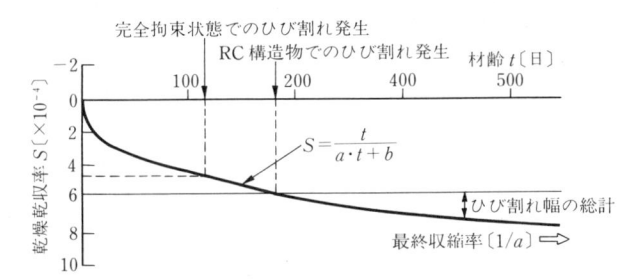

図7・30　コンクリートの乾燥収縮(例)

対象コンクリートの乾燥収縮の極値は，材齢tを無限大とおいたときの値$\lim_{t \to \infty} S=1/a$となり，実験定数$a$の逆数がそれにあたる．乾燥収縮の極値，最終収縮率はコンクリーでは$5 \sim 10 \times 10^{-4}$程度，モルタルでは15×10^{-4}程度，セメントペーストでは30×10^{-4}程度である．

鉄筋コンクリート構造物に乾燥収縮によるひび割れを発生させないようにするには，コンクリートの伸び能力以上の乾燥収縮を起こさせないようにすればよい．コンクリートの伸び能力は，引張試験のような短い時間で引張った場合は2×10^{-4}程度の伸び能力しかないが，乾燥収縮のように非常に長い時間をか

けてゆっくりと引張り力を働かせると $5×10^{-4}$ 程度になる．また，実際の建築物では完全な拘束状態にはなく，多少拘束は緩やかな状態にある．部材の拘束が緩やかであれば，それだけ部材の収縮によって生じる引張応力は緩和される．このことから鉄筋コンクリート構造物では $6×10^{-4}$ 程度の収縮が起こってもひび割れが発生しないことがある．

乾燥収縮率に一番影響を与える要因は，コンクリート中に含まれる水分量（単位水量）であり，単位水量の多いコンクリートほど乾燥収縮率は大きくなる（**図 7・31** 参照）．

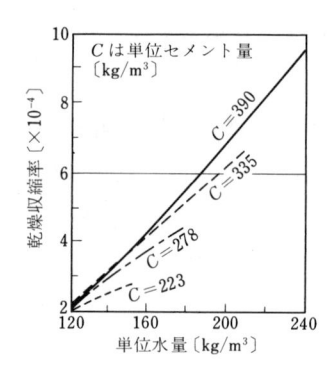

図 7・31 単位水量と乾燥収縮の関係*

一般に，軟練りコンクリートほど単位水量が多くなり（7・5・3 項），乾燥収縮率も大きくなって，ひび割れ発生の危険性が増す．

図 7・27 より，乾燥収縮率を $6×10^{-4}$ 以下にするには，単位水量をおよそ $185\,\mathrm{kg/m^3}$ 以下にすればよいことがわかる．

このことから，減水性能の高い混和剤などを使用して，できるだけ小さい単位水量のコンクリートとなるように工夫して，乾燥収縮によるひび割れ発生の危険性を少なくする．

（2） 温度膨張 コンクリート舗装道路には 6〜10 m 程度の間隔でアスファルトを詰め込んだ目地が設けられているが，夏期にはこのアスファルトが押し出されて凸部となっている．これは舗装コンクリートの表層部の温度が上昇したため，コンクリートが膨張して目地を圧迫し，押し出されて起こったも

---

* 近藤泰夫：Concrete Manuai，国民科学社（1974）

のである．

コンクリートの温度膨張率は，常温の範囲では温度1℃当り0.7～1.3〔×10^{-5}〕程度である．この値は，鋼材のそれにほぼ等しく，常温の範囲での鉄筋コンクリート構造物では，コンクリートもこれに埋め込まれた鉄筋も同じ温度変化を起こすので，温度変化にともなう障害は発生しない．

鉄筋コンクリート構造物では，コンクリートの温度変化にともなう伸縮量を吸収する目地を設けて，他の部材の破壊やそり上がりを防止する．例えば，直射日光を受ける屋上スラブでは，夏期には60℃を超すような高い温度になるので，目地を設けてコンクリートの温度膨張によるひび割れを防止している．

（3） 化学反応による膨張　アルカリ骨材反応（7・3・7項（3）（b））を起こし，部材に膨張力が発生するとひび割れが生じたり，はなはだしいときには部材に破壊が生じる．

コンクリートがアルカリ骨材反応を起こすと，膨張性のひび割れが発生する．このひび割れは，鉄筋量が多い柱や梁では部材軸に沿って，鉄筋量が少ない場合には亀の甲羅状のひび割れが生ずる傾向がある．同じ膨張性のひび割れである鉄筋の腐食によるひび割れの場合は，鉄筋位置に沿ったひび割れやポップアウトが発生し，ひび割れには褐色のさびが認められることが多いので，ひび割れの性状で両者を区別することができる．

硫酸塩類がコンクリート中に吸収された場合も硫酸塩類の結晶圧力でコンクリートには膨張ひび割れが発生し，はなはだしいときには崩壊する（7・7・7項）．

7・7・3　熱に対する性質

気乾状態のコンクリートを常温から徐々に加熱していくと，温度が上昇するにつれてコンクリートは温度膨張を起こす．100℃を超えると，空隙中の自由水の蒸発にともなって収縮し始める．260℃程度に加熱すると，セメントと結合していた結合水が分離を始め，しだいに強度が低下する．300～350℃になると，強度低下はさらに著しくなる．500℃以上に熱すると，セメントペースト中の水酸化カルシウムの熱分解が始まり，ひび割れの発生でコンクリート強度は約40％程度に低下し，冷却後も元の強度には戻らなくなる．

実際の火災時には，鉄筋コンクリート構造物でも，仕上げ材や家具など多くの可燃物の燃焼により，室内温度は1200℃近くまで上昇する．このような状況の中で鉄筋コンクリート構造物が耐火構造とされるのは，まず第一は鉄筋もコンクリートも自燃しなことがあげられるが，コンクリートは加熱された場合，コンクリート中に含まれる水分が蒸発し，気化熱により温度上昇が抑制され，熱伝導率が$1.16 W/(m・K)$と小さいこともあり，内部まで熱が伝わりにくく，内部温度が500℃を超えるまでにはかなりの時間を要するためである．

火災時にはコンクリート表層部分は熱劣化を起こすが，内部は高温にならず，部材の強度が保たれる．部材強度が保たれるので，構造物は火災を受けても崩壊せず，鎮火後に熱劣化した表層をはつりとり，新しいコンクリートを打ち直せば，また使用可能な状態に戻すことができる．

鉄筋コンクリート構造物では，コンクリート表面からコンクリート中に配筋された帯筋・あばら筋などの鉄筋表面までの距離をかぶり厚という．かぶり厚さは耐火性と後述の中性化および応力の伝達の面から，その距離が決められる．かぶり厚さを4cm以上とすれば3時間の耐火性が期待できる．

7・7・4 中 性 化

コンクリート中に含まれるセメントは水和反応の過程で水酸化カルシウムを析出する．析出された水酸化カルシウムはpH＝12.6の強アルカリ性を示すので，コンクリートもアルカリ性を保つ．

鋼材は，常温ではpHが10以上の雰囲気中では表面に不動態皮膜が形成され，腐食を起こさないので，コンクリート中に埋め込まれた鉄筋は腐食を起こさない．

水酸化カルシウム（$Ca(OH)_2$）は，空気中の炭酸ガス（CO_2）と接触すると $Ca(OH)_2+CO_2 \rightarrow CaCO_3+H_2O$ の反応を起こし，炭酸カルシウム（$CaCO_3$：pH＝8.5～10）へと変化する．炭酸ガスは大気中には，300ppm程度含まれている．したがって，大気中におかれたコンクリートに炭酸ガスが浸透すると，コンクリート中の水酸化カルシウムはしだいに炭酸カルシウムへ変化しpHが低下する．この反応をコンクリートの中性化もしくは炭酸化という．

中性化はコンクリートの物性そのものにはあまり影響を与えないが，鉄筋の防せい能力が低下するので，鉄筋コンクリート構造物の耐久性に関しては重要な問題である．

コンクリートの中性化は，表面から徐々に内部に向かって進行する．表面から中性化した部分までの距離を，中性化深さと呼ぶ．中性化深さ（C〔cm〕）は，材齢（y〔年〕）との間に $C=A\sqrt{y}$ の関係がある．JASS 5 では，水セメント比（W/C）が0.6を境にして以下の二つの式を提示している．

(1) $W/C \geqq 0.6$ のとき

$$y = \frac{0.3(1.15+3x^2)}{R^2(x-0.25)^2}$$

(2) $W/C \leqq 0.6$ のとき

$$y = \frac{7.2}{R^2(4.6x-1.76)^2}$$

上式は，普通ポルトランドセメントを使用した普通コンクリートの場合の式である．式中 x は水セメント比，y は材齢〔年〕，C は中性化深さ〔cm〕である．R は中性化率と呼ばれ，プレーンコンクリートでは1.0を，AEコンクリートでは0.6，AE減水コンクリートでは0.6をとる．この式で，水セメント比を60％とし，100年後の中性化深さを計算すれば，3.7cmとなる．かぶり厚さをこの程度にしておけば，鉄筋コンクリート構造物の中の鉄筋は100年は腐食を起こさないことが期待できる．

pH 8.3～10.0で無色から赤紫色へ変色するフェノールフタレイン1gを無水エチルアルコール65mlに溶かし，蒸留水を加えて100mlにしたフェノールフタレイン1％アルコール溶液をコンクリートの測定面に散布すると，中性化の進んだ部分では着色は起こらず，中性化していない部分は赤紫色に発色する．中性化深さは，コンクリート表面から発色域までの距離をいう．

コンクリート中に埋め込まれた鉄筋は，かぶり厚さ部分のコンクリートの中性化が，鉄筋位置まで達し，ここに酸素と水分が供給されると鉄筋は腐食し始める．この腐食速度は，環境条件によって左右され，塩分が入っていたり，粗

雑な施工の場合などでは早くなる．鉄筋の腐食が進み，鉄筋の体積膨張がある程度以上になるとかぶりコンクリートは外部に押し出され，ひび割れを生じる．いったんひび割れが発生すると，ひび割れを通して酸素や水分の供給が盛んに行われるようになるので，鉄筋の腐食はますます進行する．

鉄筋コンクリート構造物の寿命を，コンクリートの中性化が埋設された鉄筋の位置に達したときまでとして扱うこともある．

7・7・5 凍結融解

寒冷時にコンクリートの空隙に侵入した水分が凍ると，水は体積膨張を起こし，氷の膨張圧でコンクリートはひび割れ・組織崩壊・スケーリング・ポップアウトなどを起こす．この現象が繰り返されると，コンクリートの破損はしだいに大きくなる．この現象を凍結融解といい，コンクリートがこれによって障害を受けることを凍結融解作用を受けるという．

コンクリート部材が凍結融解作用を受ける程度は，つぎの式の凍結融解作用係数で表す．

$$（凍結融解作用係数）＝－（最低気温）×（日射係数）×（部材係数）$$

このとき，最低気温は日最低気温の平滑平年値の年極値を，日射係数は対象部材の方角・位置などで 1.0 から 1.5 の値を，部材係数は部材と水の接触状態によって 0.3～1.0 の値をとる．凍結融解作用係数が，10 以上の地域は厳しい気象条件の地域，5～10 では一般的な寒冷地域，2～5 では軽微な凍結融解作用を受ける地域として区分する．

凍結融解作用係数が 5 以上となる地域で用いるコンクリートは，耐凍結融解作用をもたせるため，水セメント比は 50％以下，空気量は 4～6％とする．同じく凍結融解作用係数が 2～5 の地域では，水セメント比は 55％以下とする．また，凍結融解作用を受けるコンクリートは，AE 剤の使用を前提とする．AE 剤によってもち込まれる微細な独立気泡は，水分に逃げ場の提供・氷の膨張圧の緩和などの働きがあるので，凍結融解によるコンクリートの凍害を少なくすることができる．骨材に死石が含まれていると，ポップアウトの原因となるので，良質な骨材を選択し使用する．JASS 5 では，コンクリートの耐

凍害性の性能区分を，JIS A 6204 に規定される凍結融解試験方法によって試験した結果によって，厳しい条件を前提としたA，一般的な条件の場合のB，軽微な凍結融解作用を受ける場合のCに区分している．

　水分が供給されやすい部材や外気温の影響を受けやすいひさしやパラペットなどの部材ほど，凍結融解作用を受けやすいので，このような部分には耐凍結融解性能の高いコンクリートを使用するとともに，金属製のカバーを付けるなど水のかからない工夫を施しておくのがよい．

7・7・6　飛来海塩粒子

　海岸線近くでは，海風にのって海塩粒子が飛来する．**図7・32**によると海岸線から200〜300mまでは高い濃度になっている．台風や冬の季節風などでは，さらに内陸まで飛来し，河川沿いなど風の通りやすい場所や岩礁やテトラポットなどがある海岸での飛来距離は長くなる．

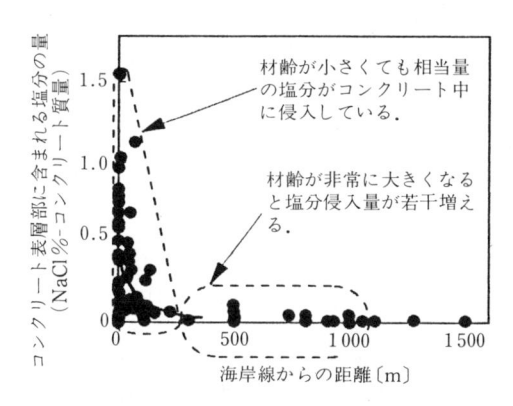

図7・32　海岸線からの距離と飛来塩粒子の濃度の関係(例)*

　海塩粒子の被害は，海岸に面した側のほうが大きい．

　飛来海塩粒子が鉄筋コンクリート構造物の表面付着すると，徐々にコンクリート内部に浸透し，多量のエトリンガイト（セメントバチルス・$C_3A・3CaSO_4・32H_2O$）を生じたり，鉄筋を腐食させたりして構造物の耐久性を低下させる．

　この害に対しては，耐硫酸塩ポルトランドセメントや混合セメントの使用，

---

* 樫野紀元：セメントコンクリート，No.469（Mar., 1986）

低水セメント比など調合の面からの対策のほか，防せい処置を施した鉄筋の使用，防塩用塗装による表面仕上げなどの対策も合わせて採用したほうがよい．

7・7・7 有害な化学物質

コンクリートに対する有害な化学物質には，酸類，塩類，油脂類，二酸化炭素ガス，亜硫酸ガスなどがある．無機酸類の作用は激しく，濃度にもよるが，短い期間でコンクリートは著しく侵食される．硫酸塩は，セメントペースト中にエトリンガイトを異常に生成し，コンクリートを崩壊する．化学物質が直接作用する場合は，密実なコンクリートの打設とともにコンクリート表面に遮蔽膜を施す．

自然環境下でも，温泉地帯では硫酸塩によるコンクリートの崩壊例が見られる．pH 5.6 以下の酸性雨によるコンクリート表面劣化や，石炭採掘時に搬出された岩石（ぼた，ずり）または比較的新しい海成層（新第三紀中新世〜新鮮世）地盤に含まれる硫酸塩がコンクリートに吸収され，膨張してコンクリートを崩壊する事故も報告されている．それぞれの原因を明らかにし，材料を適材適所に選択して対処するとともに作用が激しい場合は表面被覆なども考える．

7・8 コンクリートの調合

7・8・1 調合・調合表

コンクリートを構成するセメント，水，細骨材，粗骨材などの所要材料の混合割合を調合という．土木用語では配合という．

コンクリートの調合は，コンクリート $1\,\mathrm{m}^3$ を作るに必要な材料の所要量で表示する．この表示方法には質量調合と絶対容積調合がある．質量調合は，コンクリート $1\,\mathrm{m}^3$ 当りの各材料の所要量を質量〔kg〕で表示したもので，骨材は表乾状態を基準とする．絶対容積調合は，その材料の質量を比重で除した容積で表す方法である．絶対容積とは，材料が空間に占める実質的な容積を表す．絶対容積調合は所定のコンクリート容量に対する各材料の所要量を求めるには適した方法であるが，材料の計量には不向きである．

調合を一覧表に書き表したものを調合表という．調合表には各材料の所要

量，水セメント比，スランプ，細骨材率などを併記する．水セメント比は，単位水量を単位セメント量で除した値で通常百分率で表し，コンクリートの圧縮強度や耐久性などに深いかかわりをもつ数値である．スランプはコンクリートの柔らかさの程度を表している（7・5・3項）．細骨材率は，細骨材の絶対容積を骨材(細骨材と粗骨材)の絶対容積の合計で除した値で，百分率で表示する．

調合における単位とは $1 m^3$ 当りの質量を意味し，単位水量とはコンクリート $1 m^3$ 当りの水の質量〔kg/m^3〕，単位セメント量とはコンクリート $1 m^3$ 当りのセメント量〔kg/m^3〕をいう．

AE減水剤を用いた砂・砕石コンクリートの調合表の一例を**表7・18**に示す．

表7・18 AE減水剤，普通ポルトランドセメント，砂・砕石を用いたコンクリートの調合表（例）

水セメント比〔%〕	スランプ〔cm〕	細骨材率〔%〕	単位水量〔kg/m^3〕	絶対容積〔l/m^3〕			質量〔kg/m^3〕			単位粗骨材かさ容積〔m^3/m^3〕
				セメント	細骨材	粗骨材	セメント	細骨材	粗骨材	
45	8	40.7	161	113	277	404	356	720	1 050	0.68
	12	40.1	171	120	266	398	378	692	1 035	0.67
	15	39.7	179	126	258	392	397	671	1 019	0.66
	18	41.7	190	134	263	368	422	684	957	0.62
	21	43.7	201	141	268	345	444	697	897	0.58
55	8	42.8	158	91	302	404	287	785	1 050	0.68
	12	42.7	165	95	297	398	299	772	1 035	0.67
	15	42.9	171	98	294	392	309	764	1 019	0.66
	18	44.9	182	105	300	368	331	780	957	0.62
	21	47.0	193	111	306	345	350	769	897	0.58
65	8	45.0	156	76	325	398	239	845	1 035	0.67
	12	45.0	163	79	321	392	246	835	1 019	0.66
	15	45.2	169	82	318	386	258	827	1 004	0.65
	18	47.5	179	87	327	362	274	850	941	0.61
	21	49.7	189	92	335	339	290	871	881	0.57

セメント：比重 3.15．砂：粗粒率＝2.8，比重＝2.60．砕石：最大寸法＝20 mm，比重＝2.60．空気量＝4.5%
（AE減水剤添加量は，製品によって異なる．一般にセメント量に対して 0.2～0.3% 程度のものが多い）
調合設計指針付表 2.19 より

7・8・2 コンクリートの調合設計

（1） 基本事項 工事現場に供給されるコンクリートは，荷卸時に所要のワーカビリティーを有しており，打設・養生されたコンクリートは所要の強度，ヤング係数，気乾単位容積質量，耐久性を有するものでなければならない．

コンクリートの調合を定めることを調合設計という．調合設計は，荷卸時，打設時および打設後のコンクリートが，それぞれ所要のワーカビリティー，強度・耐久性を保有し，かつ最も経済的なものが得られるように行う．調合設計の方法にはいろいろな方法があるが，ここでは JASS 5 および「コンクリートの調合設計指針・同解説」（調合設計指針）の方法で説明を行う．また今日のコンクリートのほとんどは AE 減水剤が添加されているので，AE 減水コンクリートを対象とする．

ワーカビリティーは，コンクリートが分離を起こさず密実に打設されるよう打設状況に応じて定めるが，具体的な数値としてはスランプ値を用い，通常の場合スランプ値は 18 cm 以下とする．耐久性の確保に対しては，使用材料，水セメント比，単位セメント量，単位水量などに制限が設けられている他，鉄筋コンクリート構造物の寿命に関係する中性化を圧縮強度と関連づけて圧縮強度に最低値を設けている．

コンクリート強度は，構造体としてのコンクリート強度が構造設計から要求される強度を確保していることは当然であるが，耐久性の観点から最低強度が規定されている．調合設計時に目標とするコンクリート強度は，構造体コンクリート強度と耐久性から要求される最低値のいずれか大きいほうに，養生期間中の気温や構造体コンクリート強度と検査用供試体強度の違いを考慮して設定する．目標とする強度が決まれば，水セメント比の値を定める（水セメント比説：7・2・6 項(1)）．水セメント比算定に用いる算定式は，実験を行って求めるか類似のコンクリートでの式を用いる．JASS 5 に参考として示されている普通ポルトランドセメントを用いたときの水セメント比の算定式をつぎに示す．ここで F はコンクリートの圧縮強度〔N/mm²〕，x は水セメント比〔%〕，K はセメント強度〔N/mm²〕である．

$$x = \frac{0.51}{F/K + 0.31} \quad [\%] \tag{7.1}$$

単位水量は，所要のスランプに対応して**表 7・19**を用いて決める．プレーンコンクリート，AE 剤，高性能 AE 減水剤使用の場合および使用セメントの種

表7·19 普通ポルトランドセメントおよびAE減水剤を用いる普通コンクリートの標準単位水量〔kg/m³〕

水セメント比〔%〕	スランプ〔cm〕	粗骨材の種類 砂利	砕石
40	8	155	166
	12	164	176
	15	172	184
	18	184	(195)
	21	(195)	(206)
45	8	150	161
	12	160	171
	15	167	179
	18	179	(190)
	21	(190)	(201)
50	8	149	160
	12	157	168
	15	164	175
	18	175	(186)
	21	(187)	(197)
55	8	147	158
	12	154	165
	15	160	171
	18	171	182
	21	183	(193)
60〜65	8	145	156
	12	152	163
	15	158	169
	18	168	179
	21	179	(189)

(注) 1) 単位水量は185 kg/m³以下とする
2) 上表は下記材料を使用した場合の値である
粗骨材：砂利＝最大寸法25 mm,実績率65.4%．砕石＝最大寸法20 mm，実績率59.4%
細骨材：実績率65.4%，粗粒率2.8. 空気量：4.5%（AE剤使用）
調合設計指針表5.1より

類が異なる場合には，調合設計指針に補正表が準備されている．水量は，水の比重は1.0なので質量調合〔kg/m³〕も絶対容積調合〔l/m³〕でも同じ数値となる．単位水量（V_w）と水セメント比（x）が求まれば，V_w/x から単位セメント量〔kg/m³〕が算定され，これをセメントの比重3.15で除せば，セメントの絶対容積 V_c〔l/m³〕が求まる．つぎに，**表7·20**の単位粗骨材量かさ（嵩）容積の標準値の表から，スランプと水セメント比に対応する粗骨材の単

表7・20 普通ポルトランドセメントおよびAE減水剤を用いる普通コンクリートの標準単位粗骨材かさ容積〔m³/m³〕

水セメント比〔%〕	粗骨材の種類 スランプ〔cm〕	砂 利	砕 石
40〜60	8	0.69	0.68
	12	0.68	0.67
	15	0.67	0.66
	18	0.63	0.62
	21	0.59	0.58
65	8	0.68	0.67
	12	0.67	0.66
	15	0.66	0.65
	18	0.62	0.61
	21	0.58	0.57

調合設計指針表5.3より

位かさ容積を求め，これに粗骨材の実績率を乗ずれば，単位粗骨材絶対容積 V_g〔l/m³〕が算定できる．

以上の操作から，V_w，V_c，V_g（いずれも〔l/m³〕）が決まるので，空気量 V_a〔l/m³〕を1％もしくは4〜5％程度を仮定すれば，1000lから，V_w，V_c，V_g，V_aを差し引いた残りの容積が細骨材の絶対容積 V_s〔l/m³〕になる．

このようにして，1m³＝1000lのコンクリートを作るに必要なすべての材料の所要量が定められる．求められた値は絶対容積であるので，それぞれに比重を乗ずれば質量調合に換算される．

調合設計の結果を試し練り調合表とし，これに基づいて試し練りを行い，所定のスランプ値・空気量が得られることを確かめる．同時に供試体を作成し，所定の材齢時に強度の確認も行う．

（2） 調合強度 F の定め方　　所要の強度とは，構造体コンクリートの強度を指し，これを設計規準強度 F_c という．設計規準強度 F_c は，18N/mm² から33N/mm² までの範囲で3N/mm²刻みに定められている．詳しくは日本建築学会発行の「鉄筋コンクリート構造計算規準・同解説」を参照．

耐久設計基準強度は，鉄筋コンクリート構造物が特別な補修を必要としない期間（計画供用期間）を考慮して定める．鉄筋コンクリート構造物の機能的な性能低下は鉄筋の腐食によって決定され，鉄筋の腐食に直接関与するコンクリ

ートの中性化性能が耐久性状を決める要因となる．コンクリートの中性化性能は，コンクリート強度と相関性が高いので，圧縮強度で中性化性能の確認を行う．耐久設計基準強度（F_d）は**表7・21**のように3段階に分けられている．

表7・21　耐久設計基準強度

計画期間の級	大規模修理 不要予定期間	供用限界期間	耐久設計規準強度 〔N/mm²〕
一　　般	およそ30年	およそ65年	18
標　　準	およそ65年	およそ100年	24
長　　期	およそ100年	——	30

　コンクリートは所定の強度・耐久性を確保していなければならない．両者を満足する強度を品質規準強度 F_q という．品質規準強度は，設計規準強度と耐久設計規準強度をいずれも満足し，かつ，構造体と供試体のコンクリート強度の強度差 3 N/mm² 程度を考慮して，式(7・2)と式(7・3)のうちの大きいほうの値とする．

$$F_q = F_c + 3 \quad [\text{N/mm}^2] \tag{7.2}$$

$$F_q = F_d + 3 \quad [\text{N/mm}^2] \tag{7・3}$$

　調合設計時に目標とする調合強度（F）は，打設後の養生温度の影響（T）および強度のばらつき（σ）を考慮して，式(7・4)と式(7・5)のうち大きいほうの値とする．

$$F = (F_q + T) + 1.73\sigma \tag{7.4}$$

$$F = 0.85(F_q + T) + 3\sigma \tag{7.5}$$

ここで，F_c：設計基準強度，F_d：耐久設計基準強度，F_q：品質基準強度，F：調合強度，T：表7・22による予想平均気温による補正値．

　式(7・4)は調合強度が品質規準強度以上になる確率が96%程度となることを保証する式であり，式(7・5)は調合強度が品質規準強度の85%以下の強度にならないことを保証する式である．コンクリート強度のばらつきを示す標準偏差（σ）は，レディーミクストコンクリート工場では実績をもとに定めればよいが，工事の初期など実績がない場合は 2.5 N/mm² または $0.1F_q$ のうち大きい

ほうの値とする．

養生温度の影響（T）の値は，打設後の予想平均気温と使用セメントの種類に応じて**表7・22**が準備されている．予想平均気温は，理科年表などを参照するとよい．

表7・22 コンクリート強度の補正値 T の標準値

セメントの種類	コンクリートの打込みから28日までの期間の予想平均気温の範囲〔℃〕		
早強ポルトランドセメント	15以上	5以上15未満	2以上5未満
普通ポルトランドセメント	16以上	8以上15未満	3以上8未満
フライアッシュセメントB種	16以上	10以上16未満	5以上10未満
高炉セメントB種	17以上	13以上17未満	10以上13未満
コンクリート強度の気温による補正値 T〔N/mm²〕	0	3	6

(注) フライアッシュセメントA種は，普通ポルトランドセメントと同じ扱いとする
　　 高炉セメントA種で高炉スラグの分量が少ない場合は，普通ポルトランドセメントと同じ扱いとする．高炉セメントA種で高炉スラグの分量が多い場合や高炉セメントB種で高炉スラグの分量が45％以下の場合は，フライアッシュセメントB種と同じ扱いとする
　　 JASS 5 表5.1より

（3） その他の留意事項

　これまで述べてきた調合設計は，主として所要のコンクリートの強度とワーカビリティーを得ることを目標としたが，コンクリートには，このほかブリージングや凝結開始時間，乾燥収縮，表面劣化，塩化物イオン浸透といった種々の物性面でも良好な性質であることも要求される．こういった性質をなるべく損なわないようにするため，単位水量や水セメント比などに限界値が設けられている．水セメント比は，普通ポルトランドセメントおよび混合セメントA種では65％，混合セメントB種では60％を最大値とする．単位水量は通常の場合，185 kg/m³以下，単位セメント量は270 kg/m³以上．AE剤・AE減水剤・高性能AE減水剤を用いる場合の空気量は，4～5％以下とする．塩化物量は，通常の場合 0.30 kg/m³以下．アルカリ骨材反応で無害と判定されてない骨材を用いる場合は，アルカリ量は 3.0 kg/m³以下とする．

（4） 調合設計例

コンクリートの調合設計の理解を容易にするために例

題で演習を試みる．

[例題] コンクリートの設計規準強度 $F_c=21\,\mathrm{N/mm^2}$．計画供用期間の級は標準．コンクリート打込みから28日までの期間の予想平均気温20℃．セメントは比重3.15の普通ポルトランドセメントで，28日強度 $K=55.0\,\mathrm{N/mm^2}$．細骨材は粗粒率2.80，表乾比重2.60の川砂．粗骨材は最大粒径20mm，表乾比重2.70，実績率59.4％の砕石を使用．コンクリート強度の標準偏差は，工事初期で不明である．AE減水剤を使用し，空気量は4.5％とする．スランプは18cmとする．

まず品質規準強度 F_q を求める．設計規準強度 $F_c=21\,\mathrm{N/mm^2}$，計画供用期間の級が標準では $F_d=24\,\mathrm{N/mm^2}$．式(7・2), (7・3)より, $F_q=27\,\mathrm{N/mm^2}$．

平均気温20℃より $T=0$, 標準偏差 σ は $0.1F_q=2.7\,\mathrm{N/mm^2}$．式(7・4)より $F=(27+0)+1.73\times2.7=31.2\,\mathrm{N/mm^2}$，式(5・5)より $F=0.85(27+0)+3\times2.7=31.1\,\mathrm{N/mm^2}$．したがって, $F=31.2\,\mathrm{N/mm^2}$ となる．

つぎに，先の式(7・1)から，x を求める．

$$x=\frac{0.51}{31.2/55.0+0.31}\fallingdotseq 0.58$$

安全側の値として，$X=0.58$ とする．

表7・20 には水セメント比58％の欄はない．このような場合には直線補間を行って求める．表より砕石使用時のスランプ18cm, 水セメント比55％では単位水量 $V_w=182\,\mathrm{kg/m^3}$．同じく, 水セメント比60％では $V_w=179\,\mathrm{kg/m^3}$ である．両者の値から直線補間によって水セメント比58％では $V_w=180\,\mathrm{kg/m^3}$ が求まる．

表7・21 では，水セメント比58％は 40～60％ の間にある．水セメント比40～60％, スランプ18cm時の単位粗骨材かさ容積は $0.62\,\mathrm{m^3/m^3}$．砕石の実積率が59.4％なので, $V_g=0.62\,\mathrm{m^3/m^3}\times59.4\times1\,000/100=368\,l/\mathrm{m^3}$ となる．

つぎにセメントの所要量は $V_w/(W/C)=V_w/0.58=180/0.58=316\,\mathrm{kg/m^3}$．これをセメントの比重3.15で除し $V_c=316/3.15=100\,l/\mathrm{m^3}$．空気量は4.5％と仮定してるので $V_a=45\,l/\mathrm{m^3}$．

$V_w + V_c + V_s + V_g + V_a = 1\,000\,l/m^3$ より，細骨材の絶対容積は，$V_s = 1\,000 - (180 + 100 + 368 + 45) = 307\,l/m^3$ になる．

これらの絶対容積にそれぞれの比重を乗ずれば，各材料の所要量が求まる．計算結果をまとめると**表7・23**になる．

表7・23 調合設計の結果

水セメント比〔％〕	スランプ〔cm〕	細骨材率〔％〕	単位水量〔kg/m³〕	絶対容積〔l/m^3〕			質　　　量〔kg/m³〕			空気量〔％〕
				セメント	細骨材	粗骨材	セメント	細骨材	粗骨材	
58.0	18	45.5	180	100	307	368	316	798	994	4.5

各材料の単位当りの所要量を合計すれば，フレッシュコンクリートの単位容積質量になる．この表の場合 $2.288\,t/m^3$ になる．

7・9　高流動コンクリート・高強度コンクリート

7・9・1　概　　　説

高性能AE減水剤などの高性能な減水性能をもつ混和剤やシリカフュームなどのような超微粒子の混和材の開発が進み，高度な性能をもつコンクリートを容易に作ることができるようになった．

ここでは，高流動コンクリートと高強度コンクリートの二つを取り上げて，今日の新しいコンクリート技術の動きの一つとして紹介する．

7・9・2　高流動コンクリート

高流動コンクリートとは，フレッシュコンクリートの材料の分離抵抗性を損なうことなく流動性を高め，自己充てん性をもたせたコンクリートである．

高流動コンクリートを用いれば，振動締固めを行わずにほぼ完全にコンクリートを充てんすることができる．複雑な型枠への打設および充てん形鋼管への圧入などが可能になった他工事現場での省力化への期待も高まっている．

コンシステンシーの評価は，通常のコンクリートではスランプで行われるが，高い流動性をもつ高流動コンクリートではスランプフローで評価する．スランプフローとは，通常のスランプ試験を行ったとき，スランプしたコンクリートの広がりをさす．スランプフローは，打設条件によって55，60，65cmと

するが，75 cm を超えると分離抵抗性が落ちる．

　高流動コンクリートの流動性は，高性能 AE 減水剤の添加によって与える．材料の分離抵抗性は，高炉スラグ微粉末，フライアッシュ，シリカフューム，石灰石微粉末などの微粒の混和材を多量に添加するか，粘性を高める混和剤である分離低減剤を使用する．

　コンクリートの鉄筋の間隙を通過する性能（間隙通過性）と充てん性を確保するため，単位粗骨材かさ容積を $0.500 \sim 0.550 \, \text{m}^3/\text{m}^3$ 程度と低くとる（表 7・21 参照）．

　混和材に高炉スラグ微粉末，フライアッシュ，シリカフュームを用いた場合には，これらをセメントの一部分として取り扱い，通常のコンクリートの水セメント比に相当する水結合材比が設定される．高流動コンクリートの圧縮強度は，結合材水比とほぼ比例関係にある．水結合材比が小さいほどコンクリートの間隙通過性が高くなることから，水結合材比は $30 \sim 40 \%$ とされる．

　非常に高い流動性をもつ高流動コンクリートでは，型枠の破損は重大な事故につながるので堅固なものとしなければならない．型わくの設計は通常のコンクリートと同様にフレッシュコンクリートの単位容積質量に等しい液圧が作用するものとして設計すればよい．高性能 AE 減水剤を使用しているため，運搬時のワーカビリチーの時間変化は通常のコンクリートより小さく，練混ぜから打込み終了までの時間は原則として 120 分以内とする．粘性が高く，ブリーディングもほとんど生じない高流動コンクリートでは，打設後の仕上げがやりにくい．また，表面の乾燥も早いので，打設後には散水など十分なコンクリートを湿潤に保つ管理も大切である．

7・9・3　高強度コンクリート

　1940 年に吉田徳次郎[*]は，最高強度コンクリート（材齢 6 カ月の圧縮強度が $127.8 \, \text{N/mm}^2$）の製造方法の報告で，$29 \sim 39 \, \text{N/mm}^2$ のコンクリートを高強度としてよいのではないかと述べている．JASS 5 19 章では，設計基準強度が $36 \, \text{N/mm}^2$ を超えるコンクリートを高強度コンクリートとしている．

---

* 吉田徳次郎：土木学会誌（1940）

建設省建築研究所では，1988年より5カ年計画で「鉄筋コンクリート造建築物の超軽量・超高層化技術プロジェクト・(略称：NewRC総プロ)」を実施した．この中で，設計基準強度 60 N/mm² と 120 N/mm² の高強度なコンクリートについての研究を行い，高性能 AE 減水剤とシリカフュームおよび高炉スラグ微粉末を用いての高強度コンクリートを作るための基礎的な資料が整備[*1]した．研究の成果をふまえ，設計基準強度が 60 N/mm² のコンクリートを用いた地上26階の共同住宅の施工[*2]など近年高強度なコンクリートを使用した工事例が多くなっている．

7・10　セメント・コンクリート製品

7・10・1　概　　説

フレッシュな状態で出荷される生コンクリートに対して，成形・硬化した状態で出荷されるコンクリート製品を，プレキャストコンクリート (precast concrete) という．プレキャストコンクリートは，工場で混練・打設・硬化まで終わっているので，現場打設コンクリートに比べてつぎのような特徴がある．

(長　所)

(1) 良好な作業環境下で仕事ができるため，品質管理が十分に行える．

(2) 現場では困難な特殊な打込み・締固め・養生方法が採用できる．

(3) すでに硬化しているのでコンクリートの硬化に要する時間が不要であり，現場での作業と平行して部材を作成するので，施工期間が短縮できる．

(4) 施工時に天候の影響を受けにくい．

(5) 多量生産が可能で，建築工事のプレファブ (pre-fabrication) 化が図られる．

(6) 離島など，コンクリート作成が困難な場所にも供給できる．

(短　所)

(1) 製品の強度・重量との兼ね合いで，製品寸法が制限される．

[*1] 友澤・阿部・枡田：コンクリート工学，Vol.32, No.10 (1994)
[*2] 住・芝池・梶山・児玉：コンクリート工学，Vol.37, No.7 (1999)

(2) 部材の接合部の設計が難しく，欠点となりやすい．
(3) 割れ・欠けなどを生じやすいので，施工時には注意が必要である．
(4) ある程度の量以上を生産しないと，コストが高くなる．

7・10・2 製　　　法

プレキャスト製品では，通常のコンクリートの他に繊維補強コンクリートやALC (autocraved light-weight concrete) など特殊なコンクリートも使用でき，締固め・成形方法も現場で用いられる方法の他にテーブルバイブレータの使用・加圧成形・真空締固めなど特殊な方法も使用できる．

養生方法は，型枠の使用頻度の関係から，蒸気養生などの促進養生方法がとられるものもある．

以下にはプレキャスト製品の製造に用いられている促進養生のうち，蒸気養生・オートクレーブ養生について述べる．なお，特殊な施工方法の一つとしてプレストレストコンクリートの製造についても述べることにする．

（1）蒸気養生（steam curing）　　コンクリートは養生温度が85℃までは養生温度が高いほど早強性を示す（7・6・3項(8)）．蒸気養生は，型わくにコンクリートを打設した後，蒸気を送り込んでコンクリートを加温し，材齢1日以内の短い養生時間で脱型に必要な $12 \sim 15\,\mathrm{N/mm^2}$ 程度の強度を発揮させる養生方法である．蒸気養生は，蒸気発生用のボイラの設置，吹き込んだ蒸気が逃げないように打設コンクリートをカバーなどで覆うなどの設備が必要なので，プレキャスト工場または現場近くのフィールドで行われる．

蒸気養生は，前養生・温度上昇期間・最高温度期間・後養生の4段階に分けられる．前養生とは，コンクリートを打設した後静置しておく期間で，3時間ほどの時間がとられる．温度上昇期間は，蒸気を送り込んで，1時間当り15℃程度の割合でコンクリート温度を上昇させる期間である．最高温度は，JASS 10では80℃以下としているが，一般には $55 \sim 75$ ℃の温度が設定される．最高温度期間は，$2 \sim 5$ 時間である．最高温度に達した後は，蒸気による加熱を止め，自然冷却で常温までコンクリート温度を下げる．温度冷却速度が速いと，コンクリート製品にひび割れが生じる．この期間を後養生という（**図**

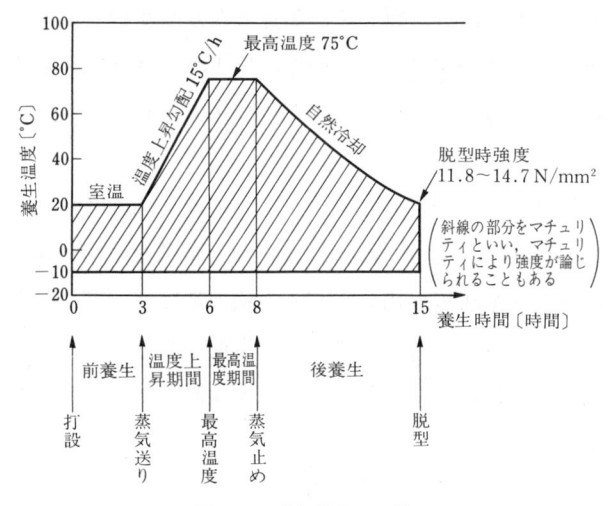

図7・33 蒸気養生の一例*

7・33).

(2) **オートクレーブ養生**（autocrave） 高圧蒸気養生という．製品によって異なるが，180℃・10気圧程度の条件の高圧かまの中で，蒸気を送って行う促進養生方法である．

高圧ガマ使用のため，工場での生産に限られ，製品の大きさも限定される．

オートクレーブ養生を行った製品にはつぎのような特徴がある．

（1） 材齢24時間で，安定した強度が得られる．
（2） 乾燥収縮が少ない．
（3） 耐酸性が増す．
（4） ポゾラン反応が促進されるので，高シリカ質混和材を用いれば，石灰を用いてALC製品を得ることができる．

(3) **プレストレストコンクリート**（pre-stressed concrete） プレストレストコンクリートは，鉄筋コンクリート構法の一種である．

圧縮強度に比べて引張強度が低いコンクリートでは，小さな引張力でもひび割れを起こす．プレストレストコンクリートは，コンクリート中に挿入したPC鋼材に引張力を与えコンクリート部材にあらかじめ計画的な圧縮力（プレ

---

* 狩野春一：コンクリート技術事典，オーム社（1968），p.373の図を参照．

ストレス）を働かせておき，引張力が作用しないように工夫したものである．
図 **7・34** の応力-ひずみ度曲線に示すように，コンクリートにプレストレスを与えることは，座標軸を移動させることであり，このことによって引張強度や伸び能力が増大する．プレストレスを働かせても，コンクリートそのものの性質が変わるものではないので，プレストレスはコンクリートの圧縮強度の 1/3 程度にとどめる．コンクリート部材にプレストレスを働かせるには，高張力鋼の PC 鋼材（5・6・2 項（5）参照）を用いる．PC 鋼材をコンクリート部材に設置し，これを強く引張ったまま，部材の両端で固定する．引張られた PC 鋼材は元の長さに縮もうとして固定部分を強く引き付ける．この引き付けられる力が，コンクリート部材に圧縮力（プレストレス）を与える．

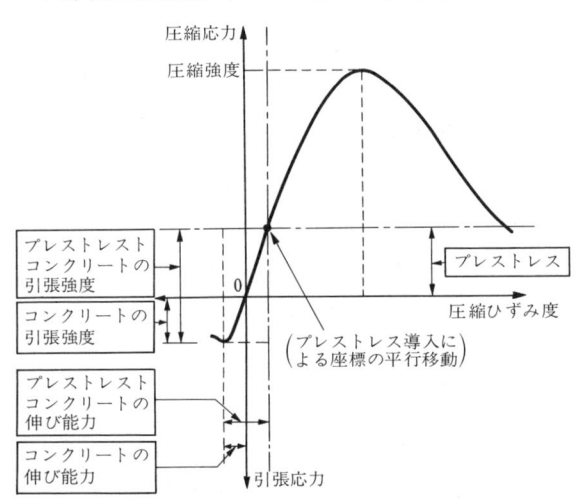

図 7・34　コンクリートの応力-ひずみ度曲線におけるプレストレス導入原理

プレストレスの導入は，PC 鋼材を引張ったままの状態で設置してコンクリートの打設を行うプレテンション方式と，硬化したコンクリート部材に PC 鋼材を後から通し，これを引張るポストテンション方式の二つに大別される．ポストテンション方式では，コンクリート打設に先立ってシースと呼ばれる鋼製のパイプを設置して，シース管を通して PC 鋼材を設置し，これをジャッキで緊張する．緊張後，シース管の中には PC 鋼材の腐食を防止するため，グラウ

トと呼ばれる軟らかいペーストを注ぎ込む．

グラウトを用いないで，PC鋼材を合成樹脂のパイプで覆い，隙間にグリスを注入したアンボンド型のPC鋼材もある．

プレストレストコンクリート部材の製造過程を図7・35に示す．

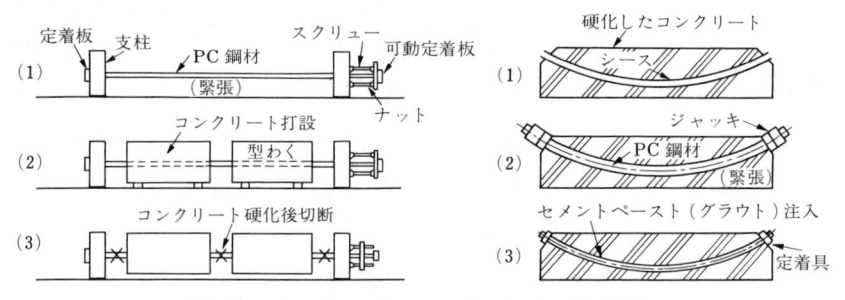

図7・35 プレストレストコンクリートの施工法手順例*

7・10・3 製　　　　品

セメントコンクリート製品の多くにはJIS規格があり，使用材料・製造方法・形状・寸法などが細かく決められている．

（1） 建築用コンクリートブロック（JIS A 5406）　組積造に用いるコンクリートブロックで（図7・36），種類は，外部形状・断面形状・圧縮強さ・化粧の有無・寸法精度・透水性によって区分されている．

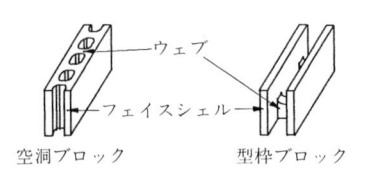

図7・36 基本形ブロックの断面形状

外部形状によって，基本形ブロック・異形ブロックがある．基本形ブロックは図7・36に示す形をしている．異形ブロックは，角用など形状が基本形とは異なるものをさす．

JISにはコンクリートブロックとして，空洞コンクリートブロックと型わく

---

* 狩野春一：コンクリート技術事典，オーム社 (1968), p.681 の図．

コンクリートブロックの規格が定められ，さらに，化粧の有無で区分されている．空洞コンクリートブロックは補強コンクリートブロック造やコンクリートブロック塀などに，型わくコンクリートブロックは型わくコンクリートブロック造に使用される．いずれも，補強鉄筋を挿入する空洞部分にはコンクリートを充てんする．

圧縮強さにより，**表7・24**のように分類される．強度試験は，ブロックから切り取った試験体で行う．古い規格では，コンクリートブロック上面をそのまま圧縮試験し，破壊荷重を空洞を含んだ全断面積で除した値で表示していた．

表7・24 圧縮強さによる区分（JIS A 5406）

記号	圧縮強さ $[N/mm^2$以上]	気乾 かさ比重	吸水率 [%以下]	透水性 $[ml/(m^2 \cdot h)]$以下
08	8	1.7	—	
12	12	1.9	—	
16	16	—	10	
20	20	—		
25	25	—	8	300
30	30	—		
35	35	—	6	
40	40	—		

寸法精度によって標準精度ブロックと高精度ブロック（記号：E）に分けられ，透水性によって防水ブロック（記号：W）と普通ブロックに分けられる．

ブロック製品の呼び方は，（断面形状）-（圧縮強さ）-（寸法精度）-（透水性）の順に，例えば空洞コンクリートブロックで，圧縮強さが16 N/mm² 以上，寸法精度が高精度，防水ブロックならば［空洞ブロック-16-E-W］とする．

(2) **テラゾ版**（precast terrazzo）（JIS A 5411）　大理石，じゃもん岩または花こう岩を15 mm 以下に砕いた砕砂（種石）と顔料を加えた白色ポルトランドセメントを使ったモルタルを，補強用モルタル層の上に打ち重ね，表面を機械で研ぎ出して仕上げた一種の人造石をテラゾという．現場でモルタルを作り，人の手で研ぎ出した場合は現テラという．テラゾ版には，テラゾブロックとテラゾタイルがある．

テラゾブロックは，主として階段，床，間仕切りなどに使用され，下地のモルタル板は鉄筋で補強されている．表面層の種石の岩質，片面仕上げと両面仕上げの仕上げ面で区分される．寸法・形状は，当事者間の協定による．

テラゾタイルは，主として床に使用され，下地のモルタル板には鉄筋の補強はない．表面層の種石の岩質，300×300 mm 正方で厚さ 30 mm の 300 形と 400×400 mm 正方で厚さ 32 mm の 400 形に区分される．

（3）**プレキャストコンクリート壁パネル**（JIS A 6501)・**床パネル**（JIS A 6505）　低層プレキャスト鉄筋コンクリート構造の住宅用部材．壁パネルは，構造強度・形状・使用部位によって分けられる．構造強度による区分では，構造耐力をもたせたものを耐力パネル（記号：T），それ以外を非耐力パネル（記号：N）とする．形状では，開口部があるパネル（記号：W）と無開口（記号：M）がある．使用部位別では，外壁パネル（記号：O）と内壁パネル（記号：I）がある．

寸法は，幅 450〜5 400 mm，高さ 450〜2 700 mm，厚さ 120〜180 mm までの範囲でモジュール寸法が定められている．パネル割を，内法寸法（記号：D）で行う場合と心々距離（記号：S）で行う場合がある．

呼び方は，例えば外壁用の耐力壁で窓があり，パネル割りを心々距離とした高さ 900 mm，幅 450 mm のパネルでは，OTS-SO 904 のように表示する．

床パネルには，床パネル（記号：FO）と床・屋根両用パネル（記号：FR）がある．寸法は，幅 450〜1 800 mm，長さ 450〜5 400 mm の範囲でモジュール寸法が定められている．厚さは，板状の場合は 120 mm 以上，リブ付きの場合は 55 mm 以上とする．

（4）**プレストレストコンクリート製パネル**（JIS A 6511）　プレストレストコンクリート製パネルには，床用（記号：S）と壁用（記号：W）がある．パネル断面積当りの PC 鋼材の引張力が $0.29\,N/mm^2$ の 30 と，$0.44\,N/mm^2$ の 45 がある．床用パネルは，幅 600〜2400 mm，厚さ 100〜250 mm，長さ 2 500〜9 000 mm の範囲に 18 種類準備されている．壁用パネルは，幅 600〜2 400 mm，厚さ 100〜150 mm，長さ 5 000〜9 000 mm の範囲で 9 種

（5） 厚形スレート（JIS A 5402）　モルタルを加圧成形して作成した，屋根用かわらである．形状および寸法を図7・37，表7・25に示す．

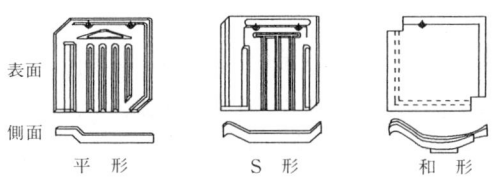

図7・37　厚形スレート

表7・25　厚形スレートの種類（JIS A 5402）

種類		長さ〔mm〕	幅〔mm〕	厚さ〔mm〕	1坪当りのふき枚数〔枚〕
平	形		357	11	36
S形	36	364	337	12	36
	34		355		34
和	形	315	305	11	49

（6） 木毛セメント板（JIS A 5404）**・木片セメント板**（JIS A 5417）　木片を長さ10〜30cmに切った木毛をセメントと混ぜ，圧縮成形して作った板．場合によっては，複数層で構成されることもある．簡易な断熱材・吸音材として用いられる．木毛セメント板は，難燃木毛セメント板と断熱木毛セメント板がある．難燃木毛セメント板は，セメントと木毛の質量割合をセメント：木毛＝60以上：40以下で製造される．断熱木毛セメント板は，同じく55以上：45以下で製造される．幅600〜1000mm，長さ910〜2000mmの範囲で6種類の大きさがあり，厚さは15〜50mmまで6種類ある．難燃木毛セメント板は，JIS A 1321に規定される試験方法の難燃2級に合格しなければならない．断熱木毛セメント板の熱抵抗は，0.077〜$0.370 \, \text{M}^2 \cdot \text{K/W}$以上が要求される．木片セメント板は，長さ60mm以下，幅20mm以下，厚さ2mm以下の木片をセメントと混ぜ，加圧成形したものである．木片セメント板には，硬質木片セメント板，普通木片セメント板，木片セメント鉄筋補強板，木片セメント仕上げ補強板の4種類がある．幅450〜900mm，長さ900〜3000mm

の範囲に12種類の大きさのものがある．

　木材繊維を用いた木繊セメント板には，実用新案特許が認められている．

　（7）　パルプセメント板（JIS A 5414）　古紙のパルプをたたいて作った繊維をセメントで固めた板である．かさ比重によって0.6～0.9のもの（記号：0.8板）と0.9～1.2のもの（記号：1.0板）がある．表面の化粧によって，化粧を施してない普通板と化粧を施した化粧板がある．

　寸法は，幅が450～1210mm，長さが910～2730mmの範囲に8種類設定されている．厚さは，6mmと8mmの2種類である．調合は，セメント30～50％，パルプ8～13％，無機質繊維材料4～8％で，パーライトが0.8板では10～20％，無機質混合材が0.8板では20～30％，1.0板では30～50％である．

　（8）　ノンアスベスト製品　曲げに弱いセメントコンクリート製品には，アスベスト（石綿）が混ぜられることが多かった．しかし，石綿の微細な粉塵が塵肺などの健康障害を引き起こすことが指摘され，1975年に労働安全衛生法で石綿の使用が禁止され，1989年には大気汚染防止法の改正で大気中への排出規制が行われるようになった．

　石綿スレート（JIS A 5403），石綿パーライト板（JIS A 5413），石綿ケイ酸カルシウム板（JIS A 5418）などのセメントコンクリート製品には，カナダ産の石綿であるクリソタイルが使用されてきたが，上記のように健康問題に対応すべく，今日ではアスベストの使用を中止するとともにその代換品が模索されている．

　いまだ有効な代換品は考案されていないが，セメントコンクリート製品を対象とした代換品としてセルロースパルプとポリエチレン合成パルプが製造されている．これらは，セメントとの接着をよくするために，繊維をたたいて毛羽立たせて使われる．その他，ビニロン繊維，耐アルカリガラス繊維，アクリル繊維などの使用も検討されているが，性能・コストの面で石綿に対応できる性能までには到達していない．

第8章　石灰およびせっこう系材料

8・1　概　　説

　建築物の外装と内装には，石灰系材料とせっこう系材料が種々利用されている．仕上材料のうち，現場で塗り付けるか吹き付けて仕上げる材料を一般に左官材料という．左官材料のうち，しっくい，ドロマイトプラスター，せっこうプラスターなどは，石灰またはせっこうを基材にしている．せっこうをボード用原紙でサンドイッチしたせっこうボードは，壁と天井の下地に広く利用されている．また，せっこうと石灰は，鉄骨の耐火被覆に使われる耐火被覆成形板および吹付け耐火被覆材料の主要基材として使われている．

8・2　基材とその製造

8・2・1　消　石　灰

原料の石灰石を1 100～1 300℃の温度で**煆焼**して生石灰にする．

$$CaCO_3 \longrightarrow CaO + CO_2 \uparrow$$
（石灰石）　　（生石灰）（炭酸ガス）

この反応は吸熱反応である．吸熱反応が完了するまで加熱することを煆焼という．生石灰に水を加えて消化し，消石灰が製造される．

$$CaO + H_2O \longrightarrow Ca(OH)_2$$
（生石灰）（水）　　　（消石灰）

　原料の石灰石は，日本全土に豊富に存在する岩石であり，消石灰の生産は各地で行われている．石灰が主成分である貝殻も原料に使われる．

8・2・2　ドロマイトプラスター

　ドロマイトプラスターは，**ドロマイト**すなわち白雲石が原材料である．ドロマイトは苦灰石（クカイセキ）ともいう．石灰と炭酸マグネシウムを主成分と

するドロマイトを 900〜1 200°C の温度で煆焼して煆焼ドロマイトにする．

$$CaCO_3 \cdot MgCO_3 \longrightarrow CaO + MgO + 2CO_2 \uparrow$$
（ドロマイト）　　　　（煆焼ドロマイト）　（炭酸ガス）

煆焼ドロマイトに水を加え，各成分を消化させてドロマイトプラスターを製造する．

$$CaO + MgO + 2H_2O \longrightarrow Ca(OH)_2 \cdot Mg(OH)_2$$
（煆焼ドロマイト）　（水）　　　（ドロマイトプラスター）

煆焼ドロマイトの MgO は CaO に比べると消化しにくいため，ドロマイトプラスターは消化されていない MgO を含んでいる．

ドロマイト原石の産地で主要なのは，栃木県と岐阜県である．

8・2・3 せ っ こ う

せっこうは，**硫酸カルシウム**であり，**結晶水**の数や物性の違いからいくつかの種類がある．総括的には**表8・1**の6種類に分類するとわかりやすい．建築材料に利用する場合は，二水せっこう，α 型半水せっこう，β 型半水せっこう，II型無水せっこうが対象になる．α 型半水せっこうと β 型半水せっこうは化学式が同じで両者を総称して半水せっこうという．

表8・1 せっこうの種類

種　類	化　学　式	備　考
二水せっこう	$CaSO_4 \cdot 2H_2O$	水和硬化したせっこう
α 型半水せっこう	$CaSO_4 \cdot \frac{1}{2}H_2O$	硬質せっこう（硬せっこう）
β 型半水せっこう		焼せっこうの主成分
I 型無水せっこう	$CaSO_4$	高温でのみ存在する
II 型無水せっこう		硬せっこう
III 型無水せっこう		常温で急速に吸湿水和する

焼せっこうは半水せっこうのことであり，一般に β 型半水せっこうが主成分である．無水せっこうといわれるものはII型無水せっこうのことであり，以前はキーンスセメントともいわれた．II型無水せっこうは硬せっこうと呼ばれ，α 型半水せっこうを主成分とする半水せっこうは硬質せっこうと呼ばれることが多いが，両者は混同されており，α 型半水せっこうはしばしば硬せっこ

うと表現される．

原料の二水せっこうを150°C前後の温度で煆焼して半水せっこうが製造される．

$$\text{CaSO}_4 2\text{H}_2\text{O} \longrightarrow \text{CaSO}_4 \frac{1}{2}\text{H}_2\text{O} + \frac{3}{2}\text{H}_2\text{O} \uparrow$$
（二水せっこう）　　（半水せっこう）　　（水）

通常の焼成方法による場合は，β型半水せっこうを主成分にする半水せっこう，すなわち焼せっこうができる．105～150°Cの比較的低温で水分を加えた状態で焼成する場合と（このことを湿式という），200°C前後で煆焼してIII型無水せっこうにした後水蒸気を作用させて半水せっこうにする場合は（このことを熟成という），α型半水せっこうを主成分にした半水せっこうになる．

II型無水せっこうは，350～1100°Cの高温で二水せっこうを焼成して製造される．

$$\text{CaSO}_4 2\text{H}_2\text{O} \longrightarrow \text{CaSO}_4 + 2\text{H}_2\text{O} \uparrow$$
（二水せっこう）　（II型無水せっこう）　（水）

II型無水せっこうは，常温で安定な材料である．海外では二水せっこうと同じく天然に豊富に産する．わが国のせっこう資源は，リン鉱石からリン酸を製造するときに副産されるリン酸せっこうと，石油を燃やしたときの廃ガス中の亜硫酸ガスを大気汚染防止のために石灰と反応させて回収することから出てくる排煙脱硫せっこうが代表的で，天然資源は乏しい．リン酸せっこうや排煙脱硫せっこうは，通常の場合二水せっこうである．

8・3 硬化機構と性質

8・3・1 消石灰

消石灰は，水と混ぜて壁などに塗り付けると，徐々に空気中の炭酸ガスと結合して炭酸カルシウムになり硬化する．

$$\text{Ca(OH)}_2 + \text{CO}_2 \longrightarrow \text{CaCO}_3 + \text{H}_2\text{O} \uparrow$$
（消石灰）　（炭酸ガス）　（炭酸カルシウム）　（水）

この反応は空気中で行われる．水中では硬化が進行しない．炭酸ガスの作用

で硬化する消石灰のように，空気中で硬化していく性質のことを気硬性という．反応は表層から起こり，内部まで完了するには長時間を要する．

消石灰に未消化の生石灰が残っている場合は，施工後生石灰が消石灰になって膨張するため，きれつや泡が生じる．これをフケという．

消石灰が硬化したものは，**表8・2**のようにきわめて強度が小さい．消石灰と水だけを混ぜて硬化させた場合は，乾燥収縮が大きいのできれつが生じやすい．このため施工時にほかの材料を混ぜて用いる．

表8・2 消石灰・ドロマイトプラスター・せっこうの性質の一例

	粉 体		水と混練後の硬化体	
	粉末度残量[1][%]	比重	圧縮強度[N/mm^2]	収縮率[2][%]
消石灰	15以下	2.3〜2.4	0.5〜2.0	1〜2
ドロマイトプラスター	15以下	2.3〜2.8	1.5〜5.0	3〜5
焼せっこう（β型半水せっこう）	0〜1	2.6	2.0〜20.0	0.01〜0.02
α型半水せっこう	0〜2	2.7	20.0〜50.0	0.01〜0.02
II型無水せっこう	0〜1	2.9	20.0〜50.0	0.01〜0.02

(注) 1) 88μm (0.088mm) ふるいに残る量
2) 水だけと混練成形後と以後28日間空中に置いた場合の比較

8・3・2 ドロマイトプラスター

水と練ったドロマイトプラスターは，空気中の炭酸ガスと結合して硬化する．これは消石灰が硬化するのと同じ過程であり，ドロマイトプラスターは消石灰と同じく気硬性である．

$$Ca(OH)_2 \cdot Mg(OH)_2 + 2CO_2 \longrightarrow CaCO_3 \cdot MgCO_3 + 2H_2O \uparrow$$
（ドロマイトプラスター）　（炭酸ガス）　　　　　（ドロマイト）　　（水）

ドロマイトプラスターや消石灰を水で練るのは，壁などに塗り付けて施工し所定の形に仕上げるためである．水分が蒸発し乾燥すると固まったように見えるが，硬化は炭酸ガスと反応することによって起こる．水中では硬化しない．

ドロマイトプラスターを水と練ったものは，消石灰を水と練ったものに比べると**可塑性**が大きい．いいかえると粘性が高く，こて塗りの場合に伸びがよい．これは，未消化のMgOが残っているためと考えられている*．表8・2の

---
* 日本建築学会：建築工事標準仕様書・同解説，JASS 15 左官工事（1993）

ように硬化したときの強度は消石灰に比べるとやや大きいが，せっこうやセメントに比べると小さく，また乾燥収縮が大きいので，きれつ防止のため砂やすさなどを混ぜて用いる．

8・3・3 せ っ こ う

α 型半水せっこうまたは β 型半水せっこうを水と混練すると，水和して二水せっこうになり数分ないし数十分で硬化する．

$$CaSO_4 \frac{1}{2}H_2O + \frac{3}{2}H_2O \longrightarrow CaSO_4 \cdot 2H_2O$$
（α 型・β 型半水せっこう） （水） （二水せっこう）

半水せっこうを水を練ったものは，セメントや石灰を水と練った場合に比べると急速に硬化するので，通常の施工では十分な時間の余裕を得がたい．このため混練物の可塑性が所定の時間保たれるように**凝結遅延剤**が添加される．

II型無水せっこうは，何も加えずに水と練っても硬化しないが，**凝結促進剤**を添加した場合は水和して二水せっこうになり硬化する．硬化がほぼ完了する時間は，凝結促進剤によって異なるが，一般に数十分から数時間の範囲である．凝結促進剤は，みょうばんや硫酸カリが用いられ，II型無水せっこうの焼成時にすでに添加されている場合もある．

$$CaSO_4 + 2H_2O \longrightarrow CaSO_4 \cdot 2H_2O$$
（II型無水せっこう） （水） （二水せっこう）

II型無水せっこうは，硬化させるために凝結促進剤を添加し，β 型半水せっこうと α 型半水せっこうは，凝結時間を調節するために凝結遅延剤を添加するのが特徴である．

硬化した直後のせっこうはかなりの強度があり，以後水分の蒸発によって強度が倍近くまで大きくなる．乾燥したものが吸水すると強度は半減し，再び乾燥すると元の強度に戻る．せっこうは混練した水の一部を結晶水として取り入れているので，硬化後水分が蒸発してできる空げきが比較的少なく，消石灰やドロマイトプラスターが硬化したものに比べると強度が大きい．一般に気硬性のものは強度が小さく，水和反応を起こして硬化するものは強度が大きいといえる．表8・2のように β 型半水せっこうを主成分とする焼せっこうが硬化し

たものは強度がそれほど大きくないが，α 型半水せっこうまたは II 型無水せっこうが硬化したものは，ポルトランドセメント類に近いような高強度をもつ．しかも強度発現がきわめて早いという特徴がある．

　硬化したせっこうすなわち二水せっこうは，乾燥収縮がほとんどないのできれつが発生しにくく，白色で美観があり，無臭無害中性で吸湿性があるので衛生的であり，さらに火災初期の低温域において吸熱反応を起こして結晶水を放出し，その結晶水が気化熱を奪い火災時の温度上昇を抑えるので防火性にすぐれている．しかし 1 l の水に 2 g 程度溶けるので*，長期間湿った状態に置くと強度が低下し，また流水や大量の水によって表面から溶けてやせてくる．

8・4　製品と用途

8・4・1　しっくい

　しっくいは，左官用消石灰，砂，のり，すさなどを水と練ったもので，壁，天井，ひさしなどに塗り付けられる．砂は，補強と増量を目的として混入される．**のり**は，粘着性を補い施工性を向上する目的のもので，つのまた，ぎんなんそう，こなつのまた，メチルセルローズなどを用いる．補強とひび割れ防止のために入れる繊維材料を総称して**すさ**（苆）といい，麻，わら，紙などをほぐしたものが利用される．消石灰は乾燥収縮が大きいため，しっくいは施工後容易にきれつを生じるが，強度が小さいのできれつは細かく分散して生じ，全体としては目だたない．

　コンクリート，プレキャストコンクリート部材，コンクリートブロック，れんが，ALC パネル，木ずり，セメントモルタル塗り，こまい土壁などの下地に，下塗り，むら直し，鹿の子ずり，中塗り，上塗りの順で 12〜18 mm の厚さになるように塗り付けられる．鹿の子ずりは，むら直し後，中塗り前にところどころにしっくいを薄く塗り付けて，不陸〔ふりく（ふろくということもある）：表面の凸凹〕を直すことである．

---

* 無機マテリアル学会編：セメント・セッコウ・石灰ハンドブック，技報堂（1995）

8・4・2 大 津 壁

割竹を格子に組んだこまいの下地に壁土を塗った壁をこまい壁（小舞壁）といい，上塗りの違いにより大津壁と土物壁がある．大津壁の上塗りは，色土100 l に対し消石灰を 15～30 kg と少量のすさとのりを水で練って塗り付ける．

8・4・3 ドロマイトプラスター

ドロマイトプラスターは**表8・3**の調合で水と練り，壁，天井，ひさしに塗り付けて仕上げに使われる．下塗りにセメントを加えるのは，付着性を高めるためであるが，入れすぎると大きなひび割れが発生する原因になる．ドロマイトプラスターは，乾燥収縮が大きくひび割れが入りやすいので，すさの量を多くしてひび割れに対する補強を行い，かつひび割れが分散して発生するようにしてある．

表8・3　ドロマイトプラスター塗りの調合*

塗層		容積比			白毛すさ[g]（プラスター25 kgにつき）	塗り厚[mm]	
		ドロマイトプラスター	セメント	砂		天井・ひさし	壁
下塗り	コンクリート　コンクリートブロック　プレキャストコンクリート部材　鋼製金網　木毛セメント板　木片セメント板	1	0.2	2	600	6	
	ALCパネル	1	0.2	1.5～2	600	—	5
むら直し中塗り		1	0.1	2	600	5	7.5
上塗り		1	—	—	350	1.5	

（注）ドロマイトプラスターは，下塗り，むら直し，中塗りには下塗り用を，上塗りには上塗り用を使う

8・4・4 せっこうプラスター

せっこうプラスターは，焼きせっこうに砂やパーライトやバーミキュライトなどの骨材，水溶性樹脂やポリマーディスパージョンなどの混和剤，凝結調節剤などを混入した粉末状の製品である．混合せっこうプラスター，ボード用せ

---

* 日本建築学会：建築工事標準仕様書・同解説，JASS 15 左官工事（1993）

っこうプラスター，既調合せっこうプラスターなどがあり，壁や天井に塗り付けて使う．

JIS A 6904 せっこうプラスターでは，水だけと練って使う既調合プラスターと，必要に応じて骨材とすさを入れて水と練って使う現場調合プラスターに分けて，主成分である焼きせっこうの含有量を前者は 35 ％以上，後者は 65 ％以上にするように定めている．

せっこうプラスターは常時湿っていたり，乾湿の繰り返しを受ける場所では，強度が低下し剥離や脆弱化するので，このようなおそれのある浴室や地下

表8・4 せっこうプラスター塗り*

下塗り

下　　地	施工箇所	調合(容積比)		塗り厚〔mm〕
		プラスター(下塗り用)	砂	
コンクリート コンクリートブロック プレキャストコンクリート部材	壁	1	1.5	6〜9
鋼製金網 木毛セメント板 木片セメント板	天井	1	1	6
せっこうボード	壁	1	1.5	6
	天井	1	1	6
ALCパネル	壁	1	1.5	6

むら直し・中塗り

施工箇所	調合(容積比)		塗り厚〔mm〕
	プラスター(下塗り用)	砂	
壁	1	2	5〜7
天井	1	1.5	5〜7

上塗り

施工箇所	調合(容積比)			塗り厚〔mm〕	備考
	混合せっこうプラスター(上塗り用)	ボード用せっこうプラスター	寒水石粉または水洗細砂		
壁・天井	1	—	—	1.5	
	—	1	0.1〜0.5	3〜4	注)

（注）塗装・壁紙張りなどの下地となる上塗り

* 日本建築学会：建築工事標準仕様書・同解説，JASS 15 左官工事（1993）

室などでの使用は避ける．またセメント，ポゾラン，フライアッシュなどは，付着力低下や異常膨張の原因になるので，混和材料としての使用を避ける．

せっこうプラスターはしっくいやドロマイトプラスターと違って，比較的強度が高く耐摩耗性がよく，乾燥収縮がないので寸法安定性にすぐれ，ひびわれの発生しない平滑な平面が得られる．

表 8・4 のような調合と塗り厚でそれぞれの下地に塗り付けられる．

8・4・5 せっこうボード

焼せっこうをパーライトやのこくずなどの軽量骨材とともに水と練って薄板状に成形し，両面および長手方向の側面をボード用原紙で被覆した板である．

防火性，断熱性，遮音性，寸法安定性にすぐれ，衛生的な内装材料として利用される．耐水性が乏しく衝撃に弱いなど使用上配慮すべき欠点もある．内壁と天井が主たる使用箇所であるが，最近ではタイル下地，外壁下地サイディング芯材などに使われている．せっこうボードは**表 8・5**のような種類がある．

表 8・5 せっこうボード

種類	厚さ〔mm〕	使用箇所	備考
せっこうボード	9.5～15	壁・天井の下地	標準的なもの
シージングせっこうボード	9.5～16	多湿な内壁と天井・外壁の下地	防水処理をしたもの
強化せっこうボード	12.5～25	壁・天井の下地，防・耐火構造の構成材料	繊維で補強したもの
せっこうラスボード	9.5	せっこうプラスター塗壁の下地	表面に凹を付けたもの
化粧せっこうボード	9.5～15	壁・天井の仕上げ	表面を化粧したもの
不燃積層せっこうボード	9.5	壁・天井の下地，表面化粧材は仕上げ	不燃性原紙のもの

8・4・6 耐火被覆材

耐火建築物の主要構造を鉄骨とする場合は，鉄骨を耐火被覆材料で取り囲み所定の耐火性能をもたせなければならない．鉄骨の耐火被覆は，耐火被覆成形板または吹付け耐火被覆材によって行われる．これらの主要基材または構成材として，せっこうプラスター，焼せっこう，ドロマイトプラスター，消石灰，せっこうボード，せっこう成形板が使用されている．

図 8・1 は，2 時間耐火性能をもつ鉄骨のはりの耐火被覆の例を示したもの

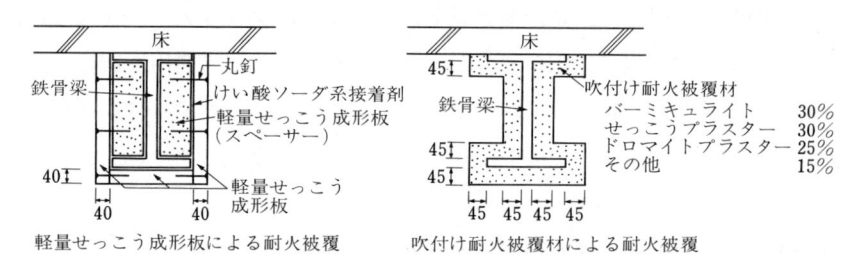

図8·1 2時間耐火性能をもつ耐火被覆された鉄骨はり*〔mm〕

軽量せっこう成形板による耐火被覆
- 床
- 鉄骨梁
- 丸釘
- けい酸ソーダ系接着剤
- 軽量せっこう成形板（スペーサー）
- 軽量せっこう成形板
- 40, 40, 40

吹付け耐火被覆材による耐火被覆
- 床
- 鉄骨梁
- 45, 45, 45, 45, 45, 45
- 吹付け耐火被覆材
  - バーミキュライト　30%
  - せっこうプラスター　30%
  - ドロマイトプラスター　25%
  - その他　15%

で，図の左側の場合は，40 mm の厚さのせっこう成形板が耐火被覆成形板として使われており，図の右側の場合は，バーミキュライト，せっこうプラスター，ドロマイトプラスターを主要基材とする吹付け耐火被覆材が 45 mm 厚さで吹き付けられている．

---

* 建築基準法施行令第 107 条に基づく 2 時間耐火個別指定，耐火 G 2053，耐火 G 2060 および G 2054（日本建築センター：耐火防火構造・材料等便覧，新日本法規出版）

第9章　粘土焼成品およびガラス

9・1　概　説

　石灰石や粘土等をカマ（窯）を用い，高温加工によって作る製品を総称して窯業(ようぎょう)製品といい，セメント・消石灰をはじめとして陶磁器類・れんが・ガラスなどもこれに含まれる．

　陶磁器類は，セラミックス（ceramics）ともいうが，これはギリシャ語のkeramosを語源とする．かつて，陶磁器類は中国ですぐれた製品が生産され，輸出されていたので，陶磁器を英語ではchinaという．

　陶磁器類は，シリカを主成分とする粘土を，高温焼成し，焼結または溶融して作られる．場合によっては，表面に釉薬(うわぐすり)がかけられる．

　ガラスは，ケイ石（SiO_2）と石灰（$CaCO_3$）を主原料として，これを完全溶融して造られる．粘土焼成品の共通した性質としては，耐火性・耐久性・耐水性・耐熱性に富み，不燃性で，比重は大きく，引張強度・じん(靭)性は劣る．

9・2　粘　土

　粘土は，岩石が風化して粉末状になったもので，粒径が$2\mu m$（0.002 mm）以下のものをいう．母岩の種類と風化の環境条件によって，カオリナイト・緑泥岩・雲母族粘土・モンモリロナイト・バーミキュライト・混合層鉱物に分類される．これらは，アルミナ層格子とシリカ層格子の重なり具合および結合水の状態に違いがある．粘土の比重は2.5〜2.6程度であり，アルミナの含有量が多いものほど比重は大きい．粘土の色は，含有有機物と付随鉱物によって異なり，焼成したときの色は酸化鉄（Fe_2O_3）の存在や焼成時の条件によって異なる．

　焼成品用原料粘土を坏土(はいど)（素地土）といい，粘土や岩石を粉砕したものが用

いられる．適量の水で練った坯土には可塑性があるので容易に任意の形状の容器に成形できる．また，外力を加えなければ，その形状を保ち続ける．成形したときの容器を青地(生地)と呼ぶ．青地を含水率0.5％以下まで乾燥して白地の状態にする．乾燥にともなって粘土は，5～6％にも達する大きな収縮を起こす．この白地の状態の容器を焼成かまで焼成して陶磁器類を造る(9・4節参照)．

9・3 壁 土 類

壁土・土居土・叩土などは，粘土をそのままの状態で用いる．

壁土は，粘土の乾燥にともなうひび割れと欠落防止のために「すさ」と呼ぶ繊維状のわらなどを混入する．場合によってはこれに消石灰・砂などを加える．

小舞壁は，編んだ竹に壁土を塗り込んだものである．通常，下塗・中塗・上塗の3段階に分けて塗る．下塗用の壁土は荒壁土と呼ばれ，粘土に3～6cmの長さに切断したわら(わらずさ)を加えて水で練ったものである．中塗は，わらの代わりに古い縄をほぐして2cmくらいに切ったもみずさを入れ，さらに砂を加える．上塗用の壁土は，仕上げによって添加物に違いがあるが，大津壁では粘土に石灰とわらを細かく切ったみじんすさや和紙をほぐした紙すさを混ぜる．

叩土は，粘土に消石灰を混ぜて水でこね，叩き固めたもので，旧家では土間に用いられることが多かった．

9・4 粘 土 焼 成 品

陶磁器類の原料である坯土は，粘土鉱物カオリナイトを主成分とするカオリン・白色粘土の陶土・ひるめ粘土・愛知県や三重県に産する木節粘土・せっ器粘土などの可塑性原料に，ケイ石類の除粘材や磁器化を助ける長石類の媒溶原料および焼成収縮を低減させるろう石・素焼粉などを適当量混合して作る．

成形方法には，乾式法と湿式法がある．乾式法は，少量の水を加えた坯土粉体を型に入れて加圧成形する方法で，硬泥法・半乾式法・乾式加圧法がある．

湿式法には，坏土を型に入れて成形する軟泥法，ろくろを使って成形する練土成形法，どろどろの坏土を型に流しこむ泥漿鋳込成形法などがある．

成形した青地は乾燥させ白地とし，これを焼成したのが陶磁器類である．

陶磁器類は，使用する原料，焼成の状態・温度と釉薬（ゆうやくともいう）の有無によって，**表9・1**のように大別される．

表9・1 粘土焼成品の分類

種類	坏土原料	焼成 焼締め	焼成 温度〔℃〕	釉薬	例
磁器 (porcelain)	カオリン・ケイ石・長石・陶石・ひるめ粘土＋長石	あり	1 435 〜 1 250	あり	タイル・衛生陶器
せっ器 (stoneware)	せっ器粘土・木節粘土・粘土分の多い粘土	あり	1 300 〜 1 000	なし	タイル・硬質がわら・陶管
陶器 (earthenware)	木節粘土・長石	あり	1 250 〜 1 080	あり	かわら・タイル・衛生陶器
土器 (unglazed earthenware)	木節粘土類	あり	1 000 〜 790	なし	レンガ・かわら・土管

釉薬とは，素地の表面にガラス質の薄膜を作るものをいう．素地に釉薬を塗布した後に，800〜1 400℃の温度で焼成すると，素地の表面にガラス質の薄膜が形成される．素地と釉薬の膨張率に大きな違いがあると，製品にそりが生じたり，釉薬にひび割れが発生したりするので，互いの膨張率が近似するように釉薬の調合を行う．

釉薬の薄膜は，カリ長石（$KAl \cdot Si_3O_8$）・ソウ長石（$NaAl \cdot Si_3O_8$）・灰長石（$CaAl_2 \cdot Si_3O_8$）・石灰岩（$CaCO_3$）・長石類の風化粘土であるカオリン・石英を主成分とするケイ石（SiO_2）などの粉体が溶融したものである．着色する場合は，これにクロム（Cr）・マンガン（Mn）などの元素を加える．また，同じ釉薬を使っても，焼成時の酸素の有無・焼成温度などによって発色が異なる．

一般的な釉薬の他に，焼成の過程で食塩（NaCl）を投入して素地の表面に

ケイ酸ナトリウム（Na_2SiO_3）の皮膜を形成する食塩釉，焼成終了直前に生松葉を投入して表面に炭素皮膜を形成するいぶし（燻し）などもある．

（1） れんが　通常，粘土を焼成してれんがは作られるが，日光で乾燥させただけの日干しれんが（アドービ・adobe・通称アドベ）と呼ばれるものもある．

明治時代には西欧文明に追随して数多くのれんが造の建物が造られたが，1923年の関東大震災で多くのれんが造が被害を受け，れんが造の耐震性が疑問視されたため，以後わが国でのれんが造建物は少なくなった．現在は，耐震補強を施したれんが造が考案され，新しいれんが造の開発が試みられている．地震災害の少ない諸外国では現在でもれんが造が多く造られている．

れんがには，普通れんが，建築用れんが，耐火れんががある．

普通れんがおよび建築用れんがは，粘土を焼成して作る．建築用れんがは，主として建築物の構造壁体および内外装仕上げに用いられるれんがである（**図9・1**）．

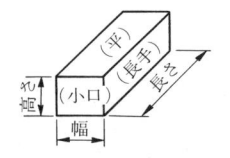

図9・1　れんが各部の名称

普通れんがはJIS R 1250に，建築用れんがはJIS A 5213に規定がある．

普通れんがは，品質により2種・3種・4種に区分され，形状により中実・孔あきの2種類に区分される．

品質による区分は**表9・2**のようであるが，普通のコンクリートの圧縮強度が$20 N/mm^2$程度であることを考えると3, 4種のそれはコンクリート強度に匹敵する強度である．

表9・2　普通れんがの品質

項　　目	2種	3種	4種
吸水率〔％以下〕	15	13	10
圧縮強度〔N/mm^2以上〕	14.71	19.61	29.42

9・4 粘土焼成品

普通れんがは，長さ 210 mm・幅 100 mm・厚さ 60 mm と規定されている．この形を「おなま」という．れんが平の面に孔がないものと孔をあけた形のものがあり，孔の形や数はいろいろある（**図 9・2**）．

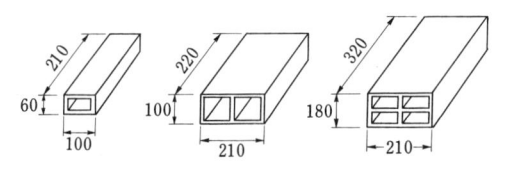

図 9・2 普通れんがの形

「おなま」を基本形として，それとは異なる形のものを役物という．

建築用れんがの寸法は，製品寸法に目地幅 10 mm を加えた呼び寸法で呼ぶ．4 枚で 900 mm の長さとなる呼び寸法 225 mm を標準形（記号：N）といい，長さ：幅：高さは 1：1/3：1/2 となっている．標準形と同じ形状で，高さが 45 mm と薄いものはようかん（記号：Y）と呼ぶ．標準形より高さが高い呼び寸法 150 mm のものは，大型（記号：L）という．大型には長さの呼び寸法が 300 mm で，高さの呼び寸法が 100 mm，150 mm のものもある．建築用れんがには，普通れんがと同様に平の面に孔のないものと孔を設けたものがあり，平の面の実質部分の面積の 80 ％以上のものを中実（記号：S），80 ％未満で孔が小さいものを穴あき（記号：P），穴が大きいものを空洞（記号：H）と分類する．孔も含めた平の面の断面積で圧縮破壊時の荷重を除した圧縮強さが 19.6 N/mm² 以上のものを 200，29.4 N/mm² 以上のものを 300，49.0 N/mm² 以上のものを 500，68.6 N/mm² 以上のものを 700 と区分する．吸水率によって，吸水率 8 ％未満のものの 8，12 ％未満のものの 12，16 ％未満のものの 16 とに区分する．

耐火れんがは，1 580 ～ 2 000 °C の高温に耐えられるように原料を調整して作られたれんがで，炉や煙突の内張りなどに用いられる．耐火れんがは，JIS R の 2000 番台に規格がある．

（2） セラミックブロック 　陶器質またはせっ器質のブロックで，コンクリートブロックと同じように鉄筋を配筋し，中空部にはコンクリートを充てん

して壁体を構成する．

JIS A 5201 にセラミックブロックの規格がある．形状はコンクリートブロックに類似するが，縦孔用ブロックと横孔用ブロックでは形が異なる．

標準の寸法は，長さ 400 mm・高さ 154 mm・幅 320 mm であるが，厚さには 190 mm（19 cm ブロック），150 mm（15 cm ブロック），120 mm（12 cm ブロック）の3種類がある．

釉薬のかけ方で，両面に施した両面くすりがけブロック，片面だけの片面くすりがけブロック，釉薬をかけてないくすりなしブロックに区分される．

(3) タイル タイルは，装飾・表面保護・表面性状の改善などの目的で，建築物壁面や床面などに貼り付けて使用する陶磁器性の薄板である．

その歴史は古く，紀元前 3000 年のエジプトのピラミッドに使われている．イスラムの寺院建築（モスク）に使われるようになって本格的な使用が始まった．その後ヨーロッパへ伝えられた．中国では，磚と呼ぶタイルに類似したものが用いられていた．わが国へタイルが導入されたのは，古くは室町時代の事例があるが，本格的に導入されたのは明治時代以降である．

タイルの基板となる部分を素地，表面に釉薬が施されている場合は表面を釉面と呼び，裏面の凸部を裏あし，横側を縁という．

JIS A 5209 に，陶磁器質タイルの規格がある．

タイルは用途によってつぎのように区分される．タイルは，必要な項目のみを下記の(a)〜(d)の順番に従って呼んでいく．

(a) 素地による区分（表 9・3）

表 9・3 素地によるタイルの区分

区　分	素地の色	吸水率〔%〕	焼成温度
磁器タイル	白色	0	焼成温度 1 200 °C 以上
		1.0 未満	
せっ器タイル	有色	1.0〜3.0	焼成温度 1 200〜1 350 °C
		3.0〜10.0	
陶器タイル	白および青	10.0 以上	焼成温度 1 000〜1 200 °C

(b) 釉薬の有無による区分（表9・4）

表9・4 釉薬の有無による区分

区　　　　分		表　面　の　状　態
無釉タイル		釉薬をかけてないタイル
施釉(ゆうせつ)タイル	ブライト釉タイル	光沢のある釉薬をかけたタイル
	マット釉タイル	光沢を消したタイル
	セミマット釉タイル	半光沢の釉薬をかけたタイル

(c) 呼び名による区分　　内装タイル・外装タイル・床タイルは，おもな用途による分類でもある．

（I）**内装タイル**　　室内壁面用．石灰質陶器性素地のものが多いが，寒冷地では吸水率が4％以下のせっ器質のものを用いる．一般に，相対的に強度は低く，吸水率が大きく吸水膨張を起こすおそれがある．耐酸性および耐凍害性に劣る．厚さは，4～8mm．

（II）**外装タイル**　　外壁面用．素地は，長石を主原料としたせっ器・磁器質．吸水率が高いものは，凍害を起こしやすい．外装タイルが剝離を起こすと補修が困難なので，裏あしをあり型にするなど十分な接着力が得られるようにしておく．厚さは，5～15mm．

（III）**床タイル**　　床面用．強度と耐磨耗性が要求されるので，素地は磁器質およびせっ器質とする．安全性や歩行のしやすさを考えて，滑りにくい表面仕上げとする．厚さは，7～20mm．

（IV）**モザイクタイル**　　1枚のタイルが，小型の磁器質のタイル．厚さは，4～88mm．

（V）**ユニットタイル**　　タイル表面もしくは裏面を台紙に貼り付けて，いろいろなタイルで模様を構成しているもの．

（VI）**クリンカータイル**　　主として通路や屋上の床に使用される粗面タイルで，最大寸法180mm以下の比較的大型のタイル．色は黒褐色のものが多い．

(d) 表面のなめらかさによる区分 （表 9·5）

表 9·5 表面のなめらかさによる区分

区　分	表面の状況	備　　　　考
滑面タイル	なめらか	なめらかな釉薬仕上げ
粗面タイル	粗　い	表面に石目・布目・筋目などを入れている

(4) 粘土がわら

かわら（瓦）とは，梵語の kapala とか鎧の古語である訶和羅や亀の甲羅などが転訛した言葉と言われている．いずれの場合も，物の表面を覆うものの意味があり，今日のように屋根材に限定した意味ではなく，磚やタイルの類も含めた意味があった．

屋根がわらがいつごろから使用され始めたかは定かではない．中国では紀元前 770 年ごろから使われていた．朝鮮半島へは中国から紀元前 107 年ごろに伝えられた．わが国へは百済から瓦博士が 558 年に渡来し，かわら技術を伝えた．

当初のかわらは，今日「本がわら」と呼ばれている形のかわらで，おもに寺院建築物に用いられた．江戸時代に簡易・改良形の「桟がわら」が考案され，幕府の推奨もあって民家へと普及する．明治時代には，西洋建築技術の導入にともなって洋がわらの使用も始まった．

粘土がわらは焼成方法によって，いぶし（燻し）がわら（黒色・銀色）・塩焼きがわら（赤色）・釉薬がわら（赤色）に分けられる．いぶしがわらは，焼成の終了直前に生松葉でいぶして表面に炭素粒子を吸着させたもので，吸水率はやや高い．塩焼きがわらは，焼成中に食塩を投入し，表面にケイ酸ナトリウムの膜を形成したもの．釉薬がわらは，表面に釉薬を施したもので，吸水が少なく耐凍害性にすぐれる．いぶしがわらには遠州がわら（静岡）・三州がわら（愛知）・京がわら（京都）・菊間がわら（愛媛）などがあり，釉薬がわらには能登がわら（石川）・石見がわら（石州がわらともいう・島根）などがある．沖縄地方で用いられている赤がわらは，石灰系の釉薬が用いられている．島根の石州がわらに似る．

JIS A 5208 に粘土がわらの規定が設けられているが，地域によっては伝統的な寸法も用いられている．

9・4 粘土焼成品

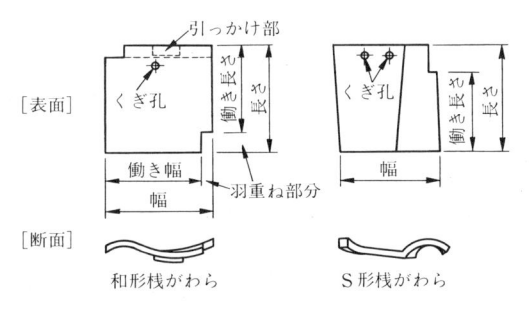

図 9・3 粘土がわら

表 9・6 粘土がわらの寸法（JIS A 5208）

区分		長さ〔mm〕		働き寸法〔mm〕		屋根面1坪当りのふき枚数〔概数〕
		長さ	幅	長さ	幅	
和形桟	49	315	315	245	275	49
	53 A	305	305	235	265	53
	53 B	295	315	225	275	53
	56	295	295	225	255	57
	60	290	290	220	250	60
	64	280	275	210	240	65
S 形	49	310	310	260	260	49

粘土がわらは，和形粘土瓦とS形粘土がわらの2種類に区分される（**図9・3**）．**表9・6**に粘土がわらの寸法を示す．種類の呼び方は，屋根面1坪（3.3 m³）当りをふくに必要なかわら枚数で呼ぶ．図9・2の働き長さと働き幅とは，かわらを屋根にふいたとき，重ならずに屋根面となる部分の寸法をいう．かわらの隅に切込みを設けるのは，重ねた（羽重ね）ときにかわら面の盛り上がりが起こらないように工夫されたもので，切込みが深いほど雨漏りしにくい．

（5）**衛生陶器**　大小便器・洗浄タンク・洗面器・手洗器など衛生設備で用いる粘土焼成品を総称して衛生陶器という．今日では，プラスチック製などのものもあるが，汚染しにくいこと，耐薬品性にすぐれていることなどから衛生陶器などへの利用が多い．

JIS A 5207 では，素地により溶化素地質（記号：V）と硬質陶器質（記号：E）に分けている．

衛生陶器の種類には，水洗用大便器（記号：C），これには和風大便器・和風両用便器・洋風便器がある．小便器（記号：U），洗浄用タンク（記号：T），洗面器および手洗い器（記号：L），流し（記号：K），掃除流し（記号：S）がある．非水洗用便器類は，JIS A 5211 を参照．

9・5 ガ ラ ス

板状のガラスはその透明な特性を生かし，光を通すが空間を遮断したい箇所に用いられる．その他にも，ガラス繊維やガラスブロックなどとしても用いられる．

物質を透過する光は，内部に含まれる粒子の粒径が光の波長に近いほど損失は大きく，不透明となる．ガラスは，光の波長に近い大きさの界面，孔，含有物をもたないため，光損失が少なく透明である．

ガラスの容積と温度変化の関係を図 9・4 に示す．液体状のガラスを融点以下まで冷却すると，結晶を生じて個体となり，大きな収縮を起こす．液体を急冷すると，準安定な過冷却液体の状態になり，ガラス転移点以下では急激に粘性が増し，固体の状態を示す．ガラス状態とは，この非結晶性固体状態をいう．

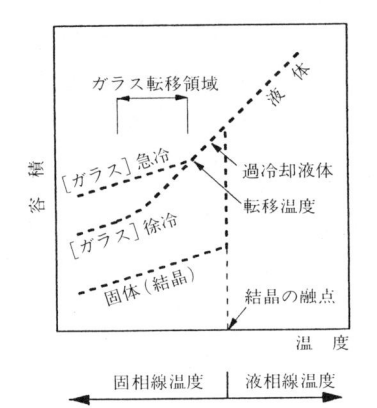

図 9・4　ガラス状態の概念

普通の板ガラスでの転移点は 500℃ 以上なので，常温状態では半永久的にガラス状態が保たれる．

古代エジプトでは紀元前 16 世紀ころすでにガラス製品を作る技術をもって

いた．ローマ時代にはいるといろいろな加工技術が発達し，ローマングラスの技術として各地へ広まり，ボヘミヤ・ベネチアなど今日まで伝わるガラス工芸のもととなった．窓にガラスを用いる試みはローマ時代から始められたが，大きな平板ガラスを作ることができず，16世紀ころまでは小さな円盤状のガラス板やガラスの小破片をつなぎ合わせて窓にはめ込むステンドグラスの技法が用いられた．19世紀前半にクラウン法*1 やシリンダー法*2 の改良が行われ，板ガラスが製造されるようになり，1851年のロンドン万国博覧会では全面板ガラスで覆った水晶宮が作られたが，価格が高く，一般の建物まで普及するには至らなかった．

1913年にベルギー人フーコール（Fourcault），1916年にアメリカ人コルバーン（Colburn）が，それぞれ連続的に板ガラスを成形する板引き法を考案した．これによって，広くて平滑な板ガラスが安価に大量に生産できるようになり，近代建築を特徴づける建築材料として広く用いられるようになった．

わが国では，明治初期に板ガラスの製造が試みられていたが，いずれも失敗し板ガラスは輸入に頼る状況であった．1909年手吹きながら本格的な板ガラス製造工場が作られた．コルバーン法の導入は1919年，フーコール法は1928年である．

9・5・1 製　　　法

ガラスは，無機質の酸化物が溶融した混合物で，その組成で種類分けを行うと，ソーダ石灰ガラス・ホウケイ酸ガラス・鉛ケイ酸ガラスの三つに大きく区分できる．

ガラスの原料は，その種類によって違いがあるが，基本的骨組を構成する主原料と着色剤などの副原料およびカレット（くずガラス）を混ぜ合わせて1 350～1 500℃の温度で均一になるまで溶解して種ガラスを作り，これを成形，徐冷して製品とする．原料にカレットを混ぜるのは，溶融温度を下げた

---

*1 溶けたガラスを円球状に吹き出し，それを激しく回転させて円盤状のガラスとする方法．
*2 溶けたガラスを円筒状に成形し，円筒を切り開いて板ガラスとする方法．

り，炉を保護するためで，普通 30 ～ 40 ％添加される．

　板ガラスをはじめ，汎用ガラス製品に用いられるソーダ石灰ケイ酸ガラスの主原料は，二酸化ケイ素（SiO_2），酸化ソーダ（Na_2O），酸化カルシウム（CaO）である．高い耐化学性をもつホウケイ酸ガラスは，ほとんどが二酸化ケイ素（SiO_2）で，これに少しの酸化ホウ素を添加する．大きな屈折率をもつ鉛ケイ酸ガラスの主原料は，二酸化ケイ素（SiO_2），酸化カリ（K_2O），酸化鉛（Pb_2O）である．

　代表的な市販のガラス製品の組成を，**表 9・7** に示す．

表9・7　代表的なガラス製品の組成割合　〔×％〕

ガラスの種類		SiO_2	Na_2O	K_2O	CaO	MgO	B_2O_3	Al_2O_3	Fe_2O_3	PbO
ソーダ石灰	板ガラス	72.5	13.0	0.3	9.3	3.0		1.5	0.1	
	びん	73.0	15.0		10.0			1.0	0.05	
	電球	73.0	16.0	0.6	5.2	3.6		1.0		
ホウケイ酸（パイレックス）		80.6	4.2		0.1	0.05	12.6	2.2	0.05	
鉛ケイ酸	食器	55.5		11.0						33.0
	電球	63.0	7.6	6.0	0.3	0.2	0.2	0.6		21.0
	放射線遮蔽	30.0		3.0						65.0

　副原料には，溶融を助けて気泡を取り除くショウ石（K_2NO_3）・ホウ酸（H_3BO_3）などの融剤・清澄剤，着色剤としてカドミウム（Cd）・セレン（Sl）・コバルト（Co）・銅（Cu）・チタン（Ti）・金（Au）・銀（Ag）・マンガン（Mn）・ニッケル（Ni）・硫黄（S）・炭素（C）などの化合物が用いられる．同じ着色剤でも，酸化・還元の状況によって発色が異なる．蛍石（CaF_2）・氷晶石（Na_3AlFe_6）を加えると不透明なガラスとなる．

　工芸ガラスでは，鉄パイプの先に種ガラスを付けて息を吹き込み膨らませて成形する吹きガラス法やプレス法などいろいろな手法が用いられるが，ここでは板ガラスの連続成形について述べる．

　板ガラスの製造には，コルバーン法・フーコール法・フロート法があり，型板ガラスや網入り板ガラスの製造にはロールアウト法が用いられる．平滑な表面が形成されるフロート法は，比較的新しい製造方法である（**図 9・5**）．

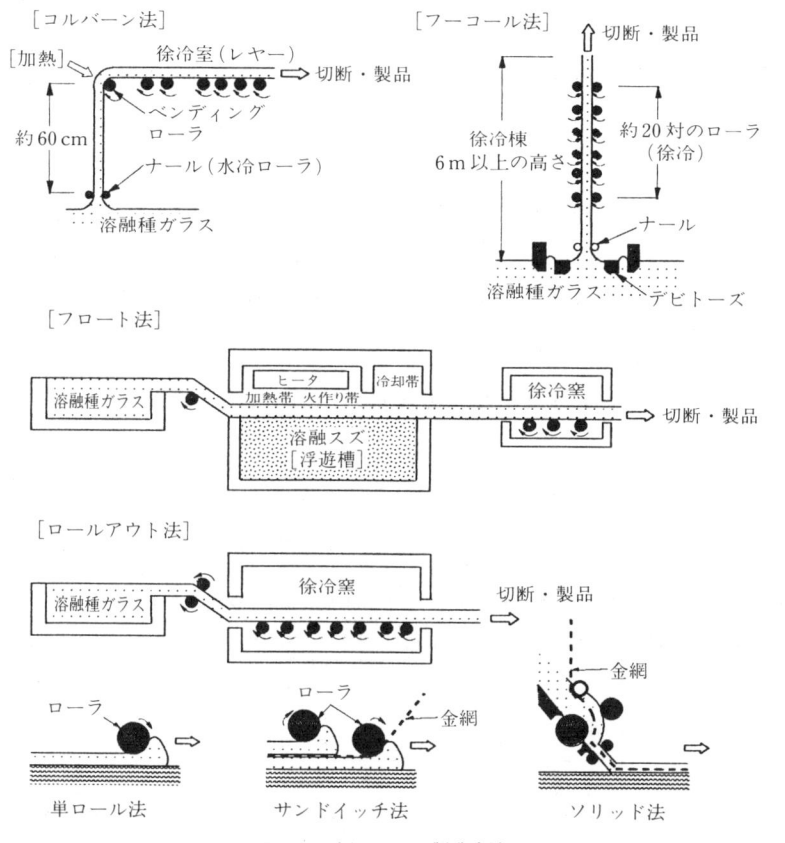

図 9・5 板ガラスの製造方法

9・5・2 製 品

(1) 板ガラス類 板ガラスの種ガラスは，ソーダ石灰ケイ酸ガラスである．板ガラス製品は，正方形か長方形である．長片と短辺の最大寸法を最大定寸法という．各辺の長さを 25.4 mm で除し，整数に丸めた値を寸法番号という．

(a) 普通板ガラス (sheet glasses) 機械で引上げて連続成形して造った最も一般的な板状のガラスで，窓などに使用されている．JIS R 3201 に規格があり，その付属書には表面のつやを消したすり板ガラスの規格がある．

普通板ガラスの厚さには 2 mm と 3 mm があり，2 mm 厚さのものを並厚ともいう．ガラスの中に含まれる気泡の状態やそりなどによって，品質の級が A

級とB級に区分される。最大面積のものの最大定寸法は，2mm厚で914×813と1219×610mm，3mm厚では1676×1219mmと1829×914mmである。これを寸法記号で表すと，2mm厚では[36・32]，3mm厚では[72・26]となる。

すり板ガラスは，普通板ガラスの片面を，砂ずり・砂吹き・腐食などの方法でつやを消したものである。すり板ガラスを使うと，透過像が不鮮明になる目隠しの効果や軟らかい透過光線が得られる。部分的にすりガラスを施し，絵を描いたすり板ガラスもある。

（b） フロート板ガラス・磨き板ガラス（float and polished glasses）　窓ガラスや鏡などに使用される，きわめて表面が平滑に仕上げられた板ガラスである。JIS R 3202 に規格があり，同じく付属書に，フロート板ガラスの片面をすりガラスにしたフロート板ガラスのすり板ガラスの規格がある（**表9・8**）。

表9・8　磨き板ガラス，フロート板ガラスの最大定寸法

厚さによる種類	等級	最大定寸法〔mm〕	厚さによる種類	等級	最大定寸法〔mm〕
2ミリ	A	914×813	6ミリ	A	1 829×1 219
	B	914×813		B	2 438×1 829
		1 219×610	8ミリ	—	3 048×2 438
3ミリ	A	914×610	10ミリ	—	3 048×2 438
	B	1 829×1 219	12ミリ	—	3 048×2 438
4ミリ	—	1 829×1 219	15ミリ	—	注文寸法
5ミリ	A	1 829×1 219	19ミリ	—	注文寸法
	B	1 829×1 219			
		2 134×914			

磨き板ガラスは，普通板ガラスの片面または両面を，金剛砂などで平らに研磨したガラスである。表面の高度な平滑面は，透視した風景にゆがみがなく，鏡に用いたときも写像がゆがまない。しかし研磨作業のため価格は高い。

フロート板ガラスは，炉の中の溶融金属の上に溶融した種ガラスを流し込んで火造りしたもので，研磨せずともきわめて平滑な表面が得られる。

これらのガラスの厚さは，2・3・4・5・6・8・10・12・15・19mm の10種類あるが，2mm はフロート板ガラスのみである。泡や不純物の状態とそりに

よって，品質の級がA級とB級に区分される．

（c）型板ガラス（figured glasses）　模様を刻んだローラーで圧延成形させ，片側表面に形模様を付けた板ガラス．ガラス表面の模様は，装飾効果の他に表面の凸凹によって起こる光の拡散で，透視像を不鮮明にする効果がある．窓ガラスや間仕切りなどに使用される．JIS R 3203 に規格がある．厚さは2・4・6mmの3種類で，最大定寸法は2mm厚では914×813mmと1 219×1 219 mm，4mm厚では1 829×1 219mm，6mm厚では2 438×1 829mm である．

（d）網入板ガラスおよび線入板ガラス（wired glasses）　ガラス中に金属製の網または線を埋め込んだガラスである．金属製の補強材があるためガラスが割れても飛散することがなく，ガラス破損時の安全性，火災時のガラスの破損防止，防犯性などにすぐれている．建築基準法施行令第110条では網入り板ガラスを用いたアルミ製や鋼製の防火ドアを乙種防火戸に認定している．

JIS R 3204 に規格がある．網または線の形状によって二つのタイプに区分される．表面形状には，型板ガラスタイプと磨き板ガラスタイプがある．**表9・9**に，種類と厚さを示す．

表9・9　網入板ガラス，線入板ガラスの種類と厚さ

網または線の形状および表面の状態による種類			厚さ〔mm〕
網入板ガラス	網入型板ガラス	ひし網入型板ガラス	6.8
		各網入型板ガラス	6.8
	網入磨き板ガラス	ひし網入型板ガラス	6.8・10
		各網入型板ガラス	6.8
線入板ガラス	線入型板ガラス		6.8
	線入磨き板ガラス		3.8・10

製造時に四角形の網目の金属網を，ローラーに対して，斜めに挿入すればひし網入板ガラスとなり，平行に挿入すれば角網入板ガラスとなる．線入板ガラスでは，封入する線をローラーに直角に挿入する（図9・4参照）

内部の金属製網や線の腐食により，ガラスの破損が起こる．施工にあたっては，ガラス切断面に金属網のための腐食防止処置を施す．

（e）合わせガラス　2枚の板ガラスの間に透明なポリビニルブチラーゼ

樹脂の薄膜をはさみ，圧着して1枚のガラスとしたもの．平面と曲面がある．中にはさんだ薄膜によって，割れてもガラスは飛散せず，衝撃物も貫通しにくく，網入板ガラス同様に安全性・防犯性を備えている．成形後の加工ができず，70℃以上の温度環境下では中間層が劣化する．ガラスの破損が重大な事故を招くおそれのある高層ビルの窓ガラスや出入り口付近などに用いられている．防弾ガラスも合わせガラスの一種である．JIS R 3205 に規格がある．フロート板ガラス類で構成したフロート合わせガラス，型板ガラスを使った型板合わせガラス，網入型板ガラスや熱線吸収網入形板ガラスを使った網入型板合わせガラス，線入型板ガラスを使った線入型板合わせガラス，網入磨き板ガラスまたは熱線吸収網入磨き板ガラスを使った網入磨き合わせガラス，線入磨き板ガラスまたは熱線吸収線入磨き板ガラスを使った線入磨き合わせガラス，強化ガラスを使った強化合わせガラスなどがある．衝撃を受けたときの性状によりⅠ類・Ⅱ-1類・Ⅱ-2類・Ⅲ類に区分される．耐衝撃性能はⅢ類が最も高い．

（f）強化ガラス（tempered glasses）　軟化温度付近（620〜650℃）まで熱した板ガラスの表面に冷風を吹き付け表面を一様に急冷すると，ガラス表面と内部に熱膨張の違いが生じ，ガラス表面に一種のプレストレスが生じる．プレストレス効果で，強化ガラスの曲げ破壊強さは普通のガラスの3〜5倍となり，衝撃力に対しても強い抵抗を示すようになる．しかし，キリ状に尖った物でガラス表面を突けば，一瞬にして全体にひび割れが伝達し，ガラスは細片状に壊れてしまう．強化ガラスは，工場で成形して，出荷される．現場での切断・孔あけなどの作業は，行うことはできない．

　強化ガラスは，JIS R 3206 に規格がある．形状により平面強化ガラスと曲面強化ガラスとに大別される．平面強化ガラスには，型板ガラスを材料板とした型板強化ガラスと材料板をフロート板ガラス類としたフロート強化ガラスがある．

　衝撃性能によってⅠ類（記号：T Ⅰ）とⅢ類（記号：T Ⅲ）があり，耐衝撃性能はⅢ類が最も高い．厚さが薄いと，十分なプレストレスが導入されない．厚さが3mmのものは半強化ガラスと呼ばれるが，これはJIS規格には入らない．同じ原理で作られる強化ガラスドアは，ガラス自体に強度があるので

フレームなしで取り付けることができる．これも，現場での加工はできない．

（g） 熱線吸収板ガラス（heat absorbing glasses）　熱線（赤外線）をよく吸収するようにブルー・グレー・ブロンズに着色した板ガラス．熱線の50％近くが吸収される．熱線吸収板ガラスを窓に用いれば，室内への透過熱量が低減され，冷房負荷を低くすることができる．他に，装飾効果やブラインド効果もある．

熱線の吸収はガラス自体が行うので，日射を受ければガラスの温度が上昇する．1枚のガラス面で部分的に日射の当たり具合に違いがあれば，ガラス面内で温度差が生じ，温度膨張の差でガラスが破損することがある（熱割れ）．熱線吸収板ガラスの採用にあたっては，日射の当たり具合に差異が部分的に異ならないように設計する必要がある．

JIS R 5208に規格がある．板ガラスの種類によりフロート板ガラス類の熱線吸収フロート板ガラス，網入板ガラス類の熱線吸収網入板ガラスに分けられる．

ガラスの色調は，ブルー・グレー・ブロンズの3種類．厚さは，3mmから15mmまでの8種類である（**表9・10** 参照）．

熱線吸収板ガラスの熱線吸収性能は，日射透過率を実測し，これをガラス厚5mmの時の値に換算した5mm日射透過率になおし，この値の大小で判断す

表9・10　強化ガラスの形状による種類と寸法

形状による種類	材料板ガラスの種類による名称	厚さ〔mm〕
平面強化ガラス	型板強化ガラス	4
	フロート強化ガラス	4
		5
		6
		8
		10
		12
		15
		19
曲面強化ガラス	フロート強化ガラス	5
		6
		8

表9・11 熱線吸収板ガラスの種類と厚さと色調

板ガラスによる種類		厚さ〔mm〕	色調による種類		
			ブルー	グレー	ブロンズ
熱線吸収フロート板ガラス		3	あり	あり	あり
		5	あり	あり	あり
		6	あり	あり	あり
熱線吸収磨き板ガラス		8	あり	あり	あり
		10	なし	あり	あり
		12	あり	あり	あり
		15	なし	あり	あり
熱線吸収板ガラス	網入磨き	6.8	なし	あり	あり
		6.8	なし	あり	あり
	網入型板	6.8	なし	なし	あり

る．色調がブルーでは70.0％以下，グレー・ブロンズでは75.0％以下と規定されている（**表9・11**）．

（**h**）**複層ガラス**（sealed insulating glasses） 2枚の板ガラスを少し隙間をあけて固定し，その隙間に乾燥した空気またはガスを封入したものである．二つの板ガラスの周辺部には，金属製あるいは樹脂製のスペーサーシールをはめ込み，これを合成ゴム系の封着材でシールする．中間空気層の働きで断熱性能が高く，日射熱遮蔽能力も高い．窓ガラスの結露の防止に効果がある（**図9・6**）．

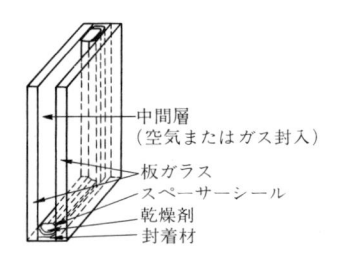

図9・6 複層ガラス

JIS R 3209に規格がある．複層ガラスの種類は，断熱複層ガラスと日射熱遮蔽複層ガラスに区分される．耐久性によって，Ⅰ類・Ⅱ類・Ⅲ類がある．Ⅲ類が最も高い耐久性をもつ（**表9・12**）．

表9・12 複層ガラスの断熱性・日射遮蔽性による種類

種　　類		記　号	熱貫流抵抗 [$m^2 \cdot K/W$ 以上]
断熱複層ガラス	1種	K 1	0.24
	2種	K 2	0.30
	3種	K 3	0.36
日射熱遮蔽複層ガラス	4種	K 4	0.24
	5種	K 5	

（ⅰ）**X線防護ガラス**　普通のガラスはγ線などの放射線をほとんど透過し，放射線の照射を受けると短時間でガラスは黒褐色に変色する．

鉛の含有量を増やし，放射線を遮蔽し，かつ変色を起こさないようにしたガラスがX線防護ガラスである．放射線遮断能力は，純度の高い鉛の0.558（鉛当量）倍程度とされる．放射線を取り扱う部屋の窓などに使用する．

（j）**着色焼付けガラス（色焼付けガラス）**　板ガラスの表面にセラミックスを塗布し，高温・急冷処理した不透明なガラス．強化ガラスに似て強度も高くなり，熱線吸収効果もある．

（k）**ステンドグラス**　色ガラスの小片を鉛のリムでつなぎ1枚の板にしたガラスで，ローマ時代から窓ガラスとして用いられてきた．教会堂の窓ガラスなどに使用されている．幻想的な透過光線や絵模様が好まれる．

（l）**熱線反射ガラス**　フロート板ガラスの表面へ，酸化スズのような金属または金属酸化物を薄く蒸着させたもの．赤外線の反射作用で熱線遮断効果があり，蒸着面での反射はハーフミラーの働きがある．蒸着させた酸化スズ薄膜に通電すると発熱し，曇りの防止になる．飛行機や新幹線の運転席の窓ガラスにも使用されている．

（2）**その他の製品**

（a）**ガラスブロック**　プレス成形によって作った箱形ガラス二つを合わせて溶着して，中空のブロックにしたものである（**図9・7**）．立方形と長方形がある．中空部には，0.3気圧程度の空気が残っている．断熱・遮音性能が高く，ブロックを透しての採光が可能である．採光と断熱・遮音性を兼ね備えた

壁に使われることが多い．ガラスブロック壁とする場合は，力筋（直径6mm程度の鉄筋）を配した目地を設けて積み上げる．

JIS A 5212 に規格がある．ガラスブロックの種類と寸法，標準的な目地幅を**表9·13**に示す．

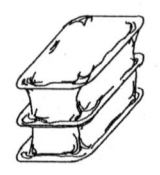

図9·7 ガラスブロック

表9·13 ガラスブロックの種類と寸法

表面形状による区分	ブロックの寸法〔mm〕			標準的な目地幅〔mm〕
	長さ	高さ	厚さ	
正方形	125	125	80	8〜15
	160	160	95・125	
	200	200	95・125	
	320	320	95	15〜25
長方形	250	125	80	8〜15
	320	160	95	8〜25

（b）ガラス繊維（グラスファイバー） 溶融したガラスを細い孔を通して，直径 $3〜100\mu m$ の細い繊維状にしたガラス．

ガラス繊維の強度は高く，特に引張強度が高い（9·5·4項(3)参照）．

ガラス繊維には，高強度・不燃性・低吸水性・高電気絶縁性がある．そのままマット状にして，断熱材・吸音材として用いられる．不燃性を生かして防火カーテンなどとしても使われ，ポリエステル樹脂で固めて FRP（繊維補強プラスチック）として，浴槽・洗面台などにも使われる．

9·5·3 一般的性質

ガラスは成分によって性質が大きく異なる．ソーダ石灰ケイ酸ガラス（普通板ガラス）の一般的性質を，他の材料と比較して**表9·14**に示す．

（1）光学的性質 ガラスは一種の過冷却液晶体で，工学的に均一な性質をもっており透過光が屈折や反射を生じることが少ないので，透明性を保つ．

9・5 ガ ラ ス

表9・14 板ガラスの一般的性質

項　　　目	板ガラス	ポリカーボネイト	鋼	普通コンクリート	その他
屈折率	1.52	1.58	—	—	水：1.33
比熱 〔$\times 10^3$J/(kg・K)〕	0.75	1.09〜1.17	0.465〜0.490	0.84〜0.96	水：4.19 ダイヤモンド：0.50
軟化温度〔℃〕	720〜730	連続使用120以上	融点1425〜1530	—	アルミニウム融点：660
熱伝導率〔W/(m・K)〕	0.76	0.81	10.23〜14.65	1.51	空気：0.02 杉：0.12
熱膨張率〔$\times 10^{-6}$/℃〕	8.5	60〜70	10.4〜11.7	10〜12	アルミニウム：23.6 銅：16.5
モース硬度〔度〕	6.5	—	—	純鉄 4	ダイヤモンド：10
比重	2.5	1.20	7.80〜7.86	2.2〜2.3	花こう岩：2.7 杉：0.38
圧縮強度〔N/mm²〕	588〜1177	—	441	19.6	杉：34.3 アルミニウム：147〜196
引張強度〔N/mm²〕	49.0	58.8〜81.4	441	1.96	杉：39.2 アルミニウム：147〜196
ヤング係数〔$\times 10^4$N/mm²〕	7.4	0.21〜0.25	441	2.1	杉：0.7 アルミニウム：7.1
ポアソン比	0.22	—	約0.3	0.17	ゴム：0.46〜0.49

普通板ガラスの屈折率は1.52程度であるが，鉛を多く含有するガラスほど高い屈折率を示す．高鉛質ケイ酸塩ガラスの屈折率は1.66程度である．直角に入射する場合のガラスの表面における光の反射率（R）は，ガラスと空気の屈折率の比を（n）とすれば，$R=(n-1)^2/(n+1)^2$の式で求められる．空気の屈折率を1.0とすると普通板ガラスの$n=1.52$では$R=4.3\%$となり，板ガラスでは4％程度の光が反射される．屈折率1.66の高鉛質ケイ酸塩ガラスでの反射率は6.2％で，反射率が高く輝きが増す．光の透過率（T）は，光の入射エネルギーと透過エネルギーの比として表され，ガラスの吸収係数（β_T）と材料の厚さ（t）に依存し，$T=(1-R)^2\exp(-\beta_t\cdot t)$の式で表される．厚さ1cmの普通板ガラスの透過率は$T=0.91$程度となる．ガラスに直射光を当てたときの透過率を**表9・15**に示す．

（2） 熱的性質　　窓ガラスの断熱性状が悪いと，室内の空調負荷が大きく

表9・15 光の透過率の例*

種類	厚さ[mm]	透過率[%]	備考
透明板ガラス	1.9	90〜92	
すり板ガラス	1.9	84〜86	粗面からの透過率：86%
型板ガラス(薄型ダイヤ模様)	2.2	79〜85	凸凹面からの透過率：79%
型板ガラス(厚形ダイヤ模様)	4.0	79〜82	凸凹面からの透過率：76%
網入しま板ガラス	6.8	76	
乳白ガラス	3.0	60	
障子紙	0.13	30	
新聞紙	0.10	20	無地
透明アクリル板	2.0〜3.0	92	

なったりガラス面での結露が起こりやすい．一般に熱伝導率が $0.112 W/(m\cdot K)$ 以下の材料を，断熱材という．表9・14より，普通板ガラスの熱伝導率は $0.76 W/(m\cdot K)$ で，これは杉板の約6倍にも達し，窓に普通板ガラスを単独で使用した場合は，ガラス面での断熱効果は期待できない．複層ガラスは，中間部の空気層の働きで断熱性状が高いガラスである．

(3) 機械的性質 ガラスは，引張強度が低い脆性材料である．オロワン (E. Orowan) の提案の理論強度式でガラスの理論強度を求めると $52\times10^2 N/mm^2$ 程度で，通常のガラス強度の100倍近い値となる．理論値と実際値の違いは，ガラス表層部の微細な傷の存在によるものである (2・3・4を参照)．ガラス繊維の引張強度は繊維の直径が $120\mu m$ では $6\times10^2 N/mm^2$ 程度であるが，傷が存在しえない $5\mu m$ 以下になると強度は急激に増大し，直径 $1\mu m$ では理論強度に近い強度を示す (9・5・2項(2)(b)参照)．ガラスは石英よりも軟らかく，傷がつきやすい．ガラスが古くなるほど表層には微細な傷が増え，割れやすくなる．

(4) その他の物理的および化学的性質

(a) 比重 ガラスの比重は，成分によって異なり，X線防護ガラスなどでは6.8程度であるが，普通板ガラスの比重は粘土や土とほぼ同じの2.5程度である．

---

* 飯塚五郎：建築講座・8 建築材料，彰国社 (1969), p.129, 7・5表

(b) 硬度 ガラスの硬さをモース硬度*で表すと，5～6度くらいで正長石や石英程度である．鉛を含むと軟らかく，ホウ酸を含むと硬くなる．砂粒などの飛来によってもガラスは傷つく可能性がある．

(c) 化学的性質 ガラスは耐久性のある材料で，水や酸類に対しては比較的抵抗性があるが，強いアルカリ性溶液中では溶解する．ガラス面にアルカリが作用すると，ガラス成分のケイ酸構造が破壊され，ガラスは変質する．変質した部分をヤケという．ヤケには，虹色をした薄い膜の青ヤケや白く曇った白ヤケがある．コンクリートやモルタルは強いアルカリ性なので，これらに接触していたり，これらに降った雨水が飛び跳ねてガラス面に付着してもヤケを起こすことがある．ガラス面の清掃に用いる洗剤は，アルカリ性の洗剤は避けたほうがよい．

9・5・4 その他

外壁面の窓ガラスの選択は，作用する風圧力とそのガラスの品種・厚さによるガラスの耐風性能によって決める．ガラスの耐風性能は，平均破壊荷重に安全率を2.5見込んだ強度とする．ガラス工事についての詳細は，JASS 17（日本建築学会建築工事標準仕様書　ガラス工事）を参照するとよい．

室内や開口部にガラスを用いるときは，ガラスへの衝突による人体が受ける損傷を考慮した安全性の配慮が必要である．安全性はすべての開口部について考慮しなければならないが，特に注意が必要な箇所はガラス部分の短辺の長さが45cm以上でつぎの箇所にあるガラスである．①床面から60cm未満にある出入口の建具類のガラス．②出入口から，水平距離が住宅であれば30cm未満，その他では120cm未満で，高さ60cm未満の範囲あるガラス．③住宅では床から30cm未満，その他の場所では45cm未満の位置にあるガラス．

ガラスの破損を考慮した安全性については，財団法人日本建築防災協会発行「ガラスを用いた開口部の安全設計指針」を参考にするとよい．

---

* モース硬度：滑石を1度，ダイヤモンドを10度とする．せっこう2度，方解石3度，ホタル石4度，リン灰石5度，長石6，石英7度，トパーズ8度，鋼玉9度である．

第10章　高分子材料

10・1　概　説

　高分子材料という用語は「高分子」と「材料」という二つの概念から成り立っている．化学組成の単位となる**モノマー**（monomer, 単量体）は数個から数十個つながって分子量が1 000から1万以下の**オリゴマー**（oligomer）になる．このオリゴマーがつながって分子量が1万以上になったものをポリマー（polymer, 重合体）という．

　このように分子量の大きい物質が「高分子」で，その中で何らかの意味で人類に役立つ物質＝「材料」が**高分子材料**（high polymer）である．高分子材料は分子量が大きいという概念のみで定義されるので，基本的には，すべての元素に高分子材料の可能性があるが，固相状態で高分子構造をとることができるのは炭素（C）やケイ素（Si）などに限定される．炭素化合物はCを主鎖骨格（main chain）として，大半が水素（H），酸素（O）および窒素（N）の元素で成り立ち，部分的に塩素（Cl），フッ素（F），ケイ素（Si），リン（P），硫黄（S）などの元素を加えた有機化合物として**有機高分子材料**（organic polymers）を構成する．主鎖骨格中にC以外の他の原子が共有結合で並んでいる高分子化合物が**無機高分子材料**（ionic polymers あるいは ceramic polymers）である．Si は周期表でCのすぐ下に位置しており，性質がCと似ているので容易に無機高分子材料を作る．

　これら高分子材料に共通する力学特性は，その破壊が分子鎖の切断によって起こるのではなく，単に分子鎖間がほぐれて切れているに過ぎないことである．ダイヤモンドはCとCが共有結合でつながっているという点では高分子であるが，高分子材料よりもはるかに，そしてあらゆる材料の中で最も硬く強い．これは破壊が分子鎖の切断によらなければならないためで，構造的にも機

能的にも高分子材料とは区別され，**炭素質材料**と呼ばれている．

　無機高分子および炭素質材料という用語は1950年ころから用いられ始めたもので概念としては新しい．

　一方，有機高分子材料については，人類は麻，木綿，絹などの天然繊維の衣服をまとい，でん粉，にかわ，ゴムのりなどを接着剤として用いるなど太古の昔から材料として利用してきた．人類がこれらを工業製品として使い始めるのは19世紀後半からで，1872年バイエル（独）によって発見されたフェノール樹脂は，1909年ベークランド（米）が電気絶縁材料として工業化した．ベークライト板と呼ばれ，最初の熱硬化性樹脂となった．最初の熱可塑性樹脂はセルロイド（硝化綿，セルロースニトレート）で，1845年ジェーンバイン（独）が発明し，1901年パークス（英）が工業化した．これらの樹脂のわが国における工業化は，セルロイドが1910年，ベークライト板が1915年である．人類がこれらが高分子材料であることに気づいたのは，1926年スタウディンガー（独）によってその存在が証明されてからであり，一般にはこの1926年が有機合成化学の原点とされている．以後，おもな有機高分子材料の発明と工業化は，**表10・1**のような経過をたどる．1980年代以降は目覚ましい革命的な発明，発見はみられず，むしろ本格的な工業化に移行している．

　各種の有機高分子材料が開発され生産されるのは，第2次大戦後のことである．わが国での生産量は1951年に2万8千トンであったのが，1997年には1500万トンを超えて世界の13％を占め，アメリカに次いで世界第2位となっている．材料を**組成**によって大別すると**図10・1**の上段のように分類することができる．セラミックス材料は石材・岩石製品，セメント・コンクリート，石灰・せっこう系材料および粘土焼成品・ガラスとして，また金属材料は鉄鋼および非鉄金属として他の章で詳述されているところである．

　高分子材料にはすでに述べたように，有機高分子材料と無機高分子材料とがある．建築材料としては有機高分子材料の使用が多いので有機高分子材料を中心に述べる．炭素質材料については無機高分子材料に含めて触れる．

　材料を**性能**によって大別すると図10・1の下段のように構造材料と機能材料

第10章 高分子材料

表10・1 プラスチックを主とした高分子工業発達史（小川）*

年	項目
1869	ニトロセルロースからセルロイドを製造，ハイアット（アメリカ）
1880	メタクリル樹脂の合成に成功，カールバウム（スイス）
1901	アルキド樹脂の発明，スミス（イギリス）
1907	フェノール樹脂（ベークライト）の発明，ベークランド（アメリカ）
1921	射出成形機の発明，ブフホルツ（ドイツ）
1926	高分子説を発表，スタウデンガー（1953，ノーベル賞，ドイツ）
1930	エポキシ樹脂の発明，ピエール，カスタン（スイス），グリーンリー（アメリカ） ポリスチレンの製造（IG社，ドイツ）
1931	ポリ塩化ビニルの製造，BASF社（ドイツ）
1933	高圧法（低密度）ポリエチレンの発明，フォーセット，ギブソン（ICI社，イギリス）
1934	フッ素樹脂の発明，モンサント社（アメリカ） ナイロンおよび合成ゴムの発明，カローザス（アメリカ）
1937	ポリウレタンの発明，バイヤー（ドイツ）
1938	ナイロンの生産，デュポン社（アメリカ）
1940	ポリエステル繊維の発明，ウィンフールド（イギリス） 不飽和ポリエステル樹脂の発明，ラスト（アメリカ） ポリ塩化ビニリデンの生産，ダウ・ケミカル社（アメリカ）
1944	シリコン樹脂の生産，ダウ・コーニング社（アメリカ）
1952	低圧法（高密度）ポリエチレンの発明，ツィーグラー（1963，ノーベル賞，ドイツ）
1953	ポリカーボネートの発明，シュネル（ドイツ）
1954	結晶性ポリプロピレンの合成，ナッタ（1963，ノーベル賞，イタリア）
1959	ポリイミドの合成，デュポン社（アメリカ）
1964	水溶性ポリエチレンオキシドの生産，ユニオンカーバイド社（アメリカ） ポリフェニレンオキシドの製造，GE社（アメリカ）
1965	ポリスルホンの製造，ユニオンカーバイド社（アメリカ）
1968	ポリフェニレンサルファイドの製造，フィリップス社（イギリス，オランダ）
1970	ポリブチレンテレフタレートの製造，セラニーズ社（アメリカ）
1972	ポリアリレートの製造，ユニチカ（日本）
1974	フローリー（アメリカ）高分子の物理化学に関する業績でノーベル賞
1980	ポリアリルエーテルエーテルケトンの製造，ICI社（イギリス）

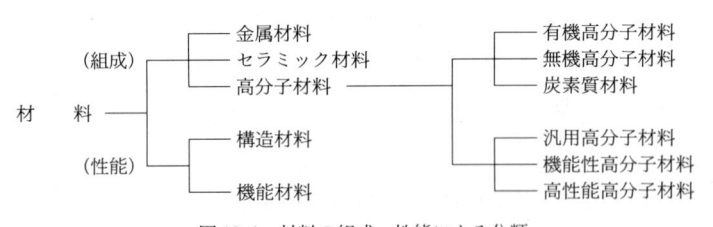

図10・1 材料の組成，性能による分類

```
                  ┌─ 金属材料                ┌─ 有機高分子材料
         (組成) ──┼─ セラミック材料          ├─ 無機高分子材料
材料 ────┤        └─ 高分子材料 ───────────┴─ 炭素質材料
         │
         │        ┌─ 構造材料                ┌─ 汎用高分子材料
         (性能) ──┤                          ├─ 機能性高分子材料
                  └─ 機能材料                └─ 高性能高分子材料
```

---

* 小川俊夫：工業技術者の高分子材料入門，共立出版（1997）

に分類することができる．前者が物体を形作るための材料の概念をもつのに対して後者は材料が圧力，熱，光，電気などの外的刺激に対する選択的，特異的に応答する性能である．

有機高分子材料は建築材料として，板，布，繊維，塗料，接着剤，シーリング材，発泡体など広範囲に用いられているが，これは，高分子材料が，種々の用途に応じて自由な変成や合成および成形が可能であることに加えて軽量性，断熱性，防水性，耐食性などの機能性を有するためである．しかし，同時に耐熱性，耐候（光）性に劣り燃焼ガスの毒性などの問題がある．

10・2 高分子の構造

10・2・1 共有結合

有機高分子では，Cを主鎖骨格として，これにH，O，Nなどの比較的少ない種類の元素が結合してポリマーを構成している．分子は原子間は**共有結合** (covalent bond) で結合している．共有結合の結合エネルギーは $335 \sim 670$ kJ/mol で強い結合力を有する．ダイヤモンドや有機高分子繊維の強度が高いのはこの共有結合による．分子間は**水素結合** (hydrogen bond)，**ファンデルワールス力** (van der Waals force) で結合している．結合エネルギーはそれぞれ $12.6 \sim 29.3\,\mathrm{kJ/mol}$，$4.2 \sim 12.6\,\mathrm{kJ/mol}$ と小さいが，有機高分子材料の機械的性質や熱的性質などの物性に及ぼす影響はきわめて大きい．

10・2・2 重合

原子が互いに結びつく能力を原子価という．有機高分子ではCが主鎖を構成することが多いので重要な元素である．Cは4価なので4本の結合手で他の原子と結合できる．エチレン (C_2H_4) やアセチレン (C_2H_2) のように2重結合または3重結合のものはまだ他の原子や分子と結合する能力をもっている．このような状態を**不飽和** (unsaturate) という．エタン (C_2H_6) はこれ以上他の原子と結びつく能力をもたないので，このような状態を**飽和** (saturate) という．高分子はそのもとになる簡単な構造の低分子がありこれが重合反応を起こして高分子が得られる．もとになる低分子がモノマーである．例えばエチ

レンをモノマーとするポリマーはポリエチレンである．下図の n を**重合度**(degree of polymerization) という．一般に，モノマーの分子量を a，重合度を n とすれば，ポリマーの分子量 M は，$M=a\times n$ で与えられる．

$$H-C\equiv C-H \qquad \begin{matrix}H&H\\|&|\\C=C\\|&|\\H&H\end{matrix} \longrightarrow \begin{bmatrix}H&H\\|&|\\C-C\\|&|\\H&H\end{bmatrix}_n \qquad \begin{matrix}H&H\\|&|\\H-C-C-H\\|&|\\H&H\end{matrix}$$

アセチレン　　エチレン　　　ポリエチレン　　　　　エタン

重合度によってポリマーの分子量が決まる．ポリマーの性質の中で，強度，伸び，弾性率，衝撃強さ，ガラス転移温度，融点，熱変形温度，溶融粘度，溶液粘度，溶解性，溶解速度などは分子量に依存する．比熱，熱伝導度，屈折率，光線透過率，吸水性，ガス透過性，耐薬品性，熱安定性，耐候性，燃焼性などは分子量依存性が小さい．**図 10・2** はポリ塩化ビニルの各種物性の平均重合度依存性を示したものである．

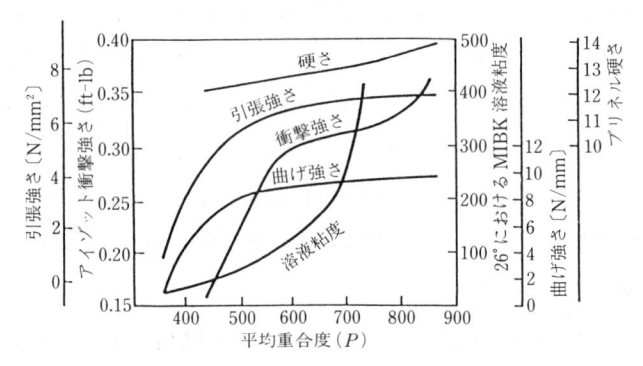

図 10・2　物性に及ぼす重合度の影響（MIBK：メチルイソブチルケトン）*

平均重合度約 350 から各種物性が発現し，その後急激に増加している．増加後の挙動は物性によって異なるが，ポリマーが実用的であるためにはある程度大きい重合度，すなわち高分子量が必要であることを示している．ポリ塩化ビニルの平均重合度 350 は分子量で約 25 000 である．有用な実用レベルとして分子量 30 000 以上が必要である．

---

* 中條　澄：エンジニアのためのプラスチック教本，工業調査会（1997）

10・2 高分子の構造

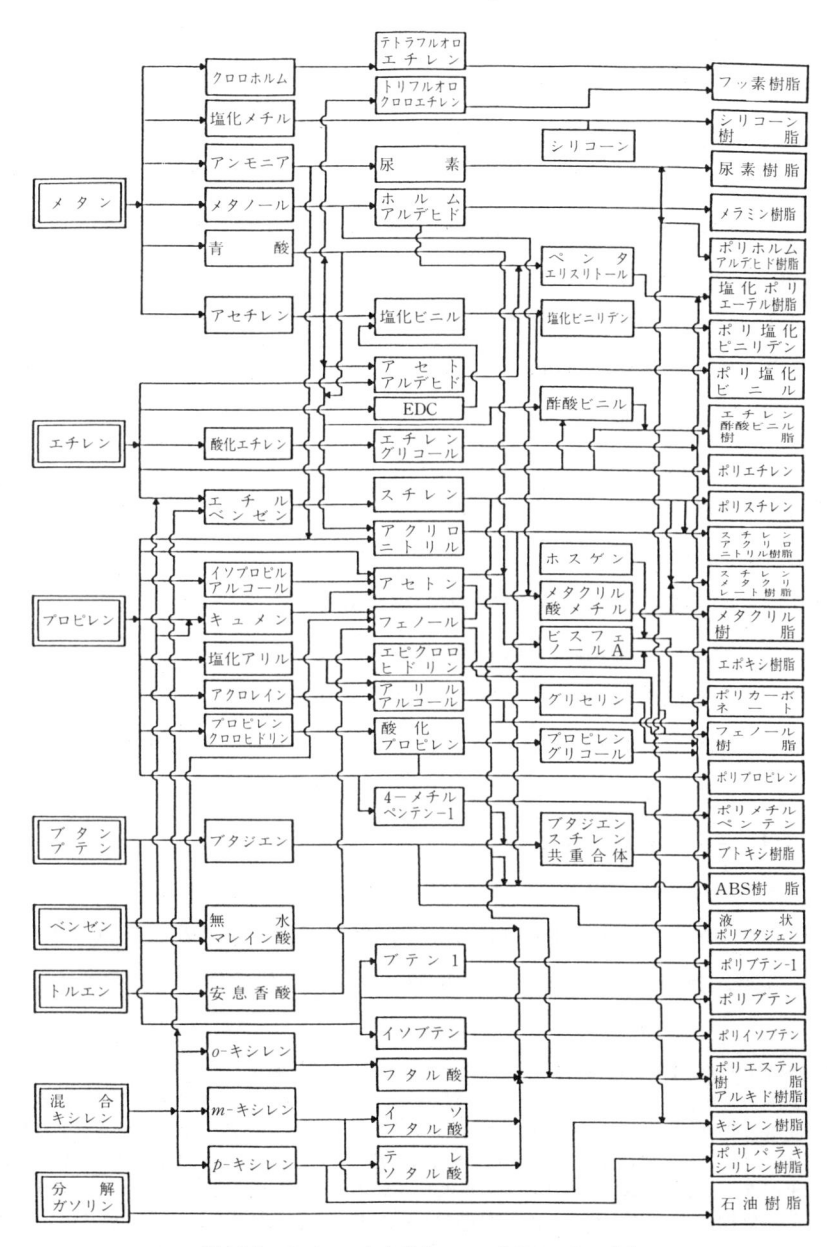

図10・3 モノマーからポリマーへのフローシート*

---

* 中條 澄:エンジニアのためのプラスチック教本,工業調査会(1997)

モノマーからポリマーへの反応を**重合反応**[*1] (polymerization) という．重合はポリマーの成形プロセスにかかわる技術として重要である．エチレンからポリエチレンを作るような型の**不飽和重合**と，重合の際，塩素や水など簡単な分子を放出する型の**縮重合**，およびモノマーが付加を繰り返して重合する**付加重合**とに分類される．重合の際にモノマーが1種類のものを**単独重合体** (homopolymer)，2種類以上のモノマーを混合して重合したものを**共重合体** (copolymer) という．共重合体は金属における合金のような性質が見られるので**プラスチックアロイ** (plastic alloy) といわれることもある．

10・2・3 鎖状ポリマーと網状ポリマー

線状の1次元的ポリマーを**鎖状ポリマー** (chain structure high polymer) といい，ポリエチレン，ポリ塩化ビニルなど実用化されているプラスチックの80％以上がこれに属する．

ポリマーの重要な構成単位にベンゼン核がある．ベンゼン核を有するフェノールなどの特徴は3次元網目構造を作りやすいことである．また，エポキシ環を含むエポキシ樹脂は3次元網目構造を作って硬化する．フェノール樹脂，不飽和ポリエステル，加硫ゴムのような3次元的ポリマーを**網状ポリマー**という．モノマーからポリマーへのフローシートを**図10・3**に示す．

10・2・4 エントロピー弾性

ポリマーは温度が上がるとかなり自由な熱運動，すなわちミクロブラウン運動 (micro-brownian motion) を行って，ランダム・コイル（乱雑な糸まり状）になる．ちょうど，直線でコイルのような形態[*2]を作ることを考えると，

[*1] 重合反応で，【不飽和重合】には，ラジカル重合（ポリ塩化ビニル，ジエン系高分子），アニオン重合（シアン化ビニリデン），カチオン重合（αメチルスチレン），立体規則性重合（ポリプロピレン），放射線重合（ポリアセタール，PE）がある．【縮重合】には，ポリアミド形縮重合（ナイロン6），ポリエステル形縮重合（UP, PC, PDAP），オルガノシラン形縮重合（SI），アルデヒド形縮重合（UF, PF, MF, フラン樹脂），多硫化物縮重合（チオコール，加硫ゴム）がある．【付加重合】には，ポリ付加重合（PUR, ポリユリア），開環重合（EP, ポリエチレンオキサイド），H重合（ポリアクロアミド）がある．

[*2] スプリングのような形．厳密にはヘリックスといってコイルとはいわない．

コイルの長さはこれを作る直線の長さよりも短い．このコイルに外力を与えると弾性的挙動を示す．

ポリマーのこのような弾性的挙動は物質状態の多様性に基づくもので，熱力学の**エントロピー**（entropy），つまり物質の多様性を変えるのに必要なエネルギーをその温度で割った値に比例するところからエントロピー弾性（entropy elasticity）という．これに対して金属などの弾性挙動は分子間ポテンシャル，すなわち内部エネルギーの増加に基づくものである．外部からの弾性変形の仕事はすべて内部エネルギーとして蓄えられる．このような弾性はエネルギー弾性（energy elasticity）といわれる．エントロピー弾性はゴムを典型とするポリマーの重要な性質の一つである．

10・2・5 架　　　橋

長い鎖状の分子が絡みあった状態のポリマーの束を強く引張ると分子が解けてしまう．これがポリマーの可塑性，つまり，破壊することなく形を変えることができる性質のメカニズムである．ゴムでは引張ったときにポリマーの束が解けないようにところどころで結合している．これを架橋（crosslinking）という．弾性的に大きく復帰する性質，すなわちゴム状弾性（rubber-like elastisity）が得られる重要な高分子構造である．

10・2・6 結　晶　性

鎖状高分子に外力を加えて圧延したり超延伸すると分子が一方向に整列した状態になる．また単純な鎖状のポリマーは温度が下がると整然と折りたたまれた状態になる．この状態のポリマーを**結晶性ポリマー**（crystalline polymer）という．結晶が延伸方向に伸びきった形になると超高強度の繊維が得られる．

結晶性ポリマーには，低密度ポリエチレン（結晶化度 65 %），ポリアミド 6（結晶化度 20～25 %），ポリアセタール（結晶化度 70～80 %）などがある．また**非結晶性ポリマー**には，ポリスチレン，ポリ塩化ビニル，ポリカーボネートなどがある．**図 10・4** に結晶化度，分子量が物性に及ぼす影響をポリエチレンの場合で示す．

プラスチックとしての性能をもつためには，高分子量であると同時にある程

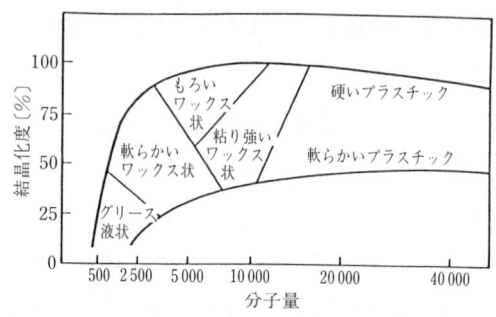

図10・4 物性に及ぼす結晶化度，分子量の影響
（PE：ポリエチレン）*

度以上の結晶化度が必要である．要するに，ポリマーとは分子量が1万以上で，共有結合の分子鎖がその分子鎖間を水素結合あるいはファンデルワールス結合でつなぎ，ある程度の結晶化度を有する有機化合物であると理解することができる．

10・3　有機高分子材料の性質

有機高分子材料を建築材料として用いる場合の利点および欠点を整理して**表10・2**に示す．

表10・2　有機高分子の利点と欠点

利点	物理的性質	① 軽量　② 透明のものが多く屈折率大　③ 着色性大 ④ 振動・音の吸収性大　⑤ 衝撃緩衝性
	機械的性質	① 強靱性　② 柔軟性
	熱的性質	① 熱伝導率小（≒金属/100，断熱材）
	電気的性質	① 電気絶縁性　② 帯電性　③ 電波透過性
	化学的性質	① 耐水性　② 耐酸・アルカリ性　③ 不透水性
欠点	機械的性質	① 強度小（＜鉄鋼）　② 剛性小（≪鉄鋼） ③ クリープ，応力緩和大　④ 表面硬度小（傷がつきやすい）
	熱的性質	① 熱膨張大（≒10×金属≒100×ガラス，セラミックス） ② 耐熱性低い（変形・変質・分解を起こしやすい） ③ 低温脆性（フッ素樹脂は逆に強い）　④ 高温軟化　⑤ 燃える
	化学的性質	① 溶剤によって膨潤・溶解　② 紫外線劣化
	生体への影響	① 燃焼性（煙の大量発生．有毒ガス）

---

* 中條　澄：エンジニアのためのプラスチック教本，工業調査会（1997）

10・3・1 物理的性質

（1）密度　一般的には，0.9〜2.1g/cm³程度で，平均的には1.2g/cm³程度のプラスチックが多い．鋼の約1/6程度と軽い．現在実用されている樹脂材料のうち，密度が最も小さいのは，ポリ四-メチルペンテンの0.83g/cm³である．無色透明の高結晶性樹脂で照明用機器や化学用機器に使われている．密度が最も大きいのはポリ四フッ化エチレン（テフロン）の2.1〜2.3g/cm³である．また，充てん材や結晶化度によっても異なり，発泡成形品になると見掛密度は0.04〜0.8g/cm³程度である．

（2）透光性　プラスチック，特に熱可塑性樹脂の多くは，無色，透明で，透光性に富む．光線透過率は，アクリル樹脂系のポリメチルメタクリレートで92〜93％，ポリカーボネートで87〜89％である．無機ガラスの90〜91％と同等かそれ以上の透光性を有するすぐれた光学材料である．

10・3・2 機械的性質

（1）強度・弾性係数　強度は試験片が耐えた最大応力で表す．降伏点は明瞭な降伏現象が現れなければ，0.1％の塑性ひずみを生じる応力とする．弾性係数は弾性限度(0.01％の塑性ひずみ)における割線弾性係数で表す．伸び率は引張破断時の値とする．試験環境は室温（温度20±2℃，相対湿度65±5％）標準とする．強度，弾性率の関係を**図10・5**に他の材料と比較して示す．

引張強度の値は，熱可塑性エラストマーの5N/mm²から繊維強化プラスチックの200N/mm²の範囲である．**引張弾性率**の値は，熱可塑性エラストマーの0.01kN/mm²から繊維強化プラスチックの10kN/mm²の範囲である．外力に対する抵抗能力の目安としては弾性率が最も妥当である．プラスチックでは引張弾性率によって，2.3kN/mm²以上を**高弾性率**（ABS樹脂，硬質ポリ塩化ビニル，AS樹脂など），1kN/mm²から2.3kN/mm²を**中弾性率**（酢酸繊維素プラスチックなど），1kN/mm²以下を**低弾性率**（低密度ポリエチレン，エチレンテトラフルオロエチレン共重合体など）と分類している．**伸び率**は，熱可塑性エラストマーが1000％程度で最大で，熱硬化性は1％程度と小さい．

ゴムおよびプラスチックの比強度（強度／密度）は，金属材料をしのぐほど

286　第10章　高分子材料

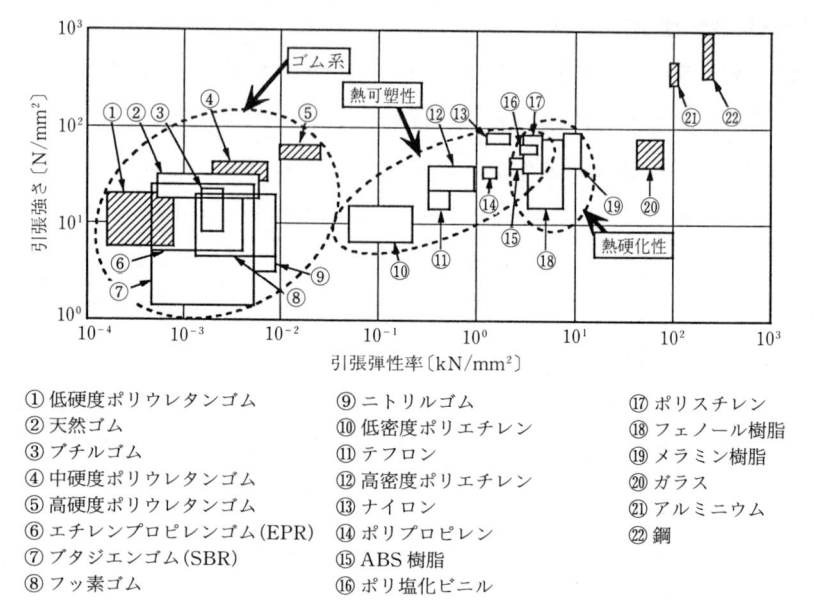

<svg>図10·5 の散布図: 横軸 引張弾性率 [kN/mm²] (10^{-4} から 10^{3}), 縦軸 引張強さ [N/mm²] (10^{0} から 10^{3}), ゴム系・熱可塑性・熱硬化性の領域</svg>

① 低硬度ポリウレタンゴム
② 天然ゴム
③ ブチルゴム
④ 中硬度ポリウレタンゴム
⑤ 高硬度ポリウレタンゴム
⑥ エチレンプロピレンゴム(EPR)
⑦ ブタジエンゴム(SBR)
⑧ フッ素ゴム
⑨ ニトリルゴム
⑩ 低密度ポリエチレン
⑪ テフロン
⑫ 高密度ポリエチレン
⑬ ナイロン
⑭ ポリプロピレン
⑮ ABS樹脂
⑯ ポリ塩化ビニル
⑰ ポリスチレン
⑱ フェノール樹脂
⑲ メラミン樹脂
⑳ ガラス
㉑ アルミニウム
㉒ 鋼

図10·5　高分子材料と他の材料の力学特性の比較[*1]

であるが，弾性率が小さいので構造材料としては使用範囲が制限される．純粋な単一材料で構造材料としての可能性があるのはポリカーボネートである．

（2）耐衝撃性　プラスチックには衝撃に強いものが多い．特にポリカーボネートは耐衝撃性にすぐれている．衝撃特性は振り子式のアイゾット衝撃試験機を用いて求める．**アイゾット衝撃値（IS値）**がほぼ $0.4\,\mathrm{J/(m\cdot notch)}$ 以上であると十分実用に耐えるが，それ以下では用途によって慎重に検討する必要がある．IS値によって，$0.8\,\mathrm{J/(m\cdot notch)}$ 以上を高IS（ABS樹脂[*2]，ポリカーボネート，高密度ポリエチレンなど），$0.4 \sim 0.8\,\mathrm{J/(m\cdot notch)}$ を**中IS**（硬質ポリ塩化ビニル，ポリアセタール，ポリプロピレンホモポリマーなど），$0.4\,\mathrm{J/(m\cdot notch)}$ 以下を**低IS**（AS樹脂[*3]，ポリエチレンテレフタレートなど）

[*1] 小川俊夫：工業技術者の高分子材料入門，共立出版（1997）より作成．
[*2] acrylonitrile butadiene styrene copolymer，アクリルニトリル，スチレン，ブタジエン共重合体．
[*3] styrene acrylonitrile copolymer，スチレンとアクリロニトリルモノマーを共重合体．略称 SAN．

と分類する．

(3) 硬さ プラスチックは傷がつきやすい欠点がある．プラスチックの硬さ測定には，硬質材料用のロックウェル硬さ，軟質材料用のデュロメーター硬さおよび鉛筆硬さ試験が用いられる．**ロックウェル硬さ**には，Mスケールと R スケールとがあって試験荷重が異なるがともに 80～100 程度の値を示す．フィラー入りメラミン樹脂，フェノール樹脂などの熱硬化性プラスチックは最も硬い材料であり，熱可塑性プラスチックの中では，アクリル樹脂のポリメチルメタクリレートおよび AS 樹脂，ポリアセタールなどが硬さの高い材料である．

10・3・3 熱 的 性 質

(1) ガラス転移温度 プラスチックは二つの**熱転移点**で相が変化する．すなわち，**ガラス転移温度**（glass transition point；T_g）と**融点**（melting point；T_m）である．

ガラス転移は現象としては軟らかいゴム状態から硬いガラス状態への転移である．温度が上昇する場合，T_g でガラス状からゴム状へ転移して膨張率が大きくなる．また，屈折率，弾性率，力学的減衰などが急変するので基礎的な特性値である．実用的には T_g 以下ではもろく割れやすくなるという意味をもつ．T_g になると凍結されていたポリマー分子主鎖のセグメントのミクロブラウン運動が始まるとされる温度である．2次転移温度ともいわれる．

ガラス転移の影響は非晶性プラスチックに顕著に現れる．T_g が低いのはポリエチレンの－125℃ などで，高いのはポリフェニレンエーテルの 249℃ などである．非晶質ポリマーでは 100℃，結晶性ポリマーでは－10℃ 程度が平均的である．T_m 以上ではプラスチックは溶融状態にあり，結晶性樹脂が温度降下する場合，融点以下で結晶固化し，体積が減少する．

(2) 熱変形温度 ポリマーの軟化に関して，実用的には熱変形温度（T_d）が用いられる．曲げたわみ量で測定するもので，3点荷重によって曲げ応力 1.85 N/mm² を与え，支持スパン 10 cm の中央の曲げたわみ量が 0.26 mm に達したときの温度を T_d とする．T_d は，非晶質ポリマーで 85℃ 程度，

結晶性ポリマーで50℃程度である．

（3）　熱伝導率　　ポリマーの熱伝導率は，ポリエーテルイミドの0.07 J/(s·m·K)から高密度ポリエチレンの0.52 J/(s·m·K)の範囲にある．**図10·6**に他の材料の熱伝導率との比較を示す．ガラスや磁器などの約1/6，鋼の約1/200であり，断熱性にすぐれた材料である．

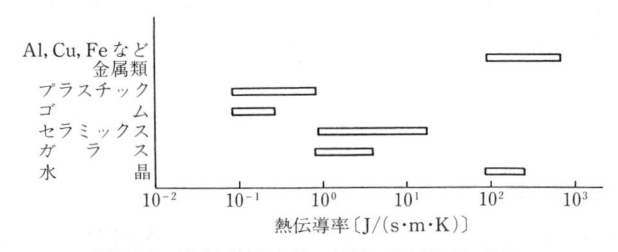

図10·6　高分子材料と他の材料の熱伝導率の比較*

（4）　比　熱　　ポリマーの比熱は0.83〜2.51 J/(kg·K)の範囲にある．ポリマーの種類によって大きな差はない．ガラスや鋼より大きい．

（5）　熱膨張係数　　常温付近でのポリマーの線膨張係数は，液晶ポリマーの$5×10^{-4}$/Kから軟質ポリ塩化ビニルの$250×10^{-4}$/Kの範囲にある．この値は金属の10^{-5}，ガラスやセラミックの10^{-6}のオーダーに比較して金属やセラミックスの数倍から数十倍であり，プラスチックと金属やセラミックスとの積層材を使う場合に注意しなければならない．熱可塑性と熱硬化性では，熱可塑性のほうが大きい．無機質充てん材を混入することによって小さくなる．

（6）　燃焼性　　ゴム，プラスチックともに熱分解温度が低く，300〜500℃程度で燃焼する．燃焼の程度は，火に近づけると爆発的に燃焼するものから自己消火性のものまである．**自己消火性**とは，燃焼性を3種類に分類したものの一つで，JIS K 6911に従って試験した場合の燃焼距離が25 mm以上100 mm以下のものをさす．燃焼距離25 mm以下を**不燃性**という．また，**可燃性**とは180秒以上燃焼してそのままでは炎が消えないものをいう．

---

* 小川俊夫：工業技術者の高分子材料入門，共立出版（1997）

10・3・4 電気的性質

（1） 電気絶縁性　体積固有抵抗が 10^8 Ω・cm 以上であれば絶縁体（insulator）と考えてよい．通常のプラスチックの体積固有抵抗は，$10^{11}\sim 10^{18}$ Ω・cm の範囲にあり良好な電気絶縁材料である．充てん材の含有，吸湿などによって低下する．**図 10・7** に他の材料との電気抵抗の比較を示す．

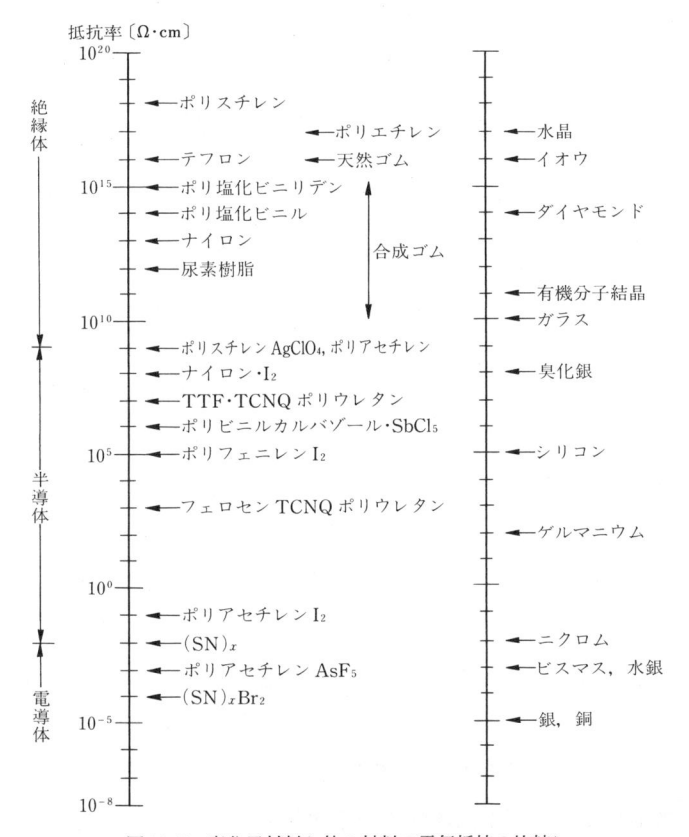

図中の抵抗率〔Ω・cm〕目盛り：

- 絶縁体
  - 10^{20} ←ポリスチレン
  - ←ポリエチレン　←水晶
  - ←テフロン　←天然ゴム　←イオウ
  - 10^{15} ←ポリ塩化ビニリデン
  - ←ポリ塩化ビニル　←ダイヤモンド
  - ←ナイロン
  - ←尿素樹脂　合成ゴム
  - ←有機分子結晶
  - 10^{10} ←ポリスチレン $AgClO_4$，ポリアセチレン　←ガラス
  - ←ナイロン・I_2
  - ←TTF・TCNQ ポリウレタン
  - ←ポリビニルカルバゾール・$SbCl_5$　←臭化銀
- 半導体
  - 10^5 ←ポリフェニレン I_2　←シリコン
  - ←フェロセン TCNQ ポリウレタン
  - ←ゲルマニウム
  - 10^0
  - ←ポリアセチレン I_2
  - ←$(SN)_x$　←ニクロム
  - ←ポリアセチレン AsF_5　←ビスマス，水銀
- 電導体
  - ←$(SN)_xBr_4$
  - 10^{-5} ←銀，銅
  - 10^{-8}

図 10・7　高分子材料と他の材料の電気抵抗の比較*

（2） 帯電性　プラスチックが電気絶縁性にすぐれていることは，静電気を帯電しやすいということである．静電気の帯電はゴミの付着や電撃などの原因となる．摩擦による帯電は，電流は微弱であるが電圧は数万ボルトに達する

---

* 鴨川昭夫・五十嵐哲：高分子材料概論，森北出版（1996）

ことがある．

帯電防止剤としてポリオキシエチレン誘導体（非イオン系）あるいは第4級アンモニウム塩（カチオン系）を練り込むと体積固有抵抗が $10^8 \sim 10^{12}$ Ω・cm 程度まで低下する．十分な帯電防止効果が期待できる．より高度の非帯電性を必要とする場合はカーボンブラックや金属酸化物などの導電性フィラーを練り込む．体積固有抵抗が $10^3 \sim 10^4$ Ω・cm 程度になる．

さらに高度な用途として，**電磁波シールド**に使用する場合には体積固有抵抗を $10^0 \sim 10^{-2}$ Ω・cm 程度にしなければならない．微細な金属線（ステンレス繊維，銅繊維）を練り込むとか，めっき，導電性箔，導電性塗料を塗布する．

10・3・5 化 学 的 性 質

（1）**耐候（光）性** プラスチックは太陽光線の中に含まれている紫外線のエネルギーで光化学反応（酸化反応）を起こして劣化する．特に紫外線劣化を生じやすいプラスチックはポリエチレン，ポリスチレン，ポリプロピレンなどである．ポリカーボネート，アクリルなどは比較的耐候性がある．耐候性の改善には紫外線吸収材が添加される．

（2）**吸水性** プラスチックは吸水すると一般に物性が落ちる．普通の用途では吸水率が低いことが望ましい．無極性基だけのものは吸水性が小さい．ポリ四フッ化エチレン，ポリプロピレン，ポリエチレンは吸水性がほとんどない．アルコール基（-OH 基），カルボキシル基（-COOH），アミン基（-NH$_2$）などが結合していると吸水性が高くなり水に溶解するようになる．ポリビニルアルコール，メチルセルロース，カルボキシメチルセルロースなどは水によく溶解する．ナイロン6，ナイロン66などは吸湿しやすい．

（3）**耐薬品性** 実用化されている樹脂では，弱酸および弱アルカリに侵されるものは比較的少ない．強酸，強アルカリに対しては弱いものがある．ホルマリン縮重合形樹脂はいずれにも侵される．

有機溶剤に対しては極性が異なる溶剤には溶けにくい．重合度が増したり結晶性が増しても溶解度は低下する．一般に熱硬化性樹脂はほとんど溶解しない．熱可塑性樹脂の有機溶剤に対する応答はきわめて複雑である．例えば，塩

化ビニルはアルコール類，脂肪族炭化水素，油に対しては耐えるが，芳香族炭化水素によって膨潤し，ケトン，エステルには膨潤，溶解する．

10・3・6 生体への影響

（1） **有毒成分の溶出**　一般に，高分子状態ではほとんど毒性を示さないが，発火点以下の低温加熱時や空気不足時にモノマーや各種の炭化水素を多く発生する．モノマーの状態で有毒なものがある．例えばエポキシ樹脂の硬化剤，アミン類，ポリアミド類，酸無水物などは，触れるとかぶれたり，皮膚炎を起こすことがある．ユリア樹脂からは，ホルマリンが発生する．吸入量が多いと肝臓や腎臓に障害が起こる．

（2） **環境ホルモン**　正式な名称は「**内分泌攪乱化学物質**」(endocrine disrupting chemicals；EDC) と呼ばれる．環境中に存在してホルモン類似の作用を生態に及ぼす化学物質の総称である．プラスチックに含まれる物質で，環境ホルモンとして考えられている物質には，①ポロプロピレン，ポリスチレンなどの添加剤（酸化防止剤）および界面活性剤に含まれているノニフェノールおよびアルキルフェノール，②エポキシ，ポリカーボネートに含まれているビスフェノールA，③ポリ塩化ビニルの可塑剤に含まれているフタレート類などがある．

（3） **有毒ガス**　有機材料が燃焼して発生する有毒ガスには，塩化水素 (HCl)，一酸化炭素 (CO)，アンモニア (NH_3)，シアン化水素 (HCN) などがある．

塩化ビニルのように塩素 (Cl) を含む材料は200℃程度から HCl を発生する．塩化水素を吸入すると鼻炎，鼻中隔穿孔，歯の損傷，咽頭炎，気管支炎，肺炎，頭痛，心悸亢進などを引き起こす．許容濃度5ppm．トリクロルジフォスフェートは毒性が強い．

ユリア樹脂，メラミン樹脂などの窒素 (N) を含む材料は，約400〜500℃で HCN を発生する．HCN を吸入すると頭痛，倦怠，目眩，悪心，嘔吐，呼吸逼迫，弛緩，心悸亢進，仮死，呼吸停止，チアノーゼ，痙攣を経て死に至る．猛毒ガスである．許容濃度10ppm．

NH_3 は皮膚，粘膜に対する刺激性，腐食性ガスである．組織の深部に及びやすく，目に入ると視力障害を起こす．許容濃度 50 ppm．

CO を吸入すると血液の酸素供給能力を阻害し，頭痛，目眩，嘔吐，悪心，耳鳴り，発汗，全身痛などを引き起こす．許容濃度 50 ppm．

二酸化炭素（CO_2）は空気の酸素濃度を下げ人を窒息させる．燃焼場に酸素量が少なくて不完全燃焼の場合に発生する熱分解生成物（メタン，エタン，アセチレンなど）ガスも同様である．ポリスチレン，ポリエステルからは，スチレンモノマー，メタクリル樹脂からはメタクリル酸メチルモノマー，ポリエチレンからはパラフィンなどが発生する．熱安定剤のステアリン鉛は猛毒なので注意を要する．ポリエチレン，エチルセルロース，サラン，ポリ塩化ビニル，ナイロン，レーヨンに限っていえば，酸素が十分に供給された状態で発生する**燃焼生成ガス**の成分として，CO および CO_2 はすべてのプラスチックで生成する．CO_2 は全体に多く，CO はポリスチレン，エチルセルロース，ナイロンなどに多い．HCl はサラン，ポリ塩化ビニルで生成する．NH_3 と HCN はナイロンで生成する．ポリ塩化ビニルではホスゲン（$COCl_2$）が生成する．猛毒である．

（4）**ダイオキシン**　ポリ塩化ジベンゾダイオキシン類（polychlorinated dibenzo-para-dioxin；PCDD）の総称で毒性が強い．ポリ塩化ビニルなどの塩素含有プラスチック類や含塩素系化合物の焼却時に生成する．つぎのように焼却条件を設定することによってダイオキシン類の発生を抑制することが可能であるとされている．

① ダイオキシンの発生濃度は燃焼温度が 700〜800℃ で高く，これを超えると低くなるので，燃焼温度を 850℃ 以上にする．

② CO 濃度が 100 ppm を超えるとダイオキシン濃度が大きく上昇するので，CO 濃度を減少させるように完全燃焼状態を作る．

③ 排ガス温度が 200℃ を超えるとダイオキシン濃度が高くなるので，集塵器に入る排ガスの温度を低温化する．

10・4 プラスチックの分類

10・4・1 樹脂とプラスチック

合成樹脂とプラスチックの区別は，基本的に実用性に重点がおかれており，科学的というより技術的な概念による分類である．

（1） 合成樹脂（resin）　植物または動物から得られた樹脂状物質を**天然樹脂**という．合成樹脂は有機合成化学によって作られた高分子物質で，プラスチック，塗料，接着剤などの主原料．かつては松脂などの天然樹脂に対して合成樹脂と呼ばれた．現在では液状になったものを合成樹脂と呼ぶことはあるが，通常はプラスチックと呼ぶ．

（2） プラスチック（plastics）　ギリシャ語の *plastikos* に由来する言葉で，一般には可塑性物質*と訳される．高分子物質（合成樹脂が大部分である）を主原料として人工的に有用な形状につくられた固体．**熱可塑性プラスチック**（thermo plastics）と**熱硬化性プラスチック**（thermosetting plastics）に大別される．ただし，狭義には繊維，ゴム，塗料，接着剤などは除外される．

10・4・2 熱可塑性と熱硬化性

（1） 熱可塑性　鎖状ポリマーは一般に加熱すると軟化して溶融する性質があり，このような性質を熱可塑性という．熱可塑性を有する樹脂は常温では固体であるが，加熱，冷却によって流動体と固体とを可逆的に変化する．軟化点が低く耐熱性に弱いが，成形性がよく安価である．プラスチックの生産の80％を占める．一般に熱可塑性樹脂は「ポリ○○」と呼ばれるものが多い．

（2） 熱硬化性　モノマーが互いに立体的な網状構造で結合したものは固化すると加熱しても軟化せず，さらに加熱すれば分解する．このような性質を熱硬化性という．熱硬化性を有する樹脂には合成樹脂中最も古い歴史をもつフェノール樹脂，尿素樹脂，メラミン樹脂をはじめ不飽和ポリエステル樹脂，エポキシ樹脂，シリコーン樹脂などが含まれる．各種工業用機構部品としての用

＊ 可塑性とは物質が力を受けて変形したとき，力を取り除いてもその変形が元に戻らずに保たれている状態をいう．

途が多い．一般に熱硬化性樹脂は「○○樹脂」と呼ばれるものが多い．

10・4・3 汎用プラスチックとエンジニアリングプラスチック

プラスチックは用途，性質によって汎用プラスチックと，工業部品やハウジングのいわゆる工業材料として用いられるエンジニアリングプラスチック（略してエンプラ）とに分けられる．

（1） 汎用プラスチック　　価格が安く，雑貨用などに大量に使用されるプラスチック．ポリエチレン（高密度，中密度，低密度），ポリ塩化ビニル，ポリスチレン，ポリプロピレンだけで全体の70％以上の生産量に達する．四大汎用プラスチックといわれる．

汎用プラスチックにはつぎのようなものがある（略称のアルファベット順）．
【セルロース系】　　[S] SA（酢酸セルロース），SF（セロファン），SN（硝酸セルロース）．
【熱硬化性】　　[D] DAP（ジアレルフタレート樹脂），[E] Epoxy（エポキシ樹脂），[F] FR（フラン樹脂），FRP（不飽和ポリエステル樹脂），[G] GAR（グアナミン樹脂），[K] KR（ケトン樹脂），[M] MR（メラミン樹脂），[P] PR（フェノール樹脂），[U] UR（尿素樹脂）．
【熱可塑性】　　[A] AAS（AAS樹脂），ABS（ABS樹脂），ABS/PBT（ABS/ポリエステルアロイ），ABS/PVC（ABS/PVCアロイ），AES（AES樹脂），[E] EVAC（エチレン酢酸ビニルコポリマー），EVCC（エチレン塩化ビニルコポリマー），EVOH（エチレンビニルアルコール共重合体），[H] HDPE（高密度ポリエチレン），[I] IO（アイオノマー），[L] LDPE（低密度ポリエチレン），[M] MDPE（中密度ポリエチレン），[O] OPE（塩素化ポリエチレン），[P] PAA（ポリアリルアミン），PAN（ポリアクリルニトリル），PαMS（ポリα-メチルスチレン），PB（ポリブテン），PBB（ポリビニルブチラール），PBD（ポリブタジエン），PCPD（ノルボルネン樹脂），PMMA（メタクリル樹脂），PMP（ポリメチルペンテン），PP（ポリプロピレン），PpVP（ポリパラビニルフェノール），PR（石油樹脂），PS（ポリスチレン），PVA（ポリ酢酸ビニル），PVC（ポリ塩化ビニル），PVDC（ポリ塩化ビニリデン），PVE（ポリビニルエーテル），PVOH（ポリビニルアルコール），[S] SAN（SAN樹脂），[T] TPE（熱可塑性エラストマー），TPU（熱可塑性ポリウレタン樹脂），[U] ULDPE（超低密度ポリエチレン）．

（2） エンジニアリングプラスチック（エンプラ）　　強靭で力のかかる用途にも使えるプラスチック．引張強さ$60\,\text{N/mm}^2$以上，引張弾性率$2\,\text{kN/mm}^2$以上，熱変形温度100℃以上であることを目安とする．寸法安定性，衝撃強さ，疲労強さにもすぐれている．ポリアミド，ポリカーボネート，ポリアセタール，飽和ポリエステル，変性ポリフェノールの5種類を汎用エンジニアプラスチックという．

エンジニアリングプラスチックにはつぎのようなものがある（略称のアルファベット順）．

【熱可塑性】 [P] PA（ナイロン），PBT（ポリブチレンテレフタレート），PET（ポリエチレンテレフタレート），POM（ポリアセタール），PPE（変性ポリフェノール）．

【架橋型】 [E] EP（耐熱エポキシ樹脂），[P] PABI（ポリアミノビスマレインイミド），PAI（架橋ポリアミドイミド），PAZ（ポリトリアジン）．

（3）　スーパーエンジニアリングプラスチック（スーパーエンプラ）　エンジニアリングプラスチックの中で，特に耐熱性，自己潤滑性などに卓越しているプラスチック．ポリアリレート，ポリスルホン類，ポリフェニレンスルファイドポリイミド類，フッ素樹脂などがある．

スーパーエンジニアリングプラスチックにはつぎのようなものがある（アルファベット順）．

【熱可塑性】 [I] i—PS（アイソタクテックポリスチレン），[I] LCP（液晶ポリマー），[P] PA（ナイロン），PAI（ポリアミドイミド），PAR（ポリアリレート），PEEK（ポリエーテルケトン），PEI（ポリエーテルイミド），PES（ポリエーテルスルフォン），PPS（ポリフェニレンスルファイド），PSF（ポリスルフォン），[U] UHMWPE（超高分子量ポリエチレン）．

【架橋型】 [S] SI（シリコーン樹脂）．

10・4・4 熱可塑性樹脂

（1）　セルロース系樹脂　天然高分子とその誘導体．天然高分子物質の種類はきわめて多いが，植物体の骨格を構成する繊維素（cellulose）は，$X_1=X_2=X_3=H$ の構造式をもつ．耐候性にすぐれ，帯電性がなく，ほこりが付着しない．また，耐衝撃性もすぐれている．セルロースの誘導体にはセルロースエステル（①②③）とセルロースエーテル（④⑤）とがある．

$$\left[\begin{array}{c} \\ \end{array}\right]_n$$

① セルロースアセテート（CA）　　　$X_1=H$，$X_2=X_3=COCH_3$
② セルロースアセテートブチレート（CAB）$X_1=H$，$X_2=COCH_3$，
　　　　　　　　　　　　　　　　　　　　$X_3=CO(CH_2)_2CH_3$

③ ニトロセルロース（NC，セルロイド）　　$X_1=$H，$X_2=X_3=$NO$_2$
④ メチルセルロース（MC）　　$X_1=X_2=X_3=$CH$_3$
⑤ エチルセルロース（EC）　　$X_1=X_2=X_3=$CH$_2$CH$_3$

（2） ビニル系樹脂　成形性がよく，安価で一般的な用途に適する樹脂で，この構造式に該当するものを広義にとらえてビニル系樹脂と称する．汎用プラスチック．

$$\left[\begin{array}{cc} H & X_1 \\ -C-C- \\ H & X_2 \end{array}\right]_n$$

① ポリエチレン（PE）　　$X_1=$H，$X_2=$H
② ポリプロピレン（PP）　　$X_1=$H，$X_2=$CH$_3$
③ ポリ四メチルペンテン（OPX）　　$X_1=$H，$X_2=$CH$_2$CH(CH$_3$)$_2$
④ ポリ塩化ビニル（PVC）　　$X_1=$H，$X_2=$Cl
⑤ ポリ塩化ビニリデン（PVDC）　　$X_1=$Cl，$X_2=$Cl
⑥ ポリビニルアルコール（PVAL）　　$X_1=$H，$X_2=$OH
⑦ ポリ酢酸ビニル（PVAC）　　$X_1=$H，$X_2=$OCOCH$_3$
⑧ ポリスチレン（PSS）　　$X_1=$H，$X_2=$◇（ベンゼン核）
⑨ ポリアクリルニトリル（PAN）　　$X_1=$H，$X_2=$CN
⑩ ポリメタクリル酸メチル（PMMA，メタクリル樹脂）
　　　　　　　　　　　　　　　$X_1=$CH$_3$，$X_2=$COOCH$_3$

（3） ビニル系共重合体

（a） エチレン酢酸ビニル共重合樹脂（EVA）　エチレンと酢酸ビニルの共重合体．透明でポリエチレンのような軟らかさ，弾性的性質，低温特性にすぐれる．用途はシート，ホース，ドアクッション，サッシ，パッキングなど．

（b） エチレンアクリル酸エチル共重合樹脂（EEA）　エチレンとアクリル酸エチルの共重合体．アクリル酸エチルが増すに従って軟らかくなる．EVA樹脂より温度特性，耐薬品性にすぐれる．

（c） アクリロニトリル・ブタジエン・スチレン樹脂（ABS）　アクリル

ニトルとブタジエンとスチレンの共重合体．ポリスチレンの耐衝撃性を改善した樹脂．化学メッキの密着性が特によい．ABS樹脂の発泡体は剛性が強く，強じんな発泡成形体をつくる．

　（d）　アクリロニトリル・スチレン樹脂（AS）　アクリルニトリルとスチレンの共重合体．硬質で剛性が強く耐衝撃性もスチレンより強い．耐薬品性にすぐれる．用途は電気機器のケース，LPガスボンベ，自動車のハンドルなど．

　（e）　塩化ビニル酢酸ビニル共重合樹脂　塩化ビニルと酢酸ビニルの共重合体．塩化ビニル樹脂に似ているが溶剤溶解性がよい．塗料用，接着剤用．

　（f）　塩化ビニルアクリルニトリル共重合体　塩化ビニルとアクリルニトリルの共重合体．結晶性構造，合成繊維の原料．

　（g）　エチレン塩化ビニル共重合体　塩化ビニルとエチレンの共重合体．硬質塩化ビニル成形材料．

　（4）　ポリアセタール系樹脂（POM，アセタール樹脂）　ジオキシ化合物の鎖構造（-O-R-O-），水素結合．結晶性高分子．強度が大で摩擦係数が小さく耐摩耗性を有する．用途は軽荷重軸受，戸車，ローラーなど．エンジニアリングプラスチック．

　（5）　ポリアミド系樹脂（PA，ナイロン）　酸アミド結合を有し，強力な水素結合をもった結晶性鎖状構造高分子．毛と同じ構造をもつ機械的な性質がきわめて強い樹脂．炭素量が多いほど耐水性が増すが耐油性は低下する．エンジニアリングプラスチック．

$$\left[R_1 - \overset{O}{\underset{\|}{C}} - \overset{H}{\underset{|}{N}} - R_2 \right]_n$$

① ナイロン6　　　$R_1 = (CH_2)_5$, $R_2 = -$

② ナイロン8　　　$R_1 = (CH_2)_8$, $R_2 = -$

③ ナイロン11　　 $R_1 = (CH_2)_{10}$, $R_2 = -$

④ ナイロン66　　 $R_1 = (CH_2)_4 CO$, $R_2 = NH(CH_2)_6$

⑤ ナイロン610　　$R_1 = (CH_2)_8 CO$, $R_2 = NH(CH_2)_6$

（6） ポリスルフォン系樹脂（PSF）　有極性基を含む結晶性高分子．透明，耐熱性が強い硬質の熱可塑性樹脂．エンジニアリングプラスチック．

（7） フッ素系樹脂　フッ素元素を含むモノマーの重合体の総称．実用化されているものにつぎの4種類がある．ポリ四フッ化エチレンは極性をほとんどもたず，きわめて結晶化度が高い．化学的にきわめて安定で，電気絶縁性，耐熱性，耐寒性にすぐれ，他の物質と接着せず摩擦係数が小さい．現在実用されている樹脂のうち，密度が最も重く $2.1 \sim 2.3 \mathrm{g/cm^3}$ 程度である．ポリクロロ三フッ化エチレンはポリ四フッ化エチレンより全体的に性質が劣る．

$$\left[\begin{array}{cc} X_1 & X_2 \\ | & | \\ C-C \\ | & | \\ X_3 & F \end{array} \right]_n$$

① ポリ四フッ化エチレン（PTFE，テフロン）　　$X_1=X_2=X_3=F$
② ポリクロロ三フッ化エチレン（PCTFE）　　$X_1=X_2=F$, $X_3=Cl$
③ ポリフッ化ビニリデン（PVDF）　　$X_1=X_3=H$, $X_2=F$
④ ポリフッ化ビニル（PVF）　　$X_1=X_2=X_3=H$

（8） ポリエステル形縮重合樹脂
（a） 鎖状不飽和ポリエステル樹脂（UP，ポリグリコールマレート）
（b） ポリエチレンテレフタレート（PETP）　鎖状構造．ポリエステル繊維をつくる．
（c） ポリカーボネート（PC）　鎖状構造．炭酸と多価アルコールの縮重合体．強い有極性基（-CO-）や，ジオキシ基（-O-R-O-）を含むため分子間引力が強い．結晶性が高く耐候性がよい．透明で耐衝撃性が高いので電話ボックスや学校の窓ガラス分野での用途などがある．エンジニリングプラスチック．

（9） ポリウレタン（PUR）　2価アルコールとジイソシアネートとのポリ付加重合体．

$$\left[\begin{array}{c} O\ H \quad\quad H\ O \\ \| \ | \quad\quad\ |\ \| \\ -C-N-R_1-N-C-O-R_2-O- \end{array} \right]_n \quad \begin{array}{l} R_1=(CH_2)_4 \\ R_2=(CH_2)_6 \end{array}$$

（a）熱可塑性無発泡性ポリウレタン　　鎖状構造．付加重合反応なので，水などの低分子物質を生じない．また金属との接着では化学結合をし，接着力が強いので2液性接着剤として使われる．耐候性にすぐれており，木工仕上げラッカー，金属防せい用ラッカーなどに用いられる．

（b）熱硬化性発泡性ポリウレタン　　網状構造．軟質と硬質があり，軟質は弾性体．硬質は断熱材，ウレタンフォーム，サッシ，洗面化粧台，ドア，天井材，装飾木工品，接着剤，塗料など．

（10）ケイ素系樹脂（SI）

（a）シリコーンゴム　　ケイ素-酸素結合の鎖状高分子．重合度が増すとシリコーン油，シリコーングリス，ゴム，樹脂と変化する．耐熱性，離型性，はっ水性，消泡性にすぐれている．

（b）シリコーンレジン　　ケイ素-酸素結合の空間網状ポリマー．硬質樹脂．耐高温，耐寒性など耐熱性にすぐれる．耐アーク性が要求される電子部品など．

10・4・5　熱硬化性樹脂

（1）ホルムアルデヒド形縮重合樹脂　　ホルマリン（HCOH）を一方の原料とする樹脂．

（a）フェノール樹脂（PF）　　フェノールとの縮重合体．ベークライトは最も古い歴史をもつ樹脂．耐熱性，電気絶縁性などの特性がよい．広い分野で使われている．

（b）キシレン樹脂（xylene formaldehyde resin）　　キシレンの縮重合体．耐薬品性，電気絶縁性などはフェノール樹脂よりもよく吸湿性も小さい．電気用積層板．熱可塑性の変性グレードもある．

（c）メラミン樹脂（MF）　　メラミンとの縮重合体．分子内のメチレン基の結合力が強い．分解しにくく安定．ユリア樹脂より特性がよい．

（d）ユリア樹脂（UF）　　ユリア（尿素）との縮重合体．無色透明で着色が自由にできる．ホルマリン結合が弱く，溶液中でホルマリンが溶出することがある．特にアルカリに弱い．

（2）**エポキシ樹脂**（EP）　エポキシ基を２個以上もった初期縮重合体にアミン類，ポリアミド類，ポリサルファイド類，有機無水物を加えて反応させるとエポキシ基が開環して付加重合し，硬質の重合体を生じる．金属との接着性，電気絶縁性，耐熱性，機械的強さなどの特性にすぐれている．また，普通の溶剤に侵されない．これらの特長を生かして，接着剤，成形材料，FRP（ガラス繊維強化プラスチック）用樹脂，塗料など広い用途がある．

$$-\mathrm{CH}\underset{\mathrm{O}}{-}\mathrm{CH}_2\text{（エポキシ基）} \quad \left[-\mathrm{N} \begin{array}{c} \mathrm{CH}_2-\mathrm{CH}-\mathrm{OH} \\ \mathrm{CH}_2-\mathrm{CH}-\mathrm{OH} \end{array} -\right]_n$$

（3）**フラン樹脂**（Furan Resin）　五角形環状有機化合物フランの加熱縮重合体．特に耐熱性が強く，ガラス繊維を加えた積層品は高絶縁材料（180℃以上）であり，耐熱性電気絶縁部品を作る．耐熱・耐食性の接着剤，ライニング，FRP用などに用いられる．

（4）**ポリエステル形縮重合樹脂**

（a）**不飽和ポリエステル樹脂**（UP）　空間網状構造ポリエステル．架橋構造をもち，不溶性の樹脂．FRP用樹脂．

（b）**ジアリルフタレート樹脂**（PDAP）　空間網状構造．アクリル樹脂の一種．衝撃強さ大．

10・5　プラスチック

10・5・1　建築用プラスチック

建築に用いられるプラスチックの使用形態はフィルム・シートが最も多く，次いで建材用である．フィルム・シートの９２％，建材用の９８％が塩化ビニルである．**表10・3**に建築の部位・用途別に用いられるプラスチックの種類を整理して示す．

10・5・2　プラスチック製品

住宅の建材，特に内装材として断熱材，壁紙用接着剤のほか木目の入った床

表10.3 建築に3用途以上で使用されているプラスチック

プラスチックの種類＼用途	外壁材料	内壁仕上材	床仕上材料	天井材料	屋根防水材	シーリング	塗料	接着剤	断熱材	遮音材	ジョイント	ボード	型枠・仮設	空気膜構造	積層材料
酢酸セルロース（SA）		○	○				○								
ポリビニルアセテート			○				○	○	○						
ポリ塩化ビニル（PVC）	○	○	○	○	○	○	○	○			○	○	○	○	
ポリビニルプロピオネート		○	○				○	○							
ポリエチレンテレフタレート			○	○	○									○	
ポリスチレン（PS）	○	○	○					○	○				○		
ポリアミド（PA）		○	○	○			○	○				○			
ポリメタクリル酸メチル	○	○	○	○			○					○			
低密度ポリエチレン（LDPE）			○	○			○		○	○	○	○	○		
塩ビ—ABS共重合体			○						○	○					
線状ポリエステル			○									○	○		
ポリプロピレン（PP）			○					○	○			○			
ポリイソブチレン					○	○	○								
線状ポリウレタン		○	○	○					○	○					
フッ素樹脂（FR）							○	○			○			○	
シリコーン（SI）					○	○	○								
フェノール樹脂（PR）	○	○	○				○	○	○			○			○
ユリア樹脂（UR）				○				○	○						
メラミン樹脂（MR）		○					○	○							
不飽和ポリエステル（FRP）	○	○					○					○			○
ポリウレタン（PUR）	○	○				○	○	○	○						
エポキシ樹脂（EP）	○		○				○	○					○		

材として多用されている．ポリエチレンやポリプロピレンの使用が多い．ソファーやマットレスのクッションの多くにはポリウレタンが使われる．東京ドームの膜材に四フッ化エチレン樹脂をコーティングしたガラス繊維布が使われたように，プラスチックは新しい建築の可能性を提供する．

（1）床材（張付け床材） プラスチック床材は工法によって，張付け床材と塗り床材（10.8.3項（4）参照）に大別される．張付け床材は，シート，タイルおよび積層床材で，接着剤およびくぎを用いて取り付ける．

（a）ビニル床タイル 塩化ビニル樹脂を主原料とする．色彩性，清潔性

などの居住性にすぐれており，耐摩耗性などの耐久性もある．直射日光の当たる場所には耐光性のすぐれたものを選び，施工に際しては，室内温度，下地の種類，使用条件などを考慮して適切な接着剤の選定を行う．メンテナンスは中性洗剤を用いた後，ワックスがけとする．清掃水は多く使わないほうがよい．アセチレンカーボンブラックを混入したものは導電性が良好で電導床の床材として使うことができる．

（b）**ビニル床シート**　シート床材にはビニル系，ゴム系，油脂系があるがビニル系の使用が多い．用途によって，素足または上ばきを使用する場所に用いる住宅用ビニル床シートと住宅用以外の一般用ビニル床シートに区分される．単体構成のものと積層品があり，積層材には，織布，フェルト，さらに繊維以外の材料も使用される．

（c）**ニードルパンチカーペット**　塩化ビニル，ポリプロピレン，アクリル，ポリエステル，ポリアミドなどの繊維を基布にニードリング（植えつけること）して，SBRラテックスで固着し，プレス成形したものである．水洗ができ，屋外使用も可能である．

（d）**積層床材**　耐水合板などを基材としてその表面にプラスチック化粧シート類（塩化ビニルシートが多い）を積層したり，プラスチック塗装仕上げをした床材である．表面塗装には，アルキド樹脂，ポリウレタン樹脂，メラミン樹脂などの塗料が用いられる．

（2）**内装用プラスチック化粧ボード**　表面をプラスチック材料で化粧したボード類である．化粧板の力学的性能は基材の性能によって支配される．基材には合板，硬質繊維板，パーティクルボード，せっこうボード，アルミニウム，鋼板などが使われる．乾湿繰返し変形，耐熱性，難燃性などは，基材とプラスチックの相互効果によって決まる．

（a）**化粧板張り板**　プラスチック板またはプラスチック化粧板をボード類の表面にはり合わせたもので，熱硬化性樹脂オーバーレイ板はメラミン樹脂，ポリエステル樹脂，フェノール樹脂などの熱硬化性樹脂を用いてボード類を表面加工したもの，熱可塑性樹脂オーバーレイ板は塩化ビニル樹脂などの熱

可塑性樹脂を用いてボード類を表面加工したものである．

（b）**塗装板**　メラミン系，ポリエステル系，フェノール系などの塗料をボード類の表面に焼付硬化させたもので樹脂厚 0.1 mm 以上．

（c）**プリント板**　プラスチック塗料を用いてボード類の表面に印刷したもので樹脂厚 0.1 mm 以上．

（3）**内装用シート**　塩化ビニルシートの表面に型押しプリントしたもの，塩化ビニルの細片を紙に圧着したビニル特殊加工シート，化粧紙を基板としてその表面に塩化ビニルフィルムをかけたもの，障子紙，ふすま紙などがある．水洗いできる．

（4）**外装用パネル**

（a）**外装用波板**　液状不飽和ポリエステル樹脂を用いたガラス繊維強化ポリエステル波板（FRP 波板）がある．比強度が大きい．ガラス繊維含有量によって汎用タイプと自己消火性タイプがある．屋根葺き材料としても使われる．

硬質塩化ビニル波板（塩ビ波板）には，金網が入ったものと入っていないものとがある．金網入りはで難燃3級に合格するものがある．

塩ビ波板は，変退色および脆化の著しいものがあるので薄手のものは避ける．熱膨張率が大きいので，取付けに際して逃げをとる．

（b）**外装用鋼板**　ポリ塩化ビニル金属積層板がある．屋根および耐腐食性雰囲気の外装などに用いる高耐食・耐候性外装用，外壁などの屋外用に用いる一般外装用，家具，内壁，雑貨などの屋内用に用いる一般用の3タイプがある．耐火建築以外にの建物に使用できる．

（c）**サイジングパネル**＊　アルミニウム，鉄板などを基材として製品化されている．断熱層にはユリア，ポリスチレン，ポリウレタンの発泡プラスチックが使われる．外装の乾式工法化に適している．

（5）**断熱・吸音材（フォームタイプ）**　**断熱材**（insulating material）とは熱の遮蔽性の高い材料．一般には熱伝導率 0.116 3 W/(m・K) 以下．**吸音材**（sound absorbing material）とは吸音性が高く，音響調整がしやすい材

＊ siding，羽目板のこと．

料．一般には吸音率0.35程度以上の材料．

合成樹脂を発泡させ多孔質にした発泡プラスチックの空隙率は70～97％程度と大きい．そのため見掛密度が小さくなり熱伝導率も小さくなる．断熱性，吸音性のすぐれたものができる．発泡プラスチックには，気泡がそれぞれ独立している独立気泡（フォーム）のものと，空気層がつながっている連続気泡（スポンジ）のものとがある．

断熱材にはフォームタイプを使う．主として熱硬化性のウレタン樹脂，熱可塑性のポリスチレン樹脂が用いられる．ウレタンフォームは軽量化あるいは強度が要求される部位（床，柱など）に使用される．ポリスチレンフォームは強度，耐熱性に劣るが，かわら屋根下地材，住宅洋間の下地材，階段用手摺り，濡れ縁，家具，合成ふすまなど用途は多い．

吸音材にはスポンジタイプを使う．主として発泡ポリウレタンと発泡ユリア樹脂が使われる．1000Hz付近の高音領域の吸音率が大きい．

（**6**）**シート**　汎用シート（高密度ポリエチレン），ルーフィングシート（低密度ポリエチレン），野積み用シート（EVA樹脂*，低密度ポリエチレン），止水用シート（ポリ塩化ビニール，EVA樹脂），防水用用シート（オレフィン系熱可塑性エラストマー），人工芝マット（EVA樹脂），カーペット基布（ポリプロピレン）．

（**7**）**管類・継手**　給湯用（ポリブテン），水道用（ポリ塩化ビニール，高・中密度ポリエチレン），排水用（高密度ポリエチレン）ガス用（ポリエチレン），エタニットパイプ（接着性ポリオレフィン），太陽熱温水器コネクター（高密度ポリエチレン）．

（**8**）**缶体**　太陽熱温水器（高密度ポリエチレン），貯湯槽（中・リニア低密度ポリエチレン），便槽（中・リニア低密度ポリエチレン），トイレ浄化槽（不飽和ポリエステル），住宅機器用タンク（中密度ポリエチレン），床下収納箱（高密度ポリエチレン，ポリプロピレン），工事用配電盤ボックス（リニア低密度ポリエチレン）．

＊ 10・4・4項(3)(a)参照．

（9） その他　合成木材（低発泡プラスチック），雨樋（ポリ塩化ビニル），太陽熱温水器（ポリプロピレン）．

10・6　ゴム状弾性高分子材料

10・6・1　ゴム状弾性高分子材料の種類

ゴム状弾性をもつ高分子材料には，ゴムと熱可塑性エラストマー（thermoplastic elastomer；TPE）がある．典型的な機能材料である．

（1）　ゴ　ム　天然ゴムの主成分はイソプレンである．合成ゴムはその成分，構造によって性質が異なり，いろいろな種類のゴム状弾性高分子材料が作られ，全ゴム消費量の 70 ％近くを占める．

（2）　熱可塑性エラストマー　常温でゴム弾性を示し高温では熱可塑性プラスチックと同様な可塑性を示すポリマーの総称．

10・6・2　ゴム状弾性高分子材料の性質

（1）　ポリマーの構造　ゴムモノマーは室温で分子運動（ブラウン運動）が活発な糸状高重合体で，加硫，架橋などの化学的架橋でポリマーを作る．

（2）　ゴム弾性　材料としてのゴムの特徴はきわめて小さな応力で大きく変形し，力を取り去るとその状態から急速に，ほとんど元の状態まで戻る点にあり，このような性質をゴム状弾性という（10・2・5項参照）．ゴム状弾性は主として変形によるエントロピーの減少に起因している（10・2・4項参照）．ゴム弾性の特徴は弾性率によく現れる．図 10・5 に明らかなように，他の材料で代替できない特殊な機能である．

（3）　温度依存性　実使用温度は比較的低温側にある．図 10・8 に示すように高温には耐えられない．

（4）　防振・制振作用　きわめて大きい損失係数（tan δ）を有し，振動を抑制する機能を有する．

（5）　老　化　紫外線，酸素，熱，オゾンなどによってその分子構造が徐々に破壊されて弾性的性質を喪失する劣化現象をゴムでは老化と呼ぶ．

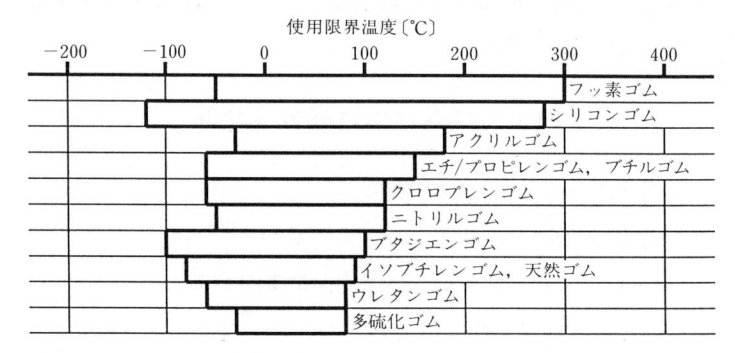

図10·8 熱可塑性エラストマーの使用限界温度

10·6·3 熱可塑性エラストマーの種類

オレフィン系，スチレン系，ウレタン系，エステル系などに分類される．

図 10·9 に硬度と 300％モジュラスを評価特性値として各種熱可塑性エラストマーの位置づけを示す．

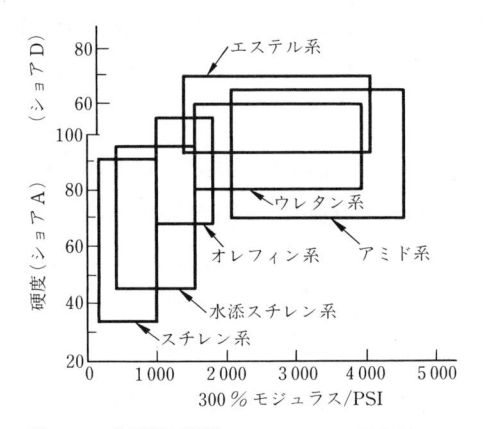

図10·9 各種熱可塑性エラストマーの位置付け*

（1） オレフィン系 密度が小さい，耐候性，耐寒性，電気特性にすぐれる．圧縮永久ひずみが小さい．耐油性，耐溶剤性に劣り，強度が小さい．

イソプレンおよびイソブチレンを主成分とする重合体である．ブチルゴムは共重合体で有極性基をまったく含まない純粋の炭化水素系高分子．電気絶縁

---

* 高分子学会：入門高分子材料，共立出版 (1990)

性，特に高周波特性がよい．イソプレンの単独重合体はポリイソプレンで天然のパラゴム樹液（ラテックス）の主成分である．合成したものを合成天然ゴムという．ポリイソプレンの誘導体にはつぎの種類がある．エボナイトは最近はあまり使われない．塩化ゴム，塩酸ゴム，環化ゴムは熱可塑性で，耐酸・耐アルカリ性が強い．防水塗料，接着剤に使われる．

$$\longrightarrow \begin{bmatrix} H & CH_3 & H & H \\ | & | & | & | \\ C-C & -- & C-C \\ | & | & | & | \\ X_3 & X_1 & X_2 & X_4 \end{bmatrix}_n$$

ポリイソプレン誘導体

① エボナイト　　　　　　（加硫）　　　　$X_1=X_2=-S-$, $X_3=X_4=H$
② 二塩化ポリイソプレン　　　　　　　　　$X_1=X_2=Cl$, $X_3=X_4=H$
③ 三塩化ポリイソプレン　（塩化ゴム）　　$X_1=X_2=X_3=Cl$, $X_4=H$
④ 四塩化ポリイソプレン　　　　　　　　　$X_1=X_2=X_3=X_4=Cl$
⑤ 塩酸ゴム　　　　　　　（塩酸置換）　　$X_1=Cl$, $X_2=X_3=X_4=H$
⑥ 環化ゴム　　　　　　　（硫酸添加）　　$X_1=(CH_2)_3$, $X_2=CCH_3$,
　　　　　　　　　　　　　　　　　　　　$X_3=X_4=H$

ポリイソブチレンはイソブチレンの単独重合体（ビスタネックス，オッパノール）である．重合の程度によって高粘度液体からゴム状固体まで作ることができる．温度特性がよく，耐水絶縁粘着テープにも使われる．

$$\begin{bmatrix} & & CH_3 \\ & & | \\ CH_2 & - & C \\ & & | \\ & & CH_3 \end{bmatrix}_n$$

（2）**スチレン系**　　最もゴムらしい性質をもち，軽量で安価である．ポリスチレンの特性を引いて耐熱性，耐油性に劣り，ポリブタジエンの特性を引いて耐候性に劣る．

ブタジエンとスチレンやアクリルニトリルなどとの共重合体．

$$-[CH_2-CH=CX_1-CH_2]_n-R_m-$$

(a) ブタジエンスチレン共重合体

$$R_m = \left[CH_2 - CH \right]_m$$
(フェニル基付き)

ブタジエン ($X_1 = H$) とスチレンの共重合体．天然ゴムに比較して，耐摩耗性，低温特性，耐熱性（$-30 \sim 150°C$）にすぐれている．

(b) ブタジエンアクリルニトリル共重合体

$$R_m = \left[\begin{array}{c} CH_2 - CH \\ | \\ CN \end{array} \right]_m$$

ブタジエン ($X_1 = H$) とアクリルニトリルの共重合体．ニトリルゴムともいう．導電性ゴム，接着剤，耐油性ホースなどに使われる．

(3) ウレタン系 機械的強度，耐屈曲性，耐摩耗性，耐寒性，耐油性にすぐれる．耐熱性，圧縮永久ひずみ，耐候性，耐加水分解性に劣る．

ポリウレタンゴムは鎖状ポリエステルと芳香族イソシアネートの網状構造体．弾性が強く，機械強さが大で耐摩耗性にすぐれ，薬品性にも比較的すぐれている．

(4) エステル系 射出成形性，耐熱変形性，耐荷重性，耐疲労性，耐油性など主として機械的特性にすぐれる．

(5) 各種合成ゴム

(a) 多硫化合成ゴム 多ハロゲン化合物と多硫化アルカリの縮合体．チオコールAともいう．ゴム弾性などは，ジエン系，天然ゴムに劣る．耐油ゴムライニング用に使われる．

(b) シリコーンゴム ジメチルクロルシランとトリメチルクロルシランとの縮重合体．使用温度が広い（$-115 \sim 260°C$）．シリコーンゴムは外気に接触すると空気中の酸素，湿気の作用と反応して硬化する．耐オゾン・耐コロナ性，耐油・耐水性，耐候性いずれもすぐれている．

(c) フッ素ゴム（KelF ゴム） 強力な弾性体で210°C程度まで使用できる．耐オゾン性，耐候性にすぐれ，劣化しにくい．耐薬品性ライニングなど

のほか，超高速航空機用の耐熱性ゴム材料として使われる．

10・6・4　ゴ ム 系 建 材

ゴム系の建築材料としてはシーリング材（10・7節参照），ガスケット，目地材，シート防水などがある．

（1）ルーフィング（屋根材料）　高層化，大型化した建築が求める材料の軽量化，工期の短縮化，および複雑な形状の施工の要請からシート防水が行われる．ブチルゴム，エチレンプロピレンゴム，クロロプレンゴムなどの特殊ゴムや塩化ビニルのような軟質樹脂が使用される．ブチルゴムとエチレンプロピレンゴムのブレンド品が多い．

（2）免震アイソレータ　建物の固有周期と地震の周期をずらせば建物に入力する地震力を弱めることができる．免震建築はアイソレータを建物の基礎に使用して，建物に入ってくる地震エネルギーを減衰させるシステムである．アイソレータとは薄い鋼板とゴム板を層状に加硫接着した積層ゴムで構成された免震ゴム台のことである（**図10・10**参照）．

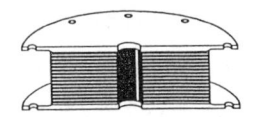

図10・10　アイソレータ
（直径500 mm）

免震アイソレータには，①鉛入り積層ゴムを使用するタイプと，②多段積層ゴムを使用してゴム自体がダンパとなるタイプとがある．積層ゴムには，天然ゴム，エチレンプロピレンゴム，クロロプレンゴム，イソプレンゴムなどが使用される．図10・10のアイソレータは直径500 mm，積層ゴムの厚さ140 mmときわめて偏平な形状で，鉛直荷重を支持するのに十分で水平方向にはきわめて軟らかい構造になっている．このアイソレータの鉛直剛性は水平剛性の1 000～2 000倍程度，破壊荷重は30 GNである．耐用年数はクリープなどを考慮して60年に設定されている．風や地震後の微小振動に対してはコイル状に曲げた4本の鋼棒を花びら状に組み合わせて構成したダンパで，やや固い弾性バネとしてアイソレータの変形を抑制するシステムになっている．鉛ダンパがある．

（3） 制振・吸音材（ゴムタイプ） ゴム自体の振動吸収性を利用してアパートやマンションで階上の音が響くなど固体伝播音の遮断（制振），隣近所の物音，電車や自動車の騒音などの遮断（防音・吸音）を行う．ブチルゴム，シリコーンゴムや各種の熱可塑性エラストマーが使用される．

10・7 シーリング材

気密性，水密性を保持する目的で建築部材や部品のジョイント，空げきに充てんするゴム系の材料をシーリング材（sealing compound）という．コンクリートブロックの目地材としての使用に始まる．プレハブ工法，カーテンウォール工法，超高層建築の要請によって高性能化している．コーキング材（caulking compound）も使用材料が同じなのでシーリング材に含める．

10・7・1 シーリング材の性質

シーリング材には，施工時に適当な粘着性と流動性が必要である．一般に垂直面施工では垂れ下がりが生じないように調整されたノンサグタイプ（non-sag type）を用いる．水平面施工用としては，表面が自然に水平になるように作られたセルフレベリングタイプ（self-leveling type）もある．シーリング材によって，建築構成部材間のジョイントの防水システムが構成されるので，充てん後は，ある程度の強度と部材への接着力が必要となる．シーリング材は，目地充てん後の目地幅の伸縮に対するシーリング材の応答特性によって，弾性形，非弾性形およびその中間形がある．

（1） 非弾性形 力学モデルでは非ビンガム塑性流動に相当する応答性を示す．引張応力に対して容易に流動変形を生じるので，接着界面には引張応力が残らず界面はく離を生じにくい．しかし変形後に圧縮力が作用する場合には座屈現象を生じてしわがよったりする．油性コーキング材などがある．

（2） 弾性形 力学モデルではケルビン固体の遅延弾性に相当する応答性を示す．降伏点以下では目地幅の伸びに対応した引張応力が界面に生じ接着破断を起こす可能性があるが，降伏点を越えた応力に対する変形後の縮みに対してはよく追従し，初期間隔に戻れば変形も回復する．ポリサルファイド系，シ

10・7 シーリング材

リコーン系，ウレタン系，エポキシ系などがある．

（3） 中間形 力学モデルではケルビン固体にマックスウエル液体モデルが合わさったバーガーズ体モデルが対応する．非弾性系と弾性系との中間的な挙動を示し降伏値が低くクリープを起こしやすい．変形は一部非回復性である．アクリル系，ブチル系などがある．

10・7・2 シーリング材の分類

建築用シーリング材は図 10・11 に示すように，不定形シーリング材と定形シーリング材とに大別される．

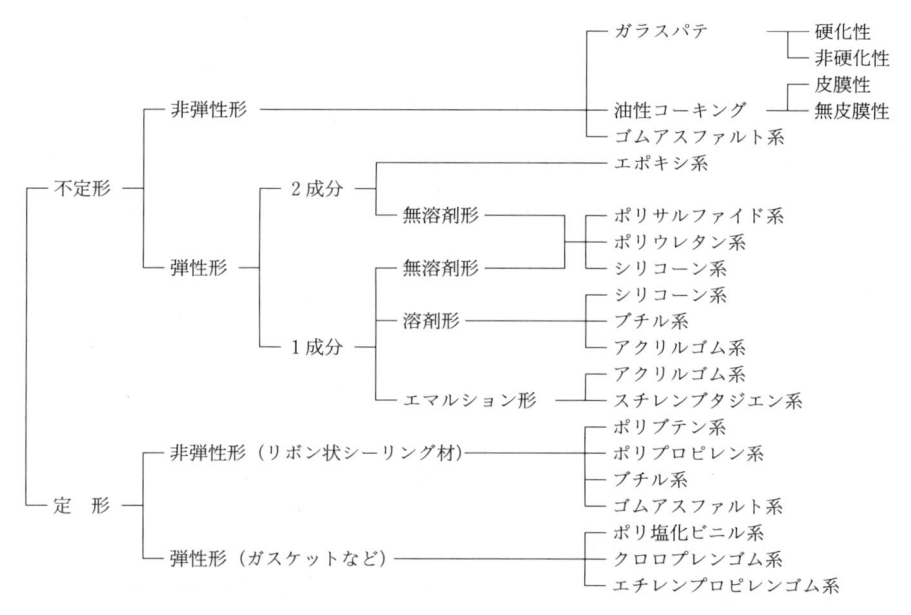

```
                                ┌─ ガラスパテ  ─┬─ 硬化性
                                │              └─ 非硬化性
         ┌─ 非弾性形 ─────────────┼─ 油性コーキング ┬─ 皮膜性
         │                      │                 └─ 無皮膜性
         │                      └─ ゴムアスファルト系
         │              ┌─ 2成分 ─┬─ エポキシ系
┌─ 不定形 ┤              │        │                ┌─ ポリサルファイド系
│        │              │        └─ 無溶剤形 ─────┼─ ポリウレタン系
│        │              │                         └─ シリコーン系
│        └─ 弾性形 ──────┤                         ┌─ シリコーン系
│                       │        ┌─ 無溶剤形 ─────┼─ ブチル系
│                       │        │                └─ アクリルゴム系
│                       └─ 1成分 ─┤ 溶剤形
│                                │                ┌─ アクリルゴム系
│                                └─ エマルション形 ┴─ スチレンブタジエン系
│                                                 ┌─ ポリブテン系
│        ┌─ 非弾性形（リボン状シーリング材）─────────┼─ ポリプロピレン系
│        │                                        ├─ ブチル系
└─ 定 形 ┤                                        └─ ゴムアスファルト系
         │                                        ┌─ ポリ塩化ビニル系
         └─ 弾性形（ガスケットなど）───────────────┼─ クロロプレンゴム系
                                                  └─ エチレンプロピレンゴム系
```

図 10・11　シーリング材の分類

10・7・3 シーリング材の種類

弾性シーリング材には，シリコーンゴム，アクリルゴム，スチレン-ブタジエンゴム，ウレタンゴムなどが使用される．定形シーリング材はゴム系，樹脂系の成形品で加硫処置がされている．ジッパーガスケット（クロロプレンゴム系），グレイジングガスケット（塩ビ系）などがある．ガラスパテはアマニ油などのビヒクルに無機充てん材（亜鉛華，炭酸カルシウムなど）を練り合わせ

たもの．建具とガラスの接合部に用いる．

（1）　**ポリサルファイド系**　ゴム状高分子で耐薬品性にすぐれている．建築用シーリング材に最も多く用いられる．

（2）　**シリコーン・1成分形**　1成分形には5種類ある．酢酸形は硬化が速くゴム強度大．透明．しかし酢酸による金属腐食性がある．オキシム形は銅などを腐食する．アルコール形は硬化がやや遅いが腐食性はない．モルタルへの接着性がよい．アミド形もモルタルへの接着性がよい．マスチック形はプライマーが不要で接着力もよいが溶剤による肉やせがある．後塗装が可能である．

（3）　**シリコーン・2成分形**　基材は1成分形とほぼ同じであるが硬化機構はまったく異なり，1成分形より高品質．超耐寒用には基材にフェニル基を有する基材を選択する．

（4）　**ウレタン系**　3種類ある．溶剤形，エマルション形はシーリング性能に優れている．無溶剤形はやや劣る．

（5）　**スチレンブタジエンゴム系**　水性1成分形シーリング材．SBR．

（6）　**ブチル系**　溶剤蒸発によって硬化するので必ず収縮する．油性コーキングに近いものから弾性シーリング材に近いものまで種類が多い．めくら目地，ブチルゴム系ルーフィング材の継目などに使われる．

10・8　接　　着　　剤

10・8・1　接着剤の構成と種類

（1）　**接　着**　同種または異種の固体の面と面をはり合わせて一体化すること．接着手段としては一般に接着剤が使用される．

（2）　**接着剤の構成**

① 主　剤　　合成樹脂，合成ゴム，アスファルトなど結合主剤
② 溶　剤　　水，有機溶剤
③ 硬化剤　　主剤を反応させ3次元構造化，高分子化するための触媒
④ 可塑剤　　接着剤に可塑性を与える
⑤ 充てん剤　粘稠化，増量あるいは接着剤層の補強

⑥ その他　　劣化防止剤, 顔料, 表面活性剤, 防腐剤など

接着剤は①と②, ③, あるいは, ②, ③のいずれの組合わせでも接着剤の機能をもち得るし, ④～⑥が加わればさらに複雑な構成になる.

(3) 接着剤の形態　　接着剤を使用直前の外観で分類すると, ①水溶液形, ②溶液形（溶剤形）, ③エマルション形（ラテックス形）, ④無溶剤形, ⑤固形（塊状, 粉末状, フィルム状）, ⑥テープ形がある. 使用する塗布用具によって, ①マスチック状（へらで塗布する）と②ペースト状（はけで塗布する）に区分される.

(4) 接着剤の種類　　主剤の種類によって無機接着剤と有機接着剤に大別される. 無機接着剤には, セメント, せっこう, ドロマイト, ケイ酸塩類, リン酸塩類などがある. 有機接着剤は高分子材料で, 合成の程度によって天然, 半合成, 合成の3系統に分かれる. 通常, 接着剤というときには有機系接着剤を意味する. つぎのような種類がある（**図10・12**）.

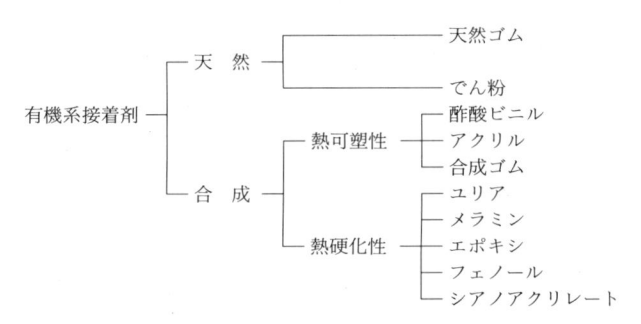

```
                      ┌─ 天然 ──┬── 天然ゴム
                      │         └── でん粉
                      │         ┌── 酢酸ビニル
有機系接着剤 ─────────┤    ┌ 熱可塑性 ─┼── アクリル
                      │    │         └── 合成ゴム
                      └─ 合成 ─┤
                           │         ┌── ユリア
                           │         ├── メラミン
                           └ 熱硬化性 ─┼── エポキシ
                                     ├── フェノール
                                     └── シアノアクリレート
```

図10・12　有機系接着剤の種類

(5) 建築用接着剤の条件　　建築用の接着剤には, ①操作, 作業の容易性, ②引火性, 毒性に対する安全性, ③環境条件変化に対する接着力の安定性, ④初期接着力の確実性などの条件が求められる. 現場施工で使われる接着剤は工場接着に比べて1/3程度の強度低下を見込まなければならない. また, 現場環境が与える影響は正常な環境時に比べて1/2程度低下する. 結果として, 現場施工では接着性能が約1/6に低下することになる.

10・8・2 被着材料と接着剤

接着を確実に行うためには，被着材料の性質に適した接着剤の選定が必要である．図10・13に接着剤の適用例を示す．

接着する材料A ＼ 接着する材料B	皮革	一般紙	木材	ハードボード	スチレンフォーム	ウレタンフォーム	軟質塩ビ	硬質塩ビ	スチロール	アクリル	ポリエチレン	セルロイド	熱硬化性プラスチック	天然ゴム	合成ゴム	ガラス・セラミック	金属類	金属箔
金属箔	3,8	3	3	3	2	3	3,5	3	3	4	—	3	3,4	3	3	3,4	3,4	3
金属類	3,8	3	3,4	2,3	2	2,3	3	4	4	4	—	6,4	3,7,6	3	3	4,8	3,4	
ガラス・セラミック	2	2	3	2,4	2,3	5	3,4	4	4	4		4,5	2,4,8	3	3	4,8		
合成ゴム	3,8	3	3	3	—	3	3	3	3	4		3	3	3	3			
天然ゴム	3	3	3	3	3	—	3	3	3			3	3	3				
熱硬化性プラスチック	3,8	3	3,4	3,4	3	3	3	4	4	4		4	4,8					
セルロイド	3,8	1,6	2	1,2,6	2	3	5	5,6	3,6	4,6	—	6						
ポリエチレン	—	—	—	—	—	—	—	—	—	—								
アクリル	8	1,6	1,4,6	3,6	3	2	5	4	4	4								
スチロール	—	1,3	1,3	3	2	3	5	4	3,4									
硬質塩ビ	3,8	3,5	3,4	3	3	3,8	3	4,5										
軟質塩ビ	3,5,8	3,5	3,5	3,5	—	5,8	3,5											
ウレタンフォーム	3,8	8	1,2,3	1,3	—	8												
スチレンフォーム	2	3,5	2	2	2													
ハードボード	1,3	1	2,3	2,3														
木材	1,3	1	1,2/4,7															
一般紙	1	1																
皮革	8																	

1.酢酸ビニル(エマルション)
2.酢酸ビニル(溶液)
3.ゴム系
4.エポキシ系
5.塩ビ系
6.セルローズ系
7.フェノール系
8.その他

図10・13 被着剤の組合わせと接着剤（須藤）*

10・8・3 同種被着材の接着

（1）**金　属**　鋼およびアルミニウムは接着しやすい．ステンレス，鋼，銅および銅合金は金属の中では接着しにくいほうに属する．接着剤を塗る前に接着面を洗浄する．以後の表面処理は金属の種類によって異なる．接着剤としてはエポキシ系接着剤が信頼性が高い．硬化は加熱硬化が好ましいが，常温で

---

* 須藤 一：建設材料の科学，内田老鶴圃（1997）

も硬化する．揮発物が出ず接着力が強い．高接着力の理由は，母材との間に水素結合が生じやすいことや一次結合することが知られている．貼り合わせた板を左右に引張るシェアー試験では，$10 N/mm^2$ 程度の強度が得られる．このほかニトリルゴムフェノール系，ポリウレタン系，耐熱性の強いシリコーン系の接着剤が用いられる．

（2） ガラスおよび磁器　ガラス，磁器の接着は比較的容易である．エポキシ樹脂，ニトリルゴムで接着できる．ニトリルゴムは合成ゴム系の接着剤で溶剤形，エマルション形があり手軽に使える．耐力・耐熱・耐油性などに限度があり，構造材には使われない．ただし，これに熱硬化性のフェノール樹脂を加えたものは，先のニトリルゴムフェノール系として金属をも接着し得る．着色しない無色透明な接着をするにはポリビニルブチラール接着剤を使う．

（3） 木　材　手軽な接着剤としては，ビニル系接着剤（主として酢ビ），ニトリルゴム接着剤が使われる．工業的には，たんぱく系（カゼイン，血液アルブミン），ユリア系，フェノール系，メラミン系の接着剤がある．ユリア系接着剤は，硬化剤として塩化アンモンを加える．可使時間は 1～2 時間，常温 24 時間程度で硬化が完了する．耐酸・耐アルカリ性にもすぐれているが耐水・耐熱・耐候性に限度があり，屋内使用に限定される．フェノール系接着剤は，耐水・耐酸・耐アルカリ性にすぐれ，屋外使用に耐える．メラミン系接着剤はフェノール系に劣らない性能をもつ．

（4） プラスチック　ドープタイプ* の接着剤を用いる．ドープタイプとは，被着材と同質の樹脂を溶剤に溶解した接着剤のことで，被着材の表面を溶解することができる．本質的にプラスチックは接着しにくい．特にポリエチレン，ポリプロピレンなどは接着しにくい．表面処理をして粘着剤などで接着するが接着力はあまり強くない．フッ化エチレン樹脂（テフロン）は生地のままでは接着できないので金属ナトリウム―ナフタリン―テトラヒドロフラン溶液で表面処理を行って接着する．普通の接着剤が使用できる．

（5） ゴ　ム　活性な -NCO 基をもち一次結合で接着が可能なポリウレタ

---

* dope type：飛行機の翼布などに塗る塗料をドープ塗料という．

ン系接着剤がよい．ニトリルゴム系接着剤でも接着できる．

10・8・4　建築部位と接着剤

（**1**）**床**　張床仕上げは建築の接着工法の中でも最も多種類の接着剤を比較的多量に使用する工事の一つである．過酷な条件下にさらされるので，下地や床仕上材によく適合した接着剤を選定することが大切である．① モルタル・コンクリート下地では含水率 8% 以下（材齢 4 週間程度，モルタル仕上げ後で 2 週間以上），不陸や凹凸をなくすことが必要である．② 木造下地では，剛性を高め，たわみの少ない構造とする．

接着剤は，酢酸ビニル系接着剤，合成ゴム系ラテックスタイプを使用する．水がかりの場所では，エポキシ系接着剤を使う．

（**2**）**壁**　壁仕上げ材として，ボード類か壁装材料を接着する．下地は木造下地，せっこうボード下地が多い．コンクリート下地のときは，含水率が 8% 以下になるようにする．接着剤は酢酸ビニル系接着剤で，ボード類には溶剤形が，壁紙などにはエマルションタイプが使われる．接着力の初期発現が小さいのでボード類の場合は通常仮止めを行う．

（**3**）**天井**　天井用接着剤は壁仕上用接着剤と同じもので，特に初期接着力の大きいものが使用される．くぎとの併用が望ましい．

（**4**）**木れんが**　コンクリート下地では，木れんがを介して下地材を取り付けて仕上げることが多い．木れんがをコンクリート面に取り付ける接着剤には酢酸ビニル系溶剤タイプ，エポキシ系接着剤が使われる．陶磁器質タイルを室内用として張る場合は，上記接着剤のほかに，酢酸ビニル系エマルションタイプ，合成ゴム系接着剤が使われる．ただし，これらは外部用としては耐久性に劣るので一般には用いない．

10・9　塗　　料

10・9・1　塗料の構成

塗料（paints）とは，物体表面の保護と美観を与えることを目的として用いる材料をいう．液状，融解状で空気懸濁体などを含む流動状態で物体の表面に

広がって薄膜を形成し，時間の経過に従ってしだいに乾燥し，固体皮膜（塗膜）となって表面を覆う（**図10・14**）．

```
                    塗　　料
         ┌───────────┴───────────┐
    透明塗料                    不透明塗料
ワニス ─┤                                ├─ ペイント
クリヤー ─┘                              └─ エナメル

（塗膜成分） ┄┄┬ 塗膜形成主要素  ┬── 顔　料
             │ 塗膜形成副要素  ┤
             │ 塗膜形成助要素  └── ビヒクル
（蒸発成分） ┄┘
```

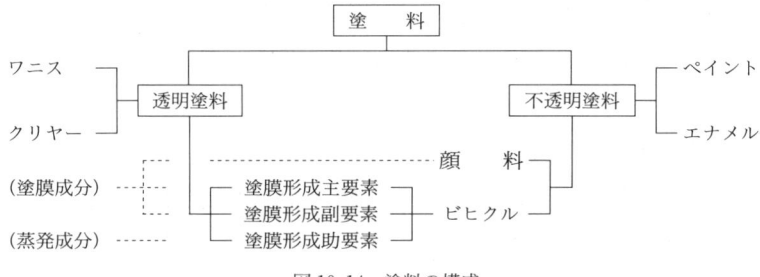

図10・14　塗料の構成

塗料は塗膜成分と蒸発成分で構成される．塗膜成分は塗膜形成主要素，副要素および顔料である．蒸発成分は塗膜形成助要素と呼ばれる．塗膜形成主要素，副要素および助要素を混和したものが**透明塗料**である．**ワニス**（varnish）または**クリヤー**（clear）と呼ばれる．**不透明塗料**（有色塗料）は透明塗料を**ビヒクル**（vehicle）として顔料を分散させたもので，**ペイント**（paint），**エナメル**（enamel）がある．

（**1**）　**塗膜形成主要素**　　塗膜を形成する主体となる各種合成樹脂の固形分である．天然樹脂（コーパル，ダンマーなど），油脂（ボイル油，あまに油など）および漆などは単独で塗膜形成主要素となる．

（**2**）　**塗膜形成副要素**　　塗膜形成要素に微量添加して塗膜性能を改善するもので，可塑剤（plastcizer），乾燥剤（drier），硬化剤（curing agent），皮張り防止剤（anti-skin），増粘剤（bodying agent），平坦化剤（leveling agent），たれ防止剤（anti-hanging agent），防腐剤（preservative），防かび剤（anti-mildew），防食剤（anti-corrosive agent），紫外線吸収剤（U.V. absorber）など物体表面の保護の目的に応じて添加される．

（**3**）　**塗膜形成助要素**　　塗料を溶解，希釈して塗装しやすいように塗料の粘度を調整するための有機溶剤または水で，固化して塗膜になるまでの間に蒸発して塗膜成分として残らないので蒸発成分とも呼ばれる．塗膜形成助要素成分は，その溶解力によって塗膜形成主要素を単独で溶解する真溶剤（溶剤）と，

単独では溶解力がないが真溶剤と併用すると溶剤として機能する助溶剤とに分けられる．稀釈剤は単に溶液の粘度低下のみに作用するもので非溶剤である．

（4） **顔料**（pigment）　着色や下地隠蔽効果を目的としたものを着色顔料という．着色顔料の着色効果（展色性）を上げ，増量を目的とするものを体質顔料という．

10・9・2　塗膜の硬化

塗膜は加熱，蒸発，酸化，重合などの過程で硬化形成される．

① 塗膜形成助要素の飛散によって硬化するタイプ：硝化綿ラッカー，塩化ゴム，アクリルラッカーなど．
② 酸化重合：アルキド，ウレタンなど．
③ 湿気重合：ポリイソシアネート，シリコンなど．
④ 加　　熱：メラミン焼付け，ブロックイソシアネートの硬化など．
⑤ エネルギー線硬化：UV硬化，電子線硬化．
⑥ 触媒硬化：不飽和ポリエステル，酸硬化メラミンなど．
⑦ 2液硬化：エポキシ／アミン，ウレタンなど．

触媒タイプと2液タイプは常温で3次元架橋する硬化反応を利用した化学反応による硬化である．このタイプは塗布直前の多液混合が必要であり可使時間は短い．エネルギーを加えずに非常にすぐれた塗膜を得ることができるので，橋梁などの大型構築物，およびすぐれた物性が要求される木工製品などで使われる．

10・9・3　塗装対象と塗料

（1）　金属面の塗装

（a）　**防食機構**　塗装の目的は表面保護と美観を物体に与えることである．金属材料に対する表面保護は防食であり，三つの機構が考えられる．

① 腐食を生じる外部環境因子の遮断作用　塗膜は一般に無定形ポリマーの高分子皮膜であり，分子レベルでは多孔質物質である．したがって金属の腐食物質を遮断することはできないが腐食を遅延させる効果がある．
② 塗膜中の可溶性腐食抑制物質による防食作用　クロム酸塩系の可溶性

顔料は，クロム酸イオンを溶出し，この酸化作用あるいは吸着によって鋼板表面を不動態化する．

③ 金属的犠牲膜の形成　金属粉顔料の濃度を上げると塗膜下の金属と塗膜中の顔料との間に金属的接触が起こる．この金属的接触を図りながら顔料を損耗させて塗膜下の金属を保護する．この種の顔料としては，亜鉛末，アルミニウム粉，鉛粉などがある．顔料が損耗し塗膜が破れて金属面が空気中に露出すると電池構成によって腐食が進行し始める．特に接着力が小さくて童膜がはく離すると金属面との間にすきまが生じて**すきま腐食**が進行する．

(b)　**塗装**　鉄面塗装では防せい処置が大切なので素地ごしらえの後，下塗りとしてさび止め塗料を2回塗りとする．

① 下塗り塗料　鉛丹，亜鉛末，クロム酸鉛などを成分とする塗料．
② 中塗り・上塗り塗料　油性調合ペイント，合成樹脂調合ペイント．

(c)　**金属用塗料**

① 油性調合ペイント　ボイル油をビヒクルとして有色顔料，体質顔料を混ぜ合わせる．ボイル油の酸化重合によって塗膜が形成される．乾燥は遅い．耐水性，耐アルカリ性に劣る．はけ塗り．

② ボイル油　液状，透明，酸化乾燥性の脂肪油（乾性油）．乾燥剤を入れて乾燥性を強めたもの．乾性油を主成分とするところから**油性塗料**と呼ばれる．

③ 油ワニス　主要素は樹脂と乾性油．乾油性と樹脂との比（乾油性／樹脂）を**油長**といい，油長が，1.5以上を**長油性ワニス**（スパーワニス），0.8〜1.5を**中油性ワニス**（コパールワニス），0.8以下を**短油性ワニス**（ゴールドサイズ）という．油長が大きくなるほど塗膜に弾力性が増して耐久性が大きくなるので屋外用に使える．

④ 合成樹脂調合ペイント　主要素は長油性フタル酸樹脂ワニス．短油ワニスに顔料を分散したものはオイルサーフェサーという．塗膜を研磨しやすいのが特徴で，エナメル類塗装の中塗りに適している．

⑤ フタル酸樹脂エナメル塗料　主要素は乾性油変性フタル酸樹脂．塗膜

は耐候性にすぐれている．

⑥　塩化ビニル樹脂エナメル　　主要素はポリ塩化ビニル．揮発乾燥性．短時間で乾燥する．塗膜は難燃性で弱酸・弱アルカリに耐える．耐薬品塗料．屋内のモルタル，コンクリートなどの吸収性の高い面の塗装にも用いる．

⑦　アルミニウムペイント　　主要素は油性ワニス．顔料はアルミ粉．酸化乾燥性．塗膜の鏡面反射で熱線の吸収を防ぎ内部温度の上昇を抑制する．拡散反射率が大きくなると銀白色に見える．貯水タンクの外面塗装に適している．

⑧　ラッカーエナメル　　主要素はニトロセルロース．揮発乾燥性．美装が要求される屋内塗装仕上げ．木材面の有色不透明塗装にも適する．

(2)　壁面の塗装

(a)　塗料の条件　　壁面用塗料の必要条件は，①耐アルカリ性，②素地との付着性，③耐水性・耐久性，④耐退色性，⑤作業性などにすぐれていることである．

(b)　塗装対象

①　1種：外壁面，モルタルおよびコンクリート仕上げ面が多い．

②　2種：内壁面，プラスター仕上げ面，ボード貼りなど．

③　3種：天井仕上げ面．

(c)　壁用塗料

①　合成樹脂エマルションペイント　　主要素は合成樹脂エマルション．1種，2種．

②　塩化ビニル樹脂エナメル（前出）

③　アクリル樹脂エナメル　　主要素は熱可塑性アクリル樹脂．揮発性乾燥．吹付けおよびはけ塗り塗装．1種．

④　多彩模様塗料　　液状またはゲル状の2色以上の色の粒が懸濁したもの．乾燥時間24時間以内．1回の塗装で色散らし模様を作る．1種，2種．

⑤　合成樹脂エマルション模様塗料　　スティップル (stipple) 仕上げ，ゆず肌仕上げ，月面仕上げなどの模様仕上げ用．1種，2種，3種．

(3) 木材面の塗装

(a) 透明塗装用塗料

① フタル酸樹脂ワニス　主要素は乾性油脂肪酸変性フタル酸樹脂．溶剤は炭化水素系溶剤．酸化乾燥性．塗膜が薄いが光沢があり，乾燥が速い．油ワニスの代替としてよく用いられる．

② クリヤラッカー　セルロース系のワニスをラッカー（lacquer）という．主要素はニトロセルロース．揮発乾燥性．短時間で塗膜を形成．ラッカーエナメル塗装の仕上げ塗り用．

③ カシュー樹脂ワニス　主要素はカシューナッツセル液と乾性油．酸化乾燥性．塗膜は濃色で漆塗膜に似る．漆ばけ使用．屋内で用いる木製品，金属製品に適する．

(b) 不透明塗装用塗料　油性調合ペイント，合成樹脂調合ペイント，フタル酸街脂エナメル，ラッカーエナメルなどがある．

(4) 床面の仕上げ（塗り床）　張付け床のように継目ができないことが特徴の湿式工法．複雑な形状の下地にも容易に施工できる．塗り厚が薄いので下地仕上げが大切である．

(a) ポリウレタン系　防滑性の弾性床を作る．歩行感もよい．一般室内，廊下，運動競技場の床などに適している．

(b) エポキシ系　耐薬品性，耐水性の高い床を作る．硬化収縮が少なく下地との接着性もよい．

(c) ポリエステル系　耐強酸性の床を作る．工場床として用いられる．硬化収縮は大きい．アルカリに対して弱いので，コンクリート下地にはプライマー塗布などが必要である．

(d) アクリル系　防滑性，防塵性の床を作る．色彩が鮮やか．コンクリート下地に有効である．

(e) 酢酸ビニル系　耐水性がないので水掛り部分には適さない．学校，病院などに使われる．

10・9・4 機能性塗料

美観と保護の基本的機能に特殊な機能を付与した塗料．用途が特殊であることから少量生産となり生産統計に表れないことが多い．機能性塗料のうち建築に関連するものを以下に示す．

(1) **太陽光吸収塗料**　ソーラーシステムなどで，太陽光の熱吸収効率のよい塗料．黒色顔料（鉄黒，酸化コバルト，酸化銅など）を吸収体としたアクリル，ウレタン，エポキシ，シリコーンおよびフッ素樹脂系塗料が用いられる．還元テロポリ酸のような熱線（赤外線）吸収剤を配合する．

(2) **紫外線遮断塗料**　紫外線遮蔽効果はカーボンブラックが顔料中で最高．隠蔽力，着色力にもすぐれる．ビヒクルにはアルキド，アクリル，ウレタン系が用いられる．

(3) **導電塗料**　床塗装の帯電防止，電磁波シールド，電波吸収を目的とする塗料．金属粉末（ニッケル，銅など）を混入したアクリル系，ウレタン系塗料が主流で，エポキシ系塗料も使われる．通常，スプレー塗装とするが，被塗物の形状・種類によって浸漬，はけ，ローラー塗装もできる．

(4) **耐熱塗料**　高温で使用する熱機器や煙道などの酸化防食を目的とする塗料．純シリコーン系では700℃まで耐える．イミド樹脂，フッ素樹脂，シリコーン変性樹脂，シリケート系の耐熱温度は350〜400℃といわれる．

(5) **防火塗料**　難燃性塗膜タイプ，不燃性塗膜タイプおよび**膨張タイプ**（燃焼時に塗膜が発泡・膨張して断熱層を形成する）がある．膨張タイプは火炎に触れると数十倍の厚さの緻密なスポンジ状塗膜を形成して下地が着火温度に上昇する時間を遅延させるので効果が確実である．膨張タイプ塗料の構成は発泡用原料（防火薬剤反応触媒原料，炭素生成原料，不燃性ガス発生原料），顔料およびエマルションからなる．炭素生成原料は炭水化物（でん粉，カゼイン）と多価アルコール類で，これらは火炎と接触して炭化し断熱材になる．これらが防火に有効になるためには無機酸とエステルを生成しなければならない．無機酸としては防火に有効なリン酸が使用される．これは触媒類，防火剤の熱分解によって生成するものである．不燃性ガス発生剤としてはジシアンジ

アミド，メラミン，塩化パラフィンなどがある．油性系膨脹形防火塗料もある．

（6）**結露防止塗料**　病院，ホテル，浴室などの天井，壁面の結露防止と防湿を目的とする塗料．被塗物素地に応じて適切な下塗塗装を行うことを前提として，一般用にはアクリルエマルション系と油性系が使われる．特殊用途として無機質系（セメント，水ガラス）やウレタン樹脂系（2液発泡形）がある．塗膜に多孔性で軽量の体質顔料（珪藻土，蛭石，パーライトなど）を混合して，断熱性，吸湿・呼吸性，厚膜性（ハイビルドという）を与える．プレミックスタイプと現場混合タイプとがある．

（7）**防音・防振塗料**　厚膜を形成して音波や振動を吸収する塗料．厚膜にするために繊維質（短繊維など）および体質顔料を多量に練入する．ホール，教室，音響室などの遮音，吸音にはバインダーとしてエマルション塗料が用いられる．

（8）**放射線防御塗料**　原子力発電所など放射線汚染が予想される場所における防御塗料．表面に付着した放射能（放射性物質）を，洗浄によって除去する塗膜タイプと，塗膜を簡単にはく離除去するはく離タイプとがある．洗浄タイプは高架橋密度で硬い塗膜ほど効果が大きい．無機ジンクリッチプライマーのエポキシ系または無機シリケート系トップコートの塗装系が用いられる．はく離タイプは可剝性塗料（ストリッパブルコーティング）の一種で，ビニル共重合系（溶液型，エマルション形），セルロース系，合成ゴムラテックス系がある．

（9）**貼り紙防止塗料**　建築物外壁の広告や宣伝ビラの貼り紙防止塗料．要は糊がつきにくく自然に剝がれればよい．3回塗り塗装法がある．下地プライマーは，コンクリートにはエポキシ樹脂系を，金属にはウレタン樹脂系プライマーを用いる．中塗りはガラスビーズを分散させたウレタン樹脂エナメル，上塗りは滑り添加剤（特殊ワックス）を含有したウレタン樹脂塗料を用いる．

10・10 繊　　　　維

10・10・1　繊維の構造

合成繊維は塊状のものから適当な方法で紡糸して細線状にしたものである．結晶性高分子の多くは凝固の際に適当な延伸（drawing）を与えると結晶の生成が促進されるとともに結晶が延伸方向に配向して，非常に弾性率の高い，強度の大きい物質となる．これが繊維（fiber）である．天然繊維（羊毛，絹，木綿）なども同じような構造をもっている．

10・10・2　繊維の種類

（1）**汎用合成繊維**　ナイロン，ポリエステル繊維，アクリル繊維を三大合成繊維という．一般に用いられている紡織繊維である．繊維単体は引張強度 $500\,\mathrm{N/mm^2}$ 前後，引張弾性率 $2\sim20\,\mathrm{kN/mm^2}$ ときわめて高い．

（2）**連続繊維補強材**　アラミド繊維，ポリビニルアルコール（ビニロン）繊維，ポリアセタール繊維や，無機系の炭素繊維（10・11・2項（1）参照），ガラス繊維などの連続繊維を，エポキシ樹脂，ビニルエステル，不飽和ポリエステルなどの合成樹脂をマトリックスとして棒状あるいは格子状に成型したものがある．引張強度は $500\sim1800\,\mathrm{N/mm^2}$ とPC鋼棒と同等〜1.5倍程度であり，密度は鋼材の1/3程度と軽量である．耐食性が高いので鉄筋やPC鋼材の代替として用いられる．線膨張係数は小さいが，弾性率は $30\sim210\,\mathrm{kN/mm^2}$ で鋼材とほぼ同じかやや低く，耐火性が劣るという問題点がある．シート状連続繊維補強材はコンクリート構造物の補修補強材として使われる．

10・11　無機高分子材料

10・11・1　無機高分子の性質

無機高分子とは，主鎖骨格中に炭素以外の他の原子が共有結合で並んでいる巨大分子と定義される．結晶性ポリマーと非晶性ポリマーがある．結晶性ポリマーには第二ケイ素リン酸塩，ジルコニウムとスズのリン酸塩，石英，チッ化ホウ素，ホウ素リン酸塩，ケイ酸塩類，チッ化硫黄，セレン，テルルがある．

非晶性ポリマーにはスズリン酸塩ゲル，ガラス状シリカ，フッ化ベリリウム，ケイ酸ガラス，ホウ素系リン酸塩ガラス，アルカリホウ酸塩ガラス，酸化ホウ素，ウルトラリン酸塩ガラス，カルコゲナイトガラス，重合状硫黄，ポリ（メタ）リン酸塩がある．

有機ポリマーに比べて一般に強い．引張強度は炭化ケイ素繊維 2800 N/mm², ボロン繊維 3570 N/mm² である．ただし硬くもろい．また，ごく少数の例を除いて不燃性できわめて高い温度でのみ軟化し溶融する．ポリオルガノホスファゼン（$NP(C_6H_5)_2$）の T_m は 390℃ である．

10・11・2 無機高分子材料の種類

（1）炭素繊維 最も古い炭素繊維は 1880 年，エジソン（米）の白熱電灯のフィラメントである．現在生産されている炭素繊維はほとんどがポリアクリルニトリル（PAN）系である．平面相互の配列に 3 次元的規則性を示さない乱層構造を有する炭素質材料である．

（a）高性能炭素繊維（high performance carbon fiber, HPCF） 強度 1.2 kN/mm², 弾性率 120 kN/mm² 以上．密度 1.8 g/cm³ 前後の機械的特性をもつ炭素繊維の総称．連続繊維補強材として使われる．

（b）汎用炭素繊維（general purpose carbon fiber, GPCF） 耐熱，耐食，導電性など炭素の特性を利用することを目的とする製品．機械的強度は高性能炭素繊維より劣る．建築分野では，ガスケット，パッキンなどのシール材およびセメントとの複合材としてカーテンウオールやアクセスフロアーなどに用いられる．

（c）活性炭素繊維（activated carbon fiber, ACF） 原料有機繊維（セルロース系，PAN 系，ノボラック系）を 700〜800℃ で炭素化した繊維．活性炭としての性能をもつ．有機材回収．空気浄化フィルターなどに用いられる．

（d）耐炎繊維 PAN 繊維を 300℃ 付近で加熱して得られる難燃性繊維で，PAN 系炭素繊維の前駆体に相当する．広義の炭素繊維に含まれる．

（2）ポリホスファゼン リン（P）とチッ素（N）が交互に P–N 二重

結合で結合した高分子．**無機ゴム**として知られている．現在までに約200種以上のポリホスファゼンが合成されているが，その中で，ポリオルガノホスファゼンは，燃焼しても煙が少なく有毒ガスが発生しないので，難燃性材料，耐熱性材料として利用でき，600°Cまで耐える．

（3）**ポリチアジル** 硫黄（S）とチッ素（N）が交互につながった無機高分子．**ポリ窒化硫黄**とも呼ばれる．金属的導電性，超電導性を示す．

（4）**高分子量ポリシラン** ケイ素（Si）の結合（Si-Si）を骨格とする化合物．有機溶媒に溶け，成形およびフィルム状，繊維状に加工できる．

第11章　材　料　実　験

11・1　概　　　　　説

　建築物は安全性，機能性，耐久性など所要の性能を備えていなければならないが，これらの大部分は使用している材料の特性によって決まってくる．材料の特性がまったく未知なものを用いて物を作ることはできないので，人間は昔から建築物や道具などに使った材料の特性をよく知っていたに相違ないし，またよく知っていた者が初めて良い建築物を造り出してきたのであろう．このことは現代においても事情はまったく同じであるが，ただ，昔に比べて材料の特性を知ることの内容と方法はまったく異なってきている．

　近代工業が発達するにつれて，建築材料の主体は多種の工業製品に移ってくるようになり，それによって，建築物は空間的，機能的にも多種多様なものになってきた．同時に建築物は安全性，機能性，耐久性など，およびそれらと材料との関連などについて科学的に分析されるようになり（建築学の発達），各種材料の特性について知る方法も近代科学に基礎をおいた実験という手段が用いられるようになった．すなわち，材料が建築物に用いられる諸条件を抽象的，数量的にモデル化し，そのモデル化された条件のもとで材料がどのように挙動し，または特性を示すかを物理的，化学的な計測可能なもので把握する方法である．そして，実験は同じ条件を与えれば別の人が行ってもまったく同じ結果（再現性）を得るようなものでなければならない．このようにして実験で得られた知識は，昔のような体験的で個別的なものから普遍的で体系づけられた情報となり，建築物を作るうえで基礎的な資料となる．

　以上が材料実験の目的の意義の基本的なものであるが，その他にも種々の目的で行われている．一つは材料の物性値を測定し材料選択をするうえでの基本的な情報とするためのもので，もう一つは，近代工業の特徴の一つである大量

生産，品質の均一性を保証するための品質管理試験，現場に材料を搬入するとき，規格どおりの品質を有しているかどうかをチェックする検収試験，材料の性質を予備的に判定し材料の製造条件を決める製造試験など，いわゆる試験と称せられるものも材料実験の範ちゅうに入る．

さて，材料実験は一般的には**図 11・1**のように実験計画，準備，計測，データの処理，結論または判定という順序で実行されていく．データの結果によっては，実験計画をたて直して初めからやり直したり，計測の手段を変更したりすることも起こる．以下に，これらの各項目について概要を述べることにする．

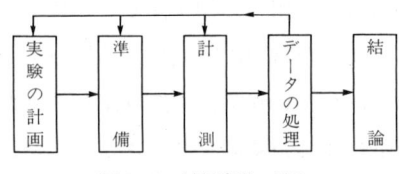

図 11・1 材料実験の流れ

11・2 実験計画のたて方

実験を始める前に，実験の目的を効率よく達成するため適切な実験計画をたてなければならない．実験計画のたて方は実験の目的や種類によって重点の置き方に違いが生じることが多い．ここで以下に原則的なことを述べておこう．

（1） 実験の目的を明確にしておく

いかなる目的で，得られた結果をどのように使うかを明確にしておくことが実験を始める第一歩である．

（2） 測定する特性値，要因，実験条件などを具体的に明確にする

ここでは（1）の目的をさらに具体化する．例をあげて説明しよう．鋼繊維コンクリートにおいて，鋼繊維を混入することの効果を調べる場合，具体的に曲げ強度を特性値として測定することを決める（特性値はその他にも多くあり実験の目的によって異なる）．ついで，この特性値に影響を及ぼす要因を検討する．例えば鋼繊維の量と寸法形状，コンクリートの性質などである．さらにこの要因をどのような水準で行うかを具体的に決める．

要因が複数あり，一つの要因の影響を見る場合は他の要因はできるだけ一定になるようにしなければならない．もし，要因の相対的な効果を見るだけであったら，要因実験を能率よく行うことを統計的に考える実験計画法という学問分野があり，これが参考になる．

(3) 実験の設備，計測器機類の能力，特性，精度などを検討しておく

(4) 実験に関連した補助的なデータの測定を検討する

例えば，基本的な物性値，実験環境の測定などである．

(5) 実験方法のうち標準化，規格化されている部分を十分に把握しておく

材料実験は結果が広く相互比較できるようにJISなどによって規格化されているものが多い．その場合にはできる限りそれに従う．

(6) かたよりを避けるように計画する

例えば，実験環境などが時間とともに微妙に変動する場合があるが，このような場合，環境による特性値の影響が消去できるような計画をたてる．しかし，場合によっては，このため膨大な時間と労力を要することがあるので，実験の目的や精度などを考えてバランスのよい計画をたてる．

11・3 計　　　測

材料実験の中で計測する部分が最も重要であり，各種実験では，実験の目的に対応し種々の計測が行われる．例えば，コンクリートの強度理論における水セメント比説を確認するため，コンクリートの水セメント比と強度という互いに関連し合う量を各材齢ごとに計測することから，コンクリート強度における水セメント比説を検証することができる．また，使用する骨材の比重や吸水率などの物性値のように基本的な情報を得るため計測が行われる．さらに，コンクリートの養生温度は一定にしなければならないから，養生室や水槽の温度を測定しながら空調機を調整する必要がある．これは「制御」のための計測を行っていることになる．

11・3・1　測定量と単位系

水セメント比説を検証する実験において計測の対象となる量を調べてみよ

う．まず，水セメント比一定のコンクリートを作るために，使用する材料の割合を決め，セメント，水，骨材などの質量（重量）を計らなければならない．次いで材料をミキサで所定の時間混練りするため時間を測定しなければならない．できたコンクリートの供試体は一定の水温の水槽で養生するため温度の測定が必要であり，所定の養生後強度を測定するため強度試験において供試体に加わった圧力の測定が必要である．通常，加える圧力の速度は決められているから加圧速度の測定も必要となる．

　以上から，一連の計測において，質量，時間，温度，圧力，加圧速度などの測定が必要なことがわかる．さらに，圧力について 圧力＝力（重量）/面積 であり，面積は 長さ×長さ であるから重量，長さを測定することと同じであり，加圧速度については時間当りの圧力の増加であるから，重量，長さ，時間を測定することに等しい．この例からもわかるように，一連の測定において，基本量として①長さ，②質量（重量），③時間，④温度を測定しており，物理量はこれらの組合わせになっている．材料実験で関連するおもな物理量の測定は**図11・2**のように基本量から組み合わさっている．なお，その他に電流，光度なども基本として用いられる．

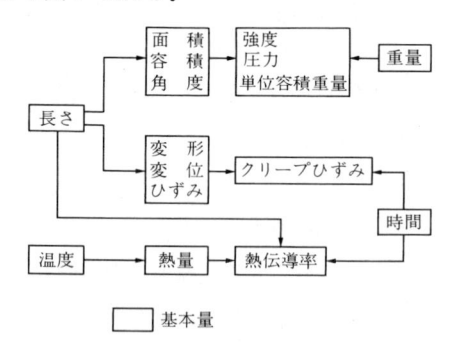

図11・2　材料実験におけるおもな測定量*

　さて，これらの量を定量的に表すために，ある一定量を基準として，その基準量の何倍に相当するかを決定する—このことを測定と呼んでいる．この基準量を単位（unit）という．単位は時代によって，国によって各種のものが用い

---

* 国分正胤編：最新土木材料実験，技報堂（1972）

られてきた．それぞれ生活に根ざして慣習的なものとなっているが，国ごとに相違すると，国際的な面で非常に不便になるので，国際単位系（SI）が定められており，国際的に統一することがはかられている．おもな SI 単位が付録 1 に示されている．また，これらの単位を 10^n 倍（n は整数）して，例えば 10^3 m を 1 km と名づけて使う．

11・3・2　計測システム

ある物理量を計測するときのシステムは一般に図 11・3 のように，いったんセンサ（検出器）を通して別な量に変換し，さらにそれを処理し，表示するという方法がとられる．荷重を測定する場合は例にして説明してみよう．

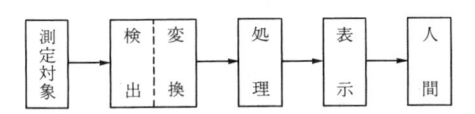

測定対象 → 検出 変換 → 処理 → 表示 → 人間

図 11・3　計測のシステム

図 11・4 のように，ばねの長さは加えた荷重に比例して伸縮することが知られている．そこで実験的に荷重の大きさと，ばねの伸びとの対応を求めて目盛を定めておけば（較正＝キャリブレーション），ばねの長さを測定することによって荷重を測定することができる．さらに荷重が大きくなったり，精密に測定したりする場合には，ばねの代わりに弾性体が用いられる．弾性体のひずみは非常に小さいので変位の量が大きくなるように図 11・5 のようにリング状に

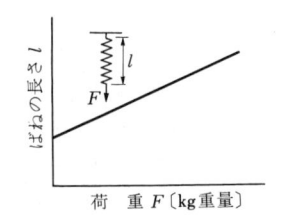

図 11・4　ばねの長さと荷重の関係
ダイヤルゲージは，変位量をギヤ装置によって拡大して目盛で読み取る計器である．最小目盛 1/100, 1/100 mm のものがよく用いられる

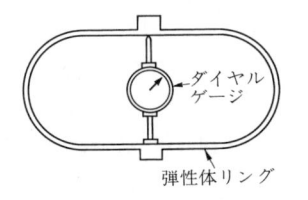

図 11・5　弾性体リングによる荷重計

して変位量を大きくし，それぞれダイヤルゲージで測定する．ダイヤルゲージは小さな変位を拡大して実際に読み取れるように工夫したものである．この荷重計の場合は，荷重を機械的なリングの変位に変換し，それをさらにダイヤルゲージで処理（増幅）したものである．

以上は機械的な変換の例であるが，抵抗線ひずみゲージを用いる電気的な変換，処理もよく用いられる．荷重を弾性体のひずみに変換するのは同じであるが，このひずみは一般に非常に微妙であるため，これを電気的な量に変換するものである．抵抗線ひずみゲージは**図 11·6** に示すように台紙に抵抗線を貼りつけたもので，これを台紙ごと弾性体に図 11·6 のように接着剤で貼りつける．弾性体にひずみが生じると，抵抗線が伸縮し，それに応じて断面積が変化し，したがって抵抗が変化する．この抵抗の変化を読み取れば弾性体のひずみが測定できることになる．抵抗の変化を電気的に読み取るには通常ホイートストンブリッジが用いられる．図 11·6 の回路において，$R_1=R_2=R_3=R_4$ とすると A-B 間の電圧は 0 となる．ところが R_2, R_3, R_4 はそのままで，R_1 の代わりに抵抗線ひずみゲージを入れると $R_1 \neq R_2$ となり，A～B 間に電位差が生ずる．この電位差の変化を読み取ることによって荷重の変化が読み取れる．

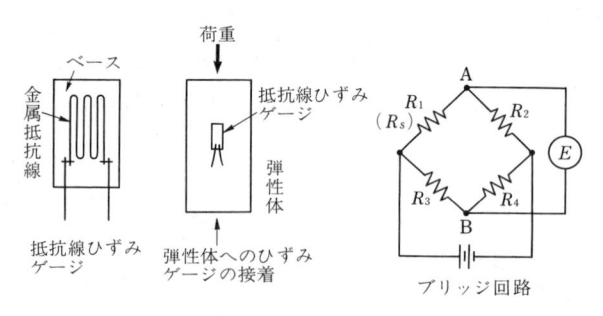

図 11·6　抵抗線ひずみゲージによるひずみまたは荷重の測定

11·3·3　計測方式の種類

（1）偏位法と零位法　測定量が変化するのに応じて目盛板上の指針がふれて値を知る方法を偏位法という．これに対して大きさを調整できる既知な量を用意しておき，測定量とつり合わせて測定量の値を知る方法を零位法とい

う．例えば天秤，ワイヤストレインゲージの指示計などがある．一般に前者のほうが測定の手間が簡単であるが，測定器は狂いを生じやすく較正をひんぱんに行う必要がある．後者は精密な測定に適している．

（2） アナログとディジタル　　測定対象はアナログ量であることが多いが，測定結果を表すのにアナログ方式とディジタル方式がある．アナログ量をディジタル化するのはよけいな手間がかかるが，最近は電子計算機の発達によってディジタル方式で表すことが多くなった．なお，アナログ量をディジタル変換することを A–D 変換という．

（3） 直接測定と間接測定　　測定量と同じ単位を用いて直接に測る場合を直接測定という．長さや質量はこれに相当するが，場合によっては面積などのように直接測定ができないで，長さの測定から計算によって測定量を知らなければならないことがある．このような測定を間接測定という．

11・3・4　計測器の性能

測定するということは，測定量を入力として測定装置に入れ，測定値が出力されることであるから，計測器の性能は入力と出力が正しく対応するかどうかによって決まる．

（1） 直線性・ヒステリシス　　入力と出力とが比例する特性を直線性といい，計測器の重要な特性の一つである．測定量の増加過程と減少過程とで入力と出力との対応が異なる場合がある．この現象をヒステリシスといい正確な測定を阻害する．ヒステリシスが予想される場合は，増加，減少の両過程において指示値を読み取り，両者を平均するなどの処置が必要である．

（2） 感　度　　重さ 1 kg に対して，ばねの伸びが 1 cm のものと，2 cm のもののばねばかりを比較してみよう．これを入力と出力の関係でグラフに示すと**図 11・7** のようになる．当然 2 cm 伸びるばねばかりが細かく荷重を読み取ることができる．出力/入力を感度と呼んでいる．ところが 1 目盛の大きさが同じとすれば，1 cm/1 kg のばねばかりで 1 000 kg 計れるとすれば，2 cm/1 kg のばねばかりではおよそ 500 kg ぐらいしか計れない．通常，このように最大目盛と感度は相反しているので適正な感度と最大目盛のものを選択しなけれ

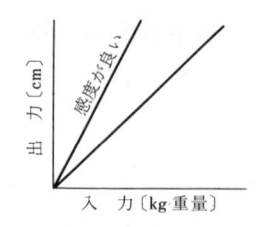

図 11・7 計測器の感度

ばならない．また，感度が高いものほど，当然精度が良くなければ意味がない．

（3）**応答特性** 入力が時間的に変動する場合には計測器の応答性が問題になる．出力は当然入力によく追随しなければならない．特に過渡的な現象の場合，入力信号に対して出力応答の遅れをともなうことがある．出力の指示値が入力の変化量の 63 % に達するまでの時間を時定数と呼んで応答特性を表す．

また，入力が振動的な場合には，計測器によっては出力の振幅のずれや位相のずれを生じたりする．このような現象を周波数応答と呼び，計測器の周波数応答特性によって定まる．動的な測定を行うとき，計測器の選択をする場合の大事なポイントである．

11・4 実験結果の取扱い

実験の種類，目的によって結果の取扱いもおのずと異なってくる．ここでは基本的な事項を述べておこう．

11・4・1 誤　　　　差

測定値には必ず誤差が含まれている．したがって，真の値は測定することができないのであって，近似的な値を得ているにすぎない．この誤差には大きく分けて，①系統的な誤差，②過失による誤差，③偶然誤差に分けられる．①は器機による誤差，測定者のくせ，環境の変化，電気計測時における電圧の変動などによるものである．これらの誤差は一般に真の値からのかたよりとして現れるもので，ほとんどは原因を突きとめることができ，かたよりの値を測定値から差し引いて（補正）やれば真の値に近いものが得られる．②の過失による誤差は十分注意して除去すべきものである．③は偶然性に支配されるもので除去できない性質のものである．誤差の大きさも偶然性に支配されて変動

し，同一条件のもとでも正負の誤差はまったく同等に起こり得る．

さて，真の値が m のものを同一条件で繰り返し測定した場合，その誤差のばらつきは**図 11・8**のように分布する．この分布は通常正規分布するといわれており次式で表される．

$$f(x)=\frac{1}{\sqrt{2\pi}\,\sigma}e^{-\frac{(\mu-x)^2}{2\sigma^2}}$$

かたよりをなくせば m と μ は一致する．

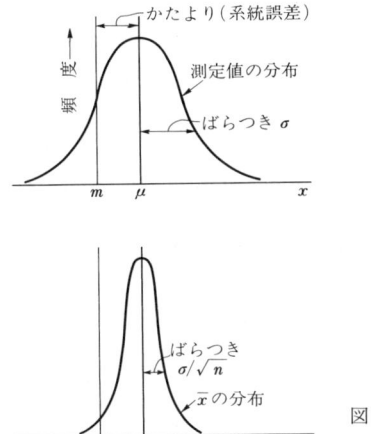

図 11・8 測定値の分布

11・4・2 測定結果の統計量

同一条件のもとで n 回測定された n 個のデータ $(x_1, x_2, \cdots, x_n)$ に対し，その代表値として平均値

$$\bar{x}=\frac{x_1+x_2+\cdots+x_n}{n}$$

が通常 μ の推定値として用いられる．ばらつきを表すものとして

分　　散　　$s^2=\dfrac{\sum_{i=1}^{n}(x_i-\bar{x})^2}{n=1}$

標準偏差　　$s=\sqrt{s^2}$

変動係数　　$v=\dfrac{s}{\bar{x}}\times 100$ 〔％〕

範　　囲　　$R=$（データ中の最大値）$-$（データ中の最小値）

などが用いられ，s は σ の推定値と考えられる．

　誤差の項で述べたように，真の値の見いだすことはできないが，もしかたよりがないとすれば，真の値の最も確からしい値として $\bar{x}$ が用いられる．また，誤差は真の m 値と測定値 x_i との差であるが，実際には m の値は知ることはできないから，誤差もまた知ることはできない．そこで，通常は m の代わりに $\bar{x}$ を用いて誤差は計算される．$(x_i-\bar{x})$ を残差という場合もある．このようにばらつきも実際にはわからないが，最も確からしい値として $s,\ s^2$ が用いられる．

11・4・3　精　　　　度

　精度とは真の値に対する誤差の小ささの程度をいい，正確さ（かたよりの小ささの程度）と精密さ（ばらつきの誤差の小ささの程度）の和と考えられる．

　統計学によれば n 回測定して得られた $x_2,\ \cdots,\ x_n$ の平均値は $\bar{x}$ は

$$f(\bar{x})=\frac{1}{\sqrt{2\pi}(\sigma/\sqrt{n})}e^{-\frac{(\mu-\bar{x})}{2\sigma/\sqrt{n}}}$$

の分布に従う母集団から抽出されたものと考えられる（図 11・8）．すなわち，の分布の母平均 μ は変わらず，母標準偏差が $\sigma/\sqrt{n}$ になったことになる．このことは，測定の繰返し回数が多いほど得られた平均値は精度がよくなることを意味している．しかし，正確さはまったく変わらない．

　以上は測定値の精度についてであったが，測定器の精度がいくらという場合がある．これは測定器がもっている固有の精度をいうものであって，測定器のかたよりとばらつきを合わせた最大限度をいう．

11・4・4　実験結果の表し方

　測定結果は実験目的に応じて表や図でまとめられる．こうしておくと実験結果を概観するのに便利である．特に図表では数値相互間の関係や周期性など重要な特性を見いだすことができる．また，実験の精度や異常な測定値の発見などにも役立つ．

　図表には通常つぎのようなものが用いられる．同一条件で測定された多数個

の測定値がある場合にはヒストグラム，度数析線，累積度数析線が用いられる．品質管理には $-R$ 管理図などが用いられる．数値相互間の関係を見るときには座標軸を適当に設定した図表が用いられる．座標軸の目盛は普通目盛が最も普通であるが，数値が桁数の範囲で広がる場合や数値相互間の関係が指数関数やべき関数などで表される場合などには対数目盛が用いられる．その他逆数目盛なども用いられる．

さらに実験結果を実験式で数式表示することも結果を解析するのに有効な方法である．数式表示する方法として，統計的手法である最小二乗法がよく用いられる．この方法については他の成書を参考にしていただきたい．

付　　　録

〔1〕　国際単位系（SI）

　計量の単位は，CGS 単位，MKS 単位などがよく知られている．工学においては，力を表す重量キログラムなどの重量単位が使われている．これらは単位系で考えるとメートル系に属する．外国ではメートル系のほかにヤードポンド系の単位が使われており，種々の計算単位が混用される場合が生じ複雑である．国際間の通商が盛んになり，教育研究の面でも国際交流が活発になってきたため，計量単位に国際的な一貫性をもたせる必要が生じている．このような事情から，1960 年に国際度量衡総会で国際単位系（Système International d' Unites；**SI** と略記）が採択された．

　国際標準化機構（International Organization for Standardization；**ISO** と略記）では，鉱工業品や農産物の国際規格（International Standards）に SI 単位を優先的に使用している．わが国でも日本工業規格が，逐次 SI 単位に切り換えられつつある．

　SI 単位は，基本単位と補助単位があり，これらを組合わせて用いられる（**表1**）．圧力を表す Pa（パスカル）など，特徴的な固有の名称を付けた組立単位がある．SI 単位による表示は，10 の整数乗倍を構成するための接頭語（**表2**）を付けて行う．

　（表示例　56 kN，5.6×10^4 N，10 cm^2，10^{-3} m^2，5 μm，5×10^{-6} m，1 nS，10^{-9} s，3 mm，3×10^{-3} m，3 MPa，3×10^6 Pa）

　商を表すときは，例えば $\dfrac{m}{s}$，m/s，ms^{-1} などとする．慣用されてきた長さを表す μ（ミクロン）は，SI 単位で表すとマイクロメートル〔μm〕になる．SI 単位はまだ広く使われていないが，慣用的な単位に対応して SI 単位による

表1 SI単位（*は併用できる単位）

量	量	単位の名称	単位記号		量	単位の名称	単位記号
基本単位	長さ	メートル	m	力学	力のモーメント	ニュートンメートル	N·m
	質量	キログラム	kg		圧力	パスカル ($=N/m^2$)	Pa
	時間	秒	s			バール* ($=10^5$ Pa)	bar
	電流	アンペア	A		応力	パスカルまたはニュートン毎平方メートル	Pa または N/m^2
	熱力学温度	ケルビン	K				
	物質量	モル	mol				
	光度	カンデラ	cd				
補助単位	平面角	ラジアン	rad		粘度	パスカル秒	Pa·s
	立体角	ステラジアン	sr		動粘度	平方メートル毎秒	m^2/s
空間および時間	平面角	ラジアン	rad		表面張力	ニュートン毎メートル	N/m
		度* $\left(=\dfrac{\pi}{180}\text{ rad}\right)$	°		エネルギー, 仕事, 熱量, 電力量	ジュール ($=N\cdot m$)	J
		分* $\left(=\dfrac{1°}{60}\right)$	′				
		秒* $\left(=\dfrac{1'}{60}\right)$	″			電子ボルト* (1.602×10^{-19} J)	eV
	立体角	ステラジアン	sr		仕事率, 工率, 電力	ワット ($=J/s$)	W
	長さ	メートル	m				
		オングストローム* ($=10^{-10}$ m)	Å		熱力学温度	ケルビン	K
	面積	平方メートル	m^2		セルシウス温度	セルシウス度 ($=[K]-273.15$)	°C
	体積	立法メートル	m^3				
		リットル* ($=10^{-3}$ m^3)	l		温度間隔	ケルビン	K
					線膨張係数	毎ケルビン	K^{-1}
	時間	秒	s		熱量	ジュール ($=N\cdot m$)	J
		分* ($=60$ s)	min				
		時* ($=60$ min)	h		熱流	ワット ($=J/s$)	W
		日* ($=24$ h)	d				
	角速度	ラジアン毎秒	rad/s		熱伝導率	ワット毎メートル毎ケルビン	W/(m·K)
	速度, 速さ	メートル毎秒	m/s				
	加速度	メートル毎秒毎秒	m/s^2		熱伝達係数	ワット毎平方メートル毎ケルビン	W/(m^2·K)
周期現象	回転数	回毎秒	s^{-1}	熱	熱容量	ジュール毎ケルビン	J/K
		回毎分*	min^{-1}				
	周波数	ヘルツ ($=s^{-1}$)	Hz		比熱	ジュール毎キログラム毎ケルビン	J/(kg·K)
力学	質量	キログラム	kg				
		トン* ($=10^3$ kg)	t		エントロピー	ジュール毎ケルビン	J/K
	線密度	キログラム毎メートル	kg/m				
	密度, 濃度	キログラム毎立方メートル	kg/m^3		質量エントロピー	ジュール毎キログラム毎ケルビン	J/(kg·K)
	運動量	キログラムメートル毎秒	kg·m/s		質量エネルギー	ジュール毎キログラム	J/kg
	運動量のモーメント, 角運動量	キログラム平方メートル毎秒	kg·m^2/s		質量潜熱	ジュール毎キログラム	J/kg
				電気および磁気	電流	アンペア	A
	慣性モーメント	キログラム平方メートル	kg·m^2		電荷, 電気量	クーロン ($=A\cdot s$)	C
	力	ニュートン ($=kg\cdot m/s^2$)	N		体積電荷密度, 電荷密度	クーロン毎立方メートル	C/m^3

表1 (つづき)

	量	単位の名称	単位記号		量	単位の名称	単位記号
電気および磁気	表面電荷密度	クーロン毎平方メートル	C/m²	電気および磁気	(電気)抵抗 インピーダンス リアクタンス	オーム (=V/A)	Ω
	電界の強さ	ボルト毎メートル	V/m		コンダクタンス アドミタンス	ジーメンス (=A/V)	S
	電位,電位差 (電圧) 起電力	ボルト (=W/A)	V		抵 抗 率	オームメートル	Ω•m
	電気変位	クーロン毎平方メートル	C/m²		導 電 率	ジーメンス毎メートル	S/m
	電束,電気変位束	クーロン	C		磁気抵抗	毎ヘンリー	H⁻¹
	静電容量,キャパシタンス	ファラド (=C/V)	F		(有効)電力	ワット	W
	誘 電 率	ファラド毎メートル	F/m	光および関連する電磁放射	波 長	メートル	m
					放射エネルギー	ジュール	J
	電 気 分 極	クーロン毎平方メートル	C/m²		放 射 束	ワット	W
					放 射 強 度	ワット毎ステラジアン	W/sr
	電気双極子モーメント	クーロンメートル	C•m		放 射 輝 度	ワット毎ステラジアン毎平方メートル	W/(sr•m²)
	電 流 密 度	アンペア毎平方メートル	A/m²				
					放射発散度	ワット毎平方メートル	W/m²
	電流の線密度	アンペア毎メートル	A/m		放 射 照 度	ワット毎平方メートル	W/m²
	磁界の強さ	アンペア毎メートル	A/m				
					光 度	カンデラ	cd
	磁 位 差	アンペア	A		光 束	ルーメン (=cd•sr)	lm
	磁束密度,磁気誘導 磁気分極	テスラ (=V•s/m²)	T		光 量	ルーメン秒	lm•s
					光 輝 度	カンデラ毎平方メートル	cd/m²
	磁 束	ウェーバ (=V•s)	Wb		光束発散度	ルーメント毎平方メートル	lm/m²
	磁気ベクトルポテンシャル	ウェーバ毎メートル	Wb/m		照 度	ルクス (=lm/m²)	lx
	自己インダクタンス 相互インダクタンス パーミアンス	ヘンリー (=V•s/A)	H		露 光 量	ルクス秒	lx•s
					発 光 効 率	ルーメン毎ワット	lm/W
				音	周 期	秒	s
					周波数,振動数	ヘルツ (=s⁻¹)	Hz
	透 磁 率	ヘンリー毎メートル	H/m		波 長	メートル	m
	断面磁気モーメント	アンペア平方メートル	A•m²		密 度	キログラム毎立方メートル	kg/m³
	磁 化	アンペア毎メートル	A/m		静 圧,音 圧	パスカル	Pa
	磁気双極子モーメント	ニュートン平方メートル毎アンペアまたはウェーバメートル	N•m²/Aまたは Wb•m		粒 子 速 度	メートル毎秒	m/s
					体 積 速 度	立方メートル毎秒	m³/s
					音 の 速 さ	メートル毎秒	m/s

付録

表1 (つづき)

	量	単位の名称	単位記号
音	音響エネルギー束, 音響パワー	ワット	W
	音の強さ	ワット毎平方メートル	W/m²
	単位面積インピーダンス	パスカル秒毎メートル	Pa·s/m
	音響インピーダンス	パスカル秒毎立方メートル	Pa·s/m³
	機械インピーダンス	ニュートン秒毎メートル	N·s/m
物理化学および分子物理学	音圧レベル, 音響出力レベル, 音の透過損失	デ シ ベ ル*	dB
	吸 音 力	平方メートル	m²
	残 響 時 間	秒	s

	量	単位の名称	単位記号
物理化学および分子物理学	物 質 量	モ ル	mol
	モ ル 質 量	キログラム毎モル	kg/mol
	モ ル 体 積	立方メートル毎モル	m³/mol
	モル内部エネルギー	ジュール毎モル	J/mol
	モ ル 比 熱	ジュール毎モル毎ケルビン	J/(mol·K)
	モルエントロピー	ジュール毎モル毎ケルビン	J/(mol·K)
	モ ル 濃 度	モル毎立方メートル	mol/m³
	質量モル濃度	モル毎キログラム	mol/kg
	拡 散 係 数	平方メートル毎秒	m²/s
	熱拡散係数	平方メートル毎秒	m²/s

表2 10の整数乗倍を構成するための接頭語

単位に乗ぜられる倍数	接頭語の名称	接頭語の記号	単位に乗ぜられる倍数	接頭語の名称	接頭語の記号
10¹²	テ ラ	T	10⁻²	セ ン チ	c
10⁹	ギ ガ	G	10⁻³	ミ リ	m
10⁶	メ ガ	M	10⁻⁶	マイクロ	μ
10³	キ ロ	k	10⁻⁹	ナ ノ	n
10²	ヘ ク ト	h	10⁻¹²	ピ コ	p
10	デ カ	da	10⁻¹⁵	フェムト	f
10⁻¹	デ シ	d	10⁻¹⁸	ア ト	a

表示ができるようになる必要がある。慣用されている単位の換算を**表3**に示す。

表3 単位の換算

量	慣用の単位 呼び名	記号	SI単位の換算	備考
長さ	ミクロン	μ	1×10^{-6} m	10^{-3} mm
	オングストローム	Å	1×10^{-10} m	
	海 里	M, nm	1854 m	6 080 ft
	ヤ ー ド	yd	0.914 4 m	
	フ ー ト	ft	30.48 cm	1/3 yd
	イ ン チ	in	2.54 cm	1/12 ft
	マ イ ル	mil	1 609.34 m	1 760 yd

表3 (つづき)

量	慣用の単位 呼び名	記号	SI単位の換算	備考
長さ	しゃく	尺	30.303 cm	10/33 m
	すん	寸	3.0303 cm	1/10 尺
	けん	間	1.818 m	6 尺
	ちょう	町	109.09 m	60 間
	り	里	3927.27 m	36 町
	くじらじゃく	鯨尺	37.88 cm	1.25 尺
面積	アール	a	1×10^2 m²	
	ヘクタール	ha	1×10^4 m²	
	エーカ	acre	4046.86 m²	4840 yd²
	ぶ (つぼ)	歩 (坪)	3.3058 m²	36 平方尺
	せ	畝	99.174 m²	30 歩
	たん	反	991.74 m²	10 畝
	ちょう	町	9917.4 m²	10 反
体積	リットル	l	1×10^{-3} m³	1000 cm³
	デシリットル	dl	100 cm³	
	英ガロン	gal(UK)	4.54609×10^{-3} m³	
	米ガロン	gal(US)	3.78541×10^{-3} m³	231 in³
	ごう	合	180.4 cm³	
	しょう	升	1804 cm³	10 合
	と	斗	1.804×10^{-2} m³	10 升
	こく	石	0.1804 m³	10 斗
速度	ノット	kn	0.514444 m/s	1 M/h
加速度	ガル	Gal	1×10^{-2} m/s²	1 cm/s²
	ジー	G	9.80665 m/s²	
質量	ポンド	ld	0.453592 kg	
	オンス	oz	0.0283495 kg	
	もめん	匁	0.00375 kg	
	きん	斤	0.6 kg	160 匁
	かん	貫	3.75 kg	1000 匁
力	重量キログラム	kgf	9.80665 N	
	ダイン	dyn	10^{-5} N	
	重量ポンド	ld·f	4.44822 N	0.4536 kgf
圧力	重量キログラム毎平方センチメートル	kgf/cm²	9.80665×10^4 Pa	
	重量ポンド毎平方インチ	ldf/in², psi	6.89476×10^3 Pa	0.070307 kgf/cm²
	気圧	atm	1.01325×10^5 Pa	1.0332 kgf/cm²
エネルギー 熱量	エルグ	erg	10^{-7} J	
	カロリー	cal	4.18605 J	
温度	カ氏度	°F	$t°\mathrm{F} \leftrightarrow (5t-160)/9\,°\mathrm{C}$	

〔2〕 モ ジ ュ ー ル

モジュール (module) は，広義には測定の基準のことであり，建築では寸法を定めるための数値の組合わせのことをさす．建築および構成材の寸法関係をモジュールによって調整することをモジュール割り (modular coordination, MC と略記) という．建築モジュールに関する規定は JIS に定められており，**表 4** はその基本である．

表 4　建築モジュール (JIS A 0001)

〔単位：mm〕

10	**100**	**1 000**	**10 000**	35	350	**3 500**
		1 080			360	**3 600**
		1 120			375	3 750
	120	**1 200**		40	**400**	**4 000**
	125	1 250				4 320
	135	1 350		45	450	**4 500**
	140	**1 500**			480	**4 800**
		1 440		50	**500**	**5 000**
15	150	**1 500**			540	**5 400**
	160	**1 600**			560	**5 600**
	175	1 750				5 760
	180	**1 800**		60	**600**	**6 000**
		1 920			640	**6 400**
20	**200**	**2 000**			675	6 750
		2 160		70	**700**	**7 000**
	225	2 250			720	**7 200**
	240	**2 400**		75	750	**7 500**
25	250	**2 500**		80	**800**	**8 000**
	270	**2 700**				8 640
	280	**2 800**			875	8 750
		2 880		90	**900**	**9 000**
30	**300**	**3 000**			960	**9 600**
	320	3 200				

備考　1．この表は，基礎数値の単位に 1 mm, 10 mm, 100 mm, 1 000 mm, 10 000 mm を適用し 10 ～ 10 000 mm の範囲で 5 mm の倍数のみを採用したものである
　　　2．太字は 100 mm の倍数を示したものである

〔3〕 建築の部位別性能分類

建築の部位（壁，床，天井および屋根）の性能を表すために，性能項目，測定とその単位ならびにそれに基づく級別について，JISに規定されており，それらを一覧表にしたものが**表5**である．

表5 建築の部位別性能分類（JIS A 0030）

性能項目＼級別号数	(0)	1	2	3	4	5	6	(7)	備考 測定項目	測定単位
反射性	7	10	14	20	28	40	56		光反射率	〔％〕
断熱性	0.5	0.3	0.5	0.8	1.25	2.0	3.2		熱貫流抵抗	$m^2 \cdot h \cdot deg/kcal$
遮音性	12	20	28	36	44	52	60		透過損失	dB
衝撃音遮断性	+25	+15	+5	-5	-15	-25	-35		標準曲線上の音圧レベル差	dB
吸音性	20	30	40	50	60	70	80		吸音率	〔％〕
防水性	10	16	25	40	63	100	160		水密圧力	kg/m^2
防湿性	0.1	1	10	100	250	630	1000		透湿抵抗	$m^2 \cdot day \cdot mmAq/g$
気密性	0.015	0.06	0.25	1.0	4.0	15	60		気密抵抗	$m^2 \cdot h/m^3$
耐分布圧性	40	71	125	230	400	710	1250		単位荷重	kg/m^2
耐衝撃性	45	63	160	400	1020	2500	6300		安全衝撃エネルギー	$kg \cdot cm$
耐局圧性	13	30	80	200	500	1250	3000		局圧荷重	kg/cm^2
耐摩耗性	3.2	1.8	1.0	0.56	0.32	0.18	0.1		摩耗量	mm
耐火性	5	10	15	30	60	120	180		耐熱時間	分
難燃性	—	—	—	—	—	—	—		防火材料の種別	—
耐久性	5	8	12	20	32	50	80		耐久年数	年

〔4〕 JIS

　JIS とは，昭和 24 年法律第 185 号工業標準化法に基づいて制定された鉱工業に関する国家規格であり，日本工業規格（Japanese Industrial Standard）と呼ばれる．建築関係の JIS は**表 6**の内容について規定している．

表 6　建築関係 JIS 項目

建築土木一般	〔モデュール〕 〔識　　別〕	〔製　　図〕 〔抜取検査〕	〔色・光沢〕
試　　　験	〔コンクリート〕 〔防火・耐火〕 〔パネル・ボード〕 〔石油・アスファルト・タール製品〕 〔木材防腐〕 〔溶　　接〕 〔保温・断熱〕	〔セメント及び混和剤〕 〔木　　材〕 〔設備ユニット〕 〔プラスチック〕 〔めっき表面処理〕 〔金　　物〕 〔　音　〕	〔土　　質〕 〔金　　属〕 〔顔料・塗料〕 〔接着剤〕 〔摩　　耗〕 〔床　　〕 〔その他〕
設計設備	〔設　　計〕 〔衛　　生〕	〔暖冷房〕	〔ポンプ・ボイラ・容器〕
材　　　料	〔骨材・充てん材〕 〔接合材〕 〔溶接材料〕 〔さび止め塗料〕 〔化学薬剤〕 〔地　　金〕 〔　管　〕 〔金属製シート〕 〔ガラス〕 〔吸音材料〕	〔セメント〕 〔接着剤〕 〔木材防腐材・防火材〕 〔顔料・塗料〕 〔コンクリート製品〕 〔鋳　　物〕 〔ワイヤ・線〕 〔パネル〕 〔左官材料〕 〔保温材〕	〔石油・アスファルト・タール製品〕 〔シーリング材〕 〔めっき表面処理〕 〔その他の防護材〕 〔石・れんが・ブロック〕 〔形材・棒〕 〔メッシュ〕 〔タイル・シート・ボード〕 〔床材料〕
施　　　工	〔施工標準〕	〔施工機器〕	〔材　　料〕
建　　　具	〔建　　具〕		

[5] 物理定数

表7 物理定数

光の速度（真空中）	c	$2.997\,924\,58 \times 10^8$ m/s
電子の電荷	$-e$	$1.602\,177 \times 10^{-19}$ C
モル分子数（アボガドロ数）	N, L	$6.022\,14 \times 10^{23}$ mol^{-1}
気体定数	R	$8.314\,5$ J/(K·mol)
1モルの理想気体の標準体積（0℃1atm）	V_0	$22.414\,1 \times 10^3$ cm^3/mol
重力加速度（東京）	g	$9.797\,9$ m/s^2
氷点温度（0℃）	T_0	273.15 K
万有引力定数	G	6.673×10^{-11} N·m^2/kg^2

[6] 統計資料

住宅建設戸数を**表8**に，セメントおよび窯業製品の生産量を**表9**に，建築材料の生産量を**表10**に示す．

表8 住宅建設戸数（建設統計要覧，建設省建設経済局，1999）

〔単位：1 000戸〕

構造別 年度	木造	鉄骨鉄筋コンクリート造	鉄筋コンクリート造	鉄骨造	コンクリートブロック造	その他	計
1988	691	142	441	385	3	1	1663
1989	722	145	406	396	2	1	1672
1990	707	162	428	366	2	1	1666
1991	629	103	279	331	2	1	1345
1992	674	72	296	375	2	1	1420
1993	703	80	363	362	1	1	1510
1994	720	111	394	333	1	1	1560
1995	675	113	351	343	1	1	1484
1996	747	125	381	375	1	1	1630
1997	585	115	337	302	1	1	1341

表9 セメントおよび窯業製品の生産量（総務庁統計局「日本統計年鑑」）

品目	単位	生産量				
		1985	1990	1995	1996	1997
〔セメント〕						
セメント[1]	1 000 t	72 847	84 445	90 474	94 492	91 938
ポルトランド	〃	61 446	69 615	72 992	75 830	74 637
〔窯業製品〕						
板ガラス	1 000 換算箱[2]	35 393	37 417	31 234	30 609	31 840
普通・変わり板ガラス	〃	6 982	6 419	4 690	4 739	5 031
フロート・磨き板ガラス	〃	28 411	30 998	26 544	25 870	26 809
安全ガラス	1 000 m²	49 497	55 648	41 047	42 131	43 824
合わせガラス	〃	8 805	15 314	10 971	10 719	10 865
強化ガラス	〃	40 692	40 334	30 076	31 412	32 959
ガラス繊維製品	1 000 t	425	608	658	676	702
短繊維	〃	148	205	224	245	241
長繊維	〃	277	403	435	432	461
耐火れんが	〃	1 149	933	713	666	674
粘土質れんが	〃	435	324	208	190	183
高アルミナ質れんが[3]	〃	164	161	141	131	134
塩基性れんが[4]	〃	a) 34	269	239	220	232
不定型耐火物	〃	892	860	908	881	898
耐火モルタル	〃	112	80	61	56	52
キャスタブル	〃	357	381	386	385	400
プラスチック	〃	92	56	44	41	40
炭素製品	〃	371	271	237	239	240
固型電極	〃	264	179	165	163	171
連続自焼式電極ペースト	〃	72	36	22	22	21
研削砥石	〃	66	71	58	55	57
ガラス製品	〃	3 231	3 637	3 396	3 295	3 186
産業用品	〃	3 057	3 494	3 275	3 176	3 076
容器類	〃	2 251	2 610	2 233	2 210	2 160
生活用品	〃	174	142	121	119	110
台所，食卓用品	〃	162	132	109	108	100
陶磁器	〃	1 979	2 165	—	—	—
タイル	1 km²	b) 1 063	b) 1 130	76	73	73
電気用品	1 000 t	158	111	89	92	90
台所，食卓用品	〃	469	414	304	296	278
ファインセラミックス	—	—	—	—	—	—
機能材	100万個	—	86 319	137 826	154 348	176 281
ほうろう鉄器	1 000 t	149	132	79	80	78
台所，食卓用品	〃	32	22	12	11	12

1) 白色セメントを含む　2) 1換算箱は厚さ2 mm，面積9.29 m²　3) 電鋳品を含む
4) ドロマイト質を含む　a) ドロマイト質れんがのみ　b) 1 000 t

表10 建築材料の生産量（総務庁統計局「日本統計年鑑」）

品 目	単 位	生 産 量					
		1975	1980	1985	1990	1995	1996	1997
〔セメント製品〕								
遠心力鉄筋コンクリート								
管	1 000 t	3 010	3 372	2 561	2 476	1 781	1 753	1 638
ポール	〃	755	1 309	1 037	1 123	1 055	1 038	1 100
パイル	〃	5 391	7 098	5 462	8 131	5 825	6 050	5 557
空胴コンクリートブロック	100万個	507	338	269	269	184	187	178
護岸用コンクリートブロック	〃	4 936	6 779	5 390	6 014	4 336	4 181	3 458
道路用コンクリート	〃	4 678	7 492	6 985	9 185	9 408	9 503	9 256
プレストレストコンクリート	〃	999	1 614	1 299	1 530	1 695	1 757	1 755
石綿スレート	100万枚	65	81	77	83	74	75	76
石綿セメント板	〃	31	38	44	58	60	60	58
木片セメント板	〃	17	17	12	13	14	14	15
パルプセメント板	1 000枚	10 227	9 897	4 748	4 248	3 396	3 141	―
テラゾー製品	1 000 m²	621	517	268	327	359	398	―
気泡コンクリート製品	1 000 m³	1 307	2 093	2 855	4 394	3 198	3 443	3 427
〔その他〕								
石綿製品	1 000 t	50	81	60	44	19	17	15
繊維板	100万 m²	93	117	105	124	137	146	146
硬質繊維板	〃	71	82	73	44	36	35	35
パーティクルボード	〃	45	85	76	80	87	89	83
せっこう製品ボード	〃	198	306	376	578	605	650	689
せっこうプラスタ	1 000 t	359	329	186	121	115	105	100
〔金属製建具〕								
アルミニウムサッシ	〃	356	490	370	430	414	429	418
アルミニウムドア	〃	31	34	38	42	46	48	46
スチールまたはステンレスサッシ	〃	62	32	19	18	14	14	13
スチールまたはステンレスドア	〃	66	75	74	93	75	78	79
スチールまたはステンレスシャッター	〃	146	186	158	200	164	170	164
〔プレハブ建築用パネル〕								
コンクリート	1 000 m²	3 511	2 884	2 107	3 600	2 710	2 573	2 335
軽量鉄骨	〃	2 527	2 646	2 629	5 289	5 999	7 292	6 240
木質	〃	12 783	14 154	11 320	17 067	20 669	22 748	22 109

索引

ア
青ヤケ	275
圧延	111, 122
厚鋼板	126
アルカリ骨材反応	40, 187, 219
アルミニウム	144
アルミニウム合金	147
アルミネート相	170
アレーニウスの化学反応	37
α 鉄	113

イ
異形鋼	134
石丁場	100
石目	97
板ガラス類	265
引火点	43, 53, 87
インゴット	110

ウ
ウイスカー	59
薄鋼板	128
釉薬	255

エ
永久ひずみ	117
エトリンガイト	171
エーライト	170
エラストマー	305
塩害	38
エンジニアリングプラスチック	294
延性破壊	24
円柱形供試体	202
塩分	185
A_1 変態点	114
A_3 変態点	114
AE 減水剤	191
AE 剤	189
H 形鋼	125

オ
SI	331
SM 材	132
SMA 材	133
S-N 曲線	29
SN 材	132
SS 材	132

オ
応力度	18
応力とひずみ	76
応力-ひずみ曲線	18
応力-ひずみ度曲線	214
オーステナイト	113
音	11
オートクレーブ養生	236
オリゴマー	276
温度膨張	219

カ
海塩粒子	223
外装用波板	303
界面	16
カオリン	254
下降伏点	117
火災	43
火災荷重	44
火災危険温度	87
火災中の温度	46
形鋼	124
可鍛鋳鉄	142
割裂引張試験	211
仮導管	72
鹿の子ずり	248
壁土	254
ガラス	262
加力方向	78
環境ホルモン	291
含水率	14
岩石	92
乾燥収縮	216
乾燥収縮曲線	217

キ
感度	333
γ 鉄	113
木裏	73
木表	73
気乾状態	14
気硬性	246
気泡	189
キャップド鋼	110
キャリブレーション	331
吸音率	12
吸水率	182
吸水劣化	37
吸着	16
凝結	173
強度説	199
共有結合	279
局部電池	38
キルド鋼	110

ク
空隙率	8, 183
軀体	2
口火	87
屈折率	273
繰返し疲労破壊	28
グリフィス	26
クリープ曲線	30
クリープ現象	24, 30
クリンカー	170
狂い	76

ケ
経済的耐用年数	33
軽量形鋼	126
結合水	74
結晶格子の欠陥	25
減水剤	191
建築防災関係の法規	48

コ

鋼	107
鋼管	128
高級鋳鉄	142
高強度コンクリート	233
鉱滓	109
合成繊維	324
高性能AE減水剤	191
硬石	94
合板	87
降伏点	25
高分子材料	276
広葉樹	69
高流動コンクリート	232
高力ボルト	139
コーキング材	310
国際単位系（SI）	331
誤差	334
骨材	161
こまい壁	249
ゴム	305
コンクリート	161
コンクリート中の塩化物量	199
コンクリートブロック	238
コンシステンシー	194
混和材	188
混和剤	188
混和材料	188

サ

細骨材	179
細骨材率	225
最小二乗法	337
最大粒径	181
細胞	72
材齢	207
鎖状ポリマー	282
酸化皮膜	146

シ

紫外線劣化	11
しっくい	248
湿潤状態	14
実積率	8, 184
質量調合	224
シートパイル	125
始発	175
社会的耐用年数	33
終結	175
重合度	280
重合反応	279
自由水	74
集成材	89
縮重合	282
出火危険温度	87
循環建築	35
準硬石	94
蒸気養生	235
条鋼	123
上降伏点	117
消石灰	243
食害	83
シーリング材	310
白地	254
白鋳鉄	141
白ヤケ	275
心材	73
親水基	17, 188
しんちゅう	157
真比重	7
針葉樹	69
C-S-Hゲル	172
JAS	82
JASS 5	163
JIS	82

ス

水中養生	208
水和生成物	172
水和熱	175
水和反応	171
ステンレス鋼	134
スランプ	195

セ

製鋼	110
製材	81
製材規格	82
脆性破壊	24
生石灰	243
製銑	109
精度	336
青熱脆性	119
生物劣化	37
セカントモジュラス	214
石灰石	243
絶乾状態	14
設計規準強度	228
せっこう	244
せっこうボード	251
絶対容積調合	224
接着	17
接着剤	312
節理	97
セミキルド鋼	110
セメンタイト	113
セメント	161, 167
セメント空隙比説	201
セメントペースト	161
セメント水比説	200
セラミックス	253
繊維飽和状態	14
繊維飽和点	15, 74
線材	124
潜在空気	190
せん断応力度	20
せん断弾性率	20
せん断ひずみ度	20
銑鉄	109
全ひずみ	32

ソ

造岩鉱物	93
層理	97
粗骨材	179
素材	81
組織敏感性	28
疎水基	17, 189
塑性的性質	19
ソーダ石灰ガラス	263
粗粒率	180, 181

タ

耐火構造	48
耐火性	99
耐久限	29
耐久性方程式	35

耐久設計基準強度	228	透気係数	13	**ハ**			
体心立方構造	112	凍結融解	222				
体積弾性係数	21	陶磁器	253	配 合	224		
ダイヤルゲージ	332	透水率	13	坏 土	253		
耐用年数	33	透明塗料	317	発火点	43, 54		
ダイラタンシー	23	特殊セメント	168	発火点温度	87		
対 流	8	塗膜形成主要素	317	発泡プラスチック	304		
耐 力	117	塗 料	316	伐 木	81		
タイル	258	ドロマイトプラスター	243	パーティクルボード	90		
叩 土	254			パーライト	114		
単 位	330	**ナ**		反射率	11		
単位容積質量	8	内分泌撹乱化学物質	291	半水せっこう	244		
弾性的性質	19	軟 鋼	107	汎用セメント	168		
炭素量	107	軟 石	94	汎用プラスチック	294		
チ		**ニ**		**ヒ**			
遅延弾性	32	ニードルパンチカーペット	302	比 重	7		
チクソトロピー	23	日本工業規格（JIS）	82	ひずみ度	18		
着火点	87	日本農林規格（JAS）	82	非ニュートン流れ	22		
中性化	40, 220	ニュートンの法則	22	ビニル床タイル	301		
鋳 鉄	107, 141			比 熱	10		
調 合	224	**ネ**		ひび割れ	217		
調合強度	229	ねずみ鋳鉄	141	表乾状態	14		
調合設計指針	226	熱可塑性	293	標準加熱温度関係	52		
		熱間圧延	123	標準養生	209		
テ		熱貫流率	9	表面活性剤	17, 188		
低温脆性	119	熱硬化性	293	表面水率	182		
低温着火	54	熱伝達	8	表面張力	16		
抵抗線ひずみゲージ	332	熱伝達率	9	ビーライト	170		
鉄	107	熱伝導率	9	比例限	117		
デッキプレート	126	熱分解	37	ビンガム流動	22		
鉄筋コンクリート用棒鋼	134	熱変形	37	品質規準強度	229		
テトラカルシウムアルミノ		熱容量	10	PC鋼線	137		
フェライト水和物	172	燃 焼	41, 86				
テラゾ	104	——の条件	41	**フ**			
転 位	25, 58, 65	粘 性	21	ファイバーボード	90		
電気銅	156	粘性複合則	66	ファンデルワールス力	17		
伝 導	8	粘性流動	22	風 化	83, 173, 176		
転 炉	107	粘 土	253	封緘養生	208		
		粘土がわら	260	フェノールフタレイン	221		
ト		年 輪	73	フェライト	113		
土居土	254			フェライト相	170		
凍 害	39	**ノ**		付加重合	282		
透過損失	12	ノートンの法則	31	腐 朽	83		
透過率	11, 273			複 合	59		
導 管	72			複合則	61		

節	73	ポゾラン反応	167	ヤング係数	20
腐食	38, 121	保存	84	**ユ**	
付帯	2	ポテンシャルエネルギー	25		
付着強度	212	ポリマー	276	有機不純物	185
普通鋳鉄	142	**マ**		**ヨ**	
フックの法則	20				
物理的耐用年数	33	マックスウェルの式	23	窯業製品	253
不動態皮膜	38	マトリックス	59	溶鉱炉	106
不透明塗料	317	丸鋼	134	溶鉱炉	109
部分圧縮強度	203	**ミ**		溶出	39
プラスチック	293			養生	208
フラッシュオーバー	44	見掛けの比重	7	容積変化	74
ブリージング	197	水セメント比説	162, 199	溶接	120
ブリージング水	197	ミセル臨界濃度	190	**ラ**	
プレキャストコンクリート	234	溝形鋼	125		
プレストレストコンクリート		密度	7	ライフサイクル	34
	236	**ム**		**リ**	
フレッシュコンクリート	161				
プレファブ	234	無炎着火	87	リグニン	72
ブレーン値	173	無機高分子	324	リベット	140
フローリング	91	面心立方構造	112	リムド鋼	110
分散相	59	**モ**		粒径	181
粉末度	173			粒形	184
ヘ		網状ポリマー	282	粒度	180
		木工事	82	粒度曲線	180
平衡含水率	15, 74	木構造設計規準	77, 82	理論強度式	274
平炉	107	木構造用金物	140	**レ**	
ペイント	317	木材乾燥法	81		
辺材	73	木質セメント板	91	冷間圧延	123
変態	113	木目	73	レイタンス	197
変態点	113	モデュール	343	レオペクシー	23
ペントザン	72	モデル化	327	劣化	33
ホ		モノサルフェート	172	劣化外力	36
		モノマー	276	劣化要因	36
ポアソン比	21	**ヤ**		れんが	256
砲金	159			連行空気	190
棒鋼	123	焼入れ	116	**ロ**	
放射	8	焼せっこう	244		
飽水状態	14	焼なまし（焼鈍）	116	六角ボルト	139
飽和蒸気	16	焼ならし	115	**ワ**	
ボーキサイト	144	焼戻し	116		
ボーグの鉱物	170	ヤケ	275	ワーカビリティー	194
ポゾラン	193	山形鋼	124		

改訂 建 築 材 料
Building Materials (Revised Edition)　　© Taiji Saji　1984, 2000

1984年4月30日　初　版第1刷発行
1998年1月20日　初　版第10刷発行
2000年5月10日　改訂版第1刷発行
2010年1月10日　改訂版第5刷発行

検印省略	編著者	佐　治　泰　次
	発行者	株式会社　コロナ社
		代表者　牛来真也
	印刷所	新日本印刷株式会社

112-0011　東京都文京区千石4-46-10
発行所　株式会社　コロナ社
CORONA PUBLISHING CO., LTD.
Tokyo Japan
振替 00140-8-14844・電話(03)3941-3131(代)
ホームページ http://www.coronasha.co.jp

ISBN 978-4-339-05152-0　　(阿部)　(製本：愛千製本所)
Printed in Japan

無断複写・転載を禁ずる
落丁・乱丁本はお取替えいたします

建築構造講座

（各巻A5判，欠番は品切です）

配本順				頁	定価
4.（5回）	応用数学	坪井善勝他著		452	5250円
7.（13回）	改訂 建築材料	佐治泰次編著		368	5775円
13.（1回）	改訂 建築施工・建築行政	桜井良雄著		408	3465円
15.（11回）	骨組の弾性力学	鷲尾健三 鬼武信夫 共著		354	5565円
17.（9回）	建築振動学	田治見宏著		224	2625円

計算工学シリーズ

（各巻A5判）

配本順				頁	定価
1.	一般逆行列と構造工学への応用	半谷裕彦 川口健二 共著			
2.（2回）	非線形構造モデルの動的応答と安定性	藤井・瀧・萩原 本間・三井 共著		192	2520円
3.（4回）	構造と材料の分岐力学	藤井文夫 大崎純 池田清宏 共著		204	2730円
4.（3回）	発見的最適化手法による構造のフォルムとシステム	三井・大崎・大森 田川・本間 共著		198	2730円
5.（1回）	ボット・ダフィン逆行列とその応用	半谷裕彦 佐藤健二 青木孝義 共著		156	2100円

定価は本体価格+税5％です。
定価は変更されることがありますのでご了承下さい。

図書目録進呈◆